国家社科基金重大委托项目
中国社会科学院创新工程学术出版资助项目

中国民族地区经济社会调查报告

总顾问　陈奎元
总主编　王伟光

察布查尔锡伯自治县卷

本卷主编　江　桥

中国社会科学出版社

图书在版编目(CIP)数据

中国民族地区经济社会调查报告·察布查尔锡伯自治县卷/江桥主编.—北京：中国社会科学出版社，2018.12

ISBN 978-7-5203-2678-0

Ⅰ.①中… Ⅱ.①江… Ⅲ.①民族地区经济-经济发展-调查报告-察布查尔锡伯自治县②民族地区-社会发展-调查报告-察布查尔锡伯自治县 Ⅳ.①F127.8

中国版本图书馆 CIP 数据核字(2018)第 132121 号

出 版 人 赵剑英
责任编辑 宫京蕾
责任校对 赵雪姣
责任印制 李寡寡

出　　版 中国社会科学出版社
社　　址 北京鼓楼西大街甲 158 号
邮　　编 100720
网　　址 http://www.csspw.cn
发 行 部 010-84083685
门 市 部 010-84029450
经　　销 新华书店及其他书店

印刷装订 北京君升印刷有限公司
版　　次 2018 年 12 月第 1 版
印　　次 2018 年 12 月第 1 次印刷

开　　本 710×1000 1/16
印　　张 22.25
插　　页 2
字　　数 362 千字
定　　价 98.00 元

《21世纪初中国少数民族地区经济社会发展综合调查》

项目委员会

顾问委员会

总 顾 问 陈奎元

学术指导委员会

主　　任 王伟光

委　　员（按姓氏笔画为序）

丹珠昂奔　李　扬　李培林　李　捷　陈改户　武　寅
郝时远　赵胜轩　高　翔　黄浩涛　斯　塔

专家委员会

首席专家 王延中

委　　员（按姓氏笔画为序）

丁卫东　丁　宏　丁　赛　马　援　王　平　王希恩
王　锋　开　哇　车明怀　扎　洛　方　勇　方素梅
石玉钢　尹虎彬　田卫疆　龙远蔚　包智明　卢献匾
吐尔干·皮达　朱　伦　色　音　刘正寅　刘世哲
刘　泓　江　荻　赤列多吉　李云兵　李红杰　李克强
吴大华　吴　军　何星亮　张若璞　张昌东　张继焦
陈建樾　青　觉　郑　堆　赵立雄　赵明鸣　赵宗福
赵剑英　段小燕　姜培茂　聂鸿音　晋保平　特古斯
俸代瑜　徐　平　徐畅江　高建龙　黄　行　曹宏举
曾少聪　管彦波　毅　松

项目工作组

组　　长 扎　洛　孙　懿

成　　员（按姓氏笔画为序）

丁　赛　孔　敬　刘文远　刘　真　李凤荣　李益志
宋　军　陈　杰　周学文　程阿美　管彦波

总　序

实践的观点是马克思主义哲学最基本的观点，实事求是是马克思主义活的灵魂。坚持一切从实际出发、理论联系实际、实事求是的思想路线，是中国共产党把马克思主义基本原理与中国实际相结合，领导中国人民进行社会主义革命和社会主义建设不断取得胜利的基本经验。改革开放以来，在实事求是、与时俱进思想路线指导下，中国特色社会主义伟大事业取得了举世瞩目的伟大成就，中国道路、中国经验在世界上赢得了广泛赞誉。丰富多彩的成功实践推进了中国化马克思主义的理论创新，也为哲学社会科学各学科的繁荣发展提供了坚实沃土。时代呼唤理论创新，实践需要哲学社会科学为中国特色社会主义理论体系的创新发展做出更大的贡献。在中国这样一个统一的多民族的社会主义国家，中国特色的民族理论、民族政策、民族工作，构成了中国特色社会主义的重要组成部分。经济快速发展和社会剧烈转型，民族地区全面建成小康社会，进而实现中华民族的伟大复兴，迫切需要中国特色民族理论和民族工作的创新，而扎扎实实地开展调查研究则是推进民族研究事业适应时代要求、实现理论创新、服务发展需要的基本途径。

早在20世纪50年代，应民族地区的民主改革和民族识别之需，我国进行了全国规模的少数民族社会历史与语言调查，今称“民族大调查”。这次大调查收集获取了大量有关民族地区社会历史的丰富资料，形成300多个调查报告。在那次调查的基础上，整理出版了400余种、6000多万字的民族社会历史建设的巨大系统工程——“民族问题五种丛书”，为党和政府制定民族政策和民族工作方针，在民族地区开展民主改革和推动少数民族经济社会的全面发展提供了重要的依据，也为新中国民族研究事业的发展奠定了坚实的基础。

半个多世纪过去了，如今我国边疆民族地区发生了巨大而深刻的变化，各民族逐渐摆脱了贫困落后的生产生活状态，正在向文明富裕的现代化社会迈进。但同时我们要看到，由于历史和现实的原因，各民族之间以及不同民族地区之间经济社会的发展依然存在较大的差距，民族地区经济发展不平衡问题以及各种社会问题、民族问题、宗教问题、生态问题，日益成为推动民族地区经济社会发展必须着力解决的紧迫问题。深入民族地区开展长期、广泛而深入的调查研究，全面了解各民族地区经济社会发展面临的新情况、新问题，科学把握各民族地区经济社会发展趋势，是时代赋予民族学工作者的使命。

半个多世纪以来，中国社会科学院民族学与人类学研究所一直把调查研究作为立所之本。1956 年成立的少数民族语言研究所和 1958 年成立的民族研究所（1962 年两所合并），从某种意义上讲，就是第一次民族大调查催生的结果。作为我国多学科、综合性、国家级的民族问题专业研究机构，民族所非常重视田野调查，几代学人已在中国各民族地区近 1000 个地点进行过田野调研。20 世纪 90 年代，民族所进行了第二次民族地区典型调查，积数年之功完成了 20 余部调研专著。进入新的历史时期，为了更好地贯彻党中央对我院“三个定位”的要求，进一步明确今后一个时期的发展目标和主攻方向，民族所集思广益，经过反复酝酿、周密论证，组织实施了“21 世纪初中国少数民族地区经济社会发展综合调查”。这是我国民族学研究事业发展的迫切需要，也是做好新时期民族工作的前提和基础。

在充分利用自 20 世纪 50 年代以来开展的少数民族社会历史与语言调查相关研究成果的基础上，本次民族大调查将选择 60—70 个民族区域自治地方（包括城市、县/旗或民族乡）作为调查点，围绕民族地区政治、经济、社会、文化、生态五大文明建设而展开，计划用 4—5 年的时间，形成 60—70 个田野调查报告，出版 50 部左右的田野民族志专著。民族调查是一种专业性、学科性的调查，但在学科分化与整合均非常明显的当代学术背景下，要通过调查研究获得开拓性的成果，除了运用民族学、人类学的田野调查方法外，还需结合社会学问卷调查方式和国情调研、社会调查方式，把静态与动态、微观与宏观、定量分析与定性分析、典型与一般有机结合起来，突出调查研究的时代性、民族性和区域性。这是新时期开展民族大调查的新要求。

立足当代、立足中国的“民族国情”，妥善处理民族问题，促进各民族平等团结，促进各民族地区繁荣发展，是中国特色社会主义的重要任务。“21 世纪初中国少数民族地区经济社会发展综合调查”作为国家社科基金特别委托项目和中国社会科学院创新工程重大项目，希望立足改革开放以来少数民族地区的发展变化，围绕少数民族地区经济社会发展，有针对性地开展如下调查研究：①民族地区经济发展现状与存在的问题调查研究；②民族地区社会转型、进步与发展调查研究；③西部大开发战略与民族问题调查研究；④坚持和完善民族区域自治制度调查研究；⑤民族地区宗教问题调查研究；⑥民族地区教育与科技调查研究；⑦少数民族传统文化与现代化调查研究。

调查研究是加强学科建设、队伍建设和切实发挥智库作用的重要保障。基础研究与应用对策研究是现代社会科学不可分割的有机统一整体。通过全面、深入、系统的调查研究，我们希望努力达成以下几个目标。一是全面考察中国特色民族理论、民族政策的探索和实践过程，凝练和总结中国解决民族地区发展问题、确立和谐民族关系、促进各民族共同繁荣发展的经验，把握民族工作的一般规律，为未来的民族工作提供坚实的理论支撑，为丰富和发展中国特色社会主义理论体系做出贡献。二是全面展示改革开放特别是进入 21 世纪以来民族地区经济社会发展的辉煌成就，展示以“平等、团结、互助、和谐”为核心内容的新型民族关系在当代的发展状况，反映各族人民社会生活的深刻变化，增强各民族的自豪感、自信心，建设中华民族共同体，增强中华民族凝聚力。三是深入调查探寻边疆民族地区经济社会发展中存在的问题，准确把握未来发展面临的困难与挑战，为党和国家全面了解各民族发展现状、把握发展趋势、制订未来发展规划提供可靠依据。四是通过深入民族地区进行扎实、系统的调研，收集丰富翔实的第一手资料，构筑我国民族地区社会发展的基础信息平台，夯实民族研究的基础，训练培养一支新时期民族问题研究骨干队伍，为民族学研究和民族地区未来发展奠定坚实的人才基础。

我们深信，参与调查研究的每一位专家和项目组成员，秉承民族学、人类学界前辈学人脚踏实地、不怕吃苦、勤于田野、精于思考的学风，真正深入民族地区、深入田野，广泛汇集干部群众的意见，倾听干部群众的呼声，运用多种方式方法取得丰富的数据资料，通过科学严谨的数据分析和系统深入的理论研究，一定会取得丰硕的成果。这不仅会成为 21 世纪我国民族学与人类学学科建设的一座重要里程碑，也一定会为党和政府提供重要决策参考，为促进我国民族理论和民族工作的新发展，为在民族地区全面建成小康社会，为实现中华民族的伟大复兴做出应有的贡献。

王伟光

目　录

导　论

察布查尔锡伯自治县隶属新疆维吾尔自治区伊犁哈萨克自治州，是中国唯一以锡伯族为主体的多民族聚居县。重要的地理位置、特殊的迁徙历史、复杂的多民族聚居环境、多元的文化要素、21 世纪以来巨大的社会变化，使该县成为多学科关注的焦点。

移居民族。公元 18 世纪中叶，清朝平定准噶尔后，今察布查尔地区变为荒无人烟的原野。清政府自东北调遣锡伯军民共 3000 余人西迁伊犁，进驻今察布查尔屯垦戍边。200 多年过去了，锡伯族在移居地区繁衍生息，保持着本民族语言文化。

边境县。察布查尔锡伯自治县地处祖国的西北边陲，新疆天山支脉乌孙山北麓，伊犁河以南，与伊犁哈萨克自治州首府伊宁市隔河相望，西与哈萨克斯坦共和国接壤，是对外开放重点县，也是伊犁哈萨克自治州维稳重点县之一。

多民族聚居区。全县总面积 4485 平方公里，人口 19.30 万人（2011 年），由锡伯族、维吾尔族、哈萨克族、汉族、回族、蒙古族等 25 个民族组成，少数民族占 72%，其中锡伯族约 2 万人。县辖 11 个乡、3 个镇、2 个国有农牧场，驻县有新疆生产建设兵团农四师 67 团、68 团、69 团等单位。该县在复杂的生存环境中，形成了独特的发展模式。

如今，锡伯语已成为满—通古斯语言中唯一仍在使用的语言文字，察布查尔县也因此成为满—通古斯语系语言现存唯一的语言文字使用区，受到国际民族学、人类学、语言学界的重视，几次民族调查、语言调查均有报告在案，恕不一一列举。

本课题作为“21 世纪初中国少数民族地区经济社会发展综合调查”子项目，集合中国社会科学院、中国第一历史档案馆、中央民族大学、北京社会科学院、新疆语委、新疆师范大学、察布查尔县政府及县党校的专家、学者、老师们，组成调研团队，在县政府的大力支持下，于2016年6月至12月，分四次深入当地调研，获取大量第一手资料，围绕当地社会政治、经济、生态、教育、宗教民俗与家庭伦理、医疗卫生、科技、文化遗产保护和民间艺术等方面的变化发展情况进行研究，得出结论。

政治文明的建设方面，自中国人民解放军进驻新疆，成立新疆人民政府，派遣官兵进驻全疆各地，便揭开了察布查尔地方政治建设的新幕。从县行政区划的变化和特点来看，可分为区乡、人民公社和乡镇三个时期。在这三个时期内，不仅行政组织不同，行政区划也有差别。

作为民族自治县，民族区域自治制度自1954年自治县成立后，即依据《中华人民共和国宪法》《中华人民共和国民族区域自治实施纲要》和《中华人民共和国民族区域自治法》的规定，在充分保证党和国家利益的前提下，全面贯彻民族区域自治制度，着力落实民族自治权利，促进民族自治地区经济社会协调发展。民族干部队伍建设是国家民族区域自治制度全面落实的保障，察布查尔锡伯自治县境内居住的少数民族，除锡伯族外，还有哈萨克族、维吾尔族、回族等民族，选拔培养少数民族干部的任务更为艰巨而重要。

察布查尔锡伯自治县位于我国的西北边陲，西与哈萨克斯坦接壤。随着时间的推移，县域居住的民族构成和分布发生了巨大变化。目前居民有锡伯族、维吾尔族、哈萨克族、汉族、回族、蒙古族、柯尔克孜族、东乡族等十几个民族。对多民族杂居的民族自治县来讲，民族关系和谐与否攸关当地社会稳定和经济社会发展，甚至关系到国家总体安全。

以民族而论，锡伯族作为全国28个人口较少民族之一，主要分布在辽宁、吉林、黑龙江和新疆等地，据2010年第六次全国人口普查统计，全国锡伯族190481人，其中新疆锡伯族34399人，占全国锡伯族人口的18%。察布查尔锡伯自治县是全国唯一的锡伯族自治县，全县锡伯族人口20620人，占全国锡伯族人口的10.8%，而占全新疆锡伯族人口的59.9%。察布查尔锡伯自治县的锡伯族人口，虽然只占全国锡伯族人口的10.8%，但从全国锡伯族大杂居、小聚居的状况来看，察布查尔锡伯自治县仍是锡伯族人口最集中的地方，而且占全新疆锡伯族人口的大多数。

经济方面，自 1954 年察布查尔锡伯自治县正式成立至今，已走过 63 年的发展历程，也呈现出不同的阶段性发展形态和特征。改革开放初期，我国东部沿海地区凭借良好的区位、政策条件以及劳动力、土地等要素成本优势，通过发展制造业出口加工型贸易实现了经济快速增长。相对而言，西部地区由于发展基础薄弱，缺乏融入全球价值链分工的产业竞争力，也由此拉大了与东部先发地区的经济差距。进入 21 世纪以来，国家适时提出“西部大开发”战略，坚持把西部地区自力更生、艰苦奋斗与国家政策支持结合起来，最大限度地发挥市场配置资源的基础性作用，不断增强西部地区的发展能力。在此背景下，察布查尔县依托自身的资源、文化、区位等优势，紧抓历史发展机遇，特别是在中央新疆工作座谈会后，积极参与配合江苏省盐城市的对口援建工作，通过承接东中部产业转移，加速了县工业体系的完善和县域经济实力的提升，实现了县域经济的跨越式增长，产业体系不断完善，工业化进程稳步推进，人们生活水平显著提升。

生态文明建设方面，察布查尔锡伯自治县是伊犁河流域生态系统的主要组成部分，自然生态系统较为完整，产业结构合理，一直以来没有造成严重的生态压力，其中第一产业和第三产业贡献率大，工业比重较小，因此县域生态环境问题不是很突出。察布查尔县自“十一五”规划开始更加注重生态环境建设，将保护良好的生态环境摆在促进发展的优先战略地位，制订实施了经济、社会、环境和谐发展以及“生态文明试点示范县建设”的目标规划，以尊重自然、顺应自然、保护自然为前提，以人与自然、环境与经济、人与社会和谐共生为宗旨，以资源环境承载力为基础，坚持“在保护中发展，在发展中保护”，坚持“环保优先、生态立县”，将生态文明紧密融入察布查尔县经济建设、政治建设、文化建设、社会建设各方面和全过程，走经济健康发展、生活富裕、生态良好，人与自然和谐相处的生态文明道路，建立节约环保的空间格局、产业结构、生产方式、生活方式。“生态文明试点示范县建设”的目标分三个阶段，包括中近期为 2012—2015 年，中期为 2016—2020 年，远期为 2021—2025 年。

察布查尔县在社会经济发展规划中，把生态文明建设放在重要的位置，2016 年的“十三五”规划中提出“树立尊重自然、顺应自然、保护自然理念，把生态文明建设融入规划各方面和全过程。在保护中开发，在开发中保护，努力实现人与自然和谐相处”的基本原则。

察布查尔县资源开发可持续和生态环境可持续示范建设将通过合理空间布局，保护好察布查尔县赖以发展的生态环境；转变生产方式，发展循环经济和生态产业，优化产业结构，促进经济的可持续增长和农牧民增收致富；倡导生态文明，提高人民生活质量品质和文明程度。两个可持续规划着力于促使经济发展、社会进步和生态环境保护三者之间的良性互动，从而实现社会效益、经济效益和生态环境效益的统一。

锡伯族历来十分重视教育，人均受教育水平较高。根据文献记载，清朝康熙中期，锡伯族俊秀幼童每牛录（以锡伯族为主体的乡镇）各一名被招入官学，学习满语、满文。从此以后，锡伯人兼用满语文，传承至今。乾隆三十一年（1766），伊犁将军明瑞奏请八旗教学事宜，教学以学通满文为主，兼学简单的汉文和测算知识等。嘉庆末年，在惠远城设立敬业学校，课程设置以满汉并重。光绪八年（1882），清朝收复伊犁后，伊犁将军金顺遵旨补发伊犁被陷时期多年未发的饷银，锡伯营总管色布希贤利用这些银两兴办了锡伯营 8 个牛录的义学，又从官仓汉族办事人员中聘请 3 名教师，从 8 个牛录义学里挑选俊秀学生 30 余人，专门学习汉语文。光绪二十九年（1903），在色布希贤的影响下，从锡伯营、索伦营、新满营义学和公务人员中挑选有培养前途的优秀学生赴俄国阿拉木图学习，开创了锡伯族青年出国留学的先河。从此以后，新疆的锡伯族人普遍“锡、汉兼通”，不少人还通晓维吾尔、哈萨克、蒙古、俄罗斯等兄弟民族的语言，因而享有“天生翻译民族”的美誉。

中华人民共和国成立后，锡伯族的教育跨入了新的发展时期。在党的民族政策的光辉照耀下，在各级党委、政府的关心和锡伯族干部群众的共同努力下，新疆锡伯族各级各类教育事业得到长足发展，取得历史性进步，其文化教育水平在新疆各民族中名列前茅。

1978 年新疆维吾尔自治区人民政府下发了《关于恢复锡伯文使用和恢复锡伯语文教学的通知》，察布查尔锡伯自治县 8 所锡伯族小学先后恢复了锡伯文教学，霍城县伊车嘎善锡伯民族乡中小学、巩留县两所锡伯小学以及塔城市喀尔哈巴克前进学校等也陆续恢复了锡伯文教学。

现在，察布查尔锡伯自治县各学校分别使用锡伯语、汉语、维吾尔语、哈萨克语四种语言教学。在自治县 8 个牛录 1—9 年级开设锡伯文课程，1—6 年级作为必修课、初中作为地方课程、高中将锡伯文课程作为选修课程。

2003 年 3 月始，锡伯语文教育问题引起县教育局领导的高度重视，经过两年的调研，自治区教育厅于 2005 年下发文件，批准锡伯语文教学学制由原来的六年制缩短为现在的三年制。2005 年秋季开始使用新编锡伯语文教材。新疆教育出版社的锡伯文专家根据文件精神，成立教材编写小组，利用半年多的时间，根据课程标准编写完成了现行的“锡伯语文教材”。

2016 年 6 月 20 日，察布查尔锡伯自治县人大常委会颁布《察布查尔锡伯自治县第十六届人民代表大会常务委员会公告》（第 8 号），宣称：“《察布查尔锡伯自治县锡伯语言文字保护条例》于 2016 年 1 月 22 日经察布查尔锡伯自治县第十六届人民代表大会第六次会议通过，2016 年 5 月 27 日经新疆维吾尔自治区第十二届人民代表大会常务委员会第二十二次会议批准，现予以公布，自 2016 年 9 月 1 日起施行。”应该肯定，该条例获得批准，颁布施行，对锡伯族语言文字的使用、锡伯族文化的传承保护都具有重要意义。

锡伯族在长期历史发展过程中形成自己的民族特点、宗教信仰和风俗习惯，创造了优秀的民族文化。特别是今天生活在新疆伊犁地区的锡伯族人，由于地理位置等原因，至今相对完好地保持着本民族的传统文化。随着时代的变迁，锡伯族的宗教信仰、风俗习惯、家庭结构、伦理道德等也在不断变化，折射着锡伯族社会的时代印记。

察布查尔县政府和相关机构十分重视提高服务能力与保障水平。进入 21 世纪以来，他们不断创新发展方式与管理模式，认真开展医疗卫生和社会保障等民生工程，通过技术创新、基础设施提升改造、人才培养、创新管理机制等方法，积极改善医疗卫生状况，建立健全社会保障体系，在医疗卫生与社会保障事业方面取得了长足的进步，为全县各族人民群众解除了病痛，保障了人民群众的身心健康。

文化发展与遗产保护方面，通过公共文化服务培育和促进文化消费，是现代公共文化服务体系建设的一项新功能和新任务。这主要通过培育公众文化素养、拓展公众文化享受范围、激发公众文化消费欲望来实现。文化消费是一种选择性消费。持之以恒的公共文化服务，在带来公众文化素养提升、基本文化需求得到满足之后，人们会追求更为丰富多彩的文化享受。保护非物质文化遗产实际上是对文化发展的促进，同时也是现代公共文化服务工作中的重要组成部分。

媒体作为现代社会生活必不可少的信息来源，影响着人们生活的方方面面。大众传媒以其特有的记录和传播方式，以文字、图像、纪录片等形式，在非物质文化遗产对内对外传播中发挥着不可替代的作用。大众传媒在自觉与不自觉地执行着“社会遗产继承”的社会责任。报刊以文字和图片的形式，广播以音声传播为主，影视媒介以文字、图像、声音的方式发挥更强的传播力量，而随后的网络媒体的发展，其“多媒体”、互动式、较少受时空限制的特点更是将大众传媒的传播功能发挥到更高层次。察布查尔县作为全国唯一的锡伯族自治县，《察布查尔报》和电视广播电台在传承民族文化、弘扬精神文明等方面发挥着不可忽视的作用。

文化遗产包括物质文化遗产和非物质文化遗产。物质文化遗产多体现为文物古迹。非物质文化遗产多为口传、民俗、手工技艺等。察布查尔锡伯自治县是古代民族流动频繁的区域，历史悠久，留下了不少文物古迹，现有 122 处文物保护单位，都建立了保护档案，其中 3 处国保单位、9 处自治区级文保单位，现全部竖立有标志牌，设置了保护控制地带。如今的察布查尔县是锡伯族聚居区，其文化在全国具有独特地位。2003 年，我国加入联合国教科文组织《保护非物质文化遗产公约》，随即开启了文化遗产保护的倡议和实践。察布查尔县于 2005 年开始组织开展锡伯族非物质文化遗产代表作名录的申报立项和保护传承工作，截至目前，已有西迁节、贝伦舞、弓箭制作技艺、锡伯族刺绣、锡伯族民歌 5 个项目入选第一、二、三批国家级非物质文化遗产代表作名录，入选自治区级非物质文化遗产代表作名录的有西迁节、锡伯族贝伦舞、锡伯族弓箭制作技艺、锡伯族萨满舞蹈音乐、锡伯族朱伦呼兰比、锡伯族汗都春、锡伯族射箭、锡伯族刺绣、锡伯族民间故事、锡伯族东布尔、锡伯族杭西、锡伯族民歌、锡伯族抹黑节、锡伯族蝴蝶舞、锡伯族拔火罐传统疗法 15 个项目，锡伯族刺绣等 30 个项目被纳入伊犁州非物质文化遗产代表作名录。近几年，察布查尔县在非遗保护和传承方面成就突出，非遗在社会经济建设中发挥着不可低估的重要作用。

锡伯族热爱音乐、能歌善舞，在漫长的历史进程中，锡伯族人民用自己的智慧和劳动创造了灿烂夺目的民间艺术文化以及丰富多彩的民间音乐财富。锡伯族的民间艺术具有鲜明的民族气质和民族风格。在锡伯族西迁200多年的历史时空中，通过各类民间节日、民俗艺术活动等形式，延续和传承锡伯族民间艺术文化传统。在调研中，大家深切感受到民间文化在察布查尔县社会生活中的重要意义，理当浓墨重彩，大书特书！

第一章

基本情况

察布查尔锡伯自治县是我国唯一的锡伯族自治县，地处祖国的西北边陲，位于新疆维吾尔自治区西天山支脉乌孙山北麓，伊犁河以南，自然条件优越，宜农宜牧，适合种植各种农作物和蔬菜瓜果，是新疆伊犁地区主要粮食产地之一，森林和煤炭资源也比较丰富。1954 年 3 月 17 日，察布查尔锡伯自治县正式成立，经过 60 余年的发展，目前有 13 个乡镇和 2 个国营场，居民有锡伯族、维吾尔族、哈萨克族、汉族、回族、柯尔克孜族、蒙古族、满族等民族。县域有新疆生产建设兵团农四师 67 团、68 团、69 团，伊犁哈萨克自治州林业局平原林场和天山西部林业局山区林场等单位。

第一节　地理环境

察布查尔锡伯自治县地处祖国的西北边陲，位于伊犁河以南的河谷盆地，南接西天山支脉乌孙山，北濒伊犁河。介于东经 81°31′—81°43′，北纬 43°17′—43°57′，属亚洲大陆腹地。乌孙山由东往西延伸，伊犁河由东往西流淌，察布查尔锡伯自治县正处在乌孙山和伊犁河之间的狭长地带，属典型的河谷地貌，南高北低，呈阶梯状。南面山区最高海拔 3699. 5 米，北面河漫滩最低海拔 520 米，海拔高低相差 3179. 5 米。县域东西最长处约 90 公里，南北最宽处约 70 公里，总面积 4430. 24 平方公里。

一　地貌

察布查尔县地势自东向西以扇形延伸，东窄西宽；由北向南以阶梯式上升，北低南高。按海拔高度可分为 5 种不同的地带，地貌、土壤和植被各不相同。

海拔550—590米属河漫滩和一级阶地的平原地带，约计580平方公里，占全县总面积的13.2%。地势平坦，沿伊犁河南岸自东往西延展，土壤多为草甸土和灌溉沼泽土，土层较厚，水源丰富，植被茂密，是主要的水产区，除可耕地外，还有沼泽、芦苇荡和次生林。

海拔590—650米属二级阶地的平原地带，约计525平方公里，占全县总面积的11.8%。这一地带地势平坦，土层厚度达80—150厘米，土壤为灌溉灰钙土，其主要土种为灰黄土，有机物质含量高，土地肥沃，十分适宜农耕栽培，除田间和道路旁的林地外，都是优质农田，是重要的粮食产区。

海拔650—1200米属三级阶地的倾斜平原地带，约计1400平方公里，占全县总面积的31.6%。自东向西呈带状，由北而南呈斜状，地形高低起伏，土层厚度一般为60—90厘米，多为灌溉灰钙土，其主要土种为黄土，植被丰富，宜耕宜牧，是粮食油料的主要产区，也是春秋两季的主要草场。

海拔1200—1500米属山前丘陵洪积和冲积区地带，约计825平方公里，占全县总面积的18.6%。这一地带丘陵遍布，沟梁相连，由南而北呈斜坡状，土壤多为栗钙土，水源缺乏，植被较差，耕种面积较少，农作物产量偏低，而在地下蕴藏着丰富的优质煤炭资源，是主要的产煤区。

海拔1500—3699.5米属山区地带，约计1100平方公里，占全县总面积的24.8%。山脉呈东西走向，其间有长度10公里以上南北走向沟谷8条，最长一条为霍诺海沟，长达35公里。最高峰为山银哈达，是锡伯语称谓，汉译为白石峰，海拔3475.6米。山区内山峦叠起，峡谷纵横，水流潺潺，花草茂盛，松林成片，是优良的夏季牧场和休闲旅游地方。

二　气候

察布查尔锡伯自治县地域属北温带大陆性干旱气候，气温变化明显，日光充足，四季分明，夏季炎热，冬季寒冷，昼夜温差较大，气温随地势南高北低走向而呈南低北高态势。气温在1月最冷，7月最热，年温差为35.2℃，年平均气温为8.3℃，极端最高气温39.5℃，极端最低气温零下43.2℃。降水量为南多北少，东多西少，年降水量南部山区为300—400毫米，北部平原东部250毫米，中部平原东部200毫米，西部平原东部

150毫米。日照丰富，全年可日照时数为4443小时。

春季（3—5月），升温快而不稳定，平均气温4℃—17.4℃。降水量60.5毫米，占全年降水量的30%。

夏季（6—8月），平原地区高温炎热而降水少，山区低温凉爽而降水充沛，平均气温21.1℃—22.8℃。平原地区降水量52.7毫米，占全年降水量的26%，而山区降水量110.5毫米，占全年降水量的35%。

秋季（9—11月），天气晴朗，降温迅速，干燥而降水量少，平均气温8.8℃—21.6℃。降水量48.4毫米，占全年降水量的24%。9月下旬出现初霜，11月上旬出现初雪，土壤开始结冻。

冬季（12—2月），天气寒冷而不稳定，平均气温8.9℃—12.4℃。降水量41.6毫米，占全年降水量的20%。冬季县域普遍积雪，平原地区最大积雪厚度可达65厘米，山区最大积雪厚度可达100厘米。

三　物产

全县耕地总面积为664.6万亩，其中县辖乡镇场面积563.37万亩，占总面积的84.78%；兵团和州属奶牛场、平原林场面积101.16万亩，占总面积的15.22%。在县辖土地面积中耕地96.93万亩，草场493万亩，林地1.69万亩。另外，还有地下矿藏。

耕地分布在一级阶地平原、二级阶地平原、三级阶地斜坡平原和山前丘陵地带，其中一级阶地的耕地靠“大稻渠”引伊犁河水灌溉，二级阶地的耕地靠“察布查尔渠”和“察南渠”引伊犁河水灌溉，三级阶地的耕地靠“南岸大渠”引伊犁河水灌溉，山前丘陵地带的耕地靠“察布查尔沟支渠”“苏阿苏沟支渠”“阿勒玛勒沟支渠”“乌尔坦干渠”“切吉干渠”“加尕斯台渠”“琼博拉干渠”“苏平布克支渠”“克其克博拉支渠”和“霍诺海干渠”引乌孙山水灌溉。主要种植小麦、水稻、玉米、高粱、胡麻、芝麻、蓖麻、油菜、油葵、甜菜、棉花、辣椒、烟草、大麻、薰衣草以及各种瓜果蔬菜等，当地所产有机大米享誉新疆内外。

草场分布在河漫滩、一级阶地平原、四级阶地丘陵和山区地带，主要牧养马、牛、绵羊、山羊、驴和马鹿等。

林地主要分布在河漫滩、一级阶地平原和山区，其中河漫滩为次生林，包括沙枣、沙棘、河柳、柽柳、白榆等；一级阶地平原为人工林，主要种植杨树和柳树；山区的霍诺海、琼博拉、加尕斯台、乌尔坦、苏阿苏等12条山系的阴坡和半阴坡山体上生长林木，主要包括云杉、山杨、山柳、山楂、花秋、忍冬、野苹果、山杏、园柏等。

矿藏主要分布在山前丘陵及山区，现已探明的有煤、铀、金、铜、铅、锌、锰、重晶石、石灰岩、花岗岩等，其中煤和铀的储量比较可观，而且已经规模开采。

四　交通

察布查尔锡伯自治县县治所在地是察布查尔镇，旧称宁古齐牛录。宁古齐牛录是锡伯语，汉译为第六牛录或六乡。察布查尔镇距伊犁哈萨克自治州首府伊宁市15公里，距新疆维吾尔自治区首府乌鲁木齐市695公里。东邻巩留县，南以察布查尔山、乌孙山和帖木里克山为分水岭，与昭苏县、特克斯县毗邻，西与哈萨克斯坦接壤，北与伊宁市、霍城县、伊宁县隔伊犁河相望。在中哈两国边界上设有都拉塔口岸，可通往哈萨克斯坦的阿拉木图市，相距247公里。

在县域内有省道S313线，伊犁河大桥至都拉塔口岸，全长71公里；ZP15线，察布查尔镇至麻扎边防站，全长61.25公里；Z080线，即伊宁市至昭苏县的伊昭公路，通过县境长度48.75公里。

另外，还有县道X714线，伊犁河大桥至阔洪奇乡，全长24.3公里；X715线，纳达齐牛录乡至喀拉达木吊桥，全长55.4公里；X716线，Z080线K+300至加尕斯台乡，全长7公里；X717线，ZP15线K32+300至琼博拉煤矿，全长10公里；X718线，察布查尔镇至绰霍尔乡，全长9.2公里；Y016线，伊犁河大桥至寨牛录村，全长7公里。又有两条专道，坎乡至阿勒玛勒8号煤矿，全长15公里；农四师67团至都拉塔口，全长215公里。

第二节　历史沿革

察布查尔锡伯自治县的所辖地区，基本上属于伊犁河河谷地带。伊犁河流域水草丰美，物产丰富，气候宜人，自古以来就有人类在此生息繁衍。随着时代的发展变化，在此生活的部族也发生变化，共同缔造了伊犁河流域的文明史。

一 诸部时期

先秦时，塞种人游牧于伊犁河流域，包括今察布查尔锡伯自治县地域。

西汉时，居住在敦煌和祁连山一带的月氏，受到匈奴冒顿单于率兵攻击，部分月氏被迫向西迁移到伊犁河流域。塞种人受到月氏的威胁和排斥，多数部众被迫迁往他处。驻牧伊犁河流域的月氏，称大月氏。后匈奴单于协助乌孙昆莫攻打大月氏，其王被杀，大月氏又被迫西走，越过大宛而居。张骞出使西域，曾到过大月氏，欲联络大月氏共同攻击匈奴。

乌孙早先游牧于敦煌和祁连山一带，后被月氏击败，臣服于匈奴。后来在匈奴的支持下，乌孙举部西进，最终打败大月氏，驻牧于伊犁河流域。张骞出使西域，与乌孙联络，建立起汉朝和乌孙联盟。汉武帝先后以宗室之女细君公主和解忧公主远嫁给乌孙昆弥，汉宣帝时乌孙开始隶属于西域都护府。至南北朝时，乌孙已迁到葱岭中，与北魏关系密切，魏太武帝曾遣使至乌孙。

东汉后期，东北鲜卑兴起，向西攻击北匈奴，北匈奴举部迁到乌孙地界。魏晋之际，北匈奴部分人众与当地的乌孙人融合，后称为悦般国，今察布查尔锡伯自治县地域属悦般国西境。北魏至隋唐之际，高车国、西突厥汗国势力控制伊犁河流域。唐高宗时，发兵击破西突厥汗国，设立昆陵和濛池两个都护府，同归安西大都护府管辖，今察布查尔锡伯自治县地域属昆陵都护府辖区。而后，回鹘汗国和喀喇汗王朝先后统治伊犁河流域。宋嘉定年间，伊犁河北阿力麻里的哈剌鲁首领斡匝尔脱离西辽，投顺蒙古成吉思汗。

元太祖成吉思汗分封诸子时，将伊犁河流域划给次子察合台管辖，包括今察布查尔锡伯自治县地域，成为察合台封地的中心地区。元至正年间，察合台汗国分裂东西两部，东察合台汗秃黑鲁帖木儿建都于伊犁河北的阿力麻里，伊犁河谷就成为东察合台汗国的核心地区。明中期以后，游牧于蒙古高原西北的瓦剌，受到其他蒙古部的排挤，开始向西南迁移，逐渐占据东察合台汗国所辖天山北部地区，包括今察布查尔锡伯自治县地域。

二 准噶尔时期

瓦剌是西蒙古的统称，明末清初称卫拉特，或厄鲁特。明末，卫拉特蒙古形成准噶尔、杜尔伯特、和硕特、土尔扈特四大部。准噶尔部，因其首领以绰罗斯为姓，故又称绰罗斯，初游牧于额尔齐斯河上游和塔尔巴哈台迤东霍博克河、萨里山一带，后迁到伊犁河流域。杜尔伯特部，游牧于额尔齐斯河中上游一带。和硕特部，游牧于额敏河和乌鲁木齐等处。土尔扈特部，初游牧于塔尔巴哈台和额尔齐斯河中游西岸一带，后西迁到额济勒河（即伏尔加河）流域定居。土尔扈特西迁后，原附牧于杜尔伯特的辉特部被列为卫拉特四部之一。

明崇祯七年（1634）巴图尔洪台吉继任准噶尔首领后，励精图治，发展实力，兼并卫拉特诸部领地，颁行《卫拉特法典》，其统治中心位于和布克赛尔。清康熙十年（1671）噶尔丹继位后，进一步扩张势力，吞并邻近各部，接受达赖喇嘛所封“博硕克图汗”称号，雄踞整个天山南北地区，而且将准噶尔的统治中心迁移到伊犁河流域。同时，噶尔丹先后两次率兵进攻喀尔喀蒙古土谢图汗等部，直接威胁清廷对漠南漠北蒙古诸部的统治，经康熙帝两次亲征才击退，噶尔丹兵败后不久病故。

康熙三十七年（1698）策妄阿拉布坦继任准噶尔首领，起初他着力于准噶尔内部事务，抵御俄罗斯的东进，后随着其势力的增强，开始与清廷抗衡，先是派兵攻打哈密等处，而后又发兵进犯西藏，其结果都遭到失败。雍正元年（1723），策妄阿拉布坦遣使赴京纳贡，庆贺雍正帝继位，以示修好。接着又向清廷提出请求，将吐鲁番地方划给其管辖，划定准噶尔与喀尔喀的游牧地界。此两项请求，原则上都得到了清廷的首肯。

雍正五年（1727）策妄阿拉布坦病故，其长子噶尔丹策零继位。次年，遣使进京，请求赴藏熬茶，未获允准。此后，不时派兵进犯，而且在和通淖尔打败靖边大将军傅尔丹率领的清军。雍正十年（1732），派兵进犯喀尔喀蒙古游牧地，在额德尼昭遭到清军击败。于是，被迫遣使赴京求和。乾隆四年（1739），双方议定以阿尔泰山梁为准划分准噶尔与喀尔喀游牧地界，允许准噶尔人赴藏熬茶，定期在肃州开设互市。

在策妄阿拉布坦和噶尔丹策零统治时期，准噶尔的社会、经济和文化都得到一定的发展。今察布查尔锡伯自治县地域成为当时主要的农业生产和宗教活动地区。从天山南部迁来维吾尔族人专门从事农业生产，称之为“塔兰奇”。在伊犁河南挖渠引水，开垦土地，种植粮食。除在伊犁河之北修建固尔扎庙（金顶寺）外，还在伊犁河之南修建海努克庙（银顶寺），其遗址就在今海努克乡地方。

乾隆十年（1745）噶尔丹策零去世后，由于争权夺利，准噶尔内部发生长期争斗。在此期间，不少台吉率领部众投顺清廷，其中就有曾帮助达瓦齐夺取准噶尔统治权的辉特部台吉阿睦尔撒纳。长期的内讧和部众的流失，极大地削弱了准噶尔势力，为清廷统一天山南北提供了难得的良机。乾隆二十年（1755），清廷发兵，分成两路，北路军从乌里雅苏台出发，由定边左副将军阿睦尔萨纳统率；西路军从巴里坤出发，由定边右副将军萨喇尔统率，开始向西挺进，一路势如破竹，很快攻进伊犁，在格登山打败达瓦齐。不久，阿睦尔萨纳乘清军大部队撤回之际，杀害领兵留守伊犁的将军班第、参赞大臣额容安后公开背叛清廷。另外，清军攻入伊犁时曾率众归附的小和卓霍集占也乘机逃回天山南部，煽动大和卓波罗尼都共同发动了叛乱。自乾隆二十一年（1755）始，清廷又分西北两路军第二次远征伊犁。经过两年时间，清军大败阿睦尔萨纳，收复伊犁。接着又挥师南下，经过两年时间，乾隆二十四年（1759）平定了大小和卓叛乱。至此，经康熙、雍正、乾隆三朝的不懈努力，清廷最终统一了新疆天山南北。

三 锡伯营时期

清廷统一新疆天山南北后，因长年的战争，已是千里空虚，特别是天山北部地区，渺无人烟，土地荒芜，城郭无存，防务空虚，百废待兴。为了巩固统一局面，加强西北边疆防务，清廷决定在伊犁驻兵屯田，一面抽调八旗和绿营官兵迁往伊犁驻防屯田，一面迁移天山南部维吾尔族人和内地人民到伊犁开垦种田。

伊犁地区驻防八旗的设置是逐步完成的，从乾隆二十六年（1761）开始，至乾隆三十六年（1771）结束，整整用了10年时间。伊犁驻防八旗是永久性驻扎的携眷官兵，由惠远城满洲营、惠宁城满洲营、锡伯营、索伦营、察哈尔营和厄鲁特营6个营组成。以上各营的官兵，除由当地厄鲁特人组建的厄鲁特营外，其他5营的官兵，都是从凉州、庄浪、西安、宁夏、热河以及内蒙古、黑龙江、辽宁等地抽调移驻的八旗携眷官兵。同时，在伊犁设置将军，全称“总统伊犁等处将军”，简称伊犁将军。下设惠宁城满洲营领队大臣、锡伯营领队大臣、索伦营领队大臣、察哈尔营领队大臣、厄鲁特营领队大臣，分别责成管理各该营事务。伊犁将军不仅仅管理伊犁地区军政事务，而且总统管理全新疆的军政事务，与各领队大臣一起驻在伊犁河北岸的惠远城，所以惠远城就成为当时新疆的首府之城。

锡伯族是古代鲜卑人的后裔，发源于东北的大兴安岭，后向南迁到嫩江和松花江流域繁衍生息。清康熙年间编入满洲八旗，因八旗驻防的需要，分别携眷移驻北京和盛京（今沈阳）地区。锡伯官兵移驻辽沈地区60余年后，于乾隆二十八年（1763）底，首任伊犁将军明瑞等奉命筹办防务事宜时向乾隆帝建议道："奴才等闻得，盛京驻兵共有一万六七千名，其中锡伯兵四五千名，伊等未甚弃旧习，狩猎为生，技艺尚可。近几年出兵时，未曾派遣伊等。奴才等以为，于此项锡伯兵内，拣其优良者一同派来，亦可与黑龙江匹敌。"① 乾隆帝采纳这一建议，令盛京将军舍图肯和伊犁将军明瑞等付诸实施。

盛京将军舍图肯从盛京城、凤凰城、辽阳城、开原城、熊岳城、复州城、岫岩城、金州城、盖州城、锦州城、义州城、兴京城、抚顺城13处驻防八旗内，挑选锡伯官兵1020名编成两队，令其携带家眷3275口，分别于乾隆二十九年（1764）四月初十日、四月十九日启程。锡伯官兵扶老携幼，赶着牛车，牵着马匹，跋山涉水，历时一年零三个月时间，乾隆三十年（1765）七月二十二日到达伊犁河北的乌哈尔里克城。伊犁参赞大臣爱隆阿"亲临查看得，兵齐丁多，老幼甚寡，男女老少衣服被褥俱全，所带兵器尚为齐全，途中虽有损坏者，但为数不多，均可修补。又借此之便，令其兵丁演习马步箭，其中谙练者众，不谙练者稍加训练，均可成为强兵"②。另外，清点官兵及其家眷数目时发现，除在册登记的4295名外，还多出755名。经询问带队前来官员才得知，因亲人不忍分离而跟随来者405名，沿途陆续新生幼童350名。由此可见，当年实际迁到伊犁的锡伯官兵及其家眷共计5050人。

乾隆三十一年（1766）正月，锡伯官兵及其家眷由乌哈尔里克城启程向南行进，乘伊犁河结冰相继过河，迁到指定的驻防屯田之地，即"伊犁河之南，惠远城对面之巴图蒙柯巴克、绰豁啰拜兴迤西，至豁济格尔巴克一带"③。同时，将锡伯官兵单独编为一营，称为伊犁锡伯营。营下设6个牛录，其中4个牛录下各有领催、披甲167名，2个牛录下各有领催、披甲166名。营设领队大臣、总管、副总管各1员管带，领队大臣

① 中国第一历史档案馆编译：《锡伯族档案史料》，辽宁民族出版社1989年版，第285页。
② 同上书，第308页。
③ 同上书，第324页。

的办事机构为领队大臣档房，总管、副总管的办事机构为总管档房。每牛录各设佐领 1 员、骁骑校 1 员，其办事机构为旗下档房，或牛录档房。乾隆三十一年（1767），对锡伯营进行整编，增添 2 个牛录，分别八旗颜色，一牛录为镶黄旗，二牛录为正黄旗，三牛录为正白旗，四牛录为正红旗，五牛录为镶白旗，六牛录为镶红旗，七牛录为正蓝旗，八牛录为镶蓝旗。此后锡伯营官兵的数额，因驻防需要有所增加。道光八年（1814）的变化比较大，增添披甲 300 名，从其中拣放前锋 40 名，又从前锋内选设委前锋校 4 员；分左右两翼，每翼各辖 4 牛录，各设防御 2 员。至此，锡伯营的建制最终确立和完善。营下设 8 旗，每旗各辖 1 牛录，共设领队大臣 1 员、总管 1 员、副总 1 员、佐领 8 员、防御 4 员、骁骑校 8 员、前锋校 4 员、委官 8 员、空蓝翎 6 员、空金顶 64 员、委笔帖式 2 员、领催 32 名、前锋 36 名、披甲 1296 名。

锡伯营是清代新疆驻防八旗的重要组成部分之一，它是军政合一的组织，具有军事、行政和生产三项职能，其中军事职能是第一位的，驻守边疆，保卫疆土。锡伯营官兵负责驻守伊犁河以南 19 座卡伦，每卡伦各派驻官员 1 名、兵丁 4—10 名不等。塔尔巴哈台（今塔城）是天山北部的重镇，处于通往哈萨克、俄罗斯以及漠北地区的要道，战略地位十分重要。锡伯营派遣佐领 1 员、骁骑校 1 员、兵 130 名，赴塔尔巴哈台驻防，每两年换防一次，每年轮换其一半。喀什噶尔是天山南部的重镇，处于中西交通要道，战略地位十分紧要。锡伯营派遣 130 名兵赴喀什噶尔驻防，每两年换防一次，每年轮换其一半。另外，锡伯营每年还派遣 60 余名官兵，与满洲营和索伦营所派官兵一起，分队巡查布鲁特和哈萨克游牧地界。

锡伯营官兵不像满洲营官兵一样“有粮有银”，而是“有银无粮”，“所有口粮俱系自耕自食”①。所以，锡伯营官兵有事应差，无事耕耘。在移驻之初，疏浚了伊犁河南岸就有的绰豁啰水渠（又称锡伯营渠或锡伯旧渠，今改称大稻渠），引伊犁河水灌溉种田。至嘉庆七年（1802），由于人口繁衍，耕地缺乏，时任锡伯营总管图伯特率领本营军民，在绰豁啰水渠迤南地方动工开挖新渠，经过 7 年时间，于嘉庆十三年（1808）竣工，长达 200 余里，引伊犁河水灌溉。因渠口开在察布查尔山脚下，故名

① 徐松：《钦定新疆识略》卷 8，清刻本，第 1—3 页。

“察布查尔大渠”（又称锡伯八旗渠或锡伯新渠）。当时贬官发遣到伊犁的徐松见到察布查尔大渠灌溉工程后，在其名著《西域水道记》中称赞道：“既浚新渠，辟田千顷，遂大丰殖，雄视诸部。郑白之沃，不足云也。”①

清朝对新疆采取了军府制下的多元一体的治理政策，在伊犁设置总统伊犁等处地方将军，统辖新疆天山南北地区军政事务。在乌鲁木齐、塔尔巴哈台、喀什噶尔、哈密、喀喇沙尔、库车、阿克苏、乌什、叶尔羌及和田等地分设都统、参赞大臣、办事大臣、领队大臣等官员，分管各该地区军政事务，并且均受伊犁将军节制。同时，因地制宜，因人而治，对不同的地区、不同的居民，推行不同的管理方式。在伊犁、乌鲁木齐、巴里坤、古城、吐鲁番等地八旗携眷官兵驻防地区施行八旗制，分设满洲、索伦、锡伯、察哈尔、厄鲁特等营，选授协领、总管、佐领、防御、骁骑校等员，管理各该营军政事务；在天山南部和伊犁维吾尔族居住地区施行伯克制，挑选本地维吾尔族人任命伯克，负责管理各该地方行政事务；在哈密、吐鲁番维吾尔族居住地区和天山南北蒙古族居住地区施行盟旗制，由各该地方的维吾尔族和蒙古族王公等担任盟长、扎萨克等职，负责管理各该地方行政事务；在乌鲁木齐、玛纳斯、奇台等汉族居住地区施行郡县制，由内地选派中举候缺人员担任知府、知州、知县等职，负责管理各该管辖范围内的行政事务。

同治年间，新疆内忧外患，局势动荡，阿古柏入侵，俄罗斯侵占伊犁，清廷在新疆的统治体系遭受破坏，整个新疆几乎处于沦陷状况。光绪初年，清廷委派左宗棠统兵收复之初，就开始考虑新疆的建省事宜。经过数年的筹划，于光绪八年（1882）决定废除军府制，建立行省，推行郡县制。光绪十年（1884），正式设置新疆巡抚，授刘锦棠为首任巡抚，其公署设在乌鲁木齐。全疆共设镇迪道、阿克苏道、喀什噶尔道、伊塔道等4个道，其下分设6个府、10个厅、3个州和23个县（包括分县）。考虑到伊犁地区的特殊性，为保持西北边疆的防务力量，继续保留伊犁将军，但其职权缩小，仅管理伊犁和塔城地区驻防八旗及军队事务。伊犁锡伯营制也随着沿袭下来，仍旧肩负着“戍边屯垦”的使命，一直到1937年才被废除，开始实行县制。

① 徐松：《西域水道记》卷4，清刻本，第18页。

四　县制时期

民国元年（1912），伊犁革命党人发动起义，废除了伊犁将军，成立伊犁临时都督政府，在伊犁河南锡伯族居住地区仍旧实行营制。民国二十六年（1937），新疆都督政府废除锡伯营制，建立河南设治局，设置在依拉齐牛录（三牛录）。民国二十七年（1938），改设河南县，设置仍在依拉齐牛录。全县分设4个区，一区驻海努克，二区驻索敦布拉克，三区驻乌珠牛录（一牛录），四区驻纳达齐牛录。民国三十三年（1944），撤区设乡，实行乡镇保甲制，全县设1个镇、5个乡、47个保。具体改设情况是：乌珠牛录（原三区）改为镇，名启明镇；纳达齐牛录（原四区）改设乡，名安丰乡；海努克（原一区）改设乡，名金德乡；索敦布拉克（原二区）改设乡，名白岭乡；宁古齐牛录以西地区改设乡，名康乐乡；宁古齐牛录以东地区改设乡，名永和乡。同年，因河南县与河南省重名，故改为宁西县。

在民国三十四年（1945）伊犁"三区革命"爆发后，今察布查尔自治地界内仍实行县制，称苏木尔县，县置迁到宁古齐牛录（六牛录）。这时虽然仍实行县制，但其基层管理组织有所变化，在锡伯族居住区设总管和副总管，其下设8个牛录，各设1名佐领管理；在维吾尔族和哈萨克居住区设千户长、百户长管理，设有维吾尔族千户长1名，哈萨克族千户长2名、百户长19名。

1949年底，中国人民解放军进疆部队进驻伊犁，与三区民族军会师。1950年6月，召开全县各族各界人民代表大会，选举产生了新的县人民政府，县名为宁西县。1952年8月，中央人民政府发布《中华人民共和国民族区域自治实施大纲》。1953年12月，成立宁西县民族区域自治筹备委员会。1954年3月17日，正式成立察布查尔锡伯自治区，以察布查尔大渠名命名，称"察布查尔自治区"，废除宁西县旧名。1955年11月，在察布查尔锡伯自治区第一届人民代表大会第五次会议上通过决议，根据新疆维吾尔自治区成立后统一各级民族地方地名的规定，察布查尔锡伯自治区更名为察布查尔锡伯自治县。

第三节　行政区划

1949年中华人民共和国成立后，经过宁西县和察布查尔锡伯自治区过渡阶段，最终成立察布查尔锡伯自治县。从县行政区划的变化和特点来看，可分为区乡、人民公社和乡镇三个时期。在这三个时期内，不仅其行政组织不同，而且行政区划也不一样。另外，在县域还有新疆生产建设兵团和伊犁哈萨克自治州所辖单位。

一　区乡时期（1950—1953年）

1950年6月成立宁西县，辖区内分设4个区、21个乡。1951年4月，坎区由伊宁县划归宁西县，增设1个区和6个乡。至此，宁西县共设5个区、27个乡。

一区：区公所驻海努克，辖4个乡。一乡为切吉地方，二乡为阿热吾斯塘地方，三乡为上加尕斯台地方，四乡为上加尕斯台地方。

二区：区公所驻索墩布拉克，辖5个乡。一乡为克其克博拉部分、墩买里、多兰图一带地方，二乡为克其克博拉部分、霍吉尔泰、加依达克一带地方，三乡为索墩布拉克、铁尔干买里、琼博拉部分一带地方，四乡为琼博拉部分、乌库尔齐、塔什库木尔一带地方，五乡为努拉洪布拉克、乌尔坦一带地方。

三区：区公所驻依拉齐牛录，辖8个乡。一乡为乌珠牛录地方，二乡为寨牛录和回民庄地方，三乡为依拉齐牛录地方，四乡为堆齐牛录、察布查尔托博、斐新托博地方，五乡为孙扎齐牛录地方，六乡为宁古齐牛录地方，七乡为纳达齐牛录地方，八乡为扎库齐牛录地方。

四区：区公所驻宁古齐牛录，辖4个乡。一乡为查干布拉格、乔勒潘、铁尔曼布拉克一带地方，二乡为宁古齐牛录迤东河滩乔勒潘一带地方，三乡为佛营地方，四乡为吉然布拉克地方。

五区：区公所驻坎，辖6个乡。一为坎乡，包括坎和其格勒克坎地方，二为察布查尔玛扎乡，包括今察布查尔玛扎和格热木地方，三为阔吾拉特乡，包括坎以西今吾日勒克村地方，四为亚尔胡斯亚尕奇乡，五为阔洪奇乡，六为阿勒班乡，包括今苏阿苏、阿勒玛勒村地方。

1954年3月察布查尔锡伯自治县成立，同时对县辖区乡进行调整，原三区分为三区和四区，原四区分为六区和七区，并且改组乡。至此，察布查尔锡伯自治县共设7个区、33个乡。

一区：区公所驻海努克，下设海努克乡、切吉乡、阿热吾斯塘乡、下加尕斯台乡、加尕斯台乡、上加尕斯台乡，共6个乡。

二区：区公所驻索墩布拉克，下设索墩布拉克乡、克其克博拉乡、霍吉，共3个乡。

三区：区公所驻依拉齐牛录，下设乌珠牛录乡、依拉齐牛录乡、堆齐牛录乡，共3个乡。

四区：区公所驻纳达齐牛录，下设孙扎齐牛录乡、纳达齐牛录乡、扎库齐牛录乡、寨牛录乡，共4个乡。

五区：区公所驻坎乡，下设坎乡、察布查尔玛扎乡、阔吾拉特乡、亚尔胡斯亚尕奇乡、阔洪奇乡、阿勒班乡，共6个乡。

六区（牧业区）：区公所驻宁古齐牛录，按哈萨克族原游牧部落分设乡，一乡为克孜特克、加尔特部落人，二乡为阔孜然别克、阿尔坚、恰合尔阿依特部落人，三乡为库尔曼、阿尔坚部落人，四乡为哈萨克阿尔班部落及柯尔克孜族人，共4个乡。

七区（牧业区）：区公所驻依拉齐牛录，也按哈萨克族原游牧部落分设乡，一乡为驻牧在吉然布拉克、吉也克地方的恰吉部落人，二乡为驻牧在边界附近头湖、霍托塔尔地方的阿合木萨勒部落人，三乡为驻牧在库尔曼、阿尔坚部落人，四乡为驻牧在孙扎齐牛录以北河滩地方的唐阿塔尔部落人，五乡为驻牧在孙扎齐牛录以北河滩地方的恰吉尔、阔孜然别克部落人，共5个乡。

二 人民公社时期（1954—1984年）

1958年撤销全县区乡建制，实行政社合一的公社委员会、生产大队、生产小队体制。从1956年至1962年，完成调整行政区划和改设公社工作，先后成立7个公社。1981年1月，增设公社和镇各1个。至此，全县设有8个公社、1个镇。

火箭公社：1958年，原四区和六区合并成立，公社委员会驻纳达齐牛录，1962年移驻扎库齐牛录乡，辖10个生产大队。1978年，火箭公社更名扎库齐牛录公社。

金泉公社：1958年，原三区和七区合并成立，公社委员会驻依拉齐牛录，辖5个生产大队、1个牧场。1962年，其一大队划归农四师67团。

团结公社：1958年，原二区基础上成立，公社委员会驻索墩布拉克，辖4个生产大队、1个牧场。1959年，其四大队划归伊犁地区奶牛场。1960年，一大队和二大队合并成立前进大队。1962年，其多兰图地方划归农四师 67 团。

红旗公社：1958 年，原一区基础上成立，公社委员会驻加尕斯台，辖 3 个生产大队。

东光公社：1958 年，原一区的海努克与五区合并成立，公社委员会驻坎，辖 6 个生产大队、1 个牧场。1962 年，所辖海努克和阔洪奇划归海努克公社。

东方公社：1959 年，由火箭公社划出五星大队（宁古齐牛录）成立，公社委员会驻宁古齐牛录，初称镇公社。1960 年，火箭公社的七一（孙扎齐牛录）、亮星（乔勒潘）两个大队和朗喀牧场划归镇公社。1967 年，更名东方红公社。

海努克公社：1962 年，由东光公社划出海努克和阔洪奇成立，公社委员会驻海努克，初称海努克公社。1966 年，更名向阳公社。1978 年，恢复旧名，称海努克公社。

纳达齐牛录公社：1981 年 1 月，由良繁场划出前哨大队（纳达齐牛录）成立，公社委员会驻纳达齐牛录。

察布查尔镇：1981 年 1 月，由东方公社划出五星大队（宁古齐牛录）成立，是察布查尔锡伯自治县人民政府所在地。

三　乡镇时期（1985—2016 年）

1984 年 5 月，在全县范围内撤销人民公社管理委员，实行乡（镇）村管理体制，建立乡、镇、村各级管理机构，调整划分其行政区域。先后设 2 个镇、13 个乡、2 个场。

察布查尔镇：早在 1981 年成立，县城所在地，位于阶地平原，距县城伊宁市 15 公里。辖 4 个居民委员会、2 个行政村，其两个村是蒙霍尔村和宁古齐牛录村。总面积 19 万平方公里，其中城区面积 7 万平方公里，耕地面积 1.22 万亩。2000 年统计居民 6796 户、20977 口。

爱新舍里镇：1984 年 11 月，在原爱新舍里公社基础上成立，位于县城西部阶地平原，距县城 30 公里。辖 4 个行政村、1 个牧场。总面积 28.8 万平方公里，其中耕地面积 3.66 万亩、草场面积 23.5 万亩。2000 年统计居民 6796 户、20977 口。

堆齐牛录乡：1988 年 8 月，由爱新舍里镇划出堆齐牛录村和佛营村成立，位于县城西部阶地平原，距县城 23 公里。辖 4 个行政村。总面积

22 万平方公里，其中耕地面积 3.5 万亩、草场面积 28.8 万亩。1999 年统计居民 1333 户、6468 口。

孙扎齐牛录乡：1984 年，由原东方红公社划出孙扎齐牛录成立，位于县城西部阶地平原，距县城 6 公里。辖孙扎齐牛录、阿帕尔、乔勒潘、郎喀 4 个行政村。总面积 65 万平方公里，其中耕地面积 3.7 万亩、草场面积 17.9 万亩。2000 年统计居民 2074 户、8033 口。

纳达齐牛录乡：1984 年 11 月，在原纳达齐牛录公社基础上成立，位于县城东部阶地平原，距县城 2 公里。辖 2 个行政村。耕地面积 1.4 万亩。2000 年统计居民 1645 户、4796 口。

扎库齐牛录乡：1984 年，在原扎库齐牛录公社基础上成立，位于县城东部阶地平原，距县城 8 公里。辖 5 个行政村。总面积 21.4 万平方公里，其中耕地面积 5.08 万亩、草场面积 50.94 万亩。2000 年统计居民 3209 户、12308 口。

阔洪奇乡：1984 年，由原向阳公社划出阔洪奇成立，位于县城东部丘陵地带，距县城 18 公里。7 个行政村、1 个牧场。耕地面积 2.37 万亩，草场面积 13 万亩。2000 年统计居民 1286 户、6725 口。

海努克乡：1984 年，在原海努克公社基础上成立，位于县城东南丘陵地带，距县城 17 公里。辖 5 个行政村。总面积 42 万平方公里，其中耕地面积 3.6 万亩、草场面积 32.7 万亩。2000 年统计居民 2217 户、10416 口。

坎乡：1984 年，在原坎公社基础上成立，位于县城东部丘陵地带，距县城 62 公里。辖 10 个行政村。总面积 49.4 万平方公里，其中耕地面积 2.56 万亩。2000 年统计居民 2189 户、10456 口。

加尕斯台乡：1984 年，在原海努克公社基础上成立，位于县城东南丘陵地带，距县城 36 公里。辖 5 个行政村。总面积 38.4 万平方公里，其中耕地面积 4 万亩、草场面积 6.6 万亩。1999 年统计居民 12109 口。

琼博拉乡：1984 年，在原团结公社基础上成立，位于县城南部丘陵地带，距县城 40 公里。辖 4 个行政村、1 个牧场。耕地面积 2.77 万亩。2000 年统计居民 1827 户、8063 口。

绰霍尔乡：1988 年 8 月，在原县知青园林场基础上成立，位于县城北部阶地平原，距县城 4 公里。辖绰霍尔、博孜敦、布占、龙沟 4 个行政村。总面积 65.58 万平方公里，其中耕地面积 2.52 万亩。2000 年统计居民 2001 户、7652 口。

米粮泉回族乡：1984 年 11 月，在原县水稻农场基础上成立，位于县城东北阶地平原，辖 3 个行政村。总面积 40.45 万平方公里，其中耕地面积 1.2 万亩、草场面积 2 万亩。2000 年统计居民 1003 户、4136 口。

良种繁育场：其前身是 1953 年省农业厅在察布查尔托布设立的国营示范农场，1958 年改为县示范农场。1963 年更名良种繁育场。位于县城东部阶地平原，距县城 4 公里。辖农业连 3 个，牧业连和副业连各 1 个，以及基建队、机耕队、施工队各 1 个。全场总面积 8.13 万平方公里，其中耕地 0.63 万亩，草场 12.35 万亩。2000 年统计居民 574 户、1940 口。

种羊场：其前身是 1952 年创建的西宁羊场，1955 年划归霍城县水定种羊场，1957 年改为察布查尔种羊场。位于县城西部阶地平原，距县城 15 公里。全场总面积 95.86 万平方公里，其中耕地 2.5 万亩，草场 43 万亩。2000 年统计居民 1384 户、5283 口。

四 驻县团场

在察布查尔锡伯自治县境内，除县属乡镇场外，还有驻县的新疆生产建设兵团和伊犁地区所属单位，其中有新疆生产建设兵团农四师的 3 个团场，以及伊犁地区奶牛场、山区林场和林木良种繁育中心各 1 个。

67 团场：1958 年创建，称农四师一场。1969 年，更名农四师 67 团场。位于县城西部边界附近地带，距县城 33 公里。总面积 607.53 平方公里，其中耕地 5.94 万亩，草场 40.86 万亩，林地 10.76 万亩。2000 年统计人口 2107 户、7286 口。

68 团场：1958 年创建，称农四师二场。1969 年，更名农四师 68 团场。位于县城西北部伊犁河南岸滩地，距县城 12 公里。总面积 130.3 平方公里，其中耕地 6.67 万亩，草场 0.95 万亩，林地 1.89 万亩。2000 年统计人口 3157 户、9228 口。

69 团场：1958 年创建，称农四师共青团农场。1969 年，更名农四师 69 团场。位于县城东北部伊犁河南岸滩地，距县城 25 公里。总面积 91.4 平方公里。2000 年统计人口 2425 户、7049 口。

伊犁地区奶牛场：其前身是 1956 年建立的县经济猪场，1961 年改为县奶牛场。1975 年划归伊犁哈萨克自治州管辖，1986 年改称伊犁地区奶牛场。位于县城东北部伊犁河南岸，距县城 15 公里。总面积 17.91 平方公里，其中耕地 3 万亩，草场 8 万亩。1999 年统计人口 2092 户、7629 口。

伊犁地区山区林场：1955 年建立，归伊犁哈萨克自治州管辖。位于县域南部山区，场机关设在察布查尔镇。林区面积 150.1 万亩，其中林业用地 55.2 万亩。活立木总蓄积量 362.68 万立方米。1999 年统计职工 171 名。

伊犁地区林木良种繁育中心：其前身是 1959 年成立的县园林场，1961 改称平原林场。后更名伊犁地区林木良种繁育中心，归伊犁哈萨克自治州管辖。位于县城东北部伊犁河南岸，距县城 11 公里。总面积 0.51 平方公里。2000 年统计人口 290 口。

第二章

政治建设

中华人民共和国成立前夕，新疆警备总司令陶峙岳、省政府主席鲍尔汉响应中国共产党的号召，分别于1949年9月25日、26日先后通电率部起义。10月1日，苏木尔县更名，复称宁西县。同年12月7日中国人民解放军进驻新疆，同日新疆人民政府成立。接着中国人民解放军驻疆部队开始派遣官兵进驻全疆各地，12月28日宁西县各族各界代表携带物品到伊犁惠远城慰问解放军先遣部队。从此，揭开了察布查尔地方政治建设的新幕。

第一节　民族区域自治

民族区域自治制度，是指在国家的统一领导下，以少数民族聚居地区为基础，建立相应的自治地方，建立自治机关，行使自治权利。中国共产党十分重视民族问题，1941年5月1日，陕甘宁边区政府颁布的《陕甘宁边区纲领》内就规定："依据民族平等原则，实行蒙回民族的自治区。"1947年5月1日，党领导成立了首个省一级的内蒙古自治区，为以后在全国范围内实行民族区域自治指明了方向，积累了宝贵经验。1949年《中国人民政治协商会议共同纲领》中明确指出："各少数民族聚居的地区，实行民族区域自治，按照民族聚居人口多少和区域大小，分别建立各种民族自治机关。"后来，将实行民族区域自治又明确载入历次宪法，成为我国的一项基本政治制度。

一　民族区域自治的实施

1950年4月29日，中共伊犁地委派出以吕兴银为团长的党政工作团进驻宁西县开展工作。6 月 11—18 日，宁西县首届各族各界人民代表大会在宁古齐牛录召开，决定废除锡伯族居住区的乌合尔达和牛录制度，以及维吾尔族、哈萨克族居住区的千户长和百户长制度，建立区、乡两级人民政府。

1952 年 8 月 9 日，中央人民政府颁布《中华人民共和国民族区域自治实施纲要》，指出“以一个大的少数民族聚居区为基础，并包括个别人口很少的其他少数民族聚居区所建立的自治区，包括在此种自治区内的各个人口很少的其他少数民族聚居区，均应实行区域自治”。当月，新疆省民族区域自治筹备委员会成立，专门负责民族区域自治的各项筹备工作。1953 年 6 月，召开新疆省人民政府委员会、省各族各界人民代表联席扩大会议，讨论通过《新疆民族区域自治实施计划》，按照加强民族团结、照顾各民族发展的原则，根据锡伯族历史地位、聚居区域及人口状况，确定在察布查尔成立县级锡伯自治区。

1953 年 12 月 25 日，成立宁西县民族区域自治筹备委员会。1954 年 1 月 5 日，宁西县锡伯自治区筹备委员会召开第一会议，讨论通过了筹备委员会组成人员名单，选出常务委员 7 名，决定成立宁西县锡伯族区域自治委员会办公室。1 月 13—14 日，宁西县锡伯族区域自治委员会召开各族各界上层人士座谈会，就民族区域自治事宜广泛征求意见。1 月 15 日，宁西县锡伯族区域自治委员会讨论决定成立锡伯族自治区，以察布查尔大渠名为区名。后经上报中共伊犁地委、中共中央新疆分局和中央人民政府批准，1954 年 3 月 17 日召开锡伯自治区首届人民代表大会第一次会议，正式成立察布查尔锡伯自治区。

1955 年 11 月 22—24 日，召开锡伯自治区首届人民代表大会第五次会议，根据 1955 年 10 月新疆维吾尔自治区成立后有关统一全疆各级民族区域自治地方名称的规定，讨论通过察布查尔锡伯自治区更名的决议，改称察布查尔锡伯自治县，自治区人民政府改称自治县人民政府，区人民政府正副主任改为自治县人民政府正副县长。按照党和政府的民族政策，伊犁锡伯族聚居地区实现了民族区域自治，受到当地各族人民的支持和拥护，从制度层面上充分保障了锡伯族聚居地区政治、经济和文化的全面发展。

二　民族自治机关的组成

《中华人民共和国民族区域自治法》规定：“民族自治地方的自治机

关是自治区、自治州、自治县的人民代表大会和人民政府。”“民族自治地方的人民政府对本级人民代表大会和上一级国家行政机关负责并报告工作，在本级人民代表大会闭会期间，对本级人民代表大会常务委员会负责并报告工作。各民族自治地方的人民政府都是国务院统一领导下的国家行政机关，都服从国务院。”察布查尔锡伯自治县的民族自治机关就是自治县人民代表大会和人民政府。

（一）自治县人民代表大会

从1955年11月至1983年8月，召开了察布查尔锡伯自治县第一届至第七届人民代表大会，其中1969年5月至1983年3月属“文化大革命”的非正常时期，没有举行法定的人民代表大会，而成立了三结合的“革命委员会”，这一时期后来被认定为自治县第七届人民代表大会时期。1983年3月14—19日，召开察布查尔锡伯自治县第八届人民代表大会。根据《中华人民共和国地方各级人民代表大会和地方各级人民政府组织法》的规定，大会决定设立察布查尔锡伯自治县人民代表大会常务委员会，作为自治县人民代表大会常设机构。从此，自治县人民代表大会进入新的发展阶段。

从1983年3月至2011年5月，按期召开了第八届至第十六届自治县人民代表大会。《中华人民共和国民族区域自治法》规定：“民族自治地方的人民代表大会中，除实行区域自治的民族的代表外，其他居住在本行政区域内的民族也应当有适当名额的代表。”现将第八届、第十届、第十二届、第十四届、第十六届人民代表大会代表总人数及其民族比例统计列表如下（见表2-1）。

表2-1　　自治县人民代表大会总人数及其民族比例

届次	召开时间	代表总数	民族代表数	民族比例
第八届	1983年3月	200人	锡伯族74人	37%
			维吾尔族43人	21.5%
			汉族36人	18%
			哈萨克族33人	16.5%
			回族12人	6%
			柯尔克孜族1人	0.5%
			蒙古族1人	0.5%

续表

届次	召开时间	代表总数	民族代表数	民族比例
第十届	1987年7月	170人	锡伯族58人	34%
			维吾尔族37人	22%
			汉族31人	18%
			哈萨克族29人	17.1%
			回族8人	4.7%
			柯尔克孜族1人	0.6%
			蒙古族1人	0.6%
			东乡族1人	0.6%
			乌孜别克族1人	0.6%
			满族1人	0.6%
			俄罗斯族1人	0.6%
			壮族1人	0.6%
第十二届	1992年11月	174人	锡伯族58人	33.3%
			维吾尔族37人	21.3%
			汉族35人	20.1%
			哈萨克族29人	16.7%
			回族8人	4.6%
			柯尔克孜族1人	0.6%
			蒙古族1人	0.6%
			东乡族1人	0.6%
			乌孜别克族1人	0.6%
			满族1人	0.6%
			俄罗斯族1人	0.6%
			壮族1人	0.6%
第十四届	2003年1月	174人	锡伯族58人	33.3%
			维吾尔族37人	21.3%
			汉族36人	20.69%
			哈萨克族29人	16.7%
			回族8人	4.59%
			柯尔克孜族1人	0.57%
			蒙古族1人	0.57%
			东乡族1人	0.57%
			乌孜别克族1人	0.57%
			满族1人	0.57%
			俄罗斯族1人	0.57%

续表

届次	召开时间	代表总数	民族代表数	民族比例
第十六届	2011 年 5 月	174 人	锡伯族 58 人	33. 3%
			维吾尔族 37 人	21. 3%
			汉族 36 人	20. 7%
			哈萨克族 29 人	16. 7%
			回族 8 人	4. 6%
			柯尔克孜族 1 人	0. 6%
			蒙古族 1 人	0. 6%
			东乡族 1 人	0. 6%
			乌孜别克族 1 人	0. 6%
			满族 1 人	0. 6%
			俄罗斯族 1 人	0. 6%

资料来源：察布查尔锡伯自治县人大志编纂委员会编：《察布查尔锡伯自治县人大志》，内部发行，2016 年，第 176—287 页。

通过统计可以看出以下几点。一为代表总数，起初是 200 人，后来减少到 170 人，再后来确定为 174 人。从总体上看，代表人数从多到少，逐渐确定了相对稳定的总数，使其向规范化和法治化方面发展。二为代表的民族比例，自 1992 年第十二届代表大会确定代表总数为 174 人以来，在各届代表中，锡伯族保持 33. 3%，维吾尔族保持 21. 3%，汉族保持在 20. 1%—20. 7%，哈萨克族保持 16. 7%，回族 4. 59%—4. 74%，柯尔克孜族、蒙古族、东乡族、乌孜别克族、满族、俄罗斯族、壮族各保持在 0. 57%—0. 6%。其中汉族和回族的比例有所增加，但增幅较小。从整体上看，代表大会的民族比例相对稳定，变化不大，实行有效。这充分说明，在人民代表的选举产生方面，既反映了区域自治和人口较多民族的意愿，又尊重了人口较少民族的愿望。三为代表大会组成的民族，曾多达 12 个民族，从 2003 年第十四届代表大会开始，就少了壮族，由 11 个民族组成。凡在县域内居住的民族，不论人口多少都有自己的人民代表，这充分体现了党和国家的各民族在政治上一律平等的民族政策。

（二）自治县人民代表大会常务委员会

1983 年 3 月召开的察布查尔锡伯自治县第八届人民代表大会，根据《中华人民共和国地方各级人民代表大会和地方各级人民政府组织法》成立人大常务委员会，作为人民代表大会的常设机构。《中华人民共和国民族区域自治法》规定：“民族自治地方的人民代表大会常务委员会中应当有实行区域自治的民族的公民担任主任或者副主任。”1983年3月至2011年5月，共召开九届代表大会，选举产生了各届代表大会常务委员会。现将历届人民代表大会常务委员会组成人员统计列表如下（见表2-2）。

表2-2　　自治县各届人民代表大会常务委员会组成人员

届 次	召开时间	职位	人数	民族构成
第八届	1983年3月	主任	1名	锡伯族
		副主任	5名	锡伯族1人、汉族1人、哈萨克族1人、维吾尔族2人
		委员	10名	锡伯族2人、汉族2人、哈萨克族2人、维吾尔族2人、回族1人、蒙古族1人
第九届	1984年7月	主任	1名	锡伯族
		副主任	4名	锡伯族1人、汉族1人、哈萨克族1人、维吾尔族1人
		委员	10名	锡伯族2人、哈萨克族2人、维吾尔族2人汉族2人、回族1人、蒙古族1人
第十届	1987年7月	主任	1名	锡伯族
		副主任	6名	锡伯族1人、哈萨克族1人、汉族2人、维吾尔族2人
		委员	8名	锡伯族3人、哈萨克族2人、维吾尔族1人汉族1人、回族1人
第十一届	1989年11月	主任	1名	锡伯族
		副主任	6名	锡伯族1人、哈萨克族1人、汉族2人、维吾尔族2人
		委员	8名	锡伯族3人、哈萨克族2人、维吾尔族1人、汉族1人、回族1人
第十二届	1993年3月	主任	1名	锡伯族
		副主任	4名	锡伯族1人、哈萨克族1人、汉族1人、维吾尔族1人
		委员	10名	锡伯族3人、哈萨克族2人、维吾尔族2人、汉族2人、回族1人
第十三届	1998年2月	主任	1名	锡伯族
		副主任	4名	锡伯族1人、哈萨克族1人、汉族1人、维吾尔族1人
		委员	12名	锡伯族3人、哈萨克族1人、维吾尔族2人、汉族5人、回族1人

续表

届 次	召开时间	职位	人数	民族构成
第十四届	2003 年 1 月	主任	1 名	锡伯族
		副主任	4 名	锡伯族 1 人、哈萨克族 1 人、汉族 1 人、维吾尔族 1 人
		委员	14 名	锡伯族 4 人、哈萨克族 2 人、维吾尔族 2 人、汉族 5 人、回族 1 人
第十五届	2007 年 10 月	主任	1 名	锡伯族
		副主任	4 名	锡伯族 1 人、哈萨克族 1 人、汉族 1 人、维吾尔族 1 人
		委员	14 名	锡伯族 4 人、哈萨克族 2 人、维吾尔族 2 人、汉族 5 人、回族 1 人
第十六届	2011 年 9 月	主任	1 名	锡伯族
		副主任	4 名	锡伯族 1 人、哈萨克族 1 人、汉族 1 人、维吾尔族 1 人
		委员	14 名	锡伯族 4 人、哈萨克族 2 人、维吾尔族 2 人、汉族 5 人、回族 1 人

资料来源：察布查尔锡伯自治县人大志编纂委员会编：《察布查尔锡伯自治县人大志》，内部发行，2016 年，第 176—287 页。

通过统计可以看出以下几点。一为人大常委总数。起初是 16 人，后来减少到 15 人，再后来确定为 19 人。从整体上来看，趋于增加的态势，但增幅不大。二为人大常委的民族构成。1983 年 3 月自治县人大常委会成立后，前 2 届常委由锡伯族、汉族、哈萨克族、维吾尔族、回族和蒙古族 6 个民族构成，后 7 届常委由锡伯族、汉族、哈萨克族、维吾尔族、回族 5 个民族构成。这 5 个民族都是县域居住的人口较多的民族，而且包括了区域自治的锡伯族外的其他民族。三为人大常委会的民族比例。人大常委会由主任、副主任和委员组成，主任 1 名，一直由区域自治的锡伯族担任。副主任 4—6 名，绝大多数届次为 4 名相对固定，由县域内居住的人口较多的锡伯族、汉族、哈萨克族、维吾尔族各出任 1 名。委员人数则不固定，第十届和第十一届为 8 名，第八届、第九届和第十一届为 10 名，第十三届为 12 名，第十四届至第十六届为 14 名。从整体上来看，其中 14 名数额相对趋于固定，而且民族比例业已固定。在 14 名人大常委会委员内，汉族 5 人，占 33. 71%；锡伯族 4 人，占 28. 57%；哈萨克族 2 人，占 14. 28%；维吾尔族 2 人，占 14. 28%；回族 1 人，占 7. 14%。

（三）自治县人民政府

《中华人民共和国民族区域自治法》规定："自治区主席、自治州州长、自治县县长由实行区域自治的民族的公民担任。自治区、自治州、自治县的人民政府的其他组成人员，应当合理配备实行区域自治的民族和其他少数民族的人员。"1983 年 3 月至 2011 年 9 月，通过各届人民代表大会，共选举产生九届察布查尔锡伯自治县人民政府。现将各届自治县人民政府组成人员统计列表如下（见表 2–3）。

表 2–3　　　　自治县各届人民政府组成人员

届 次	召开时间	职位	人数	民族构成	备注
第八届	1983 年 3 月	县长	1 名	锡伯族	
		副县长	4 名	锡伯族、汉族、哈萨克族、维吾尔族各 1 人	
		法院院长	1 名	锡伯族	
		检察院检察长	1 名	锡伯族	
第九届	1984 年 7 月	县长	1 名	锡伯族	
		副县长	4 名	锡伯族、汉族、哈萨克族、维吾尔族各 1 人	
		法院院长	1 名	锡伯族	
		检察院检察长	1 名	锡伯族	
第十届	1987 年 7 月	县长	1 名	锡伯族	二次会议补选
		副县长	4 名	锡伯族、汉族、哈萨克族、维吾尔族各 1 人	
		法院院长	1 名	锡伯族	
		检察院检察长	1 名	锡伯族	
第十一届	1989 年 11 月	县长	1 名	锡伯族	
		副县长	7 名	锡伯族 2 人、汉族 3 人，哈萨克族、维吾尔族各 1 人	含科技、挂职副县长 2 名和 1 名
		法院院长	1 名	锡伯族	
		检察院检察长	1 名	锡伯族	
第十二届	1993 年 3 月	县长	1 名	锡伯族	
		副县长	4 名	锡伯族、汉族、哈萨克族、维吾尔族各 1 人	
		法院院长	1 名	锡伯族	
		检察院检察长	1 名	汉族	

续表

届 次	召开时间	职位	人数	民族构成	备注
第十三届	1998 年 2 月	县长	1 名	锡伯族	
		副县长	5 名	锡伯族、哈萨克族、维吾尔族各 1 人，汉族 2 人	含科技副县长 1 名
		法院院长	1 名	锡伯族	
		检察院检察长	1 名	汉族	
第十四届	2003 年 1 月	县长	1 名	锡伯族	
		副县长	6 名	锡伯族、哈萨克族、维吾尔族各 1 人，汉族 3 人	含科技副县长 1 名
		法院院长	1 名	锡伯族	
		检察院检察长	1 名	汉族	
第十五届	2007 年 10 月	县长	1 名	锡伯族	
		副县长	4 名	锡伯族、汉族、哈萨克族、维吾尔族各 1 人	
		法院院长	1 名	锡伯族	
		检察院检察长	1 名	汉族	
第十六届	2011 年 9 月	县长	1 名	锡伯族	
		副县长	4 名	锡伯族、汉族、哈萨克族、维吾尔族各 1 人	
		法院院长	1 名	锡伯族	
		检察院检察长	1 名	汉族	

资料来源：察布查尔锡伯自治县人大志编纂委员会编：《察布查尔锡伯自治县人大志》，内部发行，2016 年，第 176—287 页。

察布查尔锡伯自治县人民政府的组成人员，根据有关规定设县长、副县长。其中县长一职，一直由区域自治的锡伯族担任。副县长，除科技和挂职的副县长外，正式选举产生的副县长通常为 4 名，只有 2003 年第十四届政府例外，设有 5 名。这 4 位副县长，由锡伯族、汉族、哈萨克族和维吾尔族内各选 1 人担任。

另外，自治县法院院长和检察院检察长分别由锡伯族和汉族担任，1993 年第十二届政府之前，两院院长都选锡伯族人担任，从第十二届政府开始，法院院长由锡伯族担任，而检察院检察长由汉族担任。

三　民族自治权利的行使

1954 年察布查尔锡伯自治县成立后，根据《中华人民共和国宪法》

《中华人民共和国民族区域自治实施纲要》和《中华人民共和国民族区域自治法》的规定，在充分保证党和国家利益的前提下，全面贯彻民族区域自治制度，着力落实民族自治权利，促进民族自治地区经济社会协调发展。

（一）政治方面

在保障自治区域各民族权利的前提下，给予区域自治民族一定的倾斜政策，特别是在人民代表大会代表名额分配和自治机关干部选拔任用方面。1954 年召开的察布查尔锡伯自治县第一届人民代表大会，共计 100 人，其中锡伯族 36 人、哈萨克族 28 人、维吾尔族保持 27 人、汉族 3 人，回族、蒙古族、柯尔克孜族、塔塔尔族、乌孜别克族、俄罗斯族各 1 人。后来随着时间的推移，自治县境内的人口增长，各民族的人口比例也发生变化，汉族、哈萨克族和维吾尔族人口大幅度增长，锡伯族人口数居于全县总人口数的第四位，但是在人民代表名额的分配上给予一定的倾斜。1992 年 11 月自治县第十一届代表大会常务委员会第十八次会议通过《关于自治县第十二届人民代表大会名额分配和选举问题决议》，经报伊犁哈萨克自治州人大常委会批准，自治县第十二届人民代表大会总名额为 174 人，具体选举产生办法是：全县选民每 856 人产生 1 名代表，锡伯族每 342 人产生 1 名代表，维吾尔族每 974 人产生 1 名代表，汉族每 928 人产生 1 名代表，哈萨克族每 914 人产生 1 名代表，回族每 908 人产生 1 名代表，其他民族每 208 人产生 1 名代表。① 同时，又规定具体分配名额比例：锡伯族 33.3%、维吾尔族 21.3%、汉族 20.1%、哈萨克族 16.7%，回族 4.6%，其他民族 4%。② 而且此后的历届人民代表大会，基本上都按照这决定选举产生代表。另外，还规定人大常委会主任、县长、法院院长都由锡伯族干部内选拔任用。

（二）文化方面

锡伯族是发源于我国东北大兴安岭，繁衍生息在嫩江、松花江和辽河流域的古老民族。1764 年，清乾隆帝为了加强西北防务，从辽宁抽调一部分锡伯官兵携眷移驻新疆伊犁。从此，这部分锡伯官兵及其后裔扎根在

① 参见察布查尔锡伯自治县人大志编纂委员会《察布查尔锡伯自治县人大志》，内部发行，2016 年，第 99 页。

② 同上。

西北边陲，驻卡巡边，开荒种田，为保卫边疆、建设边疆做出了贡献。同时，还保留了自己的语言文字和风俗习惯，具有鲜明的特色。

为了保护和使用锡伯文，专门设立语言文字委员会统筹办理有关语言文字事务，规定县政府文件文头、大会会标、机关单位门牌等都用锡伯文和汉文合璧形式书写。早在中华人民共和国成立前锡伯族居住地区就有锡伯语和汉语双语教育传统，自治县成立后更加重视双语教育，在锡伯族居住地区学校普遍推广，效果十分显著。“文化大革命”时期停止了锡伯语教学，其结果出现大量的锡伯文文盲，对锡伯语言文字的传承和保护带来了极其严重的后果。改革开放后，在当地各级政府的支持和帮助下，先后在伊犁师范学院和察布查尔县师范学校开办锡伯文班，抢救性地培养师资人才，而后在锡伯族小学一、二级开始恢复锡伯语教学。

1956 年 11 月，经伊犁哈萨克自治州党委批准，属伊犁日报社的锡伯文《新生活报》移交自治县党委主办，成为县委机关报。“文化大革命”初期，报纸被迫停刊。1974 年复刊，更名《察布查尔报》，四开周二刊。该报纸的印刷工艺，起初比较落后，采用手写石印方式，后来采用活字油印方式，现已步入数字化彩印阶段，实现了计算机编辑排版和胶印印刷，大幅度提高了排版和印刷质量。

1959 年 12 月，成立自治县广播站，首次用锡伯语播音。后来规定，每天分别用锡伯语、维吾尔语和汉语各编播 30 分钟本县新闻。在 20 世纪 60—80 年代，录制播放大量锡伯族民歌、秧歌剧、音乐、歌唱等节目，受到锡伯族群众的赞赏和好评。1990 年 11 月，经上级主管部门批准，专门拨款和调拨设备，正式建成自治县电视台，开始录制播放节目，开办了独具特色的汉语《察布查尔新闻》和锡伯语《每周要闻》等栏目。

1958 年 11 月成立县文工团，后来更名察布查尔锡伯自治县民族歌舞团。成立之初在编人员才有 4 名，1960 年增加至 27 名，2000 年人共有演职人员 39 名，其中有中级以上职称者 12 人、初级职称 11 人。歌舞团常年奔波在田间牧区，自编自演具有地方和锡伯族特色的文艺节目，深受各族群众的欢迎。1964 年赴京参加全国少数民族会演，小合唱《咱们的好队长》获优秀奖，受到党和国家领导人接见，并合影留念。1964—1999 年，参加全国、自治区及自治州文艺演出，先后获得各种奖 42 项①，为

① 参见察布查尔锡伯自治县地方志编纂委员会编《察布查尔锡伯自治县志》，新疆人民出版社 2007 年版，第 522—525 页。

保护和传承锡伯族音乐舞蹈发挥了积极作用。

锡伯族本为渔猎民族，保留了善于射箭的传统。中华人民共和国成立后，各级党和政府十分重视锡伯族传统射箭运动，拨专款建造射箭训练馆，着力培养青少年选手，组建业余射箭队，定期举办竞赛活动，加大射箭运动的普及推广力度。自 1973 年成立业余射箭队至 2002 年，为自治区专业射箭队输送选手 52 人，为外省专业射箭队输送选手 12 人，为全国各大专院校输送专门人才 77 人。同时，派选手参加各类比赛，在国际国内比赛中共获金牌 50 枚、银牌 26 枚、铜牌 30 枚；在自治区比赛共获金牌 135 枚、银牌 69 枚、铜牌 103 枚。[①] 1979 年，国家体委授予自治县业余射箭队“勇攀高峰，为国争光”的称号，而且察布查尔锡伯自治县在全国享有“射箭之乡”美称。

（三）财政方面

根据国家宪法和民族区域自治法的规定，自治县享有比普通县优惠的财政政策和权利。1954 年察布查尔锡伯自治县建立县级财政，成立县一级总预算，实行统收统支的财政体制。1958 年中央颁布《民族自治地方财政管理暂行办法》后，自 1959 年起实行收支下放、计划包干、地区调剂、总额分成、一定一年的管理体制，超收部分的 80% 留给自治县财政支配，留成比例较普通县多 5%。1974 年中央制定新的民族自治地方财政管理制度后，自治县实行核定收支、总额计算、多余上缴、不足补助、一定一年的办法，超收部分按三七分成，即 30% 上缴，70% 留有，支出节余全部留给自治县财政支配。此外，自治县每年还享受国家数额不等专项补助和发展资金，用于经济文化事业的建设和发展。

四　民族干部队伍的建设

民族干部队伍建设关系到国家民族区域自治制度能否全面落实的问题，是各级党和政府的一项长期而重要的任务。少数民族干部作为土生土长的干部，熟悉当地的风土人情、历史文化、语言文字以及社情民情等基本情况，不仅是党和政府联系少数民族群众的纽带和桥梁，而且是少数民族自治地区贯彻执行党的方针、路线、政策的骨干力量，是当地经济社会

① 参见《察布查尔锡伯自治县概况》编写组、《察布查尔锡伯自治县概况》修订本编写组《察布查尔锡伯自治县概况》，民族出版社 2009 年版，第 190—192 页。

建设的领头人和排头兵。察布查尔锡伯自治县境内居住的少数民族，除锡伯族外，还有哈萨克族、维吾尔族、回族等民族，所以选拔培养少数民族干部的任务更为艰巨而重要。

中华人民共和国成立后，党和政府十分重视少数民族干部队伍建设问题，采取多种方式和渠道培养人才，加强和壮大少数民族干部队伍。1950年第二季度，宁西县政府、宁西县保卫和平民主同盟选派锡伯族沙陀、郭永昌、洪基，维吾尔族阿布利孜·牙生、加尔喀森·斯马胡尔，哈萨克族热马赞·吐满奇等人到伊犁地方行政干部培训班学习训练。这是中华人民共和国成立后察布查尔地方首次派去正规培训的干部，他们后来都成为当地少数民族干部中的佼佼者，其中沙陀被选为察布查尔锡伯自治县首任县长，在自治县经济社会建设初期发挥了重要作用。

1950—1953年，陆续选拔培养干部共计220名，其中锡伯族71名，占32.27%；维吾尔族72名，占32.72%；哈萨克族51名，占23.18%；汉族21名，占9.54%；蒙古族2名，占0.9%；柯尔克孜族、回族、塔塔尔族各1名，各占0.45%。[①] 由此可见，当时选拔培养少数民族干部的力度和成效。

1951年9月，经中共中央新疆分局特别批准，从察布查尔锡伯中学首届初中毕业生中挑选40名学生，保送到咸阳机械学校学习。他们是锡伯族历史上第一批专门学习工业技术事务中等专业人才，毕业后回到当地工作，不少人成为党政、教育以及经济建设方面的骨干力量，为当地经济社会和文化教育等方面发展做出了积极贡献。

1959年7月正式成立自治县委党校，成为培养本县各族干部的重要基地，当年就办了2个培训班，每班70人，共培训140人。此后每年各根据当前形势和党的中心工作，开办培训各族干部，提高理论水平和工作能力。在“文化大革命”期间，自治县委党校停办，干部培训工作停顿。1978年12月改革开放后，恢复自治县委党校，定期培训干部。1995年，为了使全县各族干部进一步解放思想，开拓思路，县委决定加强干部培训力度，改变培训途径和方式，在县委党校举办9个类型的学习班24次，同时分批派送223名干部到苏州市委党校学习。此次培训范围较广，几乎覆盖了全县所有科级以上干部，采取每半个月为一期的轮训方式，受训内

① 参见《察布查尔锡伯自治县概况》编写组、《察布查尔锡伯自治县概况》修订本编写组编《察布查尔锡伯自治县概况》，民族出版社2009年版，第64页。

容有中国特色社会主义理论、市场经济知识、农业技术等课程，共计轮训干部1219人，其中汉族干部481人，民族干部738人。另外，还不定期选派干部到中央党校、中央民族大学干训部、自治区党校、自治州党校和地委党校学习。

干部素质和能力的提高，除学习培训外，适当组织到外地考察学习和挂职锻炼，也是一种有效的途径和办法。20世纪90年代，为了改革开放的需要，每年组织县五套班子成员及山区乡党政主要领导的少数民族干部到南疆农田基本建设、农业水利建设、农田林网化建设、农村五好建设搞得比较突出的县乡考察学习。同时，还组织干部到山东和江苏等地考察，着重学习新的理念、新的观念和新的生产经营经验。另外，还按照自治区和自治州组织部门的统一安排和要求，选派少数民族优秀年轻干部到内地挂职锻炼，对干部的成长具有一定的益处。

随着改革开放的深入和经济社会的发展，对各级干部素质和能力的要求越来越高，这就要求干部提高自身的政治理论水平和业务知识。自治县党委和政府为了适应这一新的形势和要求，除坚持原来行之有效的干部培训办法外，积极探索新的办法和途径，采取离职进修、大学委培、函授自学等多种培训办法。据统计，2000年全县参加高等和中等成人教育学习1211人，其中成人大专以上毕业598人，通过自学考试取得中专毕业证书360人、大专毕业证书260人。

自1950年宁西县成立至2000年，已经度过了整整50年。在这50年间，自治县的干部队伍发生了巨大变化，不仅队伍壮大，而且文化素质提高。根据有关数据统计，干部的数目及民族构成，1956年为313人，2000年增至3750人，占总数的76.7%；其中锡伯族1231人，占总数的25.19%；维吾尔族1279人，占总数的26.17%；汉族1136人，占总数的23.25%；哈萨克族1076人，占总数的22.06%；其他民族共162人，占总数的3.32%。干部的文化程度，大专以上者，1950年为1人，2000年增加至2393人，占总数的49%；中专和高中者，1950年为6人，2000年增加至2415人，占总数的49.4%；初中以下者，2000年为78人，占总数的1.6%，比1950年下降96.4%。[①]

① 参见察布查尔锡伯自治县地方志编纂委员会编《察布查尔锡伯自治县志》，新疆人民出版社2007年版，第394—396页；《察布查尔锡伯自治县概况》编写组、《察布查尔锡伯自治县概况》修订本编写组《察布查尔锡伯自治县概况》，民族出版社2009年版，第64—66页。

第二节　民主法治建设

民主与法治是中国特色社会主义政治文明和法治中国建设的目标与基本内容。民主和法治是相辅相成的，民主为法治奠定基础，法治为民主提供保障，从而使中国特色社会主义民主得到充分发扬，依法治国基本国策得到切实落实，各方面积极因素得到广泛调动。

一　政治协商制度的切实贯彻

政治协商制度是我国的基本政治制度之一，以中国人民政治协商会议为组织形式，在中国共产党的领导下，各民主党派、各人民团体、各少数民族和社会各界的代表，对国家的大政方针以及政治、经济、文化和社会生活中的重要问题在决策之前举行协商和就决策执行过程中的重要问题进行协商，同心同德，群策群力，共同推进中国特色社会主义经济建设、政治建设、文化建设和社会建设，努力实现中华民族伟大复兴。

1955 年 12 月 10 日，成立中国人民察布查尔锡伯自治县政协委员会。1966 年“文化大革命”开始后自治县政协委员会停止工作，1983 年 3 月恢复工作。截至 2011 年 9 月，共召开 14 届委员会会议。自治县政协委员会下设机构有办公室、经济委员会、综合工作委员会、提案文史资料工作委员会。从委员和常委的数量来看，第一届时委员 40 名、常委 11 名，第十一届时委员 91 名、常委 25 名，分别增长 43.95%和 44%；从委员的民族构成来看，第一届委员内有锡伯族、汉族、哈萨克族、维吾尔族、回族、蒙古族 6 个民族，第十一届委员内有锡伯族、汉族、哈萨克族、维吾尔族、回族、蒙古族、东乡族、柯尔克族、俄罗斯族、壮族 10 个民族；从委员的民族构成来看，第一届委员内有锡伯族、汉族、哈萨克族、维吾尔族、回族、蒙古族 6 个民族，第十一届委员内有锡伯族、汉族、哈萨克族、维吾尔族、回族、蒙古族、东乡族、柯尔克族、俄罗斯族、壮族 10 个民族，增加 4 个民族；从委员的界别构成来看，第一届委员内有中国共产党、共青团、妇联、农牧民、医药卫生、工商、无党派人士、教育、宗教 9 个界别，第十一届委员内有中国共产党、共青团、工会、妇联、农牧民、农牧科技、社会科学、文化艺术、医药卫生、体育、工商、经济、台属归侨、新闻、少数民族、无党派人士、教育、宗教、特邀人士 19 个界别，增加 10 个界别。[①] 自治县政协委员会从无到有健康发展，不仅委员和常委的数量逐渐增加，而且委员界别的范围也不断扩大，代表性越来越广泛。

近几届自治县政协委员会在中共察布查尔锡伯自治县县委的领导和伊犁州政协的指导下，牢牢把握团结和民主两大主题，围绕中心，服务大局，选准角度，发挥优势，扎扎实实地履行职责，积极主动地开展工作，努力维护人民群众的根本利益，各项工作取得明显实效，为推动经济建设和社会发展做出了积极贡献。

不断完善工作机制，有效履行参政议政职能。坚持党政班子成员出席政协全委会、分管负责人出席政协常委会议和专题会议制度，党政班子成员能够充分听取基层政协委员反映的意见和建议；坚持政协主席列席自治县委常委会议制度，县委、县政府及有关部门召开的重要会议和重要活动，都邀请县政协领导或政协各科室负责人参加，以便政协能全面了解和掌握实情；强化政协工作的程序化建设，制定和完善政协主席会制度、常委会制度，使政协工作的民主决策机制更趋规范化、科学化。

定期召开专题会，给政府部门献计献策。除政协委员会会议期间认真组织委员听取和讨论"一府两院"工作报告外，紧紧围绕自治县全面建设小康社会的目标，选择影响较大，涉及改革、发展和稳定的重大课题，以召开常委会议和主席会议的形式，必要时邀请有关部门领导和专家，进行协商和讨论，提出意见和建议。

重视提案质量，提高提案办结率。在 2007—2011 年第十三届委员会期间，共收到提案 438 件，经审查整理，立案 346 件，占总数的 79%。[②] 同时，定期与政府部门沟通召开提案交办会，实行《察布查尔县政协提案办复工作责任书》制度，保持与政府有关部门的经常性联系，凡重点提案由主席、副主席领衔督促办理，切实做好提案办理工作，使提案的办结率保持在 91.6%，从而群众反映较为强烈的热点难点问题得到及时解决，化解了社会矛盾，取得了良好的社会效果。

组织委员开展视察调研活动，提出合理化意见和建议。在 2007—

① 参见察布查尔锡伯自治县地方志编纂委员会编《察布查尔锡伯自治县志》，新疆人民出版社 2007 年版，第 370—375 页。

② 参见《中国人民政治协商会议察布查尔锡伯自治县第十三届委员会常务委员会工作报告》。

2011 年第十三届委员会期间，紧紧围绕县中心工作组织委员进行了 20 批次视察和调研活动，主要有“奶牛业发展现状与对策”“农牧民安全饮水现状及建议”“加强环境保护和可持续发展”“山区乡扶贫开发工作”“民族宗教工作”“建立健全司法调解与基层调解组织联动机制化解社会矛盾”“加快优势资源转换战略，强势推进新型工业化进程”等调研课题，以及对校舍抗震改造、双语幼儿园建设、集中供热二期工程建设、保障性住房建设等重点工程项目的视察，提出切实可行的意见和建议，有助于自治县经济社会建设和发展。

突出团结和民主两大主题，全力维护自治县安定团结的社会政治局面。政协是中国共产党领导下的爱国统一战线组织，具有搞好民族团结的政治优势。多年来，县政协领导坚持“走下去、抓起来”的团结维稳方针。坚持在敏感节点和日常生活中慰问走访爱国宗教人士，落实领导干部联系清真寺和定期与爱国宗教人士谈话两项制度，了解掌握宗教人士和信教群众的思想动态，与宗教界人士广交朋友，大力宣传党的民族宗教政策，开辟“上情下达，下情上传”的通道，不断巩固党的群众基础。在乌鲁木齐市“7・5”事件发生后，县政协及时召开常委会议和宗教人士会议，讲明事件的真相、背景、性质，把思想统一到中央、自治区、自治州党委关于维护稳定的一系列决策和部署上来，坚决同“三股势力”做斗争，自觉维护祖国统一和民族团结，为全县的社会稳定和长治久安贡献力量。

二　法治建设的全面推进

法治建设是指在宪法和法律框架下，按照平等和少数服从多数的原则来共同管理国家事务制度。表现在三个方面，即完善立法，严格执法，大力普法。贯彻落实“依法治国”基本治国方略，不断完善中国特色社会主义法律体系，是党和政府治理国家的基本目标之一。法律是治国之重器，法治是国家治理体系和治理能力的重要依托。要推动我国经济社会持续健康发展，不断开拓中国特色社会主义事业更加广阔的发展前景，必须全面推进法治建设。

国家的宪法和法律赋予自治地方人民代表大会及其常委会立法、普法、监督、决定重大事项、人事任免等方面权限。1983 年察布查尔锡伯自治县人民代表大会常务委员会成立后，逐渐完善常务委员会的办事机构，至2002年共设有法治工作委员会、教育科学文化卫生工作委员会、财经工作委员会、民族宗教外事侨务工作委员会、办公室5个部门。同时，认真履行宪法和法律赋予的职能和权利，全面推进法治建设，有效维护当地人民群众的合法权利，确保当地社会和谐稳定，保障当地经济社会健康发展。

加大依法监督力度。自治县人大常委会积极履行依法监督权，除每年通过代表大会听取审议“一府两院”和财政预算结算报告外，坚持“参与中监督，监督中支持”的原则，采用听取专题汇报、执法检查、开展工作评议和述职评议等多种方式，努力加大监督力度，规范监督行为，增强监督实效。围绕执法工作中存在的突出问题和全社会广泛关注的热点问题，每年都有计划、有重点地安排检查法律法规执行的情况。如：2010年常委会听取和审议了县人民政府贯彻执行《安全生产法》《农民专业合作社法》《农村土地承包法》《农业法》《刑法》《刑事诉讼法》《职业教育法》《文物法》《行政监察法》和《自治区文化市场管理条例》情况的报告，同时围绕《消费者权益保护法》《价格法》《职业病防治法》《教师法》《安全生产法》《农村土地承包法》的执行情况，组织开展了各项专题调研和检查。另外，对“一府两院”工作人员进行述职评议。此项工作开始于1990年，现已成为一项制度继续实行。县人大常委会每届都召开任命大会，颁发任命书，同时重点听取部分被任命人员的述职报告，开展评议活动，有效地加强了政府部门工作人员的宪法意识、责任意识。从1998年开始全县各乡镇人大主席团都开展了组织代表评议乡镇人民政府的工作，每年开展评议活动不少于两次，强化了对乡镇人民政府及其所属站所的监督。

加大普法宣传广度。普法是中国特色社会主义法治建设的主要内容之一，是各级政府的一项职责和工作内容，无论是普通的群众，还是政府公务员或企业职员，作为国家的公民都应该知法守法，用法律规范自己的行为，为经济社会发展和稳定尽一分力量。近30年来，察布查尔锡伯自治县人大和政府十分重视在全县范围内普法宣传工作，着力加大普法教育的广度，精心筹划，长远和近期目标相结合，制订了系统的普法教育计划，并按计划落实，收效显著。1986—1990年为第一个五年普法教育阶段，1991—1995年为第二个五年普法教育阶段，1996—2000年为第三个五年普法教育阶段，2001—2005年为第四个五年普法教育阶段。第一和第二个五年普法教育期间，共有67299人参加普法学习，普及率93%，合格率86%。第三个五年普法教育期间，共有116558人参加普法学习，普及率100%，合格率95%。第四个五年普法教育期间，对全县4760余名干部职工分两批进行统一考试，参加人数达100%，及格率100%。全县农牧民参加普法教育的达到85%以上，参加考试的农民达80%以上，基本完成了规定的普法学习和考试任务。在普法学习期间，普法教材的发放基本上做到干部职工人手一册，农牧民每户一册，学习了《宪法》《国旗法》《国徽法》《土地管理法》《水法》《农业法》《草原法》《森林法》《婚姻法》《义务教育法》《继承法》《国家安全法》《保密法》《行政诉讼法》《刑法》《民事诉讼法》《民法通则》《经济合同法》《民族区域自治法》《新疆维吾尔自治区宗教活动场所管理暂行规则》等法律法规30余部。连续四个五年普法教育活动的开展，全县公民的法治观念大大增强，全社会的法治环境有了进一步改善。

加大地方立法力度。从1983年察布查尔锡伯自治县人大常委成立以来，坚持“党的领导、依法办事、集体领导”的原则，除依法加大监督和普法的力度外，还根据《宪法》和《民族区域自治法》规定加大地方立法力度。近30年来制定颁布的地方法规条例有：1985年5月《关于察布查尔锡伯自治县伊犁河滩次生林管理部分条款做一些必要的修改和补充的规定》、1986年3月《关于察布查尔锡伯自治县实施〈森林法〉细则》、1988年3月《关于实施察布查尔锡伯自治县计划生育条例的决定》、1991年3月《关于现代锡伯语正字法的决定》、1994年6月《察布查尔锡伯自治县预算外资金管理暂行办法》、1997年7月《察布查尔锡伯自治县贯彻执行〈新疆维吾尔自治区农村集体经济组织资产管理条例〉财物管理暂行办法》、1998年7月《察布查尔锡伯自治县县城城建监督管理暂行办法》、1999年6月《察布查尔锡伯自治县社会语言文字管理办法》、2005年10月《察布查尔锡伯自治县人大常委会讨论决定重大事项办法》、2005年10月《察布查尔锡伯自治县贯彻〈自治区预防职务犯罪工作条例〉实施细则》、2005年10月《自治县制定单行条例规定》、2010年6月《察布查尔锡伯自治县人大代表联系选民办法》、2015年5月《察布查尔锡伯自治县促进民族团结条例》和《察布查尔锡伯自治县促进宗教和谐条例》、2016年6月《察布查尔锡伯自治县锡伯语言文字保护条例》等。在1983年察布查尔锡伯自治县人大常委成立以前立法工作十分薄弱，随着改革开放的深入，自治县人大的立法工作不断推进，取得了显著的成果，而且立法所涉及的内容也越来越广，为当地经济建设、社会稳定、生态保护、语言文字使用和保护等方面提供了有力的法律保障。同时，还应该看到地方立法任务仍然十分艰巨，需要继续努力，使地方的法规体系更加完善。

夯实人大基础工作。坚持以代表工作为抓手，指导乡镇人大工作。2012 年，县人大常委会邀请乡镇人大主席和代表列席常委会会议，参与视察、调研、检查、座谈等各项活动 512 人次。组织新当选代表业务培训和考察学习 102 人次。常委会主任、副主任先后 36 次赴 13 个乡镇督导“代表之家”建设，各乡镇代表之家硬件更加完善，代表活动内容更加丰富，创建米粮泉乡、爱新舍里镇、纳达齐牛录乡、加尕斯台乡等一批示范点。深入开展“五个一”活动，代表共提出好建议 190 件，学一门科学技术 322 人次，扶持贫困户 619 人次，为社会做好事 799 件次，走访选民 22645 人次。[①] 10 名代表履职实录在县电视台《代表风采》栏目播出，鼓励各级各族人大代表在民族团结、农牧业现代化、扶贫帮困、抗灾救灾、维护稳定等方面发挥模范带头作用。由人大常委会主任和副主任带头向选民述职，开展测评，接受选民监督，目前自治县十六届人大代表已有 33 人向选民述职。

三　公检法司系统的完备建立

公检法司系统是指公安、检察、审判和司法四个机构，《中华人民共和国刑事诉讼法》规定：“人民法院，人民检察院和公安机关进行刑事诉讼，应当分工负责，互相配合，相互制约，以保证准确有效的执行法律。”其分工为“对刑事案件的侦查，拘留，执行逮捕，预审，由公安机关负责。检察，批准逮捕，检察机关直接受理案件的侦查，提起公诉，由人民检察院负责。审判，由人民法院负责”。而司法主要负责法制宣传教育和法律咨询服务等项工作。公检法司系统的建立、完善及其依法履行职责，是法制建设的重要环节和目标，对社会稳定、经济建设、保障人民群众利益等方面具有至关重要的作用。

---

① 参见《察布查尔锡伯自治县人大常委会在第十六届人民代表大会第三次会议上的工作报告》。

（一）公安机构的建立和完善

1950年成立宁西县公安局，下设秘书股、政保股、总务室和看守所，共有工作人员17人。1954年，更名为察布查尔锡伯自治县公安局。1961年8月，增设边防股。在“文化大革命”期间，对公安局施行军事管制，成立人民保卫组，负责处理公安事务。1973年3月恢复县公安局，下设政一股、政二股、治安股、边防股、预审股和秘书股。1981年3月，成立刑警队。1985年4月，撤销秘书股，成立行政管理股和办公室。1980年，边防体制改革，边防股编入武警序列，对外称边防武警大队，对内称边防股，其业务受县公安局领导，人事、装备和政务受伊犁武警支队领导。1999年11月，成立警务督察队。另外，1995年3月，原属预审股的看守所直接归公安局管理，设置所长配备专门人员，负责管理看守所事务。

为了加强地方治安建设，从1964年开始开展乡镇派出所的建设工作，当年建立金泉派出所、琼博拉两个派出所，后因“文化大革命”曾一度停止建设工作。1976年开始恢复派出所的建设工作，当年建立城镇派出所，第二年建立吉然布拉克、阿帕尔、乔库尔、加尕斯台、回民庄5个派出所，第三年建立托博、扎库齐牛录、海努克3个派出所。在乡镇派出所建设初具规模后，又启动建设企业派出所的工作，1985年成立奶牛场企业派出所，1987年成立阿勒玛勒企业派出所，1988年成立林业派出所。随着自治县人口分布、行政区划的变化，以及经济社会的发展，需要增设和调整派出所。1997年建立绰霍尔、堆依齐牛录、纳达齐牛录、阔洪奇、坎乡5个派出所，回民庄派出所改名为米粮泉派出所。1999年，奶牛场企业派出所和阿勒玛勒企业派出所经自治区公安厅批准改为公安派出所。截至2000年，全县共有基层派出所15个，覆盖了全县所有乡镇场地方；各乡镇村共设治保委员会67个、治保小组109个，每村都设有治保主任，专门负责本村的治保工作；全县居民户籍管理工作实现了规范化和科学化，逐乡逐村编设路牌和门牌号，建立系统的人口信息档案。

近20年来十分重视公安队伍建设，坚持从严治警，不断完善岗位责任制和各项规章制度，严肃警察队伍纪律和作风。在认真贯彻落实《人民警察内务条令》《人民警察奖惩条例》《公安干警违反“七个不准”要求的处理规定》《局规警约》等条令规定，推行优胜劣汰和奖勤罚懒的优化组合制，严格实行禁酒令，不断提高公安干警的职业素质和工作作风。

2000年深入贯彻公安部《关于加强公安队伍建设的十二项措施》，开展岗位大练兵活动。自治县公安局曾受到自治区、自治州、自治县先进集体的各类表彰，先后有10人荣立二等功和三等功。

在加强公安机构和干警队伍建设的同时，还加大对各种治安案件的处置力度。1980年，全年发案180件，查处180件，处罚185人，其中警告12人、罚款30人、拘留143人。2000年，全年发案416件，查处399件，处罚808人，其中警告70人、罚款573人、拘留573人、其他处理57人。[①]

（二）检查机构的建立和完善

1953年1月成立宁西县人民检察署，配备专职工作人员2人。1954年3月改称察布查尔锡伯自治县人民检察署，1954年9月更名为察布查尔锡伯自治县人民检察院。在“文化大革命”期间，对检察院施行军事管制，成立人民保卫组，负责处理检查事务。1979年7月开始恢复检察院，至第二年下设刑事检察科、法纪检察科、经济检察科、办公室，配备工作人员17人。1983年，增设监所检察科。1987年，增设控告申诉科。1989年，增设民事行政检察科。1990年，经济检察科更名为贪污行贿科，刑事检察科分为刑事检察一科和刑事检察二科。1991年，增设政工科。1997年，贪污行贿科更名为反贪局，刑事检察一科更名为审查批捕科，刑事检察二科更名为审查起诉科。

从1979年恢复检察院开始，不仅内部机构的设置分工越来越完善和细化，而且检察队伍也不断壮大。1999年，检察院在编工作人员共33人，其中汉族18名、锡伯族8名、维吾尔族4名、哈萨克族3人。2016年，检察院在编工作人员共40人，其中汉族26名、锡伯族6名、维吾尔族5名、哈萨克族3名。而且紧紧围绕“强化法律监督、维护公平正义”，“规范执法行为、促进执法公正”工作为主题，先后制定《责任追究制度》《待岗处理办法》《办案监督卡使用管理暂行办法》等相关制度办法，并严格落实施行，严肃检察队伍纪律，鼓励积极向上。2003年获自治区级文明单位称号，2004年在自治州范围机关量化考核中名列第一。从1984年至2004年，获得集体荣誉20余项，个人荣誉

① 参见察布查尔锡伯自治县地方志编纂委员会编《察布查尔锡伯自治县志》，新疆人民出版社2007年版，第406页。

20余项。

检察院以维护社会稳定作为首要任务，充分发挥审查批捕和审查起诉职能作用，依法惩治各类刑事犯罪。2015年受理审查批准逮捕案件127件230人，批准逮捕110件196人；受理移送审查起诉案件263件454人，提起公诉254件434人；依法对“酒驾”等危险驾驶犯罪提起公诉42件42人。[①]

同时，宽严相济，促进严格执法和公正司法。2015年对11件14人无逮捕必要的犯罪嫌疑人做出了不批准逮捕决定，对13件15人做出了相对不起诉和附条件不起诉决定，对未成年人犯、主观恶性小、犯罪情节轻微的偶犯和过失犯，本着教育、感化、挽救的方针，依法适用轻缓刑事政策。另外，还突出办案重点，加大办案力度。始终把发生在群众身边、损害群众利益的贪污贿赂案件作为查办职务犯罪工作的重点，针对职务犯罪的新特点、新变化，加强侦查工作的统一指挥和协调，提高发现线索、侦破案件的能力。2015年立案侦查涉农惠民领域职务犯罪案件5件13人，均为套取粮食补贴的共同贪污案，经侦查终结移送起诉，挽回国家经济损失26.28万元；依法查处玩忽职守案件1件2人，经提起公诉后被有罪判决。

（三）审判机构的建立和完善

1952年成立宁西县人民法院，配备审判员2人、书记员1人，内设调解委员会。1954年改称察布查尔锡伯自治县人民法院。在“文化大革命”期间，对法院施行军事管制，成立人民保卫组，下设审判小组，专门负责审判工作。1973年9月开始恢复人民法院，至第二年下设刑事审判庭和民事审判庭。1981年，增设经济审判庭。1982年，成立来信来访接待室。1989年，成立办公室。1990年，成立执行庭。1991年，来信来访接待室更名为告诉申诉庭，并成立行政审判庭。1997年3月，成立立案庭。1998年3月，成立审判监督庭和督查庭。另外，1986年，设立爱新舍里镇、海努克乡和阿勒玛勒矿区3个基层法庭，2000年11月撤销阿勒玛勒矿区法庭。至此，察布查尔锡伯自治县人民法院辖属9个法庭和2个基层法庭，共有干警56人。

察布查尔锡伯自治县人民法院不断推进以审判为中心的审判制度

---

① 参见《察布查尔锡伯自治县人民检察院2015年度工作报告》。

建设，强化审判、执行案件审限节点管理，力争缩短案件结案周期，提高办案质效。1999年，以开展“审判质量年”和“执行年”活动为契机，严格执行最高人民法院《关于严格实行公开审判的若干规定》，对办结案认真实行逐件逐月详查、大案要案重点详查和超限案件督查。同年，有9名法官被自治区高级人民法院批准为一级法官，从此法官职称评定工作迈入了正轨。2002年，为了加强审判队伍建设，提高办事和办案效率，实现制度化管理队伍目标，制定《岗位目标管理办法》。从2004年5月起，实行法官着法袍、执法槌开庭审理案件规定。

近十年以来，重点解决“六难三案”，即“门难进、脸难看、事难办”、“立案难、诉讼难、执行难”和“人情案、关系案、金钱案”问题，推行“三书一承诺”制度，即《党风廉政责任书》《干警廉政保证金责任书》《五个严禁责任书》和《干警家庭廉政承诺书》，改进工作作风，提高工作效率，消除工作腐败。同时，实行法官员额制度。根据法官编制，确定科学的、相对稳定的员额，经过严格遴选，任用专业化、道德化、法律化的高素质法官，行使审判权，而其他任何人都无权行使审判权，其他一些审判辅助性事务由法官助理和书记员处理。进一步落实独任审判、合议庭在审判执行活动中的权力下放，切实做到让“审理者裁判、裁判者负责”的要求。根据2013年11月21日最高人民法院发布的《关于推进司法公开三大平台建设的若干意见》，开始着手建立三大平台，即审判流程公开、裁判文书公开、执行信息公开的三大平台，实现审判流程、裁判文书、执行信息的公开透明。

法院以维护经济社会为神圣使命，充分发挥审判职能作用，着力维护社会稳定和经济发展。2016年受理各类刑事案件236件，审结223件。其中盗窃案54件103人，危险驾驶案44件44人，故意伤害案12件12人，交通肇事案12件12人，强奸案10件10人，非法持有、私藏枪支案10件10人，走私、贩卖、运输、制造毒品和非法持有毒品犯罪案7件7人，煽动民族仇恨、民族歧视案5件19人，寻衅滋事案5件9人，聚众扰乱社会秩序案3件16人，抢劫案2件5人，宣扬恐怖主义、极端主义、煽动实施恐怖活动案2件2人，破坏法律实施案2件2人。审结贪污、贿赂、渎职案6件8人。全年判处10年以上有期徒刑5人，5年以上10年以下有期徒刑14人，3年以上5年以下有期徒刑16人，3年以下有期徒刑 88 人。[①]

同时，加强民商事审判工作，调节社会关系，促进社会和谐。2016 年受理各类民商事案件 2164 件，审结 2058 件。审结民间借贷案件 469 件，涉案标的 2228.29 万元；婚姻家庭及继承、赡养等案件 359 件；涉及农民工工资案件 232 件，涉案标的 481.79 万元，以及道路交通事故赔偿案件 109 件，土地流转、农业承包经营权等案件 91 件。在民商事审判过程中，始终以调解为目标，调解撤诉 1327 件，调撤率达 63.3%。[②]

另外，加大案件执行力度，切实维护当事人合法权益。2016 年受理执行案件 1736 件，执结 1328 件，执结率为 76.5%，执结标的 6652 万元。维护生效裁判文书权威，先后对 26 名有财产而拒不履行裁判义务、转移财产的当事人采取强制措施。充分利用网上查控手段调查被执行人财产 1026 件次，查询金额 352.21 万余元，有 64 件案件通过网络查控系统对被执行人存款进行了扣划。[③]

（四）司法机构的建立和完善

1981 年 1 月成立察布查尔锡伯自治县司法局，下设法律顾问处、公证处，定编人员 6 人。2012 年调整内部机构，下设办公室、法制宣传科、基层工作科、律师公证工作管理科、法律援助工作管理科、社区矫正工作管理科 6 个机构。截至 2016 年，全县设立有司法所 15 个、乡镇法律服务所 6 个、个人法律服务所 1 个、个人律师事务所 1 个、公证处 1 家，全县执业律师 4 名、法律服务工作者 43 人。另外，全县还设有各级调委会 135 个，其中乡、村两级调委会 85 个、县直机关调解室 34 个，以及专业性、行业性调解组织 13 个，共有调解员 432 人，其中首席调解员 81 人。

近 20 年来，司法局作为县政府的一个职能部门，在县委和县政府的带领下，按照上级司法部门的部署和要求，积极主动地开展法治宣传教育和法律咨询服务工作，做好社会各方面矛盾纠纷的化解工作。

坚持“4+1+X”工作机制，做好安置帮教和社区矫正工作。“4+1+X”工作机制是察布查尔锡伯自治县重点人员特殊群体管控帮教工作机制。“4”即指乡镇综治中心、公安局、法院、监狱，乡镇综治中心落实主体责任，公安局、法院、监狱分别履行调查、审判、刑罚执行改造职能；

---

① 参见《察布查尔锡伯自治县人民法院 2016 年度工作报告》。

② 同上。

③ 同上。

“1”即指司法局，为管控帮教牵头部门，履行组织、协调、法治宣传教育等职能；“X”即指综治办、检察院、宣传部、统战部、民宗局、教育局、妇联、团委、人社局、民政局、残联等部门，在各自职能范围内开展指导、宣传、帮教、救助、就业培训等工作。在“4+1+X”工作机制下，司法局作为牵头部门，其地位、任务和作用都十分重要。一是在服刑阶段，组织干警进监狱对服刑人员进行逐个谈话，讲清犯罪危害，播放录制的家属视频，录制服刑人员视频回访服刑人员亲属，加强亲情感化力度，让服刑人员安心改造，让家属清楚放心。综合运用“集中教育，个体攻关，亲情感化”等多种手段，开展亲属进监所帮教、视频亲情感化教育、现场互动，严格未转化人员不探视、不看望制度，取得较好效果。2016年，带领服刑人员家属前往五家渠、奎屯、高泉、阿克苏等监狱开展亲情探视活动，坎乡司法所、加尕斯台司法所协助乌苏监狱借助亲情电话改造2名服刑人员，通过亲情感化，让服刑人员认罪服法，积极改造；与奎屯、高泉、新源监狱紧密配合，同33名监狱服刑人员开展亲属亲情视频对话，服刑人员及其家属深受感动，服刑人员均表示要认真悔过，回报社会。二是在刑满释放阶段，严格落实危安重点人员必接必送制度，规范程序，堵塞漏洞，形成书面告知制度，理顺县、乡、村综治部门、派出所、司法所关系，做到了无缝衔接。实行“一人一组一方案”，精准帮教，第一时间“请进”司法所“开小灶”进行法治培训，严格“一对一”分级办班转化，重点组织开展好AB类教育转化培训班，严格落实刑满释放人员到期解除和就地安置制度。2016年对全县217名刑释解教人员进行了多次走访，与自治区监狱管理局一同对97名“危安类”重点人员进行一次全面摸底排查，详细了解危安犯思想动态、转化程度、家属认知态度等情况，确保底数清、情况明。目前在册刑释解教人员2127名，帮教率100%，安置率93%。① 三是加大社会服刑人员非监禁刑罚执行情况管理力度，有效维护社区矫正非监禁刑罚执行的严肃性、权威性，加强公检法司部门的联动协作能力。2016年联合县检察院，组织专门力量先后深入全县15个乡（镇）场司法所，通过查阅工作台账资料、现场询问、随机走访等形式，就社区矫正交、送、接、管、帮、罚、录等各个环节进行了全面督查，进一步夯实社区矫正工作。全年新接收社区服刑人员57人、

① 参见《察布查尔锡伯自治县司法局1916年度工作总结》。

期满解 61 人、严管对象 5 人、普管对象 84 人、宽管对象 6 人，在册社区服刑人员 95 人。①

以去极端化为重点，强化普法依法治理工作。司法局结合全县的实际情况，首先紧扣“去极端化”工作重点，针对薄弱环节，合理制定方案，坚持开展“去极端化”法治宣传教育工作。2016 年邀请自治区司法厅“去极端化”法治宣讲团到新城区体育馆、加尕斯台乡、海努克乡、阔洪奇乡，开展现身说法报告会四场，受教育群众近万人。邀请县公、检、法、教育、党校、计生等部门业务骨干授课，在 7 个维稳重点乡法治教育培训中心开展了法治进乡村去极端化宣讲暨青年人“每月一法”法治讲座，受教育人数 8000 多人。前往县看守所开展“去极端化”法治宣讲活动七场，组织 11 名已教育转化人员进县看守所开展现身说法，受教育 208 余人。截至目前，全县“去极端化”法治宣传教育培训共举办培训班 72 场次，近 3 万名群众受教育。其次坚持办好“ABCD”精准帮教转化培训班。从全县选调政治素质好、能力作风强的维吾尔族干部实行“一对一”帮教转化，同吃、同住、同学习、同军训，不转化不脱钩，目前已在县看守所举办 A 班培训两期，分别为“教育释放人员法制教育培训班”和“在押人员去极端化法治专题培训班”受教育 270 人次。B 班 4 期 96 人次，C、D 班 52 期 824 人，进行回炉警醒，彻底抚平反弹思想。最后结合扶贫攻坚活动开展“去极端化”法治宣传。深入扶贫结对户家中开展面对面宣传，在大力宣讲自治县各类惠民便民政策，认真做好思想扶贫工作的同时，“精准滴灌”，扎实开展“去极端化”法治教育宣传活动，进一步加强群众对宗教极端思想带来的危害的认识，明确学法懂法守法用法的重要意义。

主动回应群众诉求，积极化解矛盾纠纷。通过挑选有能力、有威望、有责任、懂法律的优秀人员，担任各乡（镇）、村（社区）的首席调解员，负责调解各地矛盾纠纷。2016 年共调解各地各类矛盾纠纷 1121 起。推行“诉调”“检调”对接机制，定期邀请法官、检察官到基层调委会指导工作，并现场指导疑难复杂案件的调解，努力实现“三调联动”的格局。坚持做好访调对接。安排首席人民调解员和法官、执业律师、法律服务工作者入驻县信访接待大厅坐班调解。积极推进专业

① 参见《察布查尔锡伯自治县司法局 1916 年度工作总结》。

性、行业性调委会作用，为了有效化解医患纠纷、交通事故纠纷、劳动争议纠纷，先后建立县级劳动争议调委会、交通事故纠纷调委会、医患纠纷调委会各1个，以及村级医患纠纷调委会10个，明确各调委会职责，择优配备人员，规范工作程序，专门负责调解相关行业的纠纷。建立调解矛盾纠纷排查调处机制，实行调解民间纠纷“周排查、月统计、季通报”制度，以及分析研判制度和责任追究制度，要求司法所干部人人参与调解，所长带头调解。

以群众满意为标准，不断提升法律服务质量和水平。法律援助工作，以“应援尽援，应援速援”为原则，尽可能为弱势群体多办实事。2016年共办理法律援助案件124件，其中民事案件112件，刑事案件12件。公证工作，以“便民利民”为目标，积极办理公证事务。2016年共办理各类公证460件，其中经济类185件、民事类275件。法律咨询工作，以“便民利民”宗旨，积极开展各种形式法律服务。2016年免费提供法律咨询96次，免费代写草拟各类合同210份，上门法律方面服务25次。①

四　民意表达机制的有效运行

民意表达是民众为实现其特殊利益而进行的活动，它的实质是把民众的态度、意见转变为向社会、向国家表达要求的方式。民意表达渠道的畅通是社会进步的表现。随着我国改革开放的不断深入，社会结构日益分化，群体的利益更加多样化。在迅速发展的社会经济环境下，民众对自身利益和权利的维护更加关注。民众的利益得到很好的表达与维护，是现代国家政府努力和追求的目标。

近20年来，察布查尔锡伯自治县民意表达机制逐渐趋于完善，而且得以有效运行，对全县民主政治建设具有十分重要的意义。

（一）县人民代表大会渠道

按规定县人民代表大会每年召开一次代表大会，在会议期间积极鼓励代表提出建议和意见，会后还召开代表建议转交工作会议，全面部署代表建议办理工作，及时转办交办代表建议，督办小组进行督办，在提建议的代表中开展办理情况满意度测评，确保代表对办理情况的满意度。2012年自治县十六届人大第二次会议代表提出建议和意见共51件，答复率达

① 参见《察布查尔锡伯自治县司法局1916年度工作总结》。

到100%，代表满意率达到100%。2014年制定《代表建议处理规定》，规范工作程序，当年自治县十六届人大第四次会议代表提出建议103件，答复率100%，办结率74.8%。[①] 通过发放测评表、走访、电话联系等方式，调查了解代表对答复情况的满意度，均表示满意或者基本满意。

另外，在县人民代表大会闭会期间，人大常委会机关还负责受理群众来信来访，以“不等、不拖、不靠，重在解决问题”为原则，把群众来信来访反映比较集中、带有普遍性的问题，及时反馈给政府有关部门处理，而后采取督办、跟踪检查等方式进行落实和解决问题。2012年受理群众来信来访24件65人次，办结24件，办结率为100%。2013年受理群众各类来信来访31件，其中涉法涉诉16件，交办转办21件，自身化解9件，办结率达到97%。[②]

（二）县检察院和法院渠道

县检察院和法院作为执法部门除公正执法外，还要依法积极做好群众的来信来访工作，妥善处理群众的合理诉求，化解各种社会矛盾和纠纷。县检察院全面推行检察长接待日制度、控告申诉首办责任制度和下访巡访点制度等便民利民措施，通过带案下访、约访、巡访以及开设“12309”举报电话等方式，畅通信访渠道，诚心诚意为群众解决合理诉求。2015年共受理案件30件151人，均进行了认真处理和回复，办结率达到100%。其中通过受理刑事申诉案件和赔偿案件，赔偿申诉人人民币9000元，落实救助资金人民币6000元。[③] 县法院坚持实行信访工作统一领导，对群众来信来访，做到专人办理、分工协作、层层负责，确保事事有回音、件件有落实。2015年共受理各类涉法涉诉信访案件23件，年终办结21件，办结率达到91%。[④]

（三）县信访职能部门渠道

1987年成立信访科，隶属县政府办公室，办公室主任兼信访科科长。1990年成立信访局，归县委和县政府双重领导，除配备专职人员外，县委办公室和政府办公室还各设1名信访办事员，业务上受信访局管理和指

---

① 参见《察布查尔锡伯自治县人大常委会在第十六届人民代表大会第三次会议上的工作报告》。

② 同上。

③ 参见《察布查尔锡伯自治县人民检察院2015年度工作报告》。

④ 同上。

导。自信访局成立后，全县信访来访工作越来越完善和规范，除设立信访联合接待中心外，还在全县各镇场和县直属机关都设有专职或兼职信访干部，各村都设有调解员，形成全覆盖的三级信访体系，为广大人民群众提供了极其方便的信访来访途径。

对人民群众来信来访反映的问题，按其不同的语言文字分别接待、登记、立案、归档，以实事求是和保护人民群众合法权益为宗旨，根据不同情况，及时妥善处理所反映的“热点”和“难点”问题。一般信访案件，按“分级负责，归口管理”原则，转给有关部门处理，并定期督促检查，而对越级上访的案件根据主管领导的批示意见办理，对跨区越级上访的案件会同有关部门共同协商处理。另外，信访局还负责安排县领导信访接待日的各项工作，而且深入基层，了解群众信访中反映的突出问题，综合分析信访信息，报送信访信息，反映社情民意，为县委和县政府领导决策提供依据。

近10年来，为了进一步保障信访渠道的畅通，切实解决群众反映的合理诉求，不断探索信访工作新思路，积极改进信访工作模式。一是推行联合接待制度。2010年设立信访联合接待大厅，实行一揽子解决，一站式服务模式，既方便了信访群众，又维护了信访秩序，规范了信访行为。二是健全信访工作联席会议制度。县委书记负总责，县四套班子领导分工负责，定期研究部署信访工作，集中力量处理重大、疑难信访问题。三是强化目标责任考核。将信访工作作为各乡镇场、县直属部门领导班子和领导干部工作绩效考核的重要内容，加大考核力度，通过层层明确责任、上下联动落实，确保信访工作领导到位、责任到位。四是严格督查督办。县信访联席会议办公室定期或不定期对各乡镇场、县直属单位信访工作进行督查并及时通报。五是建立严格的问责机制。对于承办单位未妥善处理信访问题而引发群众越级上访、群体上访，造成不良后果的，追究有关领导和相关责任人的责任。2007—2016年，共受理群众来信来访共15844件，目前都已妥善处理，结办率达到100%。其中来信3775件、来访2787件、“书记信箱”信件9058件，以及上级部门交办和转办信件224件。[①] 信访反映的问题，主要集中在土地草场、劳动社保、民政救助、房屋征收等民生方面。

---

① 参见《察布查尔锡伯自治县信访工作情况报告》，2017年。

（四）县公共网络平台渠道

现今随着科学技术的发展，人们传统的生活、学习和工作模式也在发生变化，特别是互联网技术的发展和应用，给人们的生活、学习和工作提供了极大的方便。如何利用互联网建立快捷方便的民意表达平台，开辟新的民意表达渠道，就成为当今各级政府探索和追求的一项任务和目标。

2011 年初，正式开通察布查尔公众信息网，由察布查尔锡伯自治县人民政府办公室主办，察布查尔锡伯自治县人民政府电子政务办公室承办。该网设有“走进箭乡”“政务服务”“文化旅游”“工业经济”“民生 110”“信箱中心”六个栏目，其中“政务服务”、“民生 110”和“信箱中心”三个子栏目，就是专门为政务公开和政务服务，以及听取群众意见建议和接受群众监督而设置的，其目的就是进一步提高党和政府的公信力，切实保障民意表达渠道的畅通。

在“政务服务”栏目下，分别设置“党政要闻”“政府文件”“政府公告”“统计公报”“人事信息”“招标投标”“法律法规”“财审信息”“应急管理”“部门信息”“乡镇动态”和“便民公告”等十余个子栏目。凡涉及民生的重大事项和群众关注度高的问题，都在“政府公告”栏目上公布，听取群众的意见和建议，并接受监督。如：2017 年 1 月，发布察布查尔锡伯自治县扶贫办公室《关于察布查尔县 2017 年度中央财政专项扶贫资金（发展资金）项目公告》，详细列出各项目名称、资金数额、项目内容和计划完成时间；2017 年 3 月，发布财政部驻新疆财政监察专员办事处《关于开展财政扶贫资金检查的公告》，告知监察小组进驻县的时间、举报电话和信箱，以及受理举报时间，同时表示“欢迎社会各界和广大群众对县、乡（镇）、村在管理使用扶贫资金中存在的虚报冒领、挤占挪用、贪污侵占、损失浪费等问题进行举报”。凡拟选拔任用干部的职位和姓名，都在“人事信息”栏目上公示，征求群众的意见，并接受监督。

在“民生 110”和“信箱中心”栏目上公布县委、县政府、县人大、县政协四套领导班成员的姓名、分工和信箱，以及县直属机关和各乡镇的邮箱，建立了与广大群众联系的极其便利的渠道。每个信箱设有“我要写信”“来信选登”“分类选登信件”“书记交办信件”和“县长交办信件”等功能栏目，查阅和使用十分简便。从 2011 年 3 月开通察布查尔公众信息网至2017年4月，县委书记邮箱收到来信8687件，其中已办8614件、未办73件，办结率98%；县长邮箱收到来信304件，其中已办245件、未办59件，办结率80%；县人大主任邮箱收到来信92件，其中已办82件、未办10件，办结率达到89%；县政协主席邮箱收到来信40件，其中已办38件、未办2件，办结率95%。[①] 群众来信的内容十分广泛，既有反映畜牧业综合交易市场、安居房抗震、电动车挂牌、创业贷款、农业普查、校服质量、职工工资拖欠、环境治理等问题，也有修建全县免费公共厕所、线路车服务态度、县城改造等方面建议。

除察布查尔公众信息网外，还有县委组织部主办的箭乡党建网、县人大办公室主办的箭乡人民网，这两个网都设有专门的信箱为群众提供便利的提出诉求的途径。

第三节　民族关系考察

民族关系是指民族与民族之间的关系，各民族之间在政治、经济、文化等诸多方面的相互关系。察布查尔锡伯自治县位于我国的西北边陲，西与哈萨克斯坦接壤，是全国唯一的锡伯族自治县，而且随着时间的推移，县域居住的民族构成和分布都发生了巨大变化。目前居民有锡伯族、维吾尔族、哈萨克族、汉族、回族、蒙古族、柯尔克孜族、东乡族等十几个民族，其中少数民族占72%。对多民族杂居的民族自治县来讲，民族关系和谐与否攸关当地社会稳定和经济社会发展，甚至关系到国家总体安全。

一　民族关系演变进程

18世纪中叶，清政府统一天山南北时，察布查尔地区已成一片废墟，荒无人烟，因长年战争，居民或伤亡，或逃往他处。乾隆二十五年（1760）和二十九年（1764）清政府从天山南部抽到1000余名维吾尔族农户及其家眷迁到伊犁河南海努克、霍吉格尔巴克、霍诺海等处，开垦种田，缴纳官粮。乾隆三十年（1765），从辽宁抽到1000余名锡伯官兵及其家眷移驻，组建伊犁锡伯营，编设8个牛录，分别修筑8座城堡驻扎，担负起守卫疆土的使命。此后在150余年间，察布查尔地区居住的民族主

① 参见“察布查尔公众信息网”。

要是锡伯族和维吾尔族，他们各负其责，锡伯族军民屯垦戍边，而维吾尔族农户屯田纳粮，相互友好交往，遇有特殊困难相互帮助。在相互交往中，不少锡伯族人熟练掌握了维吾尔语，而维吾尔族内也有一些人掌握了锡伯语，这为两个民族的相互交流提供了方便条件。19 世纪初，为了解决伊犁河南岸种田缺水问题，时任锡伯营总管图伯特率领锡伯族军民自力人工挖成察布查尔大渠后，主动将水渠上游一段水浇地分给维吾尔族农民耕种，缓解了维吾尔族人种地缺水的燃眉之急。19 世纪 60 年代，伊犁地区局势动荡，一部分宗教极端分子趁机破坏民族关系，视锡伯族人为“异教徒”，煽动维吾尔族农户，企图杀光锡伯族，而广大维吾尔族农户极力反对，最终宗教极端分子企图未能得逞。

20 世纪初，为了躲避战乱和自然灾害，归属俄罗斯的哈萨克族边民越界进入察布查尔地方，当地政府按照上级部门的要求进行了妥善安置。在安置过程中，锡伯族不仅腾出祖祖辈辈开垦耕种的土地分给哈萨克族，而且还提供一定的人力和物力帮助哈萨克族重建家园。这一时期，除哈萨克族外，还有一部分柯尔克孜族、塔塔尔族、俄罗斯族迁到察布查尔地区定居。从此察布查尔地区民族构成发生变化，由原来的 2 个民族增加到 6 个民族，民族关系开始进入多元化时期。

自 1937 年废除锡伯营制并实行县制后，汉族、蒙古族、回族等民族开始逐步移居察布查尔地区，但其数量十分有限。1949 年中华人民共和国成立后，实行民族区域自治的同时，从内地省份抽调青年支援边疆建设，还迁来安置疆内外受灾地区和水库建设库区移民。20 世纪 60—70 年代，内地有些省份遭受严重的自然灾害，一些受灾农民自行来到察布查尔地方谋生，而后就定居下来。这样察布查尔地区民族构成发生更大变化，居住的民族逐渐达到十几个，其中人口曾达到过 100 名以上的有锡伯族、维吾尔族、哈萨克族、汉族、回族、蒙古族、柯尔克孜族、东乡族、乌孜别克族、满族等民族。

1954 年察布查尔锡伯自治县成立后，切实落实党和国家的各项民族政策，县域各民族之间交往更加广泛和密切，在共同建设察布查尔过程中，进一步加强了平等、团结、互助的社会主义新型民族关系。1954 年 3 月，察布查尔锡伯自治区（县）第一届人民代表大会人民代表大会在宁古齐牛录召开，应出席代表 100 人，缺席 8 人，实际出席代表 92 人，其中锡伯族 36 人，哈萨克族 28 人，维吾尔族 27 人，汉族 3 人，回族、蒙古族、塔塔尔族、乌孜别克族、俄罗斯族、柯尔克孜族各1人。[①] 当时居住在县域内的民族，不论人口多少，都有本民族的代表，充分体现了各民族在政治方面一律平等和当家做主的权益。在经济生产方面，各民族间也相互帮助共同发展。1954年，锡伯族农民自愿拿出5000公顷土地，帮助牧业区哈萨克族、柯尔克孜族等牧民建立粮食和饲料基地，改善牧民的生活条件。同年，农业区锡伯族、汉族、维吾尔族、回族等农民庄稼遭受虫灾，牧区哈萨克族、柯尔克孜族等牧民主动组织200余人到农区扑灭蝗虫。1959年，金泉公社和火箭公社农业生产大队锡伯族农民给牧业大队援建住房1000余间，同时还借给车辆、犁铧和其他农具，帮助哈萨克族等牧民发展农业生产。20世纪60年代，在县委和县政府的统一组织下，全县各族农牧民纷纷出义务工，共同开挖察南干渠，全长9.6公里，新增灌溉地6.5万亩，为本地农牧业发展创造有利条件。

二　民族构成及其分布

今锡伯族主要分布在辽宁、吉林、黑龙江和新疆等地，据2010年第六次全国人口普查统计，全国锡伯族190481人，其中新疆锡伯族34399人，占全国锡伯族人口的18%。察布查尔锡伯自治县是全国唯一的锡伯族自治县，全县锡伯族人口20620人，占全国锡伯族人口的10.8%，而占全新疆锡伯族人口的59.9%。察布查尔锡伯自治县的锡伯族人口，虽然只占全国的10.8%，但从全国锡伯族大杂居、小聚居的状况来看，察布查尔锡伯自治县仍是锡伯族人口最集中的地方，而且占全新疆锡伯族人口的大多数。

从乾隆二十九年（1764）设置伊犁锡伯营开始，截至宣统三年（1911）清朝灭亡，在这150年间察布查尔地区居民的民族构成相对比较单一，只有作为“国防军”的锡伯族官兵和家眷，以及屯田纳粮的维吾尔族农民和家眷。从民国年间开始才有其他民族前来居住，至1949年中华人民共和国成立后，由于边疆地区建设和发展的需求，疆内外人员调入和农牧民移居，使察布查尔锡伯自治县人口数目和民族构成发生巨变。

现将1950—2010年总人口和民族人口数目，每隔5年各选1年统计列表如下（见表2-4）。

---

① 参见察布查尔锡伯自治县人大志编纂委员会《察布查尔锡伯自治县人大志》，内部发行，2016年，第74页。

表 2-4　　自治县历年总人口及民族人口数目

年度	总人口	锡伯族	汉族	维吾尔族	哈萨克族	回族	蒙古族	柯尔克孜族	乌孜别克族	满族	塔塔尔族	俄罗斯族	东乡族	其他民族
1950	33443	8670	393	11347	11994	334	272							433
1955	37288	9835	362	12573	13383	392	286							457
1960	54999	11094	14106	14724	13747	734	336							258
1965	50821	12839	6615	16136	12913	1807	315							196
1970	66072	14648	11346	21349	15257	2868	318							286
1975	80073	16128	16707	25238	17995	3326	350							329
1980	131369	17220	54069	31170	23568	4460	368	295	54	45	25	6		88
1985	137000	18062	53474	34170	25763	4326	317	321	95	46	11	60	299	355
1990	146615	19782	52808	38590	28751	5127	308	308	109	67	9	93	485	152
1995	156151	20525	56026	40059	31499	6122	327	314	104	115	12	93	784	184
2000	158547	20533	54753	41733	32635	6583	316	284	76	85	6	112	1274	176
2005	172975	20497	62015	44789	34877	7967	428	327	67	102	6	106	1550	236
2010	194082	20620	66316	53383	39872	10532	410	313	140	102	10	112	1959	299

资料来源：察布查尔锡伯自治县地方志编纂委员会编：《察布查尔锡伯自治县志》，新疆人民出版社 2007 年版，第 117—118 页；察布查尔锡伯自治县统计局、统计学会编：《察布查尔锡伯自治县辉煌六十年》，内部发行，2013 年，第 88—89 页。

察布查尔锡伯自治县的居民主要包括锡伯族、汉族、维吾尔族、哈萨克族、回族、东乡族、柯尔克孜族、蒙古族、乌孜别克族、俄罗斯族、满族、塔塔尔族 12 个民族，其中人数过万的有锡伯族、汉族、维吾尔族、哈萨克、回族 5 个民族。根据 2010 年第六次人口普查统计，汉族 66316 人，占全县总人口的 34.16%；维吾尔族 53383 人，占全县总人口的 27.5%；哈萨克族 39872 人，占全县总人口的 20.54%；锡伯族 20620 人，占全县总人口的 10.62%；回族 10532 人，占全县总人口的 5.42%；东乡族、柯尔克孜族、蒙古族、乌孜别克族、俄罗斯族、满族、塔塔尔族以及其他民族共计 3345 人，占全县总人口的 1.72%。

察布查尔锡伯自治县各民族的居住格局并非一成不变，而是随着时代的变迁而发生变化。清朝时，锡伯族居住在察布查尔大渠两岸，由西向东建城堡居住，维吾尔族居住在南山脚下海努克、加尕斯台、霍吉格尔巴克、霍诺海等处，严格规定作为军人的锡伯族与作为屯田人的维吾尔族不可相互杂居，而且其他民族也不可擅自迁到锡伯族和维吾尔族居住地区。

1911 年清朝灭亡后，察布查尔地区各民族居民才开始相互杂居，但杂居情况并不普遍。1954 年察布查尔锡伯自治县成立后，随着各民族人口的增长和经济社会的发展，加之县域行政区划的变化，各民族间相互杂居的情况更加普遍。

现将 2012 年民族人口数目，按行政区划（良繁场人口数缺）统计列表如下（见表 2-5）。

表 2-5　　2012 年自治县各行政区划地方民族人口数目

行政区划名称	总人口	锡伯族	汉族	维吾尔族	哈萨克族	回族	柯尔克孜族	蒙古族	乌孜别克族	俄罗斯族	满族	其他民族
察布查尔镇	25376	5198	10743	4814	3731	575	98	27	26	72	41	45
爱新舍里镇	9450	4493	2756	253	1876	8	46	3	3	0	1	9
堆齐牛录乡	9025	2085	2426	51	2920	1463	17	4	0	2		57
孙扎齐牛录乡	10182	2552	3086	1510	2837	100	3	34	1	2	12	42
绰霍尔乡	9703	747	5554	1362	541	898	21	1	0	11	4	564
纳达齐牛录乡	7353	2203	2801	977	1015	289	3	14	10	3	15	22
扎库齐牛录乡	15080	2903	4616	336	6747	394	28	13	0	1	14	25
米粮泉乡	5334	16	641	496	327	3712	6	0	20	0	0	116
海努克乡	14802	4	246	13413	637	447	7	1	55	0	0	28
阔洪奇乡	9475	0	560	6504	1014	825	9	1	2	0	0	560
坎乡	13965	1	1179	7614	4188	430	0	15	19	0	0	483
加尕斯台乡	15879	4	845	12264	2598	121	10	1	0	0	0	36
琼博拉乡	10078	1	1016	4136	4817	4	0	0	1	2	0	1
种羊场	8204	311	4038	189	2631	889	11	31	0	4	0	100
良繁场	—	—	—	—	—	—	—	—	—	—	—	—
合计	163909	20518	40507	53919	35879	10155	259	145	137	97	87	2088

资料来源：察布查尔锡伯自治县统计局、统计学会编：《察布查尔锡伯自治县辉煌六十年》，内部发行，2013 年，第 91 页。

察布查尔锡伯自治县民族的分布情况，人口排在前五位的锡伯族、汉族、维吾尔族、哈萨克族和回族都有相对聚居的乡镇场，其中锡伯族主要聚居在爱新舍里镇、纳达齐牛录乡、孙扎齐牛录乡、堆齐牛录乡、察布查尔镇、扎库齐牛录乡 6 个乡镇，分别占所居各乡镇总人口的 47. 54%、29. 96%、25. 06%、23. 1%、20. 48%、19. 25%；汉族主要聚居在绰霍尔乡、种羊场、察布查尔镇、扎库齐牛录乡、孙扎齐牛录乡、爱新舍里镇、纳达齐牛录乡、堆齐牛录乡 8 个乡镇场，分别占所居各乡镇场总人口的 57.24%、49.21%、42.33%、30.61%、30.3%、29.16%、28.3%、26.88%；维吾尔族主要聚居在海努克乡、加尕斯台乡、阔洪奇乡、坎乡、琼博拉乡、察布查尔镇、绰霍尔乡 7 个乡镇，分别占所居各乡镇场总人口的 90.61%、77.23%、68.64%、54.52%、41.03%、18.97%、14.03%；哈萨克族主要聚居在琼博拉乡、扎库齐牛录乡、堆齐牛录乡、种羊场、坎乡、孙扎齐牛录乡、爱新舍里镇、察布查尔镇 8 个乡镇，分别占所居各乡镇场总人口的 47.79%、44.74%、32.35%、32.06%、29.98%、27.86%、19.85%、14.7%；回族主要聚居在米粮泉乡、堆齐牛录乡、种羊场 3 个乡镇，分别占所居各乡镇场总人口的 69.59%、16.21%、10.83%。

从整体上来看，察布查尔锡伯自治县民族分布是大杂居、小聚居，几乎所有乡镇场都是多民族杂居的，多则十余个，少则七八个。从局部上来看，个别乡镇某一民族聚居程度较高。如：海努克乡、加尕斯台乡、阔洪奇乡、坎乡，维吾尔族分别占 90.61%、77.23%、68.64%、54.52%；米粮泉乡，回族占 69.59%；绰霍尔乡，汉族占 57.24%。从民族上来看，在人口排在前五位的锡伯族、汉族、维吾尔族、哈萨克族和回族中，锡伯族与汉族、哈萨克族杂居比较普遍。

三　民族关系基本特征

近 20 年来，随着改革开放的深入和经济社会的发展，察布查尔锡伯自治县民族关系也在发生变化，而且有其自身的特征。

（一）经济发展为民族关系协调发展提供了物质基础

近几年以来，随着国家对边疆贫困地区扶持力度的加大，以及“对口援疆”工作的有效进展，自治县经济得到持续快速发展，各族群众的生活水平得到显著提高，农牧民人均纯收入由 2000 年的 1640 元提高到 2016 年的 12908 元；贫困人口已由 2000 年的 30179 人减少到目前的 1300 人，率先在全疆实现脱贫摘帽。社会经济的发展，不仅促进了各民族之间的相互交往，而且为各民族关系协调发展提供了坚实的物质基础。在经济欠发达的山区少数民族聚居的乡镇，发展商品生产和市场经济，对促进民族内部的生产经营分工，扶持已出现的专业户、经纪人、农村集市贸易，都具有重大的划时代意义。社会主义商品经济的发展，打破了长期封闭的自给自足的自然经济，拓宽了人们保守和狭隘的眼界，既有利于增强民族内部的经济活力，还有利于促进各民族间的相互交流，从而为实现社会主义平等、团结、互助的民族关系注入新的动力。

（二）民族关系从相对封闭型转入开放型和融合型

过去，贯彻“以粮为纲”“以牧为主”的生产经营模式，各族农牧民固定在土地和草原上，交往极其有限。近些年来，社会主义市场经济允许和鼓励各民族之间在资源、产品、商品、技术、人员等方面的相互交往，出现了双向大交流、大交换的局面。自治县实施牧民定居工程，兴建牧民定居房1470套，搬迁少数民族人口7772人，大量的少数民族群众从过去游牧、分散状态的山区、草原，集中搬迁到经济相对发达的乡镇。同时，少数民族青年开始走出山区到县城、伊宁市等周边县市和东南沿海发达地区打工或经商。据统计，近几年来每年至少有6万人次在疆内外长年务工，每年劳务创收上亿元。一些到发达地区务工的少数民族青年，不仅赚回了钱，改善了个人家庭生活，更可贵的是树立了改革开放的意识，学会了生产技术和管理经验，而且不少人回到家乡后开店办厂，成了新一代少数民族能人和企业家。另外，在物质和文化方面的交流更是空前推进。自治县充分发挥民族节日、民族艺术、民族体育优势，开办各种活动，吸引内地投资者前来合作，开发民族地区各种资源，促进了经济社会发展，同时加强了各民族间的合作和交流。自治县每年举办锡伯族“西迁节”，带动了当地经贸文化旅游业的发展。江苏省景丽针织服饰有限责任公司于2015年10月在自治县投资1500万元，年加工100万件外贸出口羊毛衫，产品全部销往国外，解决了350人就业，其中少数民族占90%。

（三）既要增强民族自强开拓精神又要互帮合作共同发展

随着经济社会的发展和落后面貌的改变，必然会增强各民族自强奋发的精神，需要正确的引导和鼓励，使之发挥其应有的正能量，推进民族团结进步事业健康发展。自治县坚持不懈地开展正确的民族观教育，使人们认识到各民族和谐共处的重要意义，相互尊重、相互依存，相互合作，相互帮助，共同发展繁荣。原先维吾尔族、哈萨克族不种水稻，在汉族、锡伯族的影响和帮助下，许多维吾尔族、哈萨克族民众都开始种植水稻，经济效益明显增长，有助于改善其家庭生活。锡伯族是当地民族区域自治的主体民族，由于长期与各民族共同生产和生活，许多锡伯族人都学会了几种民族语言，与各民族交往毫无障碍，而且交流比较广泛，彼此间相处十分融洽，从来没有发生过伤害民族感情和破坏民族关系的事件，普遍受到其他民族的尊重和好评，可谓促进民族团结进步的典范。自治区级民族团结进步模范维吾尔族青年努尔买买提继承父母的善举，十余年来一直在伊犁河大桥摆设小摊位，为60岁以上的老人和残疾人免费送矿泉水，长期资助不同民族的贫困学生。2015年11月他还专程赴河南商丘学校与一名汉族残疾学生结亲，并资助其上大学。

（四）民族间的认同感和包容性逐渐形成

当今社会经济和科学技术的发展，各民族的交往越来越广泛和紧密，有必要加强各民族间的认同感和包容性，共同建立和谐文明、繁荣昌盛的美好家园。不同的民族有不同的语言文化和风俗习惯，应该给予充分的尊重和保护，但这种尊重和保护绝不可导致狭隘的民族主义泛滥，和谐稳定共同发展是当今时代潮流。社会经济的发展，电视广播媒体的推广，以及各种现代化交通和通信工具的使用，为各族群众特别是青年人走向社会和相互交流提供了便利条件，促进了各民族之间的交流，推动了异地之间的相互迁移。在此过程中各民族不断地加深了解，进而彼此间逐渐形成认同感和包容性。近几年以来自治县范围内族际通婚情况日益增多，当地人赞美这种家庭叫“团结族”家庭。如：国家级民族团结模范吴秀芳的家庭，她本人是锡伯族，丈夫是汉族，儿媳妇是哈萨克族，一个家庭中就有3个民族，十分和谐美满。察布查尔镇社区居民居马汗的家庭，是一个大家庭，由哈萨克族、维吾尔族、锡伯族、回族等多民族组成，家庭成员长期生活在一起，互相尊重，互相帮助，是一个民族团结进步的模范家庭。

四　民族关系分析思考

长期以来，察布查尔锡伯自治县党委和政府坚定不移贯彻执行党的民族政策，以维护团结稳定和实现各民族共同繁荣发展为主线，不断强化地区建设投入力度，努力加快地区经济社会发展步伐，大力倡导汉族离不开少数民族、少数民族离不开汉族、少数民族间也相互离不开的“三个离不开”思想，全县上下抢抓机遇，加快发展，构建和谐察布查尔已成为各族群众的共识和自觉行动。这是本地区民族关系的主流和趋势，总体上处于良好发展态势。

察布查尔锡伯自治县毕竟是多民族杂居之地，由于各民族间存在语言文化、宗教信仰、风俗习惯等方面的差异，加之各民族居住区域经济发展不平衡，不可避免地会产生撞击，引起一些纠纷和矛盾，甚至局部地区和个别民族间会产生一些冲突和对抗。这是本地区民族关系良性发展过程中的支流，必定会得到妥善处理和解决。

从目前自治县民族团结进步工作的实际情况来看，仍存在进一步完善和改进之处。一是全县民族团结进步创建工作进展不平衡。有些乡镇和机关领导班子思想认识不到位，片面地将民族团结创建工作作为单项工作来抓，缺乏全局性、系统性；有些乡镇、机关的创建工作载体少，重点不突出，抓手不得力；有些乡镇和机关陷入了老套路，或出现松懈拖沓现象，民族团结进步工作还没有步入常态化轨道。二是民族居住地区间的经济发展不平衡。县域大河灌区与山区之间经济发展不平衡，而且差距不小，特别是民生改善和脱贫摘帽的压力较大。三是民族团结宣传教育工作需要进一步加强。有些乡镇和机关不太清楚自治区、自治州党委和县委关于民族团结的要求、目标、任务及其重点活动，开展民族团结宣传教育工作不十分得力。四是民族团结示范点打造标准较低，示范引领作用发挥有限。在示范点打造过程中，对创建做法总结提升不够，辐射带动作用未能充分发挥。

为了促进县域民族关系协调发展，有必要建立民族团结进步事业的长效机制，形成各部门通力合作、全社会齐抓共管的常态。一是加强宣传教育机制。将民族团结进步宣传教育纳入学习计划，按照立足实际，分类指导，分层施教的原则，制订长远和年度宣传教育计划。二是实行目标考核机制。按照“逐级负责、责任到人”的原则，自上而下层层签订目标责任书，将民族团结进步创建工作与经济社会工作同安排、同部署、同考核、同兑现。三是强化督查机制。严格按照领导班子成员分片联点责任制，进一步健全督查制度，形成以县、乡、村各司其职，各负其责的督查网络体系，推进督查工作的制度化、规范化、经常化。四是建立共创共建的睦邻友好机制。积极搭建与周边邻县、邻乡和邻村的睦邻友好关系平台，建立健全两地党政领导定期互访来往制度，就维护边界地区稳定、促进经济社会协调发展达成共识，签订友好维稳工作协议书，共同维护边界地区稳定发展。五是建立发展地区经济机制。将民族团结进步创建活动纳入国民经济和社会发展五年规划，坚持把发展地区经济与民族团结进步创建活动结合起来，以经济发展带动民族团结进步创建，以民族团结进步创建促进经济发展。

第三章

经济建设与经济发展

1954年，察布查尔锡伯自治县正式成立，时至今日已走过60余年的发展历程，也呈现出不同的阶段性发展形态和特征。中华人民共和国成立后，察布查尔锡伯自治县经历了土地改革和社会主义改造及建设，极大地解放和发展了社会生产力。特别是改革开放以来，全县坚持以经济建设为中心和发展是硬道理的思想，不断深化改革，扩大开放，抓住机遇，加快发展，经济总量和结构都实现了重大飞跃。然而，进入21世纪以来，察布查尔锡伯自治县由于自我发展能力不足而暴露出诸多问题，也在很大程度上制约了县域经济可持续发展。对此，在“十三五”时期的开局之年，察布查尔锡伯自治县提出，要坚持“四个全面”战略布局，坚持创新、协调、绿色、开放、共享发展理念，围绕社会稳定和长治久安总目标，以推进治理体系和治理能力现代化为引领，以经济发展和民生改善为基础，以改革和法治为动力支撑，统筹推进经济、政治、文化、社会、生态文明和党的建设，努力建成“首府城市副中心和中心城市功能区”，着力打造县域经济新版本、塑造“一带一路”新明珠，全力开创团结稳定、民富县强、生态和美察布查尔新局面，确保如期建成小康社会。[①]

第一节　县经济建设的历史沿革及当代实践[②]

新疆和平解放后，原三区革命时期的苏木尔县复称为宁西县，并于

---

① 《察布查尔锡伯自治县第十六届人民代表大会第六次会议政府工作报告》，2016年2月18日。

② 有关行政区划的材料，主要来自察布查尔锡伯自治县史志编纂委员会编《察布查尔锡伯自治县志》，新疆人民出版社2007年版。

1950年6月成立宁西县人民政府，全县辖4个区、21个乡。1951年，坎乡由伊宁县划归至宁西县，设为五区，辖6个乡。1954年3月，察布查尔锡伯自治县（以下简称察布查尔县）正式成立，是全国唯一以锡伯族为主体的多民族聚居自治县，成立初期辖7个区、33个乡，目前已调整为3个镇、10个乡、1个国有农场和1个农村经济管理中心，同时还有农四师67团、68团、69团、奶牛场、平原林场、天西林业局山区林场等驻县单位。自察布查尔县成立以来，各族人民群众在县委、县政府的领导下，共同努力、团结奋进，取得了社会经济的巨大发展。纵观察布查尔县六十多年的建设历程，大体可分为以下几个阶段。

一　1949年至20世纪末的县经济建设

（一）计划经济时期（1949—1978年）[①]

1950年6月，宁西县召开了首次各族各界人民代表大会，宣告宁西县人民政府成立。会议还决定，废除锡伯族居住区的乌合尔达、牛录制和维吾尔族、哈萨克族居住区的千户长、百户长制，调整合并改建为区、乡人民政府。但是，在人民政府成立初期，仍有部分敌对势力对社会主义建设事业构成威胁和阻碍。对此，必须进行一系列反革命镇压和社会改革，主要包括减租反霸工作、农村土地改革、牧区民主改革等内容。1954年1月，宁西县着手推行民族区域自治。经过两个多月的筹备工作，察布查尔锡伯自治区于3月17日宣告成立。1955年11月，察布查尔锡伯自治区第一届人民代表大会第五次会议决议，将正式更名为察布查尔锡伯自治县。随后，为进一步扩大社会生产力，促进经济建设有序开展，察布查尔县先后对农牧业和工商业进行了社会主义改造，同时大力推进水利设施建设。

1. 减租反霸工作

宁西县成立初期，仍有少数反革命分子气焰嚣张，公然反对减租减息，抗缴爱国公粮，肆意进行反革命破坏活动。1951年7月，中共宁西县委和县人民政府根据中共中央新疆分局的指示和中共伊犁地委关于减租反霸计划的安排，决定组织减租反霸工作队，率先到三区七乡（现如今的纳达齐牛录乡）开展试办工作。同年9月，宁西县减租反霸工作团组

---

① 本节内容主要参见国家民委《中国少数民族自治地方概况丛书（修订本）》编写组编《新疆察布查尔锡伯自治县概况》（民族出版社2009年版）以及察布查尔锡伯自治县政协编《中国锡伯族百年实录》（内部文稿，2016年）。

建成立，共涉及 194 人、6 个工作大队，在全县 2 个农业区、2 个半农半牧区的 19 个农业乡全面开展减租反霸工作。1952 年 4 月，减租反霸工作结束。全县共有 128 户地主、153 户富农进行了减租退租，共涉及 41124.26 大升麦子，645 户各族农民分得粮食 150 万斤。减租反霸工作的顺利完成摧毁了宁西县农村封建统治的基础，树立了贫雇农在政治上的绝对优势，为随后农村土地改革、牧区民主改革的有效推进奠定了扎实基础。

2. 农村土地改革

1952 年 11 月，宁西县在减租反霸工作顺利完成后，进一步贯彻落实中共中央新疆分局二届党代会制定的《关于新疆农业区实行土地改革的决议》，采取“先典型试办，后推广经验”的方式，在全县 2 个农业区、1 个半农半牧区的 16 个农业乡全面开展农村土地改革。其中，试办工作率先在一区的上加尕斯台、下加尕斯台及三区的宁古齐牛录乡、纳达齐牛录乡推行，一直持续到 1953 年 1 月结束。其间，共没收 42 户地主的土地 2200 公顷，房屋 548 间，家具 600 件，农具 892 件，多余粮食 2787.5 升，苜蓿 11 万捆，牲畜 247 头。这些斗争果实被分配给贫农 312 户、雇农 386 户、中农 173 户，其中，678 户分得土地，人均分地 7.2 亩。随后，土地改革工作进入由 4 个试办乡向其他农业区、乡推广的阶段。

1953 年 8 月，宁西县农村土地改革工作结束。没收 123 户地主的土地 4628 公顷，分配给 8027 名无地和少地的农民，人均分地最少 2 亩、最多 11 亩。此外，还没收耕畜 515 头、农具 1583 件，房屋 1438 间。这次土地改革实现了农业生产资料在不同阶级群众之间的合理再分配，为宁西县解放农业生产力、促进农业生产奠定了坚实的物质基础。

3. 牧区民主改革

宁西县成立初期，牧区的社会阶级矛盾激烈。占牧区总人口 10%的牧主、部落头目、宗教上层、地主、富农等占有了 70%—80%的牧业生产资料，包括牲畜、牧草场等。在这种半封建半资本主义的牧主经济统治下，贫困牧民受到的剥削极其残酷，他们的生活境地也十分悲惨。牧工的工资收入普遍低微，平均每年只有五六只羊，温饱问题仍然是牧工家庭的头等大事。此外，牲畜丢失或意外死亡的损失全部由牧工承担，一旦发生风雪灾害，牧工的生活便被推上绝路。

为明显改善牧区人民生活，中共宁西县委和县人民政府贯彻执行了党的“不斗不分，不划阶级和牧工牧主两利”的政策，积极保护和发展包括牧主经济在内的畜牧业生产。具体的做法包括：一是按照双方自愿互利的原则，促使牧工牧主通过协商适当提高牧工工资，致使1953年的工资水平提高到解放前的两倍；二是逐步废除了部落头目和牧主的封建特权，严禁虐待牧工、克扣牧工工资及随意解雇牧工等不法行为，规范了牧草场的管理，使载畜量明显提高，1954年，全县牲畜总头数达到14万头（只），比民主改革前的1952年增长了38.2%；三是在1950—1953年，宁西县向贫苦牧民共发放了8.3万元贷款，人均不到6只羊的牧户免于纳税，还实行了小额贸易的轻免税政策，从而满足他们发展生产、改善生活的强烈诉求。以上政策措施的有效落实，极大地调动了宁西县广大牧民的生产积极性，解放了长久被压抑的畜牧业生产力，为牧区经济的发展奠定了坚实基础。

4. 社会主义改造

1953年，在党的过渡时期总路线的指引下，察布查尔县开始对农业、畜牧业、手工业和私营商业进行社会主义改造，并于1958年基本完成。

（1）农业的社会主义改造

在农村土地改革后，察布查尔县广大贫苦农民虽分得了土地，但缺乏改进种植技术和从事多种经营的条件，更没有抵御自然灾害的能力，导致大多数人的生产、生活依然困难。1953年春，察布查尔县根据党中央《关于农业生产互助合作的决议》以及中共中央新疆分局确定的“积极领导，慎重稳进”的方针，开始对农业进行社会主义改造。起初，一些农民遵照“自愿互利”的原则，在传统变工互助的基础上组织成立了一批临时互助组。在这些互助组内部，农民们相互调剂劳力和生产工具，解决了个体农民的生产资料不足等问题。当时，这种集体生产方式极大地提高了农业生产力，以四区五乡（今孙扎齐牛录村）巴克扎布互助组为例，人均小麦产量比互助组成立前农民单干时的人均产量增加了30%—40%，也比同期单干农民的产量高出27.5%。这种制度优越性有效调动了农民参与组织生产的意愿，也使越来越多的临时互助组转变为常年互助组。

1954年春，察布查尔县已有205个常年互助组和103个季节互助组，入组农户占总农户的40.8%。同期，巴克扎布互助组升级为农业社，被重点试办。1955年初，察布查尔县共建立初级农业合作社21个，入社农民占总农户的13.2%。在全国合作化运动影响下，察布查尔县于1957年基本实现了高级农业合作化，标志着农业社会主义改造的初步胜利。1958年9月15日，察布查尔县四区和六区合并成立火箭人民公社（今扎库齐牛录乡）。10月23日，察布查尔县24个高级农业社和26个牧业社相机联合组成人民公社，分别是金泉人民公社（今爱新舍里镇）、红旗人民公社（今加尕斯台乡）、团结人民公社（今琼博拉乡）、东光人民公社（今坎乡），实现了全县公社化。当时，入社农户总计8302户，40624人；入社牲畜159425头，大车1835辆，洋犁1408架，播种机50架，收割机73架，铁耙407把，其他农具114件。

（2）畜牧业的社会主义改造

经历了牧区民主革命后，察布查尔县畜牧业虽得到了恢复和发展，但依然基本上处于游牧状态，对自然灾害的抵御能力很薄弱。为打破这种困境，广大牧民表达了想走畜牧业生产合作化道路的强烈诉求。对此，察布查尔县依照"自愿互利"的原则，有计划、有步骤地开展了畜牧业互助合作运动。1955年，察布查尔县牧区已成立18个季节性互助组、6个实行专人放牧的常年互助组，入组户数占总牧户的7%。1956年底，察布查尔县在七区一乡试办了第一个以牲畜折股入社的和平幸福牧业生产合作社，入社牧民有30户。1958年，察布查尔县已建立了26个畜牧业生产合作社，入社牧户达2556户，占总牧户的97%。

从互助组到生产合作社，集体化的生产组织方式对察布查尔县牧区经济发展及农牧民生活改善发挥了积极作用。1958年，察布查尔县对畜牧业的社会主义改造基本完成，全县牲畜存栏数达到156800头（只），比1949年增加86%以上。同期，全县牧区粮食总产量达5600吨，牧民人均占有量达485公斤。1957年，农牧区年人均收入达到61.75元。此外，"以牧为主，农牧结合、发展多种经营"的合作化模式在促进农牧业生产的同时，还进一步引导牧民由游牧向定居放牧转变，推动了住房、医院、学校等建设，为加速发展牧区的教育、医疗和社会保障等事业提供了动力和条件。

（3）手工业和私营商业的社会主义改造

中华人民共和国成立之初，察布查尔县的手工业规模很小，仅涉及冶铁、木器加工、缝纫、制鞋等。这些手工业者只有少数生活于城镇，大多数都分散于农村且兼营农业生产活动。为促进手工业生产，察布查尔县采取了为发放补贴、贷款、减免税等一系列措施，使全县手工业产值较中华人民共和国成立初期明显扩大。然而，这一时期的察布查尔县手工业主要是以家庭作坊为单位的个体经济，经营分散，技术落后，劳动生产率低下。为充分解放生产力，察布查尔县适时引导全县手工业者向合作化道路迈进，有计划有步骤地推动手工业从私有制向集体制转变。

针对城镇手工业者，察布查尔县于1955年春按行业组建了若干供销生产小组，各小组自负盈亏，生产工具仍为私人所有，但集中生产。1956年，按照自愿互利原则，察布查尔县将之前的供销生产小组分类合并为铁器、木器、缝纫和靴鞋四个手工业生产合作社。以红旗木器生产合作社为例，1957年实现了人均年产值842元，比1949年提高了4倍左右。针对农村手工业者，察布查尔县鼓励其分期分批地加入农业生产合作社中，在农业社的统一领导下从事手工业生产，更好地为农业生产和社员生活服务。1958年，在全国“大跃进”运动的影响下，察布查尔县工业开始起步。60年代，粮油总厂、食品加工厂、五一木器厂、莫合烟厂等先后建立，社队企业崭露头角。1968年，全县有国有企业3户，实现工业总产值41.73万元，1978年则分别增至11户、234.2万元。

在开展手工业合作化的同时，察布查尔县对私营商业也实行了社会主义改造。当时，察布查尔县私营商业共19户，除县城的一所中西药店和几家杂货铺外，其余都是些流动商贩。1954—1956年，察布查尔县根据自愿原则把一部分小商小贩改组为供销合作社的经销代销机构，把中西药店改组为中医联合诊所的附设机构，随后与中医联合诊所一起并入县人民医院，成为国家医疗卫生事业的一个组成部分。通过在各区乡建立供销合作社，县政府实现了对粮食、油料统购统销，对其他重要物资实行计划收购和计划供应。这一时期，已建立的36个国营商业门市部遍布全县，社会主义商业网逐步形成。

5. 水利建设

察布查尔县属于灌溉农业区，水利事业的发展对国民经济的意义十分重大。清乾隆二十九年（1764），锡伯族西迁伊犁察布查尔屯垦戍边，嘉庆年间建成察布查尔大渠。20世纪40年代末，县域内拥有灌溉面积19.64万亩，人均有水浇地近6亩。中华人民共和国成立后，为确保农牧业生产活动的顺利开展，县各族人民群众坚持不懈兴修水利。

（1）旧灌区建设（1955—1962年）

以改造察布查尔大渠为基点，察布查尔县开展了一系列旧灌区建设工程。①修建了伊犁河第一座无坝引进水闸（称老龙口），改变了冬天堵、春天开的长期艰苦劳动局面，使察布查尔大渠进水自如。②修建了阔洪齐、八乡、羊场等退水闸，使洪水自由宣泄。对沿山的工地段进行渠堤加宽加高，保证渠道安全运行。③全面清淤，调节纵坡，使水流畅顺。④合并支渠，修建有放闭机控制的水闸，平整土地，推广沟畦灌溉。⑤建立察布查尔渠水管所，制定《水管条例》，开始收水费，以水养水。

（2）山区防渗防冲渠道建设（1963—1965 年）

20 世纪 50 年代，水资源不足是制约察布查尔县山区农牧业生产的主要因素，这与山区的沟渠涵闸等水利条件落后密切相关。当时的水利建设状况存在诸多问题，如渠首引水率低，渠道冲刷、渗漏严重，渠道远离水源且分散、有效利用系数不高等，导致察布查尔县山区人民生产滞后、生活贫困。为解决这一问题，察布查尔县组织了扎尕斯台、海努克、七乡、米粮泉等社队群众投入扎尕斯台渠的建设中，历时两年完成。这条大渠由干砌卵石混凝土灌浆而成，过水流量为 5 立方米/秒，加大流量为 7 立方米/秒，全长 11 公里。建成至今，扎尕斯台渠的使用情况一直良好，防冲、防渗效果明显。此外，察布查尔县还在洪海沟、大博乐沟等山沟修建了渠道，同时加大了固定农田规划建设，发展了山水灌区模式。

（3）察布查尔南渠修建（1964—1974 年）

为切实解决山区因水资源不足、光热条件差等因素导致的农业生产难问题，察布查尔县决定立足于伊犁河水源，修建察布查尔南渠，并计划在渠道通水后，从山区迁移部分群众到察南渠定居种地。这一工程于 1965 年冬开土动工，中途受到“文革”影响，直到 1974 年才通水至伊昭公路，累计灌溉面积 5 万亩。

（4）察布查尔渠新龙口建设（1973—1975 年）

察布查尔渠老龙口最大进水量较小，不能满足察渠和察南渠同时用水。对此，需要建设新龙口以增加进水量。新龙口高 6 米，宽 18 米，5 孔，平时可进水 70 个流量，灌溉面积 70 万亩，防洪标准百年一遇，距伊犁河仅 110 米，无坝引水。就当时县域经济社会发展水平而言，新龙口建设是一场技术含量极高的攻坚战。整个过程需要大量的破碎工、木工、架子工、混凝土工、砌石工、钢筋工、机械工等，大部分施工人员都从民工中挑选、培养和训练。他们边学边练、边干，克服各种困难，历经两年终于将新进水闸修建完成。

（二）改革开放以来（1978—2000年）

党的十一届三中全会的胜利召开，开启了中国改革开放的历史新阶段。在此背景下，察布查尔县也开始对农牧业、工商业进行体制改革，由此推动县域经济的全面快速发展，也构成了进入21世纪前察布查尔县经济建设的主要内容和基本方向。

1. 农业体制改革

20世纪50年代末至改革开放前，察布查尔县受到“大跃进”和人民公社运动的影响，人民群众的农牧业生产积极性受到抑制，各族群众的生活状态一度非常困难。特别是“文化大革命”期间，以革命压制生产，使农牧业生产起伏巨大，国民经济再次跌入低谷。1970年，农牧民年人均收入降为68.72元，1975年仅小幅提升至74.37元，而1957年的农牧民年人均收入已达到61.75元。党的十一届三中全会后，农牧区逐步实行经济体制改革，调整种植结构及养殖品种，采用新技术，实现了农牧业生产的突飞猛进，农牧民收入大幅提高（见表3-1）。

表3-1　1980—2000年察布查尔县农牧民人均纯收入　（单位：元）

年份	人均纯收入	年份	人均纯收入	年份	人均纯收入
1980	129.13	1987	503.15	1994	772.12
1981	103.00	1988	536.98	1995	879.89
1982	114.00	1989	555.84	1996	1062.37
1983	227.40	1990	567.07	1997	1107.20
1984	276.58	1991	596.34	1998	1317.74
1985	376.03	1992	630.99	1999	1518.00
1986	477.78	1993	667.66	2000	1639.69

资料来源：察布查尔锡伯自治县史志编纂委员会编：《察布查尔锡伯自治县志》，新疆人民出版社2007年版，第177—178页。

具体而言，察布查尔县农业体制改革的做法是：率先以“五定一奖”（定人员、定地块、定产量、定工分、定开支、超额完成任务给奖励）为形式开展，试行一年，产生了明显的促丰产效果。1981年，在中共中央《关于进一步加强和完善农业生产责任制的几个问题》的文件精神指导下，察布查尔县采取定额管理、小段包工、评工记分、包产到户、牧业包群到户等形式，对全县259个基本核算单位实行了不同形式的生产责任制。1983年，察布查尔县逐渐将大包干责任制推广到牧业、林业、社队企业、农机和农业技术上来，97%的生产队实行了大包干并且建立了专业承包责任制。全县有各类专业户 1600 多户，其中，粮食专业户 321 户，个体工商户 616 户，种菜专业户 62 户，运输重点专业户 24 户，加工重点专业户 393 户，家禽专业户 117 户，渔业专业户 17 户。此外，还出现了一些生产专业化村，如安定大队（蒙霍尔）水稻专业村，亮星大队（乔勒潘）韭菜专业村。

1984 年，大包干责任制已深入人心，农民收入和粮食产量相较于 1979 年都实现了大幅提升，致使土地承包 1 年一定改为 10 年一定或 15 年一定。1985 年，在稳定家庭联产承包制不变的基础上，察布查尔县依据“大稳定、小调整”的原则，逐步调整地块，实行“统一作物、统一品种、统一地块、统一管理、统一耕种”的“五统一”管理。1998 年 3—10 月，察布查尔县县委制定《关于做好延长农村土地承包期工作的贯彻意见》并加以落实，基本完成第二轮土地承包工作，17551 户领取《土地承包经营权证》，占全县应发证农户数的 95%。

大包干生产责任制极大地解放了生产力，加上农产品提价，察布查尔县在 20 世纪 80 年代实现了农业的增产增收，农民得到实惠。进入 90 年代，由于农业生产资料涨价，农产品价格跟不上生产资料价格的上涨幅度，再加上服务体系不配套、市场信息流通不畅等原因，致使县农产品出现“买难卖难”的现象，部分农民遭受不同程度的经济损失。

2. 牧业体制改革

农业体制改革“既增收又增产”的成效，激发并促进了察布查尔县的牧业体制改革。1983 年秋，在琼博拉乡和加尕斯台乡的牧区进行牲畜折价归户的试点工作。1984 年，牲畜折价归户、草原承包制在察布查尔县所有牧区全面推行，其中，12 个乡镇的 564 群、92434 头牲畜折价给 913 户牧民，金额达 328.25 万元，牲畜的所有权、经营管理权归牧户自主；全县 120788 公顷冬草场全部承包给牧户，草场使用权归牧户自主，15 年不变。

这种制度变革导致牧民定居、半定居的户数逐渐增多，“随畜逐水草而居”的游牧状况有所改变，也在很大程度上调动了牧民的生产积极性。十一届三中全会后，察布查尔县大力发展草料生产和农区养畜，推广绵羊冬羔、牛胚胎移植、暖季放牧、冷季舍饲等先进技术，以肉毛兼用的绵羊为主要品种，开发天山马鹿繁殖饲养技术，适量发展绒山羊，发展养禽及水产养殖等多种养殖。在保护草场的前提下，提高畜产品的产量和品质，牲畜商品率提高，牲畜年末存栏头（只）数由1979年的23.7万头上升至2000年的39.9万头（只），增长68.4%；畜牧业产值由1980年的770.9万元增加至2000年的6345.2万元，增长了7.2倍，名义年均增长率为11.1%。

3. 工商业体制改革

改革开放前，察布查尔县工业经济成分基本是单一的公有制经济，产品的生产和销售完全按照指令性计划进行，缺乏市场经济活力。这种计划体制严重束缚了县国营工业企业的发展。党的十一届三中全会后，察布查尔县逐步在全县工业企业中推行扩大企业经营管理自主权的改革，实行党委领导下的厂长负责制，赋予企业一定自主权。但这一时期，由于计划体制仍有所延续，尚未根本性消除，一些配套改革措施也未能建立，改革没有取得明显的成效。1985年底，列入全县整顿规划的31个企业，有29个通过合格验收，占总数的93.6%。企业整顿后产值提高了41.6%，销售收入提高了28.3%，利润提高了52.7%，亏损企业减少了60%。1986年初，体改工作的重点从整顿企业转向试行厂长（经理）负责制，开始推广企业干部、职工的工资和奖金同企业的经济效益挂钩。

1987年，察布查尔县对国营工业企业开始实行承包责任制经营改革。县政府与企业通过合同形式，明确企业自主权，充分为企业放权让利创造条件。具体地，分别在1987—1990年、1990—1992年、1992—1995年先后实行了三轮承包经营。虽然这一阶段的企业经营状况有所改善，但也存在不少问题。比如，未正确处理好国家、企业、职工三方利益，国有资产大量流失，未彻底理顺政府、企业和市场的关系等。

20世纪90年代末，察布查尔县按照“产权清晰、权责明确、政企分开、管理科学”的原则，借鉴区内外企业改革经验，全面推行以产权制度改革为核心的破产、出售、联合、兼并等改革措施。1998年3—6月，分三批公开出售企业34户，涉及标准件厂、水泥厂、食品厂、糠醛厂、木材厂、建筑公司、木器厂、水泥制品厂等。截至1999年，察布查尔县共有54家国有、集体企业完成改制，23家企业经过破产、出售得到重组，涉及建材、乳制品、棉麻和糠醛等工业行业。

概况而言，20世纪八九十年代，察布查尔县公有制企业先后经历了实行经济责任制、放权让利、减轻企业负担、推行承包经营责任制、两轮承包改革以及增强企业活力、转换经营机制等内容的经济体制改革，有效促进了县工业经济的发展。

二 21世纪初县经济建设的主要内容

改革开放初期，我国东部沿海地区凭借良好的区位、政策条件以及劳动力、土地等要素成本优势，通过发展制造业出口加工型贸易实现了经济快速增长。相对而言，西部地区由于发展基础薄弱，缺乏融入全球价值链分工的产业竞争力，也由此拉大了与东部先发地区的经济差距。进入21世纪以来，国家适时提出“西部大开发”战略，坚持把西部地区自力更生、艰苦奋斗与国家政策支持结合起来，最大限度地发挥市场配置资源的基础性作用，不断增强西部地区的发展能力。在此背景下，察布查尔县依托自身的资源、文化、区位等优势，紧抓历史发展机遇，特别是在中央新疆工作座谈会后，积极参与配合江苏省盐城市的对口援建工作，通过承接东中部产业转移，加速了县工业体系的完善和县域经济实力的提升。区域经济建设的本质是区域开发，是对区域内各种资源进行开发利用，以谋求区域经济增长与发展的过程，政府是其第一位主体。近20年来，察布查尔县经济建设的主要内容涉及各级政府主导的基础设施、产业园区、对口援疆及扶贫脱贫等方面。

（一）基础设施

基础设施作为区域经发展的基本条件，几乎与社会经济发展所有的生产过程和生活过程都息息相关。因此，基础设施的建设和发展水平对于区域经济发展有着十分重要的作用。结合自身的经济发展水平及优势产业定位，察布查尔县的基础设施建设主要集中于公路运输服务优化、灌区水利设施完善、农村安全饮水保障等方面。

1. 公路运输服务优化①

（1）客运市场运营

截至2016年，察布查尔县有三级客运站一个，即县客运服务中心，位于察布查尔县查鲁盖东街51号，已建成乡镇客运站（四级站）6个，分别是坎乡客运站、琼博乐乡客运站、爱新色里镇客运站、海努克乡客运

① 本节数据和材料主要来自察布查尔锡伯自治县交通运输局编《2016年察布查尔县交通运输工作概况》，2016年12月9日。

站、阔洪奇乡客运站、加尕斯台乡客运站。

目前，全县具有营运业务的运输公司有7个，分别是察布查尔县通惠公共交通运输公司、粮贸运输公司、宏运运输公司、公交公司、伊犁神州运输公司、都拉塔口岸顺达运输公司、伊犁沙漠运输公司分公司和一个客运服务中心（即察布查尔县客运站）。

全县拥有客运营运车辆共734辆，公交车线路4个，共有57辆车，县城内出租车241辆，线路车436辆。其中，县城至伊宁市线路车辆147（含20辆中巴车），孙扎齐乡至伊宁市4辆，各团场至伊宁市线路车34辆，口岸至县城线路车辆37辆，各乡镇至县城线路车辆131辆，各乡镇间线路车辆24辆，其他线路59辆，全县客运从业人员近千人。

（2）公共道路建设

公路是察布查尔县境内唯一的交通运输途径和出行方式。目前，县公路格局是以省道313线（阿都线）、237线（察昭线）、762线，县道714线、715线、716线、717线、718线、719线等省道、县乡干线公路为县域公路网主骨架。

截至2015年底，全县境内有313线（伊宁市—都拉塔口岸）、237线（伊宁市—昭苏）两条省道，专线公路762线（察布查尔县—洪海沟边防连），总里程223公里。

全县境内有县道9条，总里程198.107公里，分别是：X714线24.598公里，起点位于奶牛场二道桥，终点位于阔洪奇乡加油站；X715线55.712公里，起点位于纳达齐牛录乡，终点位于坎乡伊犁河喀拉达木大桥；X716线23.906公里，起点位于海努克乡，终点位于扎格斯台乡；X717线23.662公里，起点位于扎格斯台乡，终点位于琼博拉乡；X718线9.17公里，起点位于察布查尔县邮政局，终点位于伊犁河景观大道；X719线9.957公里，起点位于S313线K15+400休闲公园处，终点位于孙扎齐牛录乡；X720线6.88公里，起点位于奶牛场，终点位于扎库齐牛录乡寨牛录村；X721线13.402公里，起点位于奶牛场一连，终点位于奶牛场六连；X762线30.82公里，起点位于坎乡，终点位于扎格斯台乡。

全县境内农村公路总里程为1315.245公里，包括乡道566.826公里，村道517.026公里以及专用道路33.286公里。其中，2条专用道路分别是Z776线17.578公里，起点位于坎乡，终点位于阿勒玛勒沟以及Z777线15.708公里，起点位于琼博拉乡，终点位于森林公园。此外，全县农村公路中有三级公路186.26公里，占总里程的14%，四级公路1030.128公里，占总里程的79%，等外公路98.857公里，占总里程的7%。其中，沥青路面1120.723公里，沙砾路面95.665公里，原始路面98.857公里。

此外，在脱贫攻坚背景下，察布查尔县大力推进农村公路建设项目投资，使县域农村公路路网布局更加优化，乡村道路面貌显著改善，群众出行更加畅通、便捷。截至2016年底，全县68个行政村都已通柏油马路，行政村通油率达100%。

2. 灌区水利设施完善①

“十二五”时期末，察布查尔县三次产业结构为49：19：23，说明第一产业是察布查尔县国民经济增长与发展的基础部门。农作物种植离不开灌溉，伊犁河的丰富水资源是察布查尔县发展农业的先天优势，如何开展灌区续建配套及节水改造，促进水资源合理永续利用一直是县水利建设的重要任务。

（1）灌区水利设施概况

察布查尔县伊犁河灌区属于二等（Ⅱ）型灌区，于21世纪初被国家水利部水规计（2001）514号文批准列入大型灌区续建配套与节水改造项目。近20年来，改造内容主要涉及干（支）渠防渗、建筑物配套、退水渠改建等，田间工程则涉及改造中低产田43万亩，工程规划投资3.69亿元，其中，骨干工程投资2.12亿元。

察布查尔县伊犁河灌区设计灌溉面积120.7万亩，耕地面积102.6万亩，有效灌溉面积从1998年的59.2万亩增加到2015年的90万亩。灌区骨干工程分为灌溉渠道、排水沟、建筑物三个主要建设部分。其中，灌区骨干工程包括引水渠首1座，连接总干渠3公里，下设总分水闸向察南渠、察稻总干渠分水，察稻总干渠在18.5公里处向察渠和大稻渠分水，灌溉骨干渠道总长489公里，目前完成衬砌86公里。

（2）续建配套与节水改造情况

在“十二五”期间，县大型灌区续建配套与节水改造项目共实施4个年度实施方案，分别是察布查尔灌区续建配套与节水改造2012、2013、2014、2015年度工程，累计完成干渠防渗61.215公里。

2012年度实施方案：工程于2012年10月25日开工，于2013年4月

① 本节数据和材料主要来自察布查尔锡伯自治县水利局编《大型灌区续建配套与节水改造“十二五”及2015年工作总结提纲》，2015年12月6日。

8 日完工，共完成干渠衬砌防渗 6.75 公里，新建纳水口 2 座。累计完成投资 1500 万元，其中完成中央预算内资金 1200 万元，地方配套投资 300 万元。

2013 年度实施方案：工程于 2013 年 10 月 26 日开工，主体工程于 2014 年 4 月 11 日完工，共完成干渠衬砌防渗 10.865 公里。累计完成投资 2000 万元，其中完成中央预算内资金 1800 万元，地方配套投资 200 万元。

2014 年度实施方案：工程于 2015 年 1 月 15 日开工，于主体工程于 2015 年 4 月 1 日完工，共完成干渠衬砌防渗 16.9 公里。工程完成总投资 2520 万元，其中完成中央预算内资金 2400 万元，地方配套投资 120 万元。

2015 年度实施方案：工程于 2015 年 9 月 16 日开工，目前已完成全部建设任务，共完成干渠衬砌防渗 26.7 公里。累计完成投资 3000 万元，其中完成中央预算内投资 2400 万元，地方配套投资 600 万元。

（3）水利设施改造成效

一方面大型灌区改造项目实施以来，完成了对干渠 74.065 公里段的防渗护砌，解决了护砌段干渠淤积的问题，提高了干渠的输水能力，缩短了供水时间，缓解了下游灌区的用水矛盾，改善了灌溉管理条件。灌区渠系利用系数提高到 0.53，灌溉利用系数提高到 0.48，新增节水能力 430 万立方米。新增灌溉面积 12 万亩，改善灌溉面积 86 万亩，粮食年增产总量为 6050 万公斤。在一定程度上促进了灌区农业发展，改善灌区生态环境，为灌区灌溉管理及水利改革提供了基础。

另一方面通过改善灌区沿线生态环境，有效调节了农田湿度、温度及风速，使农业灌溉走向科学合理的灌溉方式，农业生产活动得到健康稳步推进，对察布查尔县的农业现代化和粮食安全奠定了坚实基础。

3. 农村安全饮水保障①

农村安全饮水工程是国家在“十五”时期末提出的一项改造农村居民饮水、惠及千家万户的民生工程，是新农村建设、美丽乡村建设的重要内容，旨在改变农村贫困面貌、改善农村生活环境、提高农民生活质量。自 2005 年以来，察布查尔县已先后完成了 52 个农牧区，共计 8 万多人的

① 本节数据和材料主要来自察布查尔锡伯自治县农牧区供水总站编《察布查尔县“十二五”农村饮水安全工作总结》，2015 年 9 月 15 日。

安全饮水问题。[①] 截至2015年9月，全县共实施饮水工程27处，农村饮水安全工程已覆盖到15个乡（镇、场）的68个村（队）的农牧民群众。

“十二五”期间，察布查尔县共实施饮水安全工程15项，饮水安全工程投资合计5844万元，累计解决饮水不安全人口4.77万人，新增自来水入户11791户。具体情况如下。

2010年度实施情况：涉及海努克乡的海努克村、切吉村等四个村的饮水安全工程以及绰霍尔乡的绰霍尔村、博斯坦村、布站村三个村的饮水安全工程，工程总投资855万元，其中国家投资684万元，解决了1.35万人的饮水安全问题，新增供水管网140公里。

2011年度实施情况：涉及阔洪奇乡的乌尔勒克村饮水安全工程、孙扎齐乡的乔尔盘村饮水安全工程以及种羊场饮水安全工程，工程总投资634万元，其中国家投资482万元，解决了0.92万人的饮水安全问题，新增供水管网122公里。

2012年度实施情况：涉及孙扎齐乡孙扎齐村等三个村的饮水安全工程，工程总投资284万元，其中国家投资150万元，解决了0.31万人的饮水安全问题，新增自来水入户820户，新增供水管网50.8公里。

2013年度实施情况：涉及纳达齐乡清泉村饮水安全工程、堆依齐乡佛营村等四个村的饮水安全工程、加尕斯台乡水源改造及管网延伸工程以及2013年察布查尔县贫困户饮水安全入户工程，工程总投资2016万元，其中国家投资1452万元，解决了1.02万人的饮水安全问题，新增自来水入户7298户，新增供水管网123.63公里。

2014年度实施情况：涉及阔洪齐乡琼塔木村饮水安全工程、海努克乡托普亚尕齐饮水安全工程以及2014年察布查尔县贫困户饮水安全入户工程，工程总投资816万元，其中国家投资1023万元，解决了0.34万人、3673户的饮水安全问题，新增供水管网22.1公里。

（二）产业园区

从国内实践来看，产业园区对区域经济增长与结构转型的推动作用明显，也是承接区域间产业转移、促进企业集群化发展的重要载体。普遍而言，我国的产业园区是由低内源力、低竞争力的企业组成的、存在相当政

① 苏敏、谢海涛：《察布查尔大力实施农村安全饮水工程，“十二五”期间再解决3.4万人安全饮水问题》，《伊犁日报》2011年11月17日。

府干预的、具有一定创新能力的地方生产系统。[①] 目前，由察布查尔县与江苏盐城市共同推动建设的伊南工业园区，对县经济社会发展的积极影响正在逐步显现，作为县工业经济增长极的优势地位也不断提升。

1. 区位条件及建设要求

伊南工业园区是伊犁哈萨克自治州直属县（市）的七大工业园区之一，地处察布查尔县中部，东临伊犁河，南依伊南煤田，北靠南岸大渠，西毗哈萨克斯坦共和国，已于2012年2月经新疆维吾尔自治区人民政府批准为自治区级园区。该园区的交通条件十分便利，距离都拉塔口岸、霍尔果斯口岸等国家一类陆路口岸分别为56公里、100公里，位于伊宁机场、伊宁火车站的半小时通勤圈内。

资料显示，伊南工业园区的建设总要求是[②]：紧紧围绕社会稳定和长治久安总目标，坚持“创新、协调、绿色、开放、共享”五大发展理念，抢抓新疆丝绸之路经济带核心区建设的重大机遇，以经济发展和产业惠民为基础，以提高质量和效益为中心，科学优化园区产业布局，完善园区投融资体系，加快基础设施配套，创新管理体制机制，提升园区服务功能，突出精准招商引资，主动融入“大伊宁经济圈”，加快优势特色产业集聚发展、集群发展、集约发展，努力建成产业培育和创新发展的聚集区、招商引资和优势资源转换的承载区、增加就业和产业惠民的示范区、拉动县域经济社会可持续发展的重要载体和增长极。

2. 园区定位及发展实践

伊南工业园区规划建设170平方公里，按照“一区多园”的发展思路，包含八个不同的产业功能园，分别是伊泰伊犁工业园、双创产业园、诚富环保科技产业园、新疆（常熟）服装产业园、天山生态杜仲产业园、丝绸之路文化旅游产业园、电子商务产业园、光伏产业园。

近几年，察布查尔县在对口援疆背景下结合当前自身优势，重点推动了伊南工业园、伊泰伊犁工业园、双创产业园及都拉塔口岸产业配套园等主要功能区建设，力争辐射带动商贸物流、电子商务、文化旅游、高效种植等配套产业区发展，取得了一定的成效。

---

① 孙久文、叶裕民编著：《区域经济学教程》（第二版），中国人民大学出版社2010年版，第112页。

② 伊南工业园区管理委员会：《关于加快伊南工业园区发展的指导意见（送审稿）》，内部文稿，2016年。

（1）伊南工业园

伊南工业园规划面积9.9平方公里，已开发面积5.6平方公里，发展备用土地100多平方公里。园区依托优势资源转换和产业集聚发展，重点发展现代煤化工、建筑产业现代化、光伏发电、电力能源、装备制造、电能消纳及配套延伸产业，高标准规划建设建筑产业现代化示范基地，加快水泥建材产业转型升级、创新发展，力争2020年园区产值达到20亿元。

目前，已有张化机、天山水泥、金龙水泥、新汶集团、华光发电、科陆电子等多家企业入园发展，同时规划占地5000亩，总投资28亿元，以“沙石料—水泥—预拌—预制—装配式建筑—钢结构加工—建筑装修装饰—节能环保—综合服务”全产业链为重点的建筑产业现代化示范基地建设也在不断推进。

（2）伊泰伊犁工业园

2016年，伊泰伊犁工业园被新疆维吾尔自治区人民政府批准为自治区级企业自办园区，规划面积6.23平方公里，已开发面积4.8平方公里，园区“七通一平”基础设施和厂前区已建成并投入使用。园区以伊泰伊犁能源有限公司100万吨/年的煤制油示范项目为重点，培育发展精细化工和后续配套延伸产业，提升煤炭资源转换效率和综合利用水平，建设资源节约型、环境友好型循环经济示范园区，力争2020年园区产值达到60亿元。

伊泰伊犁能源有限公司100万吨/年的煤制油示范项目计划总投资181亿元，包括工艺装置（空分、气化、净化、尾气转化、油品合成、油品加工、硫回收）、辅助设施（热电、污水处理、固体物料储运、输煤系统）、配套工程（供水、供电、道路、输煤管道、输油管线、渣场、蒸发塘、防洪等）。项目建成后，年产洁净柴油68.46万吨、石脑油24.6万吨、液化石油气（LPG）6.59万吨，副产品硫黄2.37万吨，年销售收入58.2亿元，利税总额20多亿元，新增就业1200个，并拉动上下游配套延伸产业可持续发展。

（3）双创产业园

双创产业园位于伊南工业园北侧，距县城仅5公里，规划面积10平方公里，重点发展纺织服装、特色优势农副产品精深加工、机械制造、环保设备、仓储物流、新型建材、商贸金融等产业领域，建设中小微企业创新、创业平台和产城融合示范区，力争2020年园区产值达到20亿元。

园区已投资7.7亿元，完成道路、供排水、供电通信、热力管等“五通一平”建设，10万平方米标准厂房、1.4万平方米邻里中心、5万平方米员工周转房、4800平方米餐饮服务中心等配套设施也已建成使用。园区入驻企业44家，其中，建成投产企业40家，规模以上企业13家，实现稳定就业3600多人。

伊犁（江苏）纺织服装产业园察布查尔服装园位于双创产业园核心区，规划面积1000亩，引进培育服装加工企业20家以上，形成1亿件成衣加工及配套协作加工能力，实现稳定就业1万人，努力建成苏伊合作共建的纺织服装产业集聚示范区和产业惠民、就业脱贫的先行区。园区一期占地200亩，投资2.9亿元建设10万平方米服装加工示范区（17栋三层框架、9栋一层钢构、1栋餐饮中心及配套设施等），可容纳服装企业15家，形成3000万件成衣生产能力，新增就业岗位4500人。

（4）都拉塔口岸产业配套园

都拉塔口岸产业配套区规划面积6000亩，借助都拉塔口岸、霍尔果斯经济开发区的带动引领作用，规划建设仓储物流保税区，加快出口加工、物流集散、货物联运、转关过境等外向型经济发展，实现伊南工业园区与口岸、周边乡镇融合发展、协同发展。

3. 经济贡献及社会效益①

（1）工业增长

2014年，伊南工业园区实现工业总产值17.9亿元，工业增加值3.8亿元；2015年，伊南工业园区实现工业总产值9.3亿元，工业增加值1.8亿元，较上年分别下降47.9%和52.0%。但伊南工业园区在察布查尔县工业体系中占有重要地位，2015年园区工业总产值占全县工业总产值的比重为79.3%，园区工业增加值占全县工业增加值的比重为88.3%。

2016年1—9月，园区实现工业总产值6.13亿元，工业增加值1.20亿元，较上年同期分别增长15.15%和9.82%。其中，规模以上工业企业实现工业总产值3.93亿元，较上年同期下降19.55%（张化机全年停产，豫兴6月1日停工）；工业增加值0.71亿元，较上年同期下降24.65%。

从分行业情况看，水泥建材业企业实现工业总产值4.03亿元，较上年同期增长1.77%；工业增加值0.80亿元，较上年同期下降19.19%。装

① 伊南工业园区管理委员会：《伊南工业园区年度工作总结及下年度工作计划》（2014年度、2015年度、2016年度），内部文稿。

备制造业（张化机）无订单，较上年同期减少工业总产值 6071. 2 万元，减少工业增加值 534. 87 万元。农副产品加工业企业实现工业总产值 0. 58 亿元，较上年同期下降 12. 12%；工业增加值 343. 73 万元，较上年同期下降 22. 71%。作为新经济增长点，光伏产业（华光发电、科陆电子）实现工业总产值 1909. 39 万元，工业增加值 1129. 79 万元，发电量 2019. 32 万度。其他工业企业实现工业总产值 1. 33 亿元，工业增加值 2526. 48 万元，其中，正隆电器实现工业总产值 3612 万元，工业增加值 711 万元；锡源鑫业公司实现工业总产值 2751 万元，工业增加值 239 万元；志成兴实现工业总产值 1892 万元，工业增加值 440 万元。

（2）招商引资

目前，园区已落地企业项目 8 个，分别为星源阳光杜仲复合循环产业深加工项目、佳乐城食品水晶粉加工项目、科力普农机销售及有机水稻生产加工项目、润成新能源 4×6 兆瓦生物秸秆气化发电项目、金铝公司铝电池生产建设项目、特宏昊安消防器材生产项目、特宁实业 300 万件服装项目、阿克米 300 万件服装项目，其中 5 个项目当年建成投产。

已注册签约企业 8 个，分别为伊丝伯尔实业有限公司、瑞丰针织服装有限公司、宏伯实业有限公司、文祥服饰有限公司、伊胜服装有限公司、伊福隆祥服装进出口有限公司、拉波尼服饰有限公司、方天服饰有限公司，其中 5 个项目已开始进场装修或设备订购。正在跟踪洽谈的项目 5 个，分别为山东威朗法兰服饰有限公司、秋亚制衣厂、忠鑫织造有限公司、霍尔果斯太龙贸易有限责任公司、四川乐鑫针织有限公司。

（3）促进就业

目前，特宁、阿克米两家服装加工企业已实现稳定就业 400 人，人均月工资达 2100 元以上，文祥服饰、伊丝伯尔、伊胜服装、伊福隆祥四家服装企业也计划于 2016 年底新招员工 1100 人。双创产业园核心区一期工程基本建成并部分投入使用，引进的 12 家服装加工企业已实现稳定就业 736 人，新招录培训员工 460 人，其中还包含来自察布查尔县 2 个脱贫攻坚重点乡、11 个重点村、286 户贫困、低保家庭共计 297 人。从薪资水平看，已稳定就业员工月均工资 1800—2200 元/人，新招培训员月均生活补助 960 元/人，满足基本生活水平要求。

（三）对口援疆

2010 年 3 月，中央新疆工作会议确定北京、天津、上海、广东、辽宁、深圳等19个省市承担对口支援新疆建设的任务，要求这些省市建立起人才、技术、管理、资金等全方位援疆的有效机制，把保障和改善民生置于优先位置，着力帮助各族群众解决就业、教育、住房等基本民生问题，支持新疆特色优势产业的良好发展。

2005—2010年，江苏省盐城市先后选派6批干部人才赴新疆挂职。新一轮援疆工作启动以来，盐城市又派出第七批、第八批干部人才对口援建察布查尔县。2011—2016年，盐城市援疆工作组坚持以推动察布查尔县稳定、民生、发展为主线，着力开展项目落地、产业合作、智力援助、两地融合及队伍建设等六个方面的重点工作。经过多年努力，盐城市对口援建察布查尔县取得了明显成效，特别是“基层共建、全民参与”的嵌入式援疆模式和经验得到了广泛肯定。[①]

1. 2011—2013年援疆工作的具体做法及主要成效[②]

2011—2013年，察布查尔县的经济社会发展明显加快，县域GDP增长50%，一般预算收入增长100%，固定资产投资增长200%；内生增长能力有效提升，招商引资到位资金累计176亿元，是2010年的12.8倍，伊南工业园区入驻企业由8家增至64家；城乡居民收入大幅提高，城镇居民和农村居民的可支配收入较2010年分别提高了3520元和2508元。[③]实际上，这些发展成绩与江苏省盐城市对察布查尔县的援建工作密不可分，具体援建做法及成效如下。

（1）坚持规划先行，科学引领援疆工作

工作组坚持规划先行，高起点编制规划，强调以科学规划引领、统筹援疆工作。

首先，工作组以援疆规划“贴近县情实际、贴近群众需要、贴近发展方向”为目标，并联合盐城市发改委、规划局、财政局、住建局、教育局、卫生局等后方单位，通过实地走访、召开座谈会、发放调查问卷等方式对县经济社会发展状况进行了深入细致的调研。最终，在充分听取县委、县政府及各族群众意见和建议的基础上，将三中分校区、盐城大道、安居富民、定居兴牧等项目确定为切合发展实际、符合群众期盼的标杆

① 杜磊、何龙：《盐城“嵌入式”援疆花开箭乡大地》，《伊犁日报》2015年6月1日第4版（http://epaper.ylxw.com.cn/20150601/pdf/4.pdf）。

② 本节数据和材料主要来自第七批盐城援疆工作组编《第七批盐城援疆工作组援疆工作总结》，内部文稿，2013年。

③ 相关统计数据由察布查尔锡伯自治县统计局提供。

工程。

其次，工作组按照“着眼长远、立足当前、因地制宜、具有特色、确保质量”的原则，编制了《盐城市对口支援察布查尔县五年专项规划》，明确了“十二五”时期对口支援的指导思想、目标任务和重点举措，以民生、社会事业、产业发展等对口项目为重点，安排资金 3.52 亿元。此外，工作组还指导参与了察布查尔县有关产业发展、干部人才培养、就业培训、教育卫生、镇村建设等领域专项规划的编制。同时，工作组还坚持规划动态微调机制，对发展过程中亟须解决的问题，在整体规划的范围内作适当调整，根据察布查尔县实际情况，及时追加了妇幼保健院、警务室等项目。

最后，工作组严格按照规划要求实施援疆项目，全过程参与项目决策、多层面参与项目监督，及时与察布查尔县相关部门做好沟通衔接，充分听取广大群众对项目建设的意见和建议，努力将每一个对口项目都建成精品工程、民心工程和德政工程。

（2）稳抓项目建设，高效推进援疆工作

工作组始终将对口项目建设视为援疆工作的重点和落脚点，通过强化项目组织、重抓项目进度、严格项目管理，保证项目建设有效、稳步地实施。

2011—2013 年，工作组累计投入援疆资金近 17250.5 万元，实施 7878 户安居富民、450 户定居兴牧，三中分校区、盐城大道、妇幼保健院、2 个社区、9 个村级阵地和 1 个村级警务室建设均达到“按期开工、按期竣工、验收合格、按期交付”的要求和目标。其中，计划工期为 3 年的基层阵地建设仅用 2 年就得以完成，三中分校区项目比原计划提前半年竣工并投入使用，盐城大道已成为察布查尔县新城区重要的景观大道，爱新舍里镇“华夏锡伯第一村”和扎格斯台乡努拉洪村都已成为安居富民和定居兴牧的示范工程。

有效组织、严格管理是保证对口项目顺利完成的关键。具体而言，一是在组织架构上，成立了各级援疆工作领导小组，形成“分级负责、部门协同、上下联动、责任明确”的工作格局，同时实施援疆项目联席会议制度，定期与察布查尔县援疆办及住建、教育、卫生、发改、财政、国土等部门和项目建设单位，就项目建设进展情况进行专题会办，确保各类问题和矛盾得到及时有效解决。二是在责任落实上，按照援疆项目“谁主管、谁负责”和工程建设“谁实施、谁负责”的原则，对每一个援疆项目都做到“责任主体、工作内容、时间节点、奖罚措施”四个明确，要求项目主管单位与建设单位签订责任书，确保每一个援疆项目达到“建设有人实施、矛盾有人协调、资金有人监管、责任有人承担”的四有标准，同时察布查尔县县委、县政府还将援疆项目建设纳入工作绩效考核体系，作为干部提拔的重要参考依据。三是在项目推进上，做好下一年度拟实施项目的梳理，及时开展并由专人办理项目实施前的立项、环评、征地等审批程序，根据基本建设和非基本建设两类项目的实施特点，对项目实施的时序进行科学合理安排。四是在项目监督上，采取公开挂牌监督、现场推进督查、节点难点督办等方式对所有基本建设类项目及非基本建设类重点项目实施全程跟踪监督检查，大力推行材料预备制、价格询价制和招标控价制，建立施工单位黑名单制度，对项目实施过程中存在工程拖拉、管理不严等问题的企业，坚决列入黑名单，清理出援疆项目建设市场。

（3）重视产业培植，提升自我发展能力

工作组立足察布查尔县独有的资源优势、区位优势、政策优势，积极吸引内地企业到察布查尔县考察投资，已累计引进张家港化工机械集团、金华隆种业等产业项目 12 个，总投资超 22 亿元。

首先，工作组充分发挥自身在促成投资企业与察布查尔县建立合作关系的桥梁作用，以“百企千亿”活动为契机，结合察布查尔县现有产业基础，加大产业配套项目的招引，着力引进一批科技含量高、产业关联高、发展前景广的大项目、好项目，延长产业链条。根据中电投项目对非标压力容器需求大的实际情况，工作组积极协调张家港化工机械集团与中电投集团对接，促成总投资 11.7 亿元的张化机项目落地，目前一期项目已顺利建成投产，项目全部建成后可实现年税收 1.5 亿元。

其次，工作组在全面摸清察布查尔县投资环境和条件的基础上，充分利用中央给予边疆地区的差别化产业政策，增强产业对接的针对性和实效性。比如，加大煤化工项目的跟踪、引进、服务力度，扎实推进前期各项调研工作，确保苏新集团 2×50 亿立方煤制气项目和盛虹集团聚酯切片项目及早落地、尽早建设；加大特色农副产品的推介力度，帮助察布查尔县相关企业到盐城市举办“名优农产品展示会”，将察布查尔县知名农副产品进一步推向疆外市场，提升知名度，促进现有农产品加工业做大做强。

最后，工作组积极协助察布查尔县政府出台吸引企业合作投资的政策措施，着力把江苏招商引资、服务企业、服务项目的先进理念、先进做法、先进机制引入察布查尔县，切实推进县政府职能的转变与优化。具体而言，一方面工作组力推将产业招商内容纳入县招商引资工作中，分别核定了部门和乡镇（场）产业招商引资目标，建立了奖惩制度，与县委、县政府形成合力助推招商引资。另一方面，工作组也给每一位援疆干部明确了招商任务，形成了“人人关心招商、人人参与招商、人人服务招商”的工作氛围。

（4）组织人才援助，有效深化智力帮扶

按照“交流、交往、交融”和“带不走、高素质、用得上、发挥好”的要求，以“干部专业技术人才培训”和“六大行动”为重点，工作组积极开展多形式、多层次、多渠道的人才援疆，深化了盐城市对察布查尔县经济社会发展的智力帮扶。

首先，按照分层分类、按需施教原则，精准定位培训需求，科学制订培训计划，合理设置培训课程，分类组建培训班次，满足不同类型、层次的干部人才的差异化学习需求。同时，不断提升教学水平和培训效果，努力培养一批“创新型领导人才、进取型后备人才、专业型技术人才、实用型乡土人才”，为县经济社会跨越式发展提供坚实的人才体系支撑。2011—2013 年，工作组累计投入援疆资金 1922 万元，组织实施培训活动 32 批次，2400 名县干部和专业技术人才参与培训。

其次，工作组积极开展“六大人才”行动，取得了明显效果。在“名家引智”行动中，邀请盐城市产业、教育、卫生等领域的专家 80 人，实施 23 批次的专题讲座、辅导和报告会。在“青蓝帮带”行动中，援疆医生与所在受援单位的业务骨干建立了结对关系，帮助他们提高专业技术水平；援疆教师累计开设示范课、公开课达 204 节次，面向全县教师开设专题讲座 57 次；援疆农林水利专家累计下乡服务达 625 次，为群众解决农林水利疑难问题 770 个，解答群众咨询 1080 人次，开展各类讲座 52 次。在“连心牵手”行动中，促成了盐城市一中、盐阜中学、一小分别与察布查尔县一中、三中、一小结为友好学校，促进察盐两地教育资源互补；同时，从盐城市选派 4 名优秀教师，全面负责县三中分校区的教学和管理工作，学生整体素质得到了显著提升。在“杏林春风”行动中，援疆医生已累计接诊患者 8795 人次，开展相关业务知识讲座 161 次，组织医护人员培训26次，开展骨科、妇产科等手术332台次，抢救危重病人190人次，累计下乡义诊830余人次。在“暖心希望”行动中，工作组累计向察布查尔县募捐达700多万元。在“绿色生态”行动中，盐城援疆友谊林种植达500亩，栽植各类苗木1万多棵。

最后，创造性地开展“小援疆”工作模式，即盐城市前15名重点镇与察布查尔县15个乡（镇、场）开展结对支援工作，盐城市方面累计捐助各类资金近1000万元，已有8个项目签订合作协议，10个项目正在对接洽谈之中，互派教师、医生已达150多人次。

2. 2014—2016年援疆工作的具体做法及主要成效①

2014—2016年，在盐城市第八批援疆工作组的推动下，县经济、民生、稳定等各项社会事业持续改善，各项对口支援工作开展情况及成效都稳定处于伊犁哈萨克自治州的前列。2016年3月，由察盐两地合作建设的察布查尔服装产业园被确立为新疆服装产业三大重点发展集聚区之一。2016年8月，《江苏新疆共建伊犁（江苏）纺织服装产业园区合作框架协议》签订，设立了一园多区模式的伊犁（江苏）纺织服装产业园区，进一步明确了察布查尔县重点发展服装服饰出口加工及配套产业的战略导向。同年，工作组还积极助力于察布查尔县“全国扶贫开发重点县脱贫摘帽”的相关工作。其间，工作组的具体援建做法及成效如下。

（1）富民安居建设初显成效

围绕察布查尔县2016年国家级贫困县脱贫摘帽的中心任务，工作组把改善全县贫困户居住条件作为优先目标，累计投入援疆资金7780万元，建设4539户安居房，惠及全县近2万人，1372户建档立卡贫困户实现搬迁。同时，根据百姓生活需求和乡村发展需要，工作组还把富民安居工程从简单的住房条件改善升级为整村配套服务功能完善，为察布查尔县实现全面小康打牢乡村基础。

按照“统一规划、合理布局、功能齐全、配套完善”的原则，工作组先后推动实施了海努克乡切吉新村整村推进、孙扎齐镇孙扎齐村旅游小镇、琼博拉乡贫困村庭院经济等5个美丽乡村建设项目，既给当地百姓的生产生活带来了极大便利，也为全县其他乡镇产生了良好的示范引领作用。其中，海努克乡切吉新村整村推进项目已成为伊犁州安居富民和美丽

① 本节数据和材料主要来自第八批盐城援疆工作组编《第八批盐城援疆工作组援疆工作总结》，内部文稿，2016年。

乡村建设的示范工程。

（2）公共服务水平明显改善

工作组坚持软硬件齐抓，把提升察布查尔县公共服务水平作为优先方向，投入援疆资金2450万元，实施了以城南双语幼儿园为代表的乡村双语幼儿园示范工程，推动了双语幼儿园的乡村全覆盖。此外，新建村卫生室25所，在伊犁州直属县（市）中率先实现了卫生室“村村有”；新建成的公安大数据平台已在县城内实现无缝监控，极大地提升了县预警处理突发状况的能力；对86个远程教育站点进行达标改造，确保全县远程教育“村村通”。

同时，工作组始终把公共服务人才培养作为重点任务，既要求充分发挥援疆干部人才的“传帮带”作用，又强调整合工作组和盐城市的前后方资源，通过柔性引才、课题共建、远程教育等途径，为察布查尔县培养搭建专业适用人才队伍。针对县教育卫生系统的薄弱学科和领域，工作组组织了110多名专家、重点学科带头人到察布查尔县开展“组团式”送医送教送培训送技术等活动10多场次。26名援疆干部人才累计开展示范讲座113次，开展课题研究34项，指导开展新技术项目26个，填补了察布查尔县在永久起搏器、内镜下止血等领域的医疗空白12个，参加下乡义诊、入村送教、田头送技术等活动200多场次，惠及全县各族干部群众近万人次，并培养出110多名技术骨干人才。据统计，2014—2016年，察盐两地互派专家人才42批次、376人，察布查尔县通过跟班学习、专项提升和就地培训等方式培养的各类公共服务人才累计超过2200人。

（3）百姓收入水平稳步提高

结合察布查尔县全域绿色农业基地和生态示范区创建目标，工作组牵线搭桥，提供资金和技术扶持，在农民增收上发挥了积极作用。2014—2016年，工作组先后组织察布查尔县的农产品加工企业参加不同层次的农产品展销活动18场次，会展现场交易额累计达500万元，总签约销售农产品近亿元，地产农产品外销创历史新高。其中，西域红花品牌的系列产品畅销国内外，成为伊犁哈萨克自治州最大的红花出口加工企业，带动了县4个山区乡农户的大幅增收。

此外，工作组还邀请江苏农业专家给察布查尔县农户提供技术帮扶，创新发展“双膜西瓜+绿色蔬菜”的生产模式，亩均纯收入超5000元。2016年，察布查尔县千亩休闲观光采摘示范区接待游客人数首次突破15

万人次，红花种植、有机水稻、设施果蔬等新业态为察布查尔县农牧民带来直接增收超700元。

（4）专业人才培养扎实推进

知识经济时代，人才发挥着中介融合的作用，知识、科技、信息等大知识要素与资源、资金、商品、区位等大经济要素的结合、融合、统一，既而体现在人才身上。因此，人才是区域经济增长与发展过程中最稀缺、最宝贵的财富源泉。因此，工作组十分重视对察布查尔县各类专业技术人才的培养。2014—2016年，累计安排援疆资金1068万元，实施“六大人才”培训项目56个，培训各类人才4380人次。

察布查尔县职业技术学校作为盐城技师学院分校已成功挂牌，借助盐城市先进的职教理念和师资力量，有针对性地培训专业技术人才1600多人次，为县经济社会发展壮大了产业工人储备。此外，在盐城悦达纺织等企业跟班学习的86名各族妇女，已成为察布查尔县服装企业的“明星”，不仅带出了首批300多名学员，还带头在乡村创办了3个服装“卫星工厂”，带动了100多人就近就业，智力援助成效显著。

（5）园区平台打造全面加快

围绕“一园一城一区”载体建设，工作组专门安排援疆资金8552万元，完成了双创产业园（一园）产业策划和规划提升，建成了1.4万平方米的园区服务中心、4万平方米的职工公寓和2万平方米的孵化基地并交付使用，可容纳5000多人就业，极大地提升了双创产业园的发展承载力和竞争力。目前，已签约落户纺织服装企业7家，实现新增就业2200多人。双创产业园已成为伊犁（江苏）纺织服装产业园的核心示范子园区，得到了新疆维吾尔自治区和江苏省有关领导的高度认可。

同时，工作组还聚力推动以察布查尔县县城服务业集聚区和锡伯古城为节点、彰显锡伯文化特色的文旅产业带建设。2014—2016年，每年游客人数增长超30%，全县新增服务业实体超过65个，社会消费品零售总额年增幅达15.08%。

（6）两地产业合作成效明显

工作组先后促成了伊南工业园区与盐城市国家经济开发区以及锡伯古城与大丰麋鹿保护区、大纵湖景区的深度合作，双方在宣传推介平台、人才培养和品牌打造等方面进行了共建共享、互补互助。工作组还立足于察布查尔县在资源禀赋、交通区位和政策环境等方面的优势，借助盐城市各大招商平台，初步形成围绕纺织服装、新能源、新材料和环保设备等九类重点产业的察布查尔县招商体系。

2014—2016年，工作组共组织各类项目推介会、产品展销会26场次，邀请了47批次267人次客商到察布查尔县考察，累计招引落户特宁服饰、景丽针织服饰、科陆电子等项目13个，总投资15.06亿元，为察布查尔县产业结构转型和优化注入了新的发展活力。其中，来自盐城市的科力普农业公司和万业城市综合体两个项目的成功引入，更实现了盐城市本土企业落户察布查尔县的零突破。

（7）交流交心交融全面升级

2014—2016年，工作组尝试改变以往由政府主导的交流方式，探索构建了“政府引导、单位共建、社会参与、文化支撑”的新机制。一方面，通过深化“小援疆”模式，推动察盐两地109个单位深度结对合作，形成近万人的“点对点”对接交流。另一方面，创造性地把“小援疆”模式延伸到村居，实现了盐城市盐都区郭猛镇杨侍村、建湖县建阳镇金桥村与察布查尔县孙扎齐镇孙扎齐村的“2+1”结对合作，开展了文化共享平台、共建产业共助等一系列活动，受到了两地百姓的普遍欢迎。此外，“盐城·察布查尔对口支援网”已正式上线，成为两地交流互动的即时平台。盐城师范学院先后派出8批次240多人赴察布查尔县支教，既支持了县教育事业的发展，也拉近了两地青年人之间的友情。

工作组还先后组织察布查尔县与盐城市的文化体育交流活动110多场次，积极开展以招商推介、旅游美食、媒体采访、助力脱贫等为主题的“与察布查尔同行”系列活动，让察盐两地的百姓在活动和走动中增进了解，加强互动。青少年足球夏令营、农民篮球赛和民间书法摄影刺绣以及察布查尔文化盐城行“进乡村进社区进校园”等活动都不断地将察盐两地的交流融合推向新的高度。

在助力脱贫方面，工作组积极争取盐城市团委、国投集团等单位的援助资金，筹建成立了“黄海爱心基金”，开展扶贫助学活动17次，资助各类困难群众213人，帮助9个贫困村的353位青少年学生实现了“微心愿”，并与“郑巧玲爱心基金”联手推出了察盐两地爱心平台，为更多的个人和企业参与精准帮扶提供了便捷载体。工作组还以察布查尔县海努克乡切吉村和果尔敏东街社区为重点，开展“123”结对助困活动，实现了34位援疆干部人才与86个贫困家庭、400多位少数民族贫困群众的结对帮扶。

（四）扶贫脱贫

20世纪80年代，我国开始大规模扶贫开发行动，经过多年努力，贫困人口大幅减少，贫困群众生活水平显著提高。中共十八大以来，以习近平同志为总书记的党中央高度重视扶贫工作，把扶贫开发摆到更加突出的位置，大力推进精准扶贫、精准脱贫、扶贫开发事业取得新的显著进展。察布查尔县是新疆境内27个国家扶贫开发重点县之一，也是伊犁州直属地区仅有的两个贫困县之一。

1. 县域贫困概况①

（1）“十一五”时期末的贫困状况

2002年3月，察布查尔县被确定为国家扶贫开发重点县。2009年，全县贫困乡5个，贫困村37个，人均收入在1196元以下的贫困人口7049户、30165人，且主要集中在山区乡的33个贫困村，包括海努克乡的5个村、阔洪齐乡8个村、坎乡10个村、加尕斯台乡5个村、琼博拉乡5个村。

对照“两不愁、三保障”的脱贫要求，“十一五”时期末，基础设施建设未达标的贫困村有32个，其中重点村28个，人畜饮水困难的贫困村20个，干旱缺水的贫困村22个，未通路的贫困村1个；社会公益事业发展未达标的贫困村有27个，其中22个位于山区乡，未通广播电视贫困村1个，未通电话的贫困村2个，没有科技文化室的贫困村26个，没有卫生室的贫困村有7个，就近入学困难的贫困村有7个，没有村集体经济收入的贫困村13个。另外，不具有基本生产生活条件的贫困人口有3524户，其中未解决安全饮用水的有583户，没有稳定收入来源的有1485户，没有牲畜的有1099户，没有棚圈的有1251户，没有温室大棚的有3461户，需要改造住房的有1655户，需要建设住房的有1012户，没有及时获得培训或信息的有1598户。

就致贫原因而言，察布查尔县贫困人口主要分为五类。一是因病致贫，长期患有慢性病或突发性重大疾病的农村低收入家庭，虽然参加了新农合，仍不能从根本上解决治大病难的问题，导致长期难以脱贫。二是缺

① 本节数据和材料主要来自察布查尔锡伯自治县扶贫办编《察布查尔锡伯自治县扶贫志》（内部文稿，2015年5月）以及《察布查尔锡伯自治县2015年扶贫开发工作总结》（内部文稿，2015年10月）。

乏劳动力，孤寡老人、残疾人、孤儿、体弱或丧失劳动能力的人员由于缺少劳动力，仅有的耕地低价或一次性承包给其他农户，增收创收渠道狭窄，很难通过自身努力实现脱贫，即便脱贫也容易返贫。三是因学致贫，因供养子女上学，四处借债导致贫困。四是缺少发展资金，缺乏扩大农业生产和发展其他产业所需资金，加之贷款难，导致家庭自我发展能力较薄弱。五是因灾致贫，沿袭传统的农牧业生产方式，长期处于“靠天养”“听天命”的状态，抗风险能力低，一旦遭遇洪水、冰雹、干旱、霜冻等自然灾害，种植业和养殖业将面临减产减收的不利局面，从而导致贫困。

（2）“十二五”时期末的贫困状况

“十二五”时期，察布查尔县扶贫开发工作以净减少农村贫困人口为目标，坚持整村推进和精准扶贫相结合，通过产业扶贫、技能培训、易地搬迁、社会帮扶等方式，不断帮助贫困群众改善生产生活条件、拓宽增收创收渠道、增强自我发展能力，取得了明显的扶贫脱贫成效。截至2015年，察布查尔县投入专项资金10.71亿元，稳定脱贫30677人，全县贫困人口比例从33.6%下降到17%。

按照国家扶贫标准，通过申请评议、公示公告、抽检核查、信息录入等步骤，“十二五”时期末，察布查尔县仍有贫困户1720户、4981人。按照“四个一批”精准分类标准，这些贫困人口中，具备劳动能力的有774户、2241人，可重点通过生产扶持和就业帮助实现脱贫；现住地不适合居住需要易地搬迁的有252户、1015人，重点通过易地搬迁实现脱贫；因残失能致贫的有86户、251人，重点通过社会保障兜底脱贫；因病致贫的有608户、1474人，重点通过民政救助、新型农村合作医疗和大病保险等政策保障实现脱贫。同时，继续开展万名干部结对帮扶活动，做到“一帮一、多帮一、全覆盖”，针对致贫原因逐户制定帮扶措施，明确帮扶责任，不脱贫不脱钩。通过上述举措，确保2016年全县脱贫679户1964人，到2018年，1720户4981人全部脱贫。

2. 扶贫开发的主要举措

近十年来，特别是进入“十二五”时期，察布查尔县坚持从最穷的乡、村、户开始，坚持整村推进与精准扶贫相结合，逐渐形成了由财政扶贫、产业扶贫、教育扶贫、金融扶贫、社会扶贫共同构成的综合大扶贫格局。

（1）财政扶贫

2015年，察布查尔县申请财政扶贫项目33个，资金2463万元。其中，边境试点项目11个，资金1000万元；常规项目14个，资金1145.5万元，扶贫培训项目3个，资金52万元；扶贫龙头企业贴息贷款项目1个，资金48万元，到户贴息项目1个，资金64万元；政策性保险项目1个、资金21.5万元；科技项目1个，资金90万元；富民安居项目1个，资金42万元。

这些项目覆盖7个乡、29个贫困村，受益户数2250户，受益人口8250人，其中贫困户1976户，贫困人口7665人。具体情况如下。①安居房项目5个，新建安居房317幢，资金634万元，项目于2015年4月15日正式启动，并于同年底全部完成，完工率100%，已拨付项目资金634万元。②牲畜棚圈项目2个，新建牲畜棚圈370座，项目资金222万元，项目于2015年4月15日正式启动，并于同年底全部完成，完工率100%，已拨付项目资金222万元。③防渗渠项目5个，修建防渗渠53.9公里，资金576.5万元，已全部实施完成。④产业类项目13个，资金755万元，已全部实施完成。⑤扶贫龙头企业贴息贷款项目1个，贴息资金48万元，已实施完成。⑥政策性保险项目1个，资金21.5万元，已实施完成。⑦培训项目3个，资金52万元，完成培训1601人，已全部实施完成。⑧科技项目1个，资金90万元，已实施完成。⑨富民安居项目1个，资金42万元，已实施完成。⑩扶贫到户贴息项目1个，资金64万元，已实施完成。

（2）产业扶贫

察布查尔县立足于当地群众已经接受，不需要大规模调整，稍微扶持就能形成规模、带动增收的农牧业、庭院经济、餐饮业、娱乐业、观光旅游业等，梳理确定了5个重点乡、37个重点村的支撑产业。具体而言，加尕斯台乡和琼博拉乡围绕生态旅游，发展西门塔尔牛、哈萨克白羊等养殖和优质红花、树上干杏、西梅等特色种植业。海努克乡围绕文化旅游业，发展林农间作、林草间作和秸秆养殖业。阔洪齐乡发展林间种草、林下养鸡和优质红花等种养殖业。坎乡围绕观光旅游业，发展有机水稻、瓜果、育肥等。

目前，察布查尔县已初步形成有机水稻、玉米、红花、榛子、万寿菊、薰衣草、高档景观苗木、西门塔尔牛养殖等为主的产业体系，通过“引龙头、建基地、带农户、城乡联动”等措施，加大产业扶贫力度，从而有效拓宽了贫困农牧民增收渠道，促进了新农村建设。

2016年，察布查尔县按照“宜种则种、宜养则养、宜林则林、宜培训转移则培训转移”的思路，计划投入扶贫专项资金1500万元，重点支持种植、养殖、林果、民族手工、乡村旅游业、庭院经济、就业培训等项目，扶持发展个体经济，依靠产业稳定脱贫。

（3）教育扶贫

察布查尔县的扶贫开发工作坚持“治穷先治愚，扶贫先扶智”的理念，按照“大培训、大转移、大增收、大发展”的思路，在做好16—45岁贫困人口技能培训建档立卡工作的基础上，实行贫困劳动力免费职业技能扶贫培训，特别是将贫困家庭的“两后生”作为培训重点。

“十一五”时期以来，察布查尔县共投入扶贫培训、外资培训、科技培训等专项资金近325万元，对全县16169余名农牧民及贫困户子女进行了汽车驾驶、少数民族妇女刺绣、砌筑工等劳动力技能培训，目前这些人员已全部实现转移就业。近三年，察布查尔县还连续拿出262万元的财政资金用于近千名贫困户子女入学大中专院校的助学补助，选送了987名“两后生”赴自治区职业技术学院接受3年专业职业教育，积极开展扶贫培训以及“科技之冬”、“文化下乡”、农村远程教育、乡村大喇叭等活动帮助贫困户掌握科学种养殖及林果业实用技术，共培训1569万余人次，解决贫困户综合素质不高难增收的问题，彻底改变贫困户“不想富”“不会富”的落后观念，为脱贫致富提供智力支持。在充分尊重贫困劳动力发展意愿的基础上，达到提高劳动者素质和技能，实现转移就业脱贫致富的目的。

此外，察布查尔县还紧紧围绕贫困乡村“一户三人”培训计划（即1户1人接受中职以上学历教育，或者1户1人接受培训后转移就业，或者1户1人掌握农村实用技术），坚持“四个需求”培训原则，即按照项目需求、乡镇需求、产业发展需求、劳动力转移就业需求等情况进行培训，2016年计划培训3000人次，确保实现“培训一人、转移一人、就业一人，脱贫一户”。

（4）金融扶贫

“十一五”时期，察布查尔县不断完善“村级发展互助资金”扶贫模式，同时推进小额信贷扶贫，拓宽资金使用覆盖面。截至2013年，全县互助资金覆盖19个贫困村，资金达373万元，小额信贷资金到位200万元，通过在互助小组中构建常规的技术交流推广协会、民主管理互助资金等形式逐渐增强村民民主自治意识和诚信意识，增进农户之间的沟通理解，把互助资金试点和小额信贷资金贴息与发展特色农业产业相结合。通过互助资金和小额信贷资金贴息贷款用途调控，重点向发展地方特色产业倾斜，同时通过完善管理办法确保小额信贷资金贴息安全运行、取得效益，使互助资金和小额信贷资金贴息成为推进农村特色产业发展的强劲动力，促进贫困乡村产业发展。2013 年，察布查尔县发放互助资金 330 万元，覆盖贫困户 106 户，小额信贷贴息资金 40 万元，覆盖贫困户 689 户。

同年，察布查尔县发放扶贫农头企业贴息资金 186.34 万元。其中，新疆伊犁巴口香实业有限责任公司 183.34 万元，带动贫困农牧民 2897 户，安排贫困农牧民就业 125 人。察布查尔县康泰棉麻有限公司 3 万元，带动贫困农户 1850 户，安排贫困农牧民就业 32 人。企业申请第二期贴息资金为 118.75 万元，其中，新疆伊犁巴口香实业有限责任公司 117.92 万元，察布查尔县康泰棉麻有限公司 0.833 万元。

（5）社会扶贫

察布查尔县认真落实社会帮扶“三个结合”，即帮扶工作与扶贫规划相结合、与产业发展相结合、与生态保护相结合，坚持全员联动，通过整合援疆帮扶、企事业单位帮扶、对口帮扶等力量，落实县级领导认领最穷户制度和充分发挥“访汇聚”工作组的作用，送政策、送项目、送技术、送温暖、送文化，逐步实现“输血”扶贫向“造血”扶贫转变。

截至 2015 年，区、州、县三级帮扶单位已累计投入帮扶资金 435 万元。其中，自治区级帮扶单位投入 145 万元，自治州级帮扶单位投入 125 万元，自治县级帮扶单位投入 165 万元。此外，察布查尔县还按照“领导挂点、部门包村、干部帮户”的要求，将 2386 户贫困户脱贫任务全部分解到个人，通过加强对单位、个人帮扶责任的监督检查和考核，以明确帮扶目标、措施，坚持一包到底，不脱贫不脱钩，初步形成全社会共同参与、齐抓共管的扶贫开发格局。

察布查尔县与对口援建的江苏省盐城市还积极探索建立“小援疆”对口模式，即盐城市 15 个经济社会发展水平位居前列的乡镇与察布查尔县 15 个乡镇之间建立帮扶对子，进一步拓展察盐两地的产业合作、人才交流、资金援助等帮扶领域，目前两地互派交流 54 批次 683 人，落实援助资金 1340 余万元。

3. 整体脱贫成效

通过近十年扶贫开发工作的开展，察布查尔县的 15 个乡镇场、71 个行政村，特别是海努克乡、加尕斯台乡、琼博拉乡、爱新舍里镇、孙扎齐乡、扎库齐牛录乡等边境一线乡和阔洪齐乡、坎乡等边境二线山区扶贫开发工作重点乡，按照社会主义新农村建设和自治区整村推进标准，整村推进村都实现了“七通”（通水、通电、通路、通电话、通广播电视、通网络、通公共汽车）和“十有”（有邮政服务、有卫生室、有文化室、有警卫室、有垃圾投放点、有清洁能源、有文化活动场地、有农家超市、有集体经济收入、有强有力的村级领导班子），贫困户都达到了“十能”（能用上安全饮用水、能用上电、能有一项以上稳定收入来源的生产经营项目、能住上安居住房、能用上卫生厕所、能用上清洁能源、能享受学前教育、能享受养老保险、能享受医疗保险、能保障生产资料、能得到培训和获得信息），8 个边境乡镇、37 个边境扶贫开发重点村的贫困人口全部稳定解决温饱问题，农牧民收入大幅增加，返贫率控制在 5%以内。

到 2015 年末，全县稳定解决 3405 户 15326 人贫困人口的温饱问题，基本实现 37 个扶贫开发工作重点村的整村推进，重点乡村农牧民人均纯收入力争达到 4000 元以上，农牧民的生产生活状况有明显变化。此外，察布查尔县的脱贫成效还表现在以下几个方面：①基础设施建设进一步加强，加大对道路、水、电、广播电视、电话等项目的投入力度，在项目实施完成后解决饮水困难、不通电、不通公路、不通广播电视、不通电话的问题；②公益事业发展进一步加强，加大对教育、科技、医疗、卫生、服务等领域的投入，在项目实施完成后解决没有科技文化室、没有卫生室、就近入学困难大和没有村级集体积累的问题；③贫困农牧民人均纯收入明显增加，通过产业化扶贫调整农业产业结构，培育增收产业，实现村经济快速健康发展，农牧民人均纯收入年递增 400 元；④贫困农牧民素质明显提高，根据劳动力市场的需要，加大劳动力培训转移工作，不断提高培训质量，使贫困农牧民的科技文化素质和职业技能得到提高，适应发展劳务经济的需要，实现每一个贫困农牧户有一个以上劳动力接受培训。培训工作重点从语言能力、农业实用技术、就业能力等方面进行培训，“十二五”期间，累计培训贫困人口 21269 人次，其中，实用技术培训 16169 人次，劳动力转移培训 5100 人次。

第二节　21 世纪初县经济发展成就

区域经济发展是一个包括经济增长、结构升级、技术创新、社会进步、人民福利提高等在内的广泛、深刻的过程。进入21世纪，察布查尔县依托国家西部大开发战略、新一轮对口援疆以及新疆建设丝绸之路经济带核心区等重要发展机遇，不断开发利用自身在资源、环境、区位等方面的比较优势，实现了县域经济的跨越式增长，产业体系不断完善，工业化进程稳步推进，人们生活水平显著提升。

一 县域经济总量快速增长，产业结构优化稳步推进[①]

（一）县域经济总量特征

进入2000年以来，察布查尔县不断深化体制改革，扩大开放，实现了经济社会的快速发展。按当年价计算，“十五”时期，县GDP从2001年的50465万元增加至2005年的85269万元，名义年均增长率为14.0%；“十一五”时期，县GDP从2006年的95890万元增加至2010年的220406万元，名义年均增长率为23.1%；“十二五”时期，县GDP从2011年的259049万元增加至2015年的476440万元，名义年均增长率为16.5%，三个时期的增长率均高于同期新疆平均水平。按2000年不变价计算，“十五”时期，县GDP从2001年的49242万元增加至2005年的73815万元，实际年均增长率为10.7%。按2005年不变价计算，“十一五”时期，GDP从2006年的93993万元增加至2010年的150703万元，实际年均增长率为12.5%。由此看出，不论是否剔除价格因素的影响，进入21世纪以来，县经济总量都实现了稳定快速增长。

考虑人口规模的影响后，察布查尔县的经济增长势头依然持续、明显。2001—2015年，察布查尔县的名义人均GDP稳步上升，从3109元/人逐年提高到24130元/人，增长了6.8倍，年均增长率为15.8%，除个别年份外，以上年为基期的同比增长率基本都在12%以上，具体见图3-1。

从需求角度讲，投资、出口和消费是拉动经济增长的“三驾马车”。然而，相关统计数据显示，察布查尔县城乡居民的消费性支出主要体现在食品和住房上，且家庭人均收入和支出水平都较低，说明本地消费能力尚不足以支撑察布查尔县经济的快速增长。同时，察布查尔县仍缺乏具有一定市场规模和竞争力的出口加工型企业，出口对察布查尔县经济增长的作

① 本节数据由察布查尔锡伯自治县统计局提供。

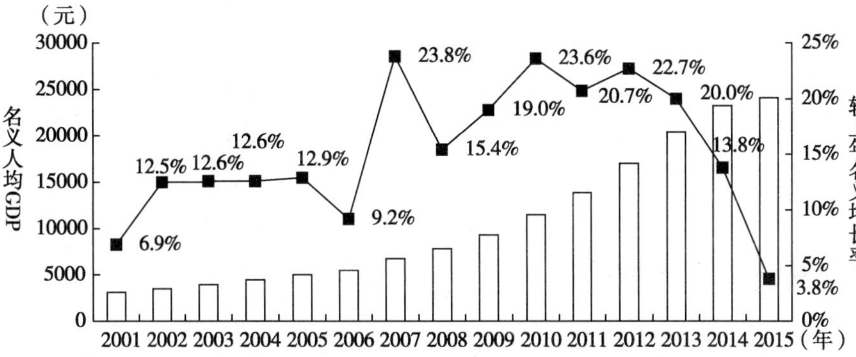

资料来源：①察布查尔锡伯自治县统计局及察布查尔锡伯自治县统计学会编：《察布查尔锡伯自治县辉煌六十年（1954—2013）》，内部文稿，2013 年 8 月；②察布查尔锡伯自治县统计局编：《2016 年察布查尔县领导干部手册》，内部文稿，2016 年 10 月。

图 3-1　2001—2015 年察布查尔县名义人均 GDP 及其较上年增长率

用也不显著。因此，察布查尔县经济增长主要表现为投资驱动型。2001—2015 年，察布查尔县全社会固定该资产投资从 10966 万元增加至 564760 万元，增长了 51 倍，名义年均增长率为 32. 5%。其中，城镇固定资产投资长期占有较大比重，基本维持在 70%以上；就城镇投资规模而言，从 2001 年的 9971 万元增加至 2015 年的 509389 万元，增长了近 50 倍，名义年均增长率为 32. 4%。进入“十一五”时期，随着新农村建设、美丽乡村建设的推进以及对口援疆工作的开展，察布查尔县农村固定资产投资规模和比重都不断提升，从 2001 年的 995 万元增加至 2015 年的 32569 万元，增长了近 32 倍，名义年均增长率为 28. 3%，占全社会固定资产投资的比重也接近 20%。

（二）产业结构演化趋势

区域经济发展不仅体现为经济体量的扩大，还表现为经济结构，特别是三次产业结构及各次产业内部结构的转变升级。美国经济学家西蒙·库兹涅茨在《各国的经济增长》一书中指出，就一个国家或地区而言，其国民收入的产业分布情况基本都会经历“第一产业比重持续下降，第二产业比重先上升、后下降，第三产业比重持续上升”的过程。[①] 这也反映了区域发展中不同产业对国民经济增长的贡献变化特征及规律，也可据此

① ［美］西蒙·库兹涅茨：《各国的经济增长》，常勋等译，商务印书馆 1985 年版，第 151、265 页。

大致判断区域经济发展所处的阶段和水平。

图 3-2 显示，从国民收入的产业分布看，2001 年以来，察布查尔县三次产业结构始终以第一产业为主，其产值比重虽缓慢上下波动，但始终位于 40%以上，说明第一产业在县域经济中发挥着基础性作用，是察布查尔县重要的支柱产业。进入“十二五”时期后，第二产业比重较前期明显增大且位于 20%以上，第三产业比重则经历了先小幅减少后波动增加的演变轨迹，但始终接近 40%。

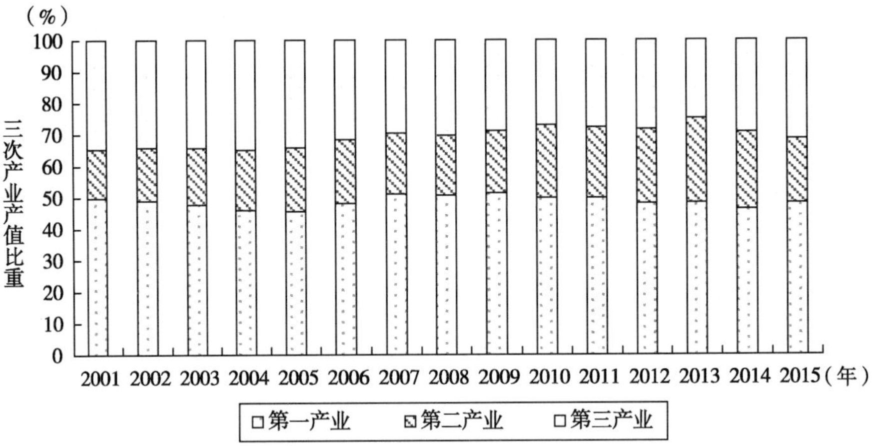

资料来源：同图 3-1。

图 3-2　2001—2015 年察布查尔县三次产业结构变动趋势

总体而言，察布查尔县第二产业比重在 15 年间有所提高，从 2001 年的 15.5%增至 2006 年的 20.2%，后增至 2011 年的 22.4%，最终变动至 2015 年的 20.4%，说明县工业化进程在稳步推进，特别是新一轮对口援疆工作启动以来，通过伊南工业园区建设，承接东部地区产业转移，特别是东部具有劳动密集型特点的纺织服装加工业，有力地促进了农村剩余劳动力向城镇和非农业部门转移就业，在一定程度上也促进了察布查尔县城镇化发展。

第三产业比重经历了先减小后增加的变化，减小阶段对应的时间跨度大致为 2006—2010 年，即“十一五”时期。受到 2008 年国际金融危机和 2009 年新疆“7·5”事件的影响，这期间的第三产业产值增长速度慢于县 GDP 整体增长速度，导致相对比重有所下降。进入“十二五”时期，察布查尔县积极挖掘旅游资源，旅游景点总数从 2009 年及以前的不足 70

个，快速增至 2010 年及以后的 130 个以上；国内旅游人数也从“十一五”时期末的不足 30 万人次，快速增至 2015 年的 54.3 万人次；旅游收入从 2010 年的 4033 万元迅速增至 2015 年的 13920 万元，名义年均增长率为 28.1%。旅游业的快速发展也带动了交通运输、住宿和餐饮、房地产等其他服务行业的发展，从而促进察布查尔县第三产业的快速发展。2013—2015 年，察布查尔县第三产业的产值增长率均明显高于同年 GDP 的增长率。

表 3-2　2001—2012 年察布查尔县三次产业对县域 GDP 的增长贡献度

（单位:%）

基期	年份	一产贡献度	二产贡献度	三产贡献度	基期	年份	一产贡献度	二产贡献度	三产贡献度	基期	年份	一产贡献度	二产贡献度	三产贡献度
2000	2001	35.3	18.7	46.0	2005	2006	71.8	16.8	11.3	2010	2011	15.5	51.3	33.2
	2002	22.0	39.4	38.6		2007	65.3	11.0	23.7		2012	17.2	61.7	21.1
	2003	17.2	31.5	51.3		2008	64.3	15.1	20.6					
	2004	32.9	21.7	45.4		2009	13.6	50.1	36.4					
	2005	39.3	26.7	34.0		2010	33.0	29.9	37.1					

资料来源：察布查尔锡伯自治县统计局及察布查尔锡伯自治县统计学会编：《察布查尔锡伯自治县辉煌六十年（1954—2013）》，内部文稿，2013 年 8 月。

从表 3-2 看出，“十五”和“十一五”两个时期内，第一产业和第三产业对县 GDP 增长贡献度较大且相对稳定，除个别年份外，第一产业的贡献度介于 32%—75%，第三产业的贡献度介于 34%—52%。由于缺乏 2013—2015 年的以 2010 年为基期的可比价三次产业增加值数据，故无法计算出这三年的增长贡献度，但从 2011 年和 2012 年的计算结果可看出，进入“十二五”时期，随着工业化、城镇化进程的不断加快，第一产业贡献度明显降低至 20%以下，而第二产业贡献度则明显上升至 50%以上，反映出察布查尔县已快速进入工业化阶段，第二产业成为带动县域经济增长的主要动力。

二　农业生产能力显著提升，绿色化产业化态势显现

察布查尔县物阜民康，自然条件十分优越，是新疆设治最久、屯垦最早、人口最多的农牧业大县之一。进入 21 世纪以来，察布查尔县依托良好的光热水土资源和得天独厚的自然环境条件，在中央财政和各级地方财

政的大力支持下，不断促进农牧业现代化、产业化发展，推动龙头企业壮大及品牌建设，积极把握农牧业发展新趋势、新业态，有效实现农业增产、农民增收和农村发展。

（一）大农业生产规模及结构特点[①]

21世纪初，察布查尔县大农业规模稳步扩大。一方面，按当年价计算，“十五”时期，察布查尔县农林牧渔业总产值从2001年的30176万元增加至2005年的54097万元，名义年均增长率为15.7%；“十一五”时期，察布查尔县农林牧渔业总产值从2006年的60349万元增加至2010年的142042万元，名义年均增长率为23.9%；“十二五”时期，察布查尔县农林牧渔业总产值从2011年的164710万元增加至2015年的306712万元，名义年均增长率为16.8%。这种增长率的差异从图3-3中可得到直接反映，很明显，察布查尔县农林牧渔业总产值从2007年起的历年增长率（较上年）都高于“十五”时期的各年。此外，从行业结构看，察布查尔县大农业的历年总产值主要由小农业（即种植业）和畜牧业构成，其中，种植业的产值比重长期稳定在60%—70%，畜牧业的产值比重长期稳定在30%上下，这与察布查尔县在自然资源与环境上的比较优势相吻合。另一方面，从区域结构看，2015年，孙扎齐乡、扎库齐乡、堆依齐乡、爱新舍里镇和种羊场5个乡镇场的大农业产值之和占察布查尔县大农业总产值的比重为50.7%，见图3-4。

就大农业的内部结构而言，目前察布查尔县正在形成红花、有机水稻、高档食用菌、生物制药产业、有机蔬菜、榛子、景观苗木、有机牛羊肉、竹柳产业等区域特色鲜明的九大优势产业体系和产业基地。截至2015年，在有机水稻产业方面，全县已取得欧盟标准和国家标准双认证有机水稻面积达2615亩、有机转换水稻面积5629亩。在红花产业方面，全县红花种植面积达20万亩，是全国红花面积最大、单产、总产最高的县，花丝总产已占全国1/3，亩均效益达1200元以上，红花收入占山区农民人均纯收入的1/3，已成为察布查尔县山区乡农民增收致富的主渠道。在高档食用菌产业方面，察布查尔县以工厂化高档食用菌生产基地建

① 本节数据及材料主要来自：察布查尔锡伯自治县统计局及察布查尔锡伯自治县统计学会编《察布查尔锡伯自治县辉煌六十年（1954—2013）》，内部文稿，2013年8月；察布查尔锡伯自治县统计局编：《2016年察布查尔县领导干部手册》，内部文稿，2016年10月；察布查尔锡伯自治县农业局编：《察布查尔县农业基本情况》，内部文稿，2015年9月。

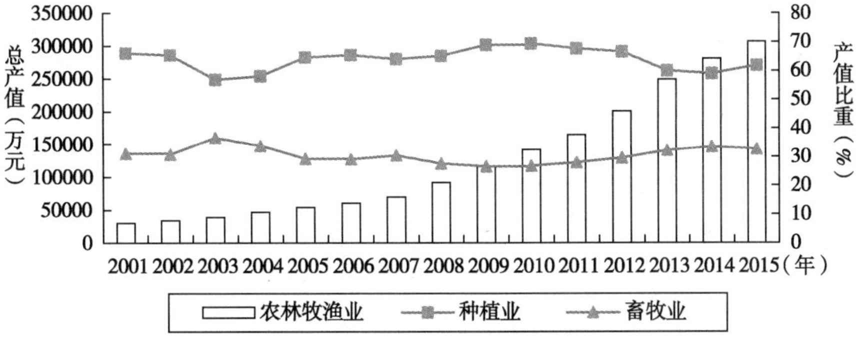

资料来源：①察布查尔锡伯自治县统计局及察布查尔锡伯自治县统计学会编：《察布查尔锡伯自治县辉煌六十年（1954—2013）》，内部文稿，2013 年 8 月；②察布查尔锡伯自治县统计局编：《2016 年察布查尔县领导干部手册》，内部文稿，2016 年 10 月。

图 3-3　2001—2015 年察布查尔县农林牧渔业总产值及种植业、牧业比重变动趋势

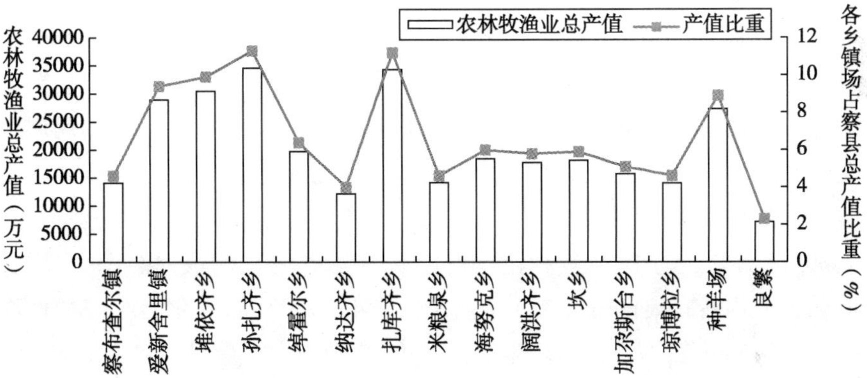

资料来源：察布查尔锡伯自治县统计局编：《2016 年察布查尔县领导干部手册》，内部文稿，2016 年 10 月。

图 3-4　2015 年察布查尔县各乡镇场农林牧渔业总产值及比重

设为龙头，形成了总规模达千万袋的食用菌生产基地。在设施蔬菜产业方面，察布查尔县累计投资近亿元用于温室改造提升和设施深冬生产科技攻关，已建立深冬蔬菜温室达 242 座，总产近千吨。在生物制药产业方面，察布查尔县高度重视中药材生产，中药材产业得到了快速发展，人工种植的中药材主要有薰衣草、贝母、黄芪、万寿菊、罗马甘菊、甜叶菊等 20 多种。其中，伊犁华茂农业科技开发有限公司于 2012 年开始投资兴建位于新疆伊犁察布查尔锡伯自治县孙扎齐乡占地 10000 亩的“伊犁河谷薰衣草城邦主题公园”，建成后将成为世界上最大的以薰衣草为主题的生态公园。在榛子产业方面，察布查尔县于 2011 年引进以来已形成 3. 26 万亩种植规模，并陆续进入挂果期，进入盛果期后，亩均效益可达 8000—10000 元，是经济林中效益最高的一种。在景观苗木方面，察布查尔县组建了国有独资的森源景观绿化苗木公司，通过“公司+基地+合作社+农户”的方式，完成了景观绿化苗木基地 3 万亩，建成高标准扦插育苗温棚 246 座，完成花灌木、竹柳扦插育苗 2170 万株。在有机牛羊肉产业方面，目前已形成国家级龙头企业巴口香的两个万头西门塔尔核心牛群，新兴际华、新疆果业、向新、秦牧、伊能顺风等企业公司投资建设的肉羊养殖项目也处于建设期，建成后将形成 40 万只肉羊养殖规模。

（二）主要农牧产品产量情况①

察布查尔县始终把粮食安全作为农业发展的根本，粮食生产能力稳步且显著增强。“十五”时期，察布查尔县粮食作物总产量从 2001 年的 116426 吨增加至 2005 年的 142252 吨，年均增长率为 5.1%；“十一五”时期，察布查尔县粮食作物总产量中 2006 年的 151568 吨增加至 2010 年的 332287 吨，年均增长率为 21.7%；“十二五”时期，察布查尔县粮食作物总产量从 2011 年的 331710 吨增加至 2015 年的 507548 吨，年均增长率为 11.2%。另外，1954 年全县粮食单产 75 公斤，人均占有粮食 450 公斤，到 2015 年粮食单产 695 公斤，人均占有粮食 2971 公斤，粮食总产到达 50.12 万吨，与 1954 年相比，粮食单产净增 620 公斤，粮食总产增长 40 倍，人均占有粮食增长 7.4 倍。2012 年以来，察布查尔县小麦种植面积稳定在 30 万亩左右，年均生产小麦 10 万吨以上，累计生产粮食 59.92 万吨。通过粮食高产创建，引进新品种、新技术及统防统治的推广等一系列措施，全县粮食综合生产能力稳步提升，小麦单产从 2012 年的 343 公斤到 2016 年的 380 公斤，提高了 37 公斤，增幅达 9.7%。

“十一五”时期，察布查尔县提出建设水稻、小麦、棉花、蔬菜、制种“五大”基地的农业发展战略。2008—2009 年，全县建成了 15 万亩水稻，20 万亩小麦绿色食品原料基地，并通过国家认证，开展有机水稻示范推广工作并累计推广 190 亩。按照调优、调强、突出特色的发展思路，大力发展水稻生产，水稻种植面积突破 14 万亩，比“十五”时期末净增 5.14 万亩。由于察布查尔县水稻品质好，深受消费者喜爱。2010 年察布

① 本节数据及材料主要来自：察布查尔锡伯自治县农业局编《察布查尔农业辉煌的 60 年》，2015 年 12 月；《察布查尔县“十一五”农业工作总结和“十二五”计划》，2011 年 8 月；《察布查尔县“十二五”农业工作总结和“十三五”计划》，2016 年 12 月。

查尔县稻米价格一路上扬，使农民收入明显增加。察布查尔县还积极在适宜种植冬小麦的乡镇区域，推广伊农和新冬优良品种，广泛开展精耕细作、粮食高产创建、配方施肥、节水灌溉技术，小麦的品质和单产获得了提高。在中央惠农政策的支持和刺激下，“十一五”时期末，全县小麦播种面积达到36.59万亩。棉花基地建设面积达到11.61万亩，单产籽棉241.5公斤，总产2.8万吨，比“十五”时期末的棉花种植面积增加6.16万亩，单产提高33公斤/亩，总产增加2.25倍。此外，察布查尔县还主抓了小麦、玉米、水稻、棉花、蔬菜等农作物的制种基地建设，先后在种羊场、良繁场、堆依齐乡、纳达齐乡建立了制种基地，扩繁了良种，农作物的良种率达到了90%以上，制种面积达到了17700亩。“十一五”时期，察布查尔县的设施农业也得到了快速发展。全县蔬菜种植面积达到了36182亩，总产73885吨，其中标准温室17189亩，拱棚5541亩，比“十五”末设施农业面积增加11663亩，总产净增45023吨，设施蔬菜的品种发展由叶菜类和茄果类、食用菌类、林果类及特色类多元化发展。

进入“十二五”时期，察布查尔县扎实推进动物防疫检疫监督、品种改良、饲草料基地建设，牲畜出栏46.88万头（只）；引进伊能顺丰、新疆果业、新疆绿环等龙头企业，积极推进湖羊和细毛羊养殖基地建设；扶持巴口香公司在新三板成功上市，发展弗兰威赫牛核心种群约5000头；新增人工牧草7.8万亩，牧草留床面积达32万亩，成为伊犁哈萨克自治州直属县市中最大的人工牧草种植县。

（三）农业绿色化、产业化发展现状

1. 农业绿色化发展状况

随着人们对农产品质量安全的重视，国家加强了对农产品质量安全的管理。“十二五”时期，察布查尔县成立了农产品质量安全领导小组，建立了农产品质量安全监察机构，开展了农产品质量安全检测和绿色认证的申报。目前，全县已认证无公害农产品生产基地10个，共计37.5万亩，认证绿色食品原料（水稻）标准化生产基地15万亩，建成全国水稻绿色食品原料基地，创建了绿色原料（小麦）基地20万亩，落实无公害、绿色农产品生产面积累计达45万亩。此外，察布查尔县还建立了农药使用台账，规范投入品使用，严防产地污染；开展了农产品市场农药残留检测，有效制止了农药超标和农产品进入批发市场，并指导农产品加工企业开展农业“三品”认证，积极探索有机食品生产，同时加强对农产品质

量安全的宣传、培训工作，不断提高农民、企业、消费者对农产品质量安全认识，从源头治理农产品质量隐患，农产品质量安全工作得到加强。

2. 农业产业化发展状况

农业产业化发展成为察布查尔县现代农业的重要表现。“十一五”时期后，农业产业化经营成为察布查尔县农业发展的主方向。到2015年底，全县农产品加工企业126家，实现营业收入22.29亿元，订单农业带动农户2800户。全县农业产业化龙头企业达到33家，其中国家级1家，自治区级3家，州级10家，县级19家，涌现出了巴口香肉业、布哈米业、万德福脱水蔬菜、沁源油脂等一批农业产业化龙头企业，涵盖粮食、油料、蔬菜、芳香植物、中药材、牛羊肉加工、环保材料、有机肥等多个产业，通过订单模式促进第一、二、三产不断融合，有效形成了“百姓生产、企业加工、店铺销售”的局面。2016年，新增县级农业产业化龙头企业2家、州级3家，创建中国地理标志产品一个（察布查尔有机大米）、新疆农业名牌产品称号3个。

三　工业强县步伐不断加快，经济增长贡献显著提升

工业化是县域经济发展不可逾越的阶段，是增强县域经济综合实力的重要保证，是加快农村城镇化步伐的有效途径，是解决农业劳动人口转移就业的根本出路。“十一五”时期以来，新一轮对口援疆工作的开展，在很大程度上激发了新疆县域经济发展活力，县域工业增长逐渐步入快车道，在全区工业中的地位日益凸显。在此背景下，察布查尔县坚持工业发展“一号工程，第一引擎”地位不动摇，实施优势资源转换战略、大企业大集团战略，以煤电、煤化工为主导的新型工业化建设取得新突破。

（一）县域工业整体概况

从工业企业数量看，察布查尔县乡及乡以上工业企业数量从2001年的82家增加至2015年的98家，其中，“十二五”时期实现了规模以上工业企业数量的逐年增加，2011—2014年乡及乡以上工业企业数量分别为73家、81家、82家和97家。然而，同期的城乡个体工业企业数量却呈现波动式下降，从2001年的728家下降至2015年的492家，但在察布查尔县工业企业总量中始终占有绝对比重。此外，在乡及乡以上工业企业中，就所有制类型而言，以非国有、非集体经济的企业为主，占比在90%以上；就经营规模而言，以小型企业为主，大中型企业长期缺乏；就

工业领域而言，轻重工业企业数量之比大致维持在 1：2 的水平上①。上述情况具体见图 3-5。

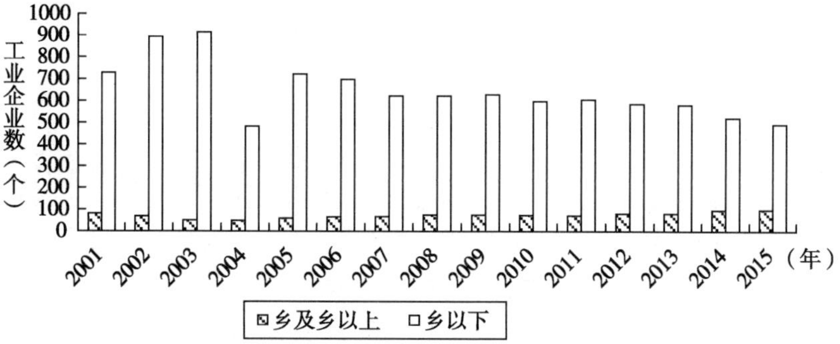

资料来源：察布查尔锡伯自治县统计局编《2016 年察布查尔县领导干部手册》，内部文稿，2016 年 10 月。

图 3-5　2001—2015 年察布查尔县工业企业数量

从工业企业总产值和增加值看，乡及乡以上工业企业是察布查尔县工业经济增长的主要贡献者。按当年价计算，"十五"时期，察布查尔县工业企业总产值从 2001 年的 15424.8 万元增加至 2005 年的 28933 万元，名义年均增长率为 17.0%，乡及乡以上工业企业总产值占比由 69.1%提高到 77.0%；同期，工业企业增加值从 4912 万元增加至 9600 万元，名义年均增长率为 18.2%，乡及乡以上工业企业增加值占比由 69.1%提高到 79.5%。

"十一五"时期，察布查尔县工业企业总产值从 2006 年的 36688 万元增加至 2010 年的 85979 万元，名义年均增长率为 23.7%，乡及乡以上工业企业总产值占比由 82.7%提高到 89.4%；同期，察布查尔县工业增加值从 12292 万元增加至 23084 万元，名义年均增长率为 17.1%，乡及乡以上工业企业增加值占比由 82.9%提高到 91.1%。

"十二五"时期，察布查尔县工业企业总产值从 2011 年的 122511 万元增加至 2015 年的 134233 万元，名义年均增长率为 2.3%，乡及乡以上工业企业总产值占比由 89.2%降低到 87.4%；同期，县工业增加值从 26998 万元增加至 23915 万元，名义年均增长率为-3.0%，乡及乡以上工业企业增加值占比由 85.3%微弱提高到 85.6%。

① 数据由察布查尔锡伯自治县统计局提供。

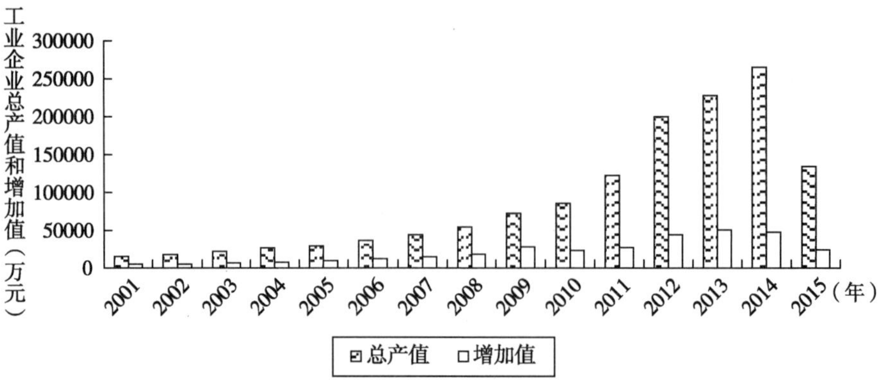

资料来源：①察布查尔锡伯自治县统计局及察布查尔锡伯自治县统计学会编：《察布查尔锡伯自治县辉煌六十年（1954—2013）》，内部文稿，2013 年 8 月；②察布查尔锡伯自治县统计局编：《2015 年察布查尔县领导干部手册》，内部文稿，2015 年 10 月；③察布查尔锡伯自治县统计局编：《2016 年察布查尔县领导干部手册》，内部文稿，2016 年 10 月。

图 3-6　2001—2015 年察布查尔县工业企业总产值及增加值

从统计数据看，造成“十二五”时期工业经济增长缓慢甚至负增长的原因在于，2015 年察布查尔县工业企业总产值和增加值都明显低于上一年，降幅超过 50%。从实际情况看，察布查尔县的水泥和商品混凝土产量大幅下降，节能减排形势下对部分高耗能、高排放企业的关停整顿导致察布查尔县的非金属矿物制品业的产值规模在特定时期有所缩小，统计数据显示，“十二五”时期以来，非金属矿物制品业的增加值占察布查尔县工业增加值的比重超过 60%。

（二）工业经济增长贡献度

从工业经济对县域增长的贡献度看，进入 21 世纪以来，不同时期的工业增长贡献度都呈现出不同程度的提高，特别是“十二五”时期，在江苏盐城对口援建的背景下，察布查尔县依托伊南工业园区建设实现了工业经济的快速增长，对县域经济发展贡献度明显提升，具体计算结果见图 3-7。

四　特色资源优势有效开发，文化旅游产业初具规模

（一）旅游业发展概况

察布查尔县是全国唯一的锡伯族自治县，旅游资源富集独特，锡伯民

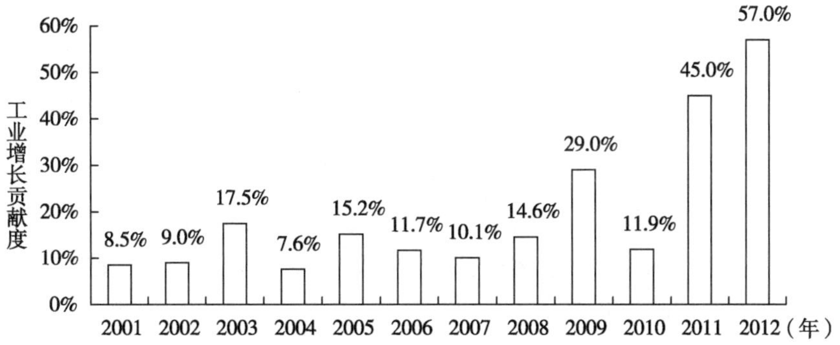

资料来源：根据相关统计数据计算整理得到。

图 3-7　2001—2012 年察布查尔县工业增加值对县域 GDP 增长的贡献度

俗风情多彩浓郁，区位优势明显，市场空间广阔。

截至 2016 年 10 月，全县共有各类营业旅游企业 201 家。景区 5 家，其中国家 AAAA 级景区 1 家，AAA 级景区 1 家；宾馆酒店 22 家，其中星级酒店 2 家；农家乐及农家乐旅馆 160 家，其中星级农家乐 47 家、星级农家乐旅馆 41 家；旅游开发服务公司 2 家；旅游纪念品生产厂家及购物点 14 家，其中国家级工业旅游示范点 1 家，2S 滑雪场 1 家。

按当年价计算，“十五”时期，察布查尔县旅游收入从 2002 年的 711.83 万元增加至 2005 年的 1454 万元，名义年均增长率为 19.5%；“十一五”时期，全县旅游收入从 2006 年的 2103 万元增加至 2010 年的 2628 万元，名义增长率为 5.7%；“十二五”时期，全县旅游收入从 2011 年的 5679 万元增加至 2015 年的 13920 万元，名义增长率为 25.1%。① 截至 2016 年 10 月，预计全县接待游客 64.45 万人次，同比增长 31%，收入达 14599 万元，同比增长 11%。

（二）“十二五”时期旅游业发展新态势②

旅游业是产业关联效应明显的国民经济部门，大力发展旅游业是旅游资源丰富地区发挥比较优势、实现经济跨越式发展的有效途径。“十二五”时期以来，察布查尔县依托自身资源优势，积极推动县域旅游经济向可持续、高水平发展，呈现出一系列发展新态势。

① 数据由察布查尔锡伯自治县统计局提供。

② 本节数据及资料主要由察布查尔锡伯自治县旅游局提供。

1. 加快推进重大旅游项目建设

为打破传统旅游业的发展瓶颈，察布查尔县不断加快锡伯古城、丝路中心及薰衣草公园三个精品旅游项目建设，以促进当地旅游资源的高水平开发与利用。具体情况如下。

①全力推进锡伯古城项目建设和收尾工作，截至2016年10月，锡伯古城的“一心四区”格局已初步形成，项目累计完成投资2.3亿元。②全力推进丝路国际文化艺术交流中心建设项目，丝路国际文化艺术交流中心装修改造工程总投资约1.85亿元，共分五个标段，已全部招标完成。其中，宾馆配套健身区完成5%，五星级宾馆完成65%，餐饮娱乐区完成60%，国际会议及特色产品展示区完成70%，办公区完成96%，4幢专家楼完成75%，目前丝绸之路国际文化艺术交流中心总装修完成60%，部分项目计划于2016年底投入使用。③全力推进万亩薰衣草主题公园建设，薰衣草城邦主题公园累计投资1.5亿元，完成园区种植、培育、道路硬化、电力改造、薰衣草博物馆、薰衣草精油加工厂等项目。

2. 扎实推进乡村旅游富民工程

2014年12月，国家发展和改革委员会、国家旅游局等7部委下发了《关于实施乡村旅游富民工程推进旅游扶贫工作的通知》（以下简称《扶贫工作通知》），决定实施乡村旅游富民工程，扎实推进旅游扶贫工作。其中，察布查尔县作为乡村旅游扶贫重点县，共有9个村分两批次开展旅游富民工程。① 具体实施情况如下。

①争取到自治区发改委旅游发展基金1.37亿元，自治区旅游局旅游发展资金锡伯古城游客中心100万元，有效解决了锡伯古城建设的资金缺口问题。②组织申报9个村旅游富民基础设施建设项目，已编制完成项目可研、项目前期用地、选址、环评等手续。截至2016年10月，孙扎齐牛录镇孙扎齐牛录村、米粮泉乡阿顿巴村、纳达齐牛录乡纳达齐牛录村3个村项目建设资金300万元已到位，并开始施工。③积极跑办坎乡坎村、库勒特克齐村，加尕斯台乡加尕斯台村、阔洪齐琼塔木村、琼博拉乡琼博拉村5个村乡村旅游精准扶贫项目，已落实坎乡坎村旅游扶持资金85万元。

3. 不断完善旅游服务功能

旅游服务功能是否健全完善，是反映旅游业发展水平的重要评价指

① 《乡村旅游扶贫重点村分省名单》，国家旅游局，http：//www.cnta.gov.cn/zwgk/201609/P020161104341675050012.pdf，2016年9月29日。

标。优良的旅游服务旨在营造一种和谐的氛围，使旅客在接受旅游服务过程中产生惬意、幸福之感，进而乐于交流和消费。就地方政府而言，优化基础设施建设、维护旅游市场稳定，是其提升旅游服务功能的实现载体。察布查尔县的具体做法如下。

①为切实做好旅游服务企业环境卫生工作，给游客一个安全、放心、舒适的旅游休闲环境，察布查尔县对AAAA级景区锡伯民族博物院内进行环境清理活动，同时要求全县干部对省、县、乡道和主要旅游交通要道进行全面、统一的环境清理工作，为营造良好的旅游环境打下了基础。②加强行业监督管理、严抓旅游安全生产，组成联合检查组，对县域各旅游景区（点）、星级宾馆（饭店）、农家乐的安全生产、环境（后堂）卫生、污水处理、食品安全以及经营手续等方面进行检查，确保旅游工作正常有序开展，为广大游客提供了良好的旅游环境，2016年未发生旅游投诉和安全生产事故。③积极开展农家乐评星申报和A级景区创建工作，积极组织申报星级农家乐16家，其中五星级农家乐3家、四星级农家乐8家、三星级农家乐4家、二星级农家乐1家，申请创建稻田画为国家AA级旅游景区。

4. 有力加强旅游新业态培养

为打造县域旅游核心竞争力并顺应发展全域旅游的战略要求，察布查尔县不断加大旅游项目的招商引资力度，重点招商对象为锡伯古城、清水湾汽车营地、伊南苑国际湿地养生度假区、坎乡麻扎村景区项目、努拉洪滑雪场、努拉洪旅游小镇等项目。截至2016年，已成功对接清水河房车营地、坎乡麻扎村旅游开发、努拉洪旅游小镇及努拉洪滑雪场等项目，同时为加强旅游基础服务设施建设，已建成并投入使用的精品酒店两家，新增床位200张。

在培育旅游新业态方面，察布查尔县的主要做法是：①孙扎齐牛录镇雀儿盘村草莓采摘基地开展草莓采摘农村体验游，并与县电子商务中心合作开展“互联网+草莓采摘”活动，吸引了不少县域、周边县市及外地游客；②与小安户外合作开展坎乡自驾游，杏花沟野蘑菇、野桑葚采摘游，万亩野郁金香观光游，苏阿苏沟喀什古道探险自驾游等项目；③伊犁河谷万亩薰衣草产业园今年免费对旅行社及游客开放接待游客10万人次；④纳达齐乡开展的休闲农业采摘游，稻田画观赏游、百种荷花组成的“百荷园”观赏游和新疆钓王大赛等项目为伊宁市民近郊游提供便利；⑤开展米粮泉乡油桃采摘美食体验游；⑥开展琼博拉休闲避暑度假游和森林徒步穿越探险游。

5. 不断创新旅游宣传方式

察布查尔县积极制定年度旅游宣传方案，创新宣传方式，采取传统媒体和新型媒体相结合的方式以冬季旅游为主，进行广播电台、网络及微信等多种形式的宣传活动，具体做法如下。

①坚持以节庆活动促旅游业发展。已成功举办“箭乡冰雪节”、种羊场“沙枣花香”文化旅游节、扎库齐乡“西瓜节”、坎乡稻蟹文化旅游节、扎格斯台美食节、米粮泉乡“花儿”文化旅游节、2016年中国·察布查尔西迁旅游美食文化节、清水湾狂欢季、百辆房车大进疆等内容丰富多彩的活动，以节促游；②利用“互联网+”理念开展网络营销。联合察布查尔零距离微信公众平台开展“互联网+旅游”冬季旅游宣传促销活动，以旅游微助力、幸运大转盘、金猴送祝福、点灯笼等一系列网友参与活动进行推广，浏览达15万人次，参与人数达3万人次，达到了良好的营销效果；③加强智慧旅游建设力度。借助察布查尔县电商平台与大唐丝路合作启动旅游网站建设，实现景区、宾馆、农家乐线上销售功能，利用旅游+互联网的手段扩大察布查尔县旅游企业市场竞争力；④开展“5·19”中国旅游日专题推介活动。在锡伯民族博物院推出景区门票优惠活动；在县市政广场举办旅游宣传日活动，开展公众咨询、受理旅游投诉、接受旅游咨询及发放文明旅游宣传资料等；在盐城举办察布查尔美食文化周活动受到盐城市民的广泛好评；⑤开展“盐城市民伊犁行”活动。已成功组织第一批盐城市民、旅行社负责人、媒体负责人组成的20人旅游交流团，加强两地交流促进口碑相传，为更好地组织盐城市民来伊犁旅游奠定了基础。

五 城乡居民收入增幅明显，就业社会保障大力发展

（一）城乡居民收入变动情况①

区域经济增长与发展的根本目的在于提高居民收入水平，改善群众生活福利。进入21世纪以来，察布查尔县社会经济的跨越式发展极大促进

① 本节数据主要来自察布查尔锡伯自治县统计局及察布查尔锡伯自治县统计学会编《察布查尔锡伯自治县辉煌六十年（1954—2013）》，内部文稿，2013年。

了城乡居民收入的稳步提升。

1. 城镇居民收入

按当年价计算，“十一五”时期，察布查尔县城镇居民家庭人均总收入从 2006 年的 6478.85 元增加至 2010 年的 11539 元，名义增长率为 15.5%；人均可支配收入从 6149.84 元增加至 10532 元，名义增长率为 14.4%。“十二五”时期，察布查尔县城镇居民家庭人均可支配收入从 2011 年的 12114 元增加至 2015 年的 20001 元，名义年均增长率为 13.4%。从收入构成看，察布查尔县城镇居民人均可支配收入中，工资性收入长期占比高于或接近 65%，转移性收入占比则稳定在 30%左右，经营性收入和财产性收入之和的占比稳定在 6%左右。

从支出结构看，食品和衣着等生活必需品的支出占城镇居民家庭人均消费性支出的比重长期维持在 50%—59%，具体比重见图 3-8。根据恩格尔规律[①]，若单纯看食品支出比重，察布查尔县城镇居民的生活水平已基本迈入小康阶段；但若看食品与衣着等生活必需品的综合支出比重，察布查尔县城镇居民的生活水平仍处于温饱阶段，尚未稳定彻底地进入小康阶段。

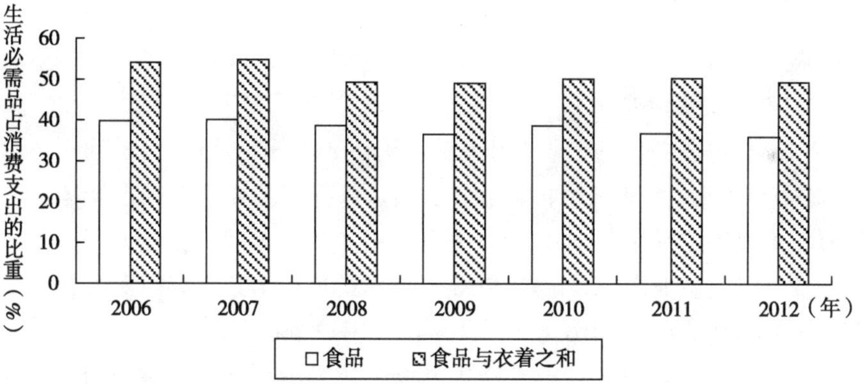

资料来源：根据相关统计数据计算整理得到。

图 3-8　2006—2012 年察布查尔县城镇居民生活必需品消费比重

2. 农村居民收入

按当年价计算，2001—2012 年，察布查尔县农村居民人均总收入从

① 孙久文、叶裕民编著：《区域经济学教程》（第二版），中国人民大学出版社 2010 年版，第 74 页。

2277.29 元增加至 13906.18 元，增长了 5.1 倍，名义年均增长率为 17.9%，在一定程度上说明，进入 21 世纪以来，县域经济跨越式发展，有效带动了农村、农业经济增长以及农民增收，农村居民收入快速提高。另外，“十二五”时期，察布查尔县农牧民人均纯收入从 2011 年的 7406 元增加至 2015 年的 12012 元，增长了近一倍，名义年均增长率为 12.9%。

从收入构成看，全县农村居民人均总收入中，经营性收入长期占比高于或接近 80%，但呈现出整体下降的态势，2001 年经营性收入占总收入的比重为 90.6%，2010 年则降为 80.1%，2012 年进一步降为 79.2%。此外，农闲期给人代牧或者在居住地附近打零工的方式赚取的工资性收入占总收入的比重从“十一五”时期末开始有所增大，2001—2007 年，工资性收入比重始终低于 10%，2008—2012 年，该比重逐渐由 11.2%提高到 12.2%。此外，受到农村经济性质和农民生活水平的影响，农村居民人均总收入中，转移性收入和财产性收入的占比都较小，长期不足 10%。

（二）就业社会保障情况

2016 年，察布查尔县开发就业岗位 3413 个，城镇实现就业再就业 3834 人，完成各类培训 5136 人次。培训合格率为 95.3%，培训后就业率为 82%。农村富余劳动力转移就业 6.552 万人次，劳务创收 3.46 亿元。具体做法总结如下。

1. 就业安置情况

（1）做好服务促进就业。开发就业岗位 3413 个，城镇实现就业再就业 3834 人，就业困难人员再就业 312 人。保持零就业家庭动态清零，城镇登记失业率控制在 3.5%以内。充分利用“就业车间、卫星工厂、小米级企业”开发就业岗位。截至 2016 年底，察布查尔县共有小米级就业车间 175 家，吸纳就业 3016 人，其中吸纳贫困户 366 人。

（2）落实补贴稳定就业。全年发放企业吸纳就业社会保险补贴 348 人，合计 103.58 万元；发放参加就业见习基地生活费补贴 167 人，合计 127.67 万元；公益性岗位补贴和社会保险补贴 364 人，合计 567.26 万元。

（3）技能培训夯实就业。截至 2016 年底，完成各类培训 5136 人。培训合格率 95.3%，培训后就业率 92%。其中，城镇失业人员就业技能培训 507 人，在岗培训 126 人，农村劳动力技能培训 4629 人，新成长劳动力培训 633 人，纺织服装就业能力培训 3156 人。进行职业技能鉴定 3219 人，鉴定合格的有 2955 人，合格率达 92%，已办理职业技能证书

2955本。

（4）劳动力转移增加就业。察布查尔县不断加强与县内外劳务基地对接，加大与驻县企业、疆内用人单位对接，通过培训提升劳务经纪人综合协调能力。进一步拓展劳动力转移渠道，坚持产业转移与劳动力转移并举。截至2016年底，察布查尔县已转移农村富余劳动力65520人次，创收3.46亿元。

（5）创业扶持助推就业。2016年，察布查尔县加尕斯台乡创业孵化基地、察布查尔镇乌宗布拉克创业孵化中心得到伊犁哈萨克自治州授牌认定。对历年认定的就业创业孵化基地（中心）在政策方面积极给予扶持，做到扶持政策落实率达到100%。小额担保贷款已申请219笔，发放845万元，带动就业527人，完成任务的73%。

（6）创新就业安置做法。一是围绕纺织企业发展，做好服务，促进就业。先后协助景丽针织、伊犁特宁实业、温州阿克米服装三家纺织服装企业招收员工人1070人。同时，积极跑办对接引进伊犁文祥、伊犁伊胜、伊犁创铭等6家纺织服装企业，并成功与江苏常熟拉波尼服装有限责任公司签约，新增培训人员2000人，其中中高级专业技术人员50人。二是积极开展冬季职业技能职业大培训工作。在学习借鉴伊宁县、昭苏县等就业培训好经验、好做法的基础上，结合察布查尔县实际，制订了冬季技能大培训实施方案，计划2017年开展职业技能培训2500人。截至2016年底，已启动双创产业园开展针织服装培训1500人，首批民兵实体化+职业技能1000人培训已集中在县职业技术学校进行封闭式培训，培训情况良好。

2. 就业脱贫工作

全县3101户10847名贫困中人口中需就业转移脱贫2689人。目前，参加各类职业技能培训班108期5136人，其中贫困人员2254人；实现脱贫销号2689人。一是劳务转移促脱贫。全县贫困劳动力转移就业5872人次，创收2429.2万元。按照《察布查尔县“五不”贫困户奖补、包户干部绩效考核实施办法（试行）》中“户中不闲人”的标准，及时对实现转移就业目标的贫困户兑现以奖代补资金268.9万元，共2689人，鼓励贫困户积极参与转移就业，激发贫困户自我脱贫内生动力。二是就业专项服务促脱贫。结合贫困乡村实际情况，将企业用工招聘会开到乡里村头，直接将技能培训、招用工岗位信息送到贫困群众家门口。全县累计开展贫困乡村专场招聘会37场，368名贫困群众通过招聘会成功转移就业。

第三节　“十三五”时期县经济建设与发展展望

“十三五”时期是察布查尔县实现全面建成小康社会宏伟目标的攻坚期，是转变发展方式和深化改革的关键期，更是推进社会稳定和长治久安的紧迫期。当前，察布查尔县正站在历史发展机遇的十字路口，准确分析新常态下社会经济发展所面临的问题和挑战，具备的基础和环境，在此基础上，对未来经济建设和发展的可行模式及路径进行探讨与展望，对推进察布查尔县跨越式发展，提升县域经济系统平衡性、包容性和可持续性，是十分必要和迫切的。

一　未来经济发展面临的机遇和挑战

“十三五”时期，察布查尔县社会经济发展所面临的机遇和挑战都前所未有。着力把握好未来一定时期内国内外、区内外的发展大势，抢抓机遇、顺势而为，对于推进察布查尔县全面深化改革、维护社会稳定、提升县域经济实力具有重大的意义。

（一）来自内外部发展环境的机遇

金融危机以来，世界多极化、经济全球化继续深入发展，地缘政治环境悄然变化，国际产业分工孕育新变化，消费需求推动生产和服务新变革，国际市场需求出现回升态势。综合而言，世界各国相互联系日益紧密，相互依存日益加深，求和平、谋发展、促合作仍是时代潮流，国际经济环境总体上有利于我国和平发展。

1. 从国内环境看

党的十八大以来，中央先后提出了“两个一百年”奋斗目标，强化“三期并存”发展阶段的认识，做出了“四化同步”的路径设计和“五位一体”的总体布局，特别是“丝绸之路经济带”建设、“中巴经济走廊”建设等与察布查尔县社会经济发展密切相关的一系列对外开放和区域合作战略构想，将对“十三五”时期的察布查尔县发展产生重大影响。

具体而言，首先，经过改革开放30多年的高速增长后，目前支撑我国经济增长的要素结构已发生深刻变化，国民经济将呈现出增长速度换挡期、结构调整阵痛期、前期刺激政策消化期的“三期”叠加的阶段性特征，即进入了“经济新常态”。新常态下，社会经济发展将以结构调整、转型升级和创新驱动为突破点，这也为“十三五”时期察布查尔县发展规划的制订和实施提供了可遵循的有效途径。

其次，我国推进“一带一路”战略，国际合作不断加深，察布查尔县位于亚欧大陆桥的中心位置，是新疆乃至我国面向中亚的重要门户，是亚欧大陆桥通道与新疆沿边通道的接合部，从而为察布查尔县积极承接我国东部地区产业转移提供了优越的市场区位优势。近些年，在对口援疆背景下，察布查尔县有效吸引东中部地区纺织服装企业落户伊南工业园区，区位和政策优势发挥了积极作用。同时，察布查尔县是天山北坡经济带上重要节点城市，向内承接中心城市的辐射带动，对外吸引和截留生产要素积聚和产业转移，从而有效发挥促进南北疆联动发展、促进新疆对外开放的前沿阵地作用。

2. 从疆内环境看

党的十八大以来，中央召开了一系列关系新疆经济社会发展的工作会议，将社会稳定和长治久安作为新疆工作的总目标和一切工作的着眼点、着力点，明确了新疆在国家战略层面的重要地位和战略走向。第二次中央新疆工作座谈会的召开，提出了“依法治疆、团结稳疆、长期建疆”的治疆方略，确定了一系列推动新疆经济发展、造福新疆各族人民的政策措施。习近平总书记视察新疆、“丝绸之路经济带”构想的提出和对新疆“丝绸之路经济带核心区”的功能定位以及“中巴经济走廊”国内段建设，都展示了国家稳疆兴疆的战略部署和全方位对外开放的宏大远景，标志着新疆未来发展将步入国家战略实施的重大机遇期，为新疆及察布查尔县破解发展难题、激发经济活力、提高治理能力、开拓工作新局面提供了重要契机。

察布查尔县属于伊犁哈萨克自治州直属县（市），从伊犁州层面看，随着国家对伊犁州在产业、税收、金融、土地、外贸等方面的特殊扶持政策不断落实，霍尔果斯、都拉塔两个经济开发区建设得到全面推进。同时，伊犁州正在努力打造丝绸之路经济带沿线的“国际金融港、国际物流港、国际信息港、国际航空港和国际旅游谷”的先行区，这一过程也为“十三五”时期察布查尔县面向国内外两个市场，利用国内外两种资源，加快自身社会经济发展提供了巨大空间和强大动力。

（二）来自自身发展薄弱环节的挑战

从国际、国内及疆内不同层面看，察布查尔县正处于社会经济发展的历史机遇期。如何更好地紧抓机遇、顺势而为，需要应对当前自身发展薄弱所引发的挑战，突出体现在以下方面。

1. 城镇化水平有待进一步提高

近年来，察布查尔县城镇化进程有所加快，成效也比较明显，但由于缺乏现代城镇综合改革配套设计、制度安排和保障措施，农业人口比重仍然较高，城镇化建设滞后于工业化问题依然明显，客观上挤压了第三产业的发展空间，三产增加值占地区生产总值的比重仍偏低，从而对新型工业化的支撑力不够，需求结构中消费对经济增长的贡献率也明显不足。

2. 社会不稳定因素的影响仍然存在

分裂和反分裂斗争尖锐复杂，维护社会稳定和长治久安的任务十分艰巨。总体上讲，首先，察布查尔县正处在夯实基础、积蓄能量、调整结构、加快发展的关键节点，但由于自身社会经济发展水平相对落后，察布查尔县在调结构、促发展的过程中避免会因既有的制度不完善、技术水平低下等问题而面临更大的改革成本，为全面推进改革深化形成了挑战。其次，察布查尔县正处在统筹城乡发展，推动工业化、城镇化、农业现代化相互支撑、相互融合、互动发展的关键节点，如何打通城市与乡村的产业关联、市场关联，如何在加速新型工业化、城镇化的基础上实现工商业对农业的反哺式发展，如何通过技术进步与人力资本积累改造察布查尔县传统农业，都是察布查尔县在统筹城乡发展过程中必然面临的问题，这些问题的合理解决关系到县域经济能否实现包容性、可持续的增长和发展。最后，察布查尔县正处在解决体制机制深层次矛盾，激发创新发展活力，加快形成县经济内生增长机制的关键时期。尽管对口援建工作的开展有效促进了察布查尔县在“十二五”时期的社会经济发展，但这种援助毕竟是外生性的，如何从根本上培育并增强察布查尔县的区域及产业自我发展能力，真正实现由“输血”变“造血”，才能确保全县经济系统的良好自组织功能。

3. 经济发展外部环境更趋复杂

察布查尔县地处伊宁市经济圈，特殊的地理优势在提供发展机遇的同时，也带来了经济圈内不同县域单元争夺资源、资金、人才、技术的竞争压力，交通运输、仓储物流、邮政、信息传输、金融、技术、人才、教育等高级生产要素的培育和发展任务将更加艰巨。

二　未来经济发展存在的优势及劣势

（一）优势条件

当前，察布查尔县的社会经济发展进入新常态，拥有实现较快发展的诸多有利因素。

1. 拥有加快发展的良好外部环境

党的十八届五中全会、中央第二次新疆工作座谈会、中央扶贫开发、经济、城市、农村工作等专业会议，自治区党委八届十次全委（扩大）会议的召开把新疆工作提到了前所未有的战略高度，对新疆工作做出了新的、全面的部署，国家继续加大西部开发的力度、丝绸之路经济带建设、中亚区域国际合作呈现加快发展态势，改革继续深化，新常态下中国经济从“加快发展”的轨道转向“科学发展”的轨道，在创新、协调、绿色、开放、共享发展的新发展理念主导下，国家推进中国“一带一路”（西线）商业与文化金融综合服务示范基地暨产业产权交易服务中心建设，新疆打造丝绸之路经济带核心区“五大中心”建设，这些都为察布查尔县在“十三五”时期以及未来一段时期内的发展创造了良好的外部环境。

2. 丝绸之路经济带战略优势

新疆作为丝绸之路经济带核心区的战略定位，给察布查尔县的社会经济发展带来了重大机遇。丝绸之路经济带经新疆共有三条通道，察布查尔县位于新疆的中通道（沿哈密，经乌鲁木齐、昌吉、石河子、奎屯、精河向西，一路从阿拉山口口岸出境，一路经伊宁，从察布查尔的都拉塔口岸、霍城的霍尔果斯口岸以及昭苏的木扎尔特口岸进入哈萨克斯坦），是丝绸之路经济带上的一个重要节点。同时，察布查尔县西面紧邻哈萨克斯坦，是我国丝绸之路经济带重要的县级边境发展区。当前，察布查尔县正处于工业化的初级阶段，结构调整和产业升级以及城镇化进程、基础设施建设和社会事业发展都潜力巨大。随着国内东部地区产业向西转移的力度不断加大，会有更多的企业在察布查尔县投资建设和发展加工贸易。加之“一带一路”建设的全面推进，察布查尔县将积极发挥内引外联的纽带作用，充分利用好国内国外两种资源、两个市场的优势和条件。

3. 扶持人口较少民族发展和兴边富民行动政策优势

察布查尔县是全国唯一的锡伯族自治县。2014 年 12 月 22 日，中共中央、国务院印发了《关于加强和改进新形势下民族工作的意见》，从坚定不移走中国特色解决民族问题的正确道路、围绕改善民生推进民族地区经济社会发展、促进各民族交往交流交融、构筑各民族共有精神家园、提高依法管理民族事务能力、加强党对民族工作的领导六个方面提出了25条意见，旨在切实加强和改进新形势下民族工作，团结带领全国各族人民共同推进全面建成小康社会、努力实现中华民族伟大复兴的中国梦。这也给察布查尔县提供了特殊的国家政策支持。

4. 对口援疆工作助推发展

中央第二次新疆工作座谈会对援疆工作做出了以民生为本、产业为重、规划为先、人才为重的新部署。在加大资金投入的同时，坚持“输血”与“造血”、“硬件”与“软件”、“支援”与“互利”相结合。在此背景下，江苏盐城市对口援建察布查尔县，通过在民生、产业等领域进行牵线搭桥，吸引内陆厂商进行生产投资，从而推进县基础设施及民生工程的建设，也进一步促进了县优势资源转换和产业持续升级，并有效解决了农村富余劳动力就地就近解决就业，为察布查尔县社会经济快速发展提供重要支撑。

（二）劣势条件

在机遇和优势面前，察布查尔县由于工业化起步较晚，三次产业结构仍以农业为主，技术和经济发展水平仍相对滞后，这也给察布查尔县推进转型升级和改革深化带来了一定的不利条件，具体表现如下。

1. 经济结构有待深化调整

目前，察布查尔县的第一产业比重仍较高，且效益发挥不足，而第二产、第三产对县域经济增长和发展的支撑作用不明显等问题依然突出。察布查尔县拥有丰富的生态资源和矿产资源，但得天独厚的自然条件优势远没有得到充分发挥。当前的县域产业体系中，涉及农副产品加工、特色绣品、食品加工特色优势领域时，相关行业和企业都普遍存在量小质弱的发展困境，大部分煤电煤化工大型企业的建设进程也十分缓慢。房地产有效投资长期不振，税收增长缺乏有力支撑，而现代服务业的比重也偏低，发育缓慢。

2. 改革进入深水区，改革攻坚难度大

伴随着改革发展不断深入，新情况、新矛盾、新问题不断出现；发展所面临的环境约束、资源不足、人才匮乏、资金不足、技术力量不足的问题更为突出；发展面临的外部环境更趋复杂，竞争更为激烈。

3. 市场化程度有待进一步增强

公共资源配置的市场化程度不高，政府主导的痕迹较为明显，中小微企业发展缓慢，现有企业对能源和资源的依赖程度较强，高技术、高附加值工业量小质弱，缺乏一批带动整个产业链发展的龙头企业。

4. 主导产业效应有待发挥增强

主导产业对经济发展能够起到较强的导向和带动作用，是稳增长的关键，培育和发展一定数量的产业关联度高、需求富有弹性的主导产业的任务依然艰巨。重大项目对拉动投资和消费具有促进作用，在根据国家产业政策和投资导向科学决策、工程项目跟踪实施、项目监管及时跟进等方面有待进一步加强。

三　未来经济发展的若干思考与建议

察布查尔县社会经济发展所面临的机遇和挑战以及目前存在的优势与不足，意味着它应充分有效地立足自身比较优势，切实推进县域经济转型发展，首要的是产业与技术领域的不断改造升级。对于第一产业，应强化科技带动，积极推进现代农牧业发展。对于第二产业，应促进工业升级，不断加快产业联动。对于第三产业，应发挥发挥区位优势，促进服务转型。在此过程中，还应积极推动新型城镇化建设及体制机制改革，不断提升产业技术水平和自主创新能力，在国家全方位开放战略导向下积极提升察布查尔县的对外开放水平。

（一）强化科技带动，发展现代农业

在稳定粮食生产、保障粮食安全的基础上，按照“优质、高产、高效、生态、安全”的要求，进一步加大农业优势产业结构调整力度，实现农产品基地化、标准化、产业化生产。鼓励发展农牧产品精深加工企业实体。县城南部山区发展有机农业和有机畜牧业，种植上重点发展苹果、树上干杏、西梅、红花、榛子、优质牧草等特色林果业；养殖上逐步推进饲养方式标准化、有机化，林下土鸡等养殖业。县城中部、西部重点发展粮食、蔬菜、花卉；县城西部重点发展水稻、蔬菜、特色农产品。具体思路如下。

在种植业方面，立足资源优势与地域优势，以创建现代高效生态农业产业体系为目标，按照“产品安全、产业高效、资源节约、环境友好”的总体要求，依据各乡、镇的区域特色发展有机农业、绿色农业、无公害

农业，建立农产品安全生产区，强化农业科技服务，完善农产品流通体系，培育农民专业合作组织；把产业结构调整作为经济发展的战略主线，以市场为导向，突出特色农业优势，实现农牧民增收。

在畜牧业方面，以建设畜牧强县为目标，建立一套完整创新的育种体系、优质安全的饲草生产体系、规范健康的养殖体系、健全高效的动物防疫体系。依据察布查尔县畜牧业资源分布统一区域规划布局，突出特色，推广运用冻精、胚胎移植、引进优质种畜等现代畜牧技术加强品种改良工作力度。以市场为导向，推进畜牧业产业化发展，在养殖、加工、销售等环节上，由政府部门、加工企业、养殖户进行分工协作，拓展市场。切实加强天然草原保护与建设，全面落实草原生态保护奖励补助机制，落实国家新一轮退耕还草政策。推进草畜平衡，构建草原增绿、牧业增效、牧民增收的共赢局面。

在农业产业化方面，发展特色农产品生产基地，加工基地和配套市场体系建设，推动农业的产业化发展；大力推进特色农产品水稻、红花、蔬菜、小麦等的产地认证及无公害农产品、绿色食品、有机产品认证，培育品牌文化，通过品牌建设带动农业产业的优化升级，提升产品附加值，扩大市场占有率。培育一批科技含量高、产品竞争力强、市场前景好、基础条件优、产业带动强的龙头企业，推进龙头企业集群集聚，拓展农业多功能，依托龙头企业将产业链、价值链与现代农业发展理念和组织方式引入农业，延伸产业链，打造供应链，形成全产业链，促进一、二、三产融合互动。

在农业经营主体方面，加强农民组织化建设，培育扶持各类农民专业合作社发展，逐步形成“企业+农民专业合作组织+农户”“农民专业合作组织+农户”等模式，提高农民生产组织能力、管理能力和抗风险能力。

在农业服务体系建设方面，重点扶持和建设有能力的农业科研机构、农技推广中心和动植物疫病防控中心，围绕粮食生产和特色优势农产品的区域特点建立农业技术推广体系，加强农业专业技能培训，为农业发展提供农业机械推广及安全监理、农产品质量安全和检验、农产品检测认证、农业环境监测、信息技术、农业执法等服务。

在农业标准化生产方面，大力推进察布查尔县标准化规模生产，健全服务监管体系，完善市场流通体系、建立起现代经营管理体制机制，大力推进察布查尔县农业标准化生产建设，促进农牧业生产方式和经济增长方式转变，为察布查尔县建立农产品安全生产区奠定基础。

（二）促进工业升级，加快产业联动

察布查尔县工业发展起步较晚，基础较为薄弱，在当地经济中所占比例较小。在“十三五”时期，察布查尔县应大力促进工业转型升级，提升工业对县域经济增长的贡献度，通过延伸产业价值链，打通城乡之间、农工商业之间的经济关联通道，实现以新型工业化带动察布查尔县新型城镇化和农牧业现代化发展。同时，察布查尔县还应扩大工业种类和规模，深化工业对外开放水平，优化工业内部结构，同时以绿色发展理念为指导发展资源节约型和环境保护型经济。具体思路如下。

在优化资源开发方面，提高煤炭采掘业集约化程度改进采煤方法和工艺，采用单井机械化采煤，提高生产集约化和自动化程度，大量减少地面设施，简化生产流程，降低生产管理成本，保障生产安全。同时，在充分利用本地煤炭资源和光热资源的基础上，大力发展煤电和光伏发电产业。

在加快工业反哺农业方面，考虑到察布查尔县所在的伊犁河谷地区，气候温暖湿润，日照时间长，土质肥沃，无工业污染，是国内仅有的数量不多的绿色优质生态农牧业区，粮食、棉花、果蔬、香料花卉、牛羊肉等大宗农牧产品资源丰富，而与察布查尔县相邻的哈萨克斯坦等中亚国家，土地辽阔，粮食、棉花等农产品产量较大，察布查尔县对其有出口潜力。因此，察布查尔县应充分发挥县域内具备一类口岸的区位优势，利用国内外资源大力发展农产品加工业。具体而言，利用本地有机稻米、爆粒玉米以及进口小麦、玉米等大宗农产品发展粮食深加工产业；利用本地及进口棉花发展针织服装产业；利用万寿菊、薰衣草等香料花卉发展香料精深加工产业；利用红花种植基地优势，发展红花精深加工产业。

在调整优化工业内部结构方面，应广泛开展国际合作，发展壮大先进机械制造产业。建设面向中外市场的先进矿山、化工装备产业基地。在自治县“张化机”产业基地的基础上，继续引进装备制造企业，发展先进矿山装备、化工装备、节能装备、环保装备制造，拓展中亚市场，努力引进国际（主要是德国、美国）先进农机制造产业，使自治县成为新疆重要先进矿山、化工装备制造产业基地。

在促进工业绿色、低碳方面，发挥察布查尔县发展煤化工产业的优势，适度引进煤化工项目，严格筛选有资金、有技术、有人才愿意承担社会责任的企业承担项目开发，严加控制煤化工企业选择的项目工艺流程、环保措施、污染物排放；选择对环境影响最小同时经济效益最好的路径发展煤化工产业，实现煤炭资源的综合利用，形成合理产业链。

此外，察布查尔县西部紧邻以哈萨克斯坦为代表的中亚地区，绵长的国境线，为其工业的国际化进程提供了巨大的便利。由于本地资金投入不足、科技转化为生产力的能力较弱，因此，吸引外资以提振察布查尔县第二产业发展无疑是一个非常好的选择。同时，鉴于“一带一路”沿线国家基本与上海合作组织成员国重合，充分借助上海合作组织的政策性协调优势与既定性合作框架，以新兴的“俄白哈经济一体化”进程为投资引入契机，大力吸引外国资本进入将会极大地推动推察布查尔县第二产业的长足发展。

（三）发挥区位优势，促进服务转型

察布查尔县正处于产业结构调整的关键期，不仅体现在工业的发展壮大，更体现在传统服务业的转型与现代服务业的发展。具体思路如下。

在现代服务业发展方面，一是加快边贸物流业发展。以爱新舍里镇的物流园区和加尕斯台乡的空港服务区为重点，通过软件（信息服务、金融保险等）和硬件（铁路、高速公路、航空）两个方面构建边贸物流枢纽，共同建立集运输、仓储以及物流配送、物流信息技术处理和物流服务等诸多功能于一体的区域性物流中心，实现察布查尔县在欧亚大陆上的中转承载服务。二是加快信息服务业发展。利用互联网平台、云计算、大数据、信息通信平台、手机定位系统、手机客户端等高新技术，重点建设察布查尔网络商品交易市场、城市大数据中心、互联网信息安全管理、察布查尔“智慧乡村”、察布查尔“虚拟养老院”、察布查尔“智慧社区”、察布查尔农产品安全监控体系等项目。

在传统服务业转型方面，加快传统服务业的转型升级，改变长期以低端批发零售业和住宿餐饮业为主的面貌。进一步培育商品流通市场，重点发展各类超市、专卖店、连锁店等，创造品牌效应；抓好“千乡万村市场”工程建设，积极引导城市商贸企业，包括超市和各类专卖店等向农村延伸和辐射，实行跨乡、跨村连锁经营。科学规划餐饮住宿业发展布局，大力推进餐饮住宿产业化发展。积极引导餐饮住宿企业适应形势，及时转变营销策略，以质量创优势，以特色铸品牌。支持企业完善营销方式，运用电子商务开拓市场，通过网络团购、微博打折、微信促销、刷二维码等新型营销方式，加快网上网下市场的融合发展。

加快旅游业发展壮大与转型升级，是察布查尔县促进传统服务业转型的重要内容。察布查尔县具有十分丰富的自然和文化旅游资源，如何充分发挥资源优势，发挥旅游业辐射面广、拉动能力强的产业关联特性，是重要环节。对此，应按照“文化铸魂、旅游扬名”战略，建立集民俗特色、古代文化和现代文明于一体的文化旅游基地，打造智慧旅游体系。以民俗旅游为特色，深入挖掘锡伯民族历史文化，以察布查尔镇为中心，以各乡镇为依托，建立高标准的旅游景区；开发锡伯弓箭、刺绣等特色旅游纪念产品，打造世界锡伯文化旅游名城的品牌形象；建立丝绸之路驿站文化展览馆，开发独具特色的丝路文化纪念品。努力打造“锡伯民俗文化”和“伊犁河文化”两大旅游品牌。同时，还需要借助互动网，加快建设智慧旅游技术服务平台：重点开发五个系统（自助导游讲解系统、城镇乡村自助导览系统、网络虚拟旅游系统、游客招徕系统、旅游投诉和评价系统），加快旅游业与科技创新融合发展，建立智慧旅游营销体系，创新智慧旅游管理模式，完善智慧旅游城镇功能，基本形成信息化技术科学应用的自治县智慧旅游工作平台。

第四章

生态文明建设

察布查尔锡伯自治县是伊犁河流域生态系统的主要组成部分，地处新疆维吾尔自治区西部，隶属伊犁哈萨克自治州，县域广阔，资源丰富，景色优美，自然生态系统较为完整。察布查尔县产业结构合理，一直以来没有造成严重的生态压力，其中第一产业和第三产业贡献率大，工业比重较小，因此县域生态环境问题不是很突出。察布查尔县自“十一五”规划开始更加注重生态环境建设，将保护良好的生态环境摆在促进发展的优先战略地位，制订实施了经济、社会、环境的和谐发展和“生态文明试点示范县建设”的目标规划，以尊重自然、顺应自然、保护自然为前提，以人与自然、环境与经济、人与社会和谐共生为宗旨，以资源环境承载力为基础，坚持“在保护中发展，在发展中保护”，坚持“环保优先、生态立县”，将生态文明紧密融入察布查尔县经济建设、政治建设、文化建设、社会建设各方面和全过程，走经济健康发展、生活富裕、生态良好，人与自然和谐相处的生态文明道路，建立节约环保的空间格局、产业结构、生产方式、生活方式。“生态文明试点示范县建设”的目标分三个阶段，包括中近期为2012—2015年，中期为2016—2020年，远期为2021—2025年。①

第一节　自然地理条件和资源概况

察布查尔县地处新疆维吾尔自治区西部，县域广阔，东西最长90公里，南北最宽70公里。总面积4430平方公里，南至乌孙山北麓，北达伊

---

① 察布查尔县环保局：《察布查尔县生态文明试点示范县建设规划研究报告》，2015年7月。

犁河南岸，地势南高北低，南部为山区、丘陵，中部为倾斜平原，北部为伊犁河冲积平原。

察布查尔县气候属大陆性北温带温和干旱气候，热量丰富，光照充足，四季分明，冬春长，冬季寒冷，夏秋短，夏季炎热，降水较少，蒸发量大。气温季节变化十分明显，冬季冷而漫长。山区冬季气温比平原高，存在明显的逆温增温现象，冬季气温比平原高 6℃—9℃，最低气温高 10℃以上，年平均气温 8.3℃，极端最高 39.5℃。极端最低-43.2℃。1 月最冷，7 月最热，冬夏寒暑悬殊，年温差 35.2℃，阿帕尔一带温差最大。温差随海拔增加而减少，山区温差最小。降水量年降水量 119.5—388.4 毫米，春末夏初降雨多。由于受地形和地势的影响，降水量的分布特点是南多北少，东多西少。其分布南多北少，东多西少，年降水量南部天山的中低山区为 300—400 毫米，北部平原东部 250 毫米，中部 200 毫米，西部 150 毫米。日照丰富，为喜温作物提供良好的生长环境。全年日照时数 4434 小时。因地理纬度偏高晴天日数多、云量少，生长季节 4—9 月的白昼时间长，实照实数 1600—1800 小时，夏季个月（6—8 月）日照数均在 300 小时以上，对作物生长非常有利。

因为气候条件作用，察布查尔县形成四个不同的自然地带。南部山区海拔 1500—3800 米，冬暖夏凉，热量不足，无霜期短，降水丰富，草本繁茂，冬有逆温带，宜林宜牧，夏季是避暑旅游的好去处。山冈地带海拔 1000—1500 米，热量较少，积雪丰厚，宜发展喜凉作物。山前丘陵缓坡海拔 700—1000 米，降水少，气温高，风大，光照充足，气候干燥，积雪薄，宜畜牧业作春秋草场，烟草、棉花、红花等作物均可大力发展。伊犁河平原地区海拔 700 米以下，热量丰富，日照充足，无霜期较长，对水稻、玉米、瓜类等喜温作物生长有利。受地形地势的影响察布查尔县是气象灾害的多发区，大风、霜冻、冰雹、低温冷害、干热风、寒潮及凌汛、局地山洪、泥石流等灾害是察布查尔县常见的气象灾害。

察布查尔县与人的生活和社会发展有密切相关的自然资源，即水资源、土壤资源、植物资源、动物资源的基本情况如下。

水资源：察布查尔县水资源丰富，包括山沟河水、大河水、泉水、地下水四个水系，全年径流量 13.15 亿立方米，无水库调节，灌溉期间（4—9 月）径流量为 10.15 亿立方米，其中大河水 6.44 亿立方米，山沟河水 2.22 亿立方米，泉水 0.224 亿立方米，地下水 1.78 亿立方米。

土壤资源：察布查尔县总面积664.6万亩，其中山区304.5万亩，占总面积45.5%，山前洪积—冲击倾斜平原2178.7万亩，占总面积的33%，伊犁河冲积平原142.4万亩，占总面积的21.4%。总面积中县辖社场控制面积563.37万亩，占全县总面积的84.78%，兵团、园林场101.16万亩，占15.2%。在县辖面积中耕地面积约96.93万亩，草场493万亩，经济园林1.69万亩。①

植物资源：察布查尔县境内植物繁多，根据可利用情况，大致分为饲用植物、经济植物和有毒有害植物三大种类。饲用植物用于草饲料，主要有雀麦、无芒雀麦、旱麦草、早熟禾、鸭茅、拂子茅、小糠草、羊茅、芨芨草、披碱草、西伯利亚驴食豆、苜蓿、三叶草、苣草、蒿草、木地肤、骆驼绒黎、冷蒿、地白蒿、伊力蒿、小蒿、羽衣草、兔儿条、锦鸡儿、珠芽蓼、芦苇、老鹳草、梯牧草、针茅、赖草、蒲公英、鸢尾、马蔺等。经济作物包括食用、药用、工业、观赏、蜜源、环保等类。可食用的有草莓、沙枣、苜蓿、山楂、草菇、马齿苋、蒲公英、荠菜、地皮等；药用植物有雪莲、当归、甘草、党参、曼陀曼、贝母、大芸、枸杞、麻黄、锁阳、牛蒡、藁木等；工业用植物有锦鸡儿、菖蒲、芦苇、大麻、柽柳、芨芨草等；观赏植物有金莲花、耧斗菜、乌头、瓦松、翠雀、报春、苦马豆、罂粟、岩黄芪、车轴草、鸢尾、补血草、银莲花、风铃草、瞿麦、郁金香等；蜜源植物有盐豆木、马齿苋、驼绒藜尖果、沙枣、播娘蒿、疏叶骆驼刺、苦豆子、老鹳草、白三叶、柽柳、沙棘、野薄荷、百里香等；环保植物有梭梭、囊果苔草、角果藜、疏叶骆驼刺、对节刺等。有毒植物主要有皱叶酸模、盐角草、麻黄、荨麻、问荆、金莲花、无叶假木贼、飞燕草、白头翁、茴茴蒜、耧头草、唐松草、乌头、银莲花、翠雀、曼陀罗、白屈菜、罂粟、独行草、播娘蒿、苦豆子、苦马豆、骆驼蓬、骆驼蹄瓣、大戟毒芹、薄荷、天仙子、龙葵、菖蒲、毒麦、大花泽泻等；有害植物有盐豆木、针茅、锦鸡儿、黄花草、木樨、兔儿条、蔷薇、苍耳、牛蒡、勿忘草、大蒜芥、鹤风、刺儿菜等。②

动物资源：察布查尔县野生动物丰富，大体可区分兽类、禽类、鱼类和其他动物四个部分。兽类主要有北山羊、黄羊、马鹿、棕熊、猞猁、兔狲、雪兔、狐狸、紫貂、雪豹、水獭、松鼠、黄鼠狼、刺猬等。禽类主要

① 孙景昌、罗安武：《察布查尔锡伯自治县志》，新疆人民出版社2007年版。

② 察布查尔县咨询概况，中国城镇地图网（http：//www.jnxcx.com）。

有雕鸮、胡兀鹫、苍鹰、鸢、高山雪鸡、普通松鸡、大天鹅、红隼、灰鹤、小鸨、纵纹腹小鸮、长耳鸮、短耳鸮、游隼、白肩雕、鹰、野鸭、呱哒鸡、野鸡、野鸽、喜鹊、燕子、乌鸦、麻雀、布谷鸟、猫头鹰等。鱼类：鲤鱼、白条子鱼、墨鱼、鲈鱼、扁鱼、草鱼、黄鱼、鲟鱼（青黄鱼）、鲫鱼、鲢鱼、狗鱼、鲶鱼等。其他动物：黄蜂、蝴蝶、蜻蜓、蟋蟀、蜘蛛、蚯蚓、青蛙、蟾蜍、蛇、壁虎、蝎子、蚂蚱、蜥蜴、蝙蝠。列为一级保护动物的有雪豹、游隼、白肩雕等，列为二级保护动物的有北山羊、马鹿、黄羊、猞猁、兔狲、雕鸮、胡兀鹫、苍鹰、鸢、高山雪鸡、普通松鸡、大天鹅、红隼、灰鹤、小鸨、雪兔、紫貂、纵纹腹小鸮、长耳鸮、短耳鸮、棕熊等。列为三级保护动物的有、赤狐、白鼬、野猪、野兔、沙鸡、旱獭、伶鼬、狼、獾等。①

总之，察布查尔县是一个幅员辽阔，人口相对较少，自然资源丰富的地方，同时也是存在较大自然灾害的边疆地区。因为经济发展起步较晚，对生态资源的人为破坏相对少一些，加上采取合理开发并坚持绿色发展目标，县域自然生态不仅保护得比较好，还得到了一定的补充和恢复，从而一直保持着良好的状态。

第二节　资源开发利用现状和存在问题

一　水资源现状和存在问题

（一）水资源现状

水资源状况的好坏主要看地表水和地下水的储存情况。察布查尔县境内河流纵横，北部主要为伊犁河流域，南边为察布查尔县南山沟水系，水源比较丰富。县地表水资源包括南山沟水系、大河水系、泉水水系。

察布查尔县南山水系主要分布在南部山区，主要河流有 10 条，由东到西分别依次为察布查尔河、苏阿苏河、阿勒玛勒河、乌尔坦河、切金河、扎格斯台河、琼博拉河、索墩布拉克河、小博乐河、洪海河，另外还有泉水型小山沟河 7 条。这些河流都源于南部山区，量小流短，流域面积从 14—39 平方公里，河长从 8—38 公里，河流高程 2400—3500 米，流域

① 察布查尔县咨询概况，中国城镇地图网（http：//www. jnxcx. com）。

平均高程1720—2466米，河流平均纵坡1/7—1/12，各山沟由南向北与察布查尔县大河灌区三大干渠正交，构成察布查尔县水资源系统。

察布查尔县大河水系就是伊犁河水系。伊犁河由东向西流经察布查尔县北部境界，在察布查尔县境内的全长125公里。伊犁河水量丰富，多年平均流量363立方米/秒，平均径流量为115亿立方米/秒。据1949—2009年资料统计，伊犁河径流量变化不大，但季节内变化较大，3—5月为枯水期，只占全年径流的20%，6—8月为洪水期，占全年的57.9%，洪水主要为融雪和降水混合型补给，最大实测洪水2430立方米/秒，百年一遇洪水流量为2650立方米/秒，千年一遇洪水流量为2980立方米/秒。河道年输沙量770万吨，年平均输沙率为242公斤/秒，侵蚀模数156吨/平方公里，测站以上集水面积49186平方公里。大河灌区来水量大，污染小，宜于灌溉。察渠渠首引水条件好，现有引水能力为60—80立方米/秒，根据伊犁河流域规划报告分析，即使南岸大渠建成引去80立方米/秒后，伊犁河雅玛渡枯水流量为150立方米/秒时渠首可引进水63立方米/秒，5月上旬平均流量282立方米/秒可引进水70立方米/秒，5月中旬平均流量为387立方米/秒可引进水80立方米/秒，故察渠渠首进水是有保障的。根据《察布查尔县伊犁河灌区灌排工程规划》中水土平衡计算，渠首设计流量70立方米/秒，加大80立方米/秒可满足中长期规划89万亩用水。

察布查尔县泉水水系可分为山水泉、河坝泉、平原泉三个区域，年平均流量1.393立方米/秒，年径流量0.415亿立方米，灌溉季节（4—9月）平均流量1.96立方米/秒，径流量0.296亿立方米。泉水是地表水重点利用的部分，也是地下水补排关系转化中的排泄部分。随着山沟灌区工程完善，引水率提高，防渗渠道增加，渗漏量减少和机井的增加，泉水水量将相对减少或干枯。

察布查尔县地下水储量同样也十分丰富，这里的地下水按补给来源分两个区域，即山沟灌区和大河灌区。根据《察布查尔县地下水资源规划报告》分析，全县地下水储量为5.2亿立方米（含兵团），可开采量为3.56亿立方米（含兵团）。山沟灌区地下水总储量2.34亿立方米，可开采量1.66亿立方米，靠打水井用于灌溉。大河灌区地下水位高，总储量2.76亿立方米，可开采量为1.9亿立方米，但因大河灌区引水量有保障，故该地域地下水无开采价值。

目前全县水资源总量13.15亿立方米（包括伊犁河引水），大河灌区水量丰富，水土平衡有余；山水灌区缺水，只能以水定地；井灌区面积已到饱和，需要加强管理，限制开采。察渠渠首引水条件好，即使雅马渡枯水流量150立方米/秒时，可引进63立方米/秒，故察渠进水量是有保证的，可满足大河灌区89万亩灌溉面积（地方78.5万亩、兵团10.5万亩）。南山水系十条山沟总水资源量2.73亿立方米，在无水库调节、部分山沟没有永久性渠首情况下，2007年实际引水1.54亿立方米，引水率为0.69，其中地方引水1.19亿立方米，兵团为0.35亿立方米。灌溉面积为35万亩，亩灌溉定额为340立方米/秒。山水灌区地多水少。根据《察布查尔县土地利用总体规划报告》分析，山水灌区总轮灌面积为40万亩，每年灌溉面积约为35万亩，保证灌溉面积为24.5万亩，因此只能以水定地，固定农田，以不断提高水的利用率。全县四级渠道总长度5000公里，已防渗450公里占9%，故渠系有效利用系数为0.38—0.41，南山区大量的水变成地下水，大河灌区造成高水位沼泽地，需排水，故需要加快渠道防渗建设。

根据察布查尔县水资源特点及地形、地貌、自然资源分布等特点，结合伊犁河流域灌区规划察布查尔县现有水利工程现状，将全县所属灌区划分为两部分（南岸干渠灌区除外），即察布查尔县大河灌区和察布查尔县南山沟灌区。

察布查尔县位于伊犁河谷盆地伊犁河南岸和中天山西端，属于伊犁河末端区，其目前水资源利用程度较低，但生态环境相对脆弱和敏感，为保持较为正常的河道生态系统健康，应确保县域内各主要河流流量至少应保持好的生态系统状况，为此，确定各主要河流的生态流量应达到“好”级别，既枯水期（10—3月）河道基流量达到多年平均流量的20%以上，平、丰水期（4—9月）达到多年平均流量的40%以上，全年河道剩余流量应达到多年平均水量的30%以上。同时从伊犁河流域上下游用水要求出发，根据伊犁河流域规划，伊犁河干流治理开发任务是灌溉、河道防洪与水土保持。

总的来说，察布查尔县水资源比较丰富，“拥有良好的资源禀赋。水资源极为丰富，伊犁河流经县域125公里，年径流量165亿立方米，南山沟有大小河流13条，年均径流量2.73亿立方米，地下水储量4.43亿立方，伊犁河谷重大土地整理项目完成后还可新增灌溉面积近100万亩”①。

（二）水资源存在的问题

虽然察布查尔县水资源十分丰富，但是水资源利用率较低，没有充分发挥地域资源优势，也未解决分布不均匀情况。根据察布查尔县现状用水量及河流地表水资源开发利用程度分析，目前察布查尔县在地表水利用方面存在以下问题：

在2012年前，察布查尔县全县水资源总量是13.15亿立方米，其中包括伊犁河引水，在4—9月灌溉季节可提供10.74亿立方米水资源。自2012年南岸大渠建设完成后，全县水资源总量达到24.03亿立方米，其中，4—9月灌溉季节的水资源有19.66亿立方米。即便修建水利工程，提高了利用率，但总体上水资源利用程度还是较低。

在察布查尔县水资源行业用水方面，农、牧、林业灌溉用量占水资源利用总量的33%，其中灌溉方式仍然以传统的灌溉为主。全县四级渠道总长度5000公里，已防渗450公里占9%，故渠系有效利用系数为0.38—0.41，南山区大量的水变成地下水，大河灌区造成高水位沼泽地，需排水，故需要加快渠道防渗建设。

察布查尔县水资源地理分布不均匀，在气象和地理因素的影响下，水量在时空分布很不平衡，年内流量变化大，大河灌区水量充沛，南山沟灌区相对缺水，部分地区年度及季节性严重缺水。

二　土地资源现状及问题分析

（一）土地资源现状

根据《察不查尔锡伯自治县土地利用总体规划（2010—2020年）》，至2020年察布查尔县农用地面积为301956.66公顷，占土地总面积的比例由2009年的78.50%调整为82.95%；建设用地面积为18012.26公顷，占土地总面积的比例由2009年3.12%调整为4.95%；其他土地面积为44073.02公顷，占土地总面积的比例由2009年的18.38%调整为12.11%。可以看出，察布查尔县农牧业用地是建设用地的20倍左右，是典型的新疆农牧业区，农牧业在国民经济中的比例高，城镇建设用地和城

① 察布查尔县人民政府：《察布查尔锡伯自治县国民经济和社会发展第十三个五年规划纲要（草案）》。

镇化水平极低。①

在察布查尔县影响土地利用变化的因素中包括土地的自然因素和社会因素。据目前情况看，在短期内自然因素对区域土地利用时空变化影响并不明显，较短时期内自然条件的好坏不能决定土地利用变化的趋势，所以自然条件并不是察布查尔县土地利用时空动态变化的主要影响因素，而人类驱动力因子才是驱动区域土地利用变化的主要因素。随着经济社会的发展，察布查尔县从 1990 年到 2009 年土地利用发生了很大的变化，从结构上看，耕地、草地、林地及未利用地占有较大的比重。从变化的幅度和速度来看，未利用地，草地、耕地变化都比较突出。在过去的 20 多年间，土地综合利用程度上升，研究表明区域内土地利用仍具有较大的开发利用潜力。在察布查尔县土地利用变化人文驱动力中，人口增长、经济发展、农业生产是区域土地利用变化的主要驱动因素。另外，政策因素也是引起土地利用变化的重要因素。

农业资源是察布查尔县最重要的土地资源之一，2016 年 1 月在“十三五”规划中提到“伊犁河在县域全长 125 公里，年均径流量 166 亿立方米。全年有效光照时数 2846 小时，无霜期 177 天，10℃以上有效积温 3800℃，年均降水量 222 毫米。全县灌溉面积 138. 83 万亩，待开发耕地 150 万亩，天然草场 419 万亩，林地面积 156 万亩，森林覆盖率 13%，是全疆退耕还林第一大县、州直工程造林大县、百万亩生态经济林工程重点县。水稻、红花产量占全疆一半以上，是全疆优质粮、油籽特色农业基地”。②

（二）土地资源存在的问题

随着开发利用，察布查尔县土地资源利用中的一些问题逐渐突出起来。

首先，区域发展用地对生态区域的压力显露出来。随着多年来的土地开发及经济建设，自然生态系统受到一定的影响。主要表现有以下几个方面：一是平原区域土地开垦带来了较大的经济效益，但是随之出现土壤次生盐渍化和水土流失问题；二是因为河流两岸附近湿地的不当开垦，造成

① 察布查尔县环保局：《察布查尔县生态文明试点示范县建设规划研究报告》，2015 年 7 月。

② 察布查尔县人民政府：《察布查尔锡伯自治县国民经济和社会发展第十三个五年规划纲要（草案）》。

湿地生态的破坏；三是伊犁河部分河岸、滩地出现人为占用情况；四是矿产开发及其交通、水利等建设对山地生态系统产生了干扰。上述这些对察布查尔县生态区域的健康发展造成了一定的压力。

其次，察布查尔县自然灾害频繁，降低了土地利用效率。一方面，县域内小山沟众多，由于地势起伏较大，每当春季冰雪消融或夏季暴雨，常形成较大山洪，来势迅猛，给灌区造成严重灾害；暴雨、融雪易产生滑坡、泥石流等地质灾害，严重威胁人民群众的生产和生活。另一方面，干旱、大风、低温冷害、霜冻、冰雹等灾害频发，制约着生态环境质量的恢复和提高，同时，也大大降低了土地利用效率。

最后，随着工业化、城市化需求，察布查尔县建设用地需求快速增长与确保耕地面积的矛盾日益突出。县域工业向新型工业化转型，特别是煤电、煤化工建设的全面推进，交通、水利等基础设施建设的提速，以及城镇化水平的加快，对耕地保护产生巨大的压力。

察布查尔县县域土地资源利用的区域差异比较明显，总体上集约利用程度不高。县域地形南高北低，从南向北依次为高山—亚高山—中山—低山—山前丘陵—洪积倾斜平原—扇缘溢出带—高阶地—二级阶地—低阶地与河漫滩。由于地形原因，城镇村建设用地不平衡并较为分散，沿伊犁河分布较多，南岸大渠以南分布较少。工矿用地主要分布在南岸大渠以南，耕地主要分布在南岸大区以北的区域，南岸大渠南部区域以林地、牧草地居多。建设用地总体布局较为分散，集约程度不高。

三 旅游资源现状及问题

（一）旅游资源现状

察布查尔县具有独特的旅游资源。该县是新疆维吾尔自治区伊犁哈萨克自治州直属县之一，也是全国唯一的以锡伯族为主体的多民族聚居的自治县，不仅有伊犁河谷天然风景资源，还有着良好的人文资源。察布查尔县交通便利，境内遍布着富有边疆历史文化内涵的名胜古迹和景色优美的旅游胜地。察布查尔县旅游资源有以下优势特点：景点众多，资源类型丰富；以人文景观为主，自然景观与人文景观交相辉映；地质构造活动复杂，地文景观独具特色；古迹与建筑类旅游资源数量多，品位高；古朴的锡伯族民俗风情；交通便利，距地区客源市场近。察布查尔县已经开发利用的主要景点有国家AAAA级景区锡伯民俗主体博览园，新疆伊犁景区著名的清代文物旅游景点和游览胜地靖远寺，伊犁地区四大著名麻扎之一的洪纳海麻扎，都拉塔口岸，自治区级森林公园琼博拉森林公园，乌孙山科考、野营、教学的重要场所和旅游观光、避暑度假景点，元明时期海努克古城，纪念历史人物的图公祠堂以及努拉洪冬季滑雪场、伊犁河次生林公园等。

（二）旅游资源存在的问题

察布查尔县旅游资源存在以下几个方面的问题。察布查尔县位于西部边陲最西端，离内地遥远，长期处于欠发达状态，长期以来一直处于人们视野之外。具体情况而言，目前的察布查尔县旅游市场规模基数较小，市场基础薄弱；旅游业发展资金投入严重不足，与迅速发展的旅游业不相适应；旅游服务设施简陋，接待能力差、服务水平较低；道路交通状况较差。另外，还存在旅游专业人才缺乏，与迅速发展的旅游业管理工作不相适应，宣传推介力度不够等问题。察布查尔县党委政府已经注意到这些情况正在进行走出去、迎进来。

四　矿产资源现状及问题分析

（一）矿产资源现状

察布查尔县的矿产资源种类繁多，具有良好的开发利用前景。察布查尔县现已开发利用的矿产资源有煤、铀、石灰石、热气泉、砂金、陶土等多种。据 2015 年的情况看“自治县矿产资源丰富。境内初步探明有煤、石灰石、铀、金、铜、铁、铅、锌、锰、重晶石、冰洲石、花岗岩、建筑用砂、黏土等 25 个矿种，已开发利用 13 种。煤炭精查储量 303 亿吨，远景储量 2000 亿吨以上，县域储量居全疆前三。”①

煤炭是察布查尔县的优势资源，以其煤质好、火焰长、品种多的特点而出名，已探明储量 197 亿吨，远景储量 1500 亿吨左右。伊南煤田又称察布查尔县煤田，分布在伊犁河南岸察布查尔山—伊什基里克山山前地区，主要煤矿区有塔拉迪、阿尔玛勒、梧桐沟、扎格斯台和琼博拉等。伊南煤田由西向东为伊南煤田胶维勒克煤矿区、胶维勒克（琼博拉）煤矿区、乌库尔其煤矿区、伊昭煤矿区、郎喀—梧桐沟煤矿区 6 个矿区组成。

① 察布查尔县人民政府：《察布查尔锡伯自治县国民经济和社会发展第十三个五年规划纲要（草案）》。

察布查尔县的优势矿产资源矿种是煤、铀、水泥用石灰岩、建筑用砂，其次是砖瓦用黏土，煤炭资源居伊犁河谷各县市前列，石灰石等开发利用前景非常广阔。

（二）矿产资源存在问题

察布查尔县矿产资源开发利用存在如下问题。第一，矿产勘察程度低，资源“家底”不清，同时矿产资源勘察开发不平衡、环境污染比较突出。第二，矿山开采总体小、散、低，突出表现在开发利用方式粗放，开采规模小，布局分散，开采技术工艺落后，安全生产条件差，经营管理水平低，资源利用率低，附加值低。第三，矿山环境保护问题突出。察布查尔县生态环境十分脆弱，但在矿产资源开发利用中，忽视环境保护、生态恢复和污染治理，导致“三废”达标排放率低，生态环境恢复治理率低，土地复垦率低，矿山植被、土地、水环境恶化等问题较为突出；砂石黏土类开采废渣乱堆乱放、占压、毁损土地，污染环境，破坏植被，影响风景区景观，诱发水土流失等灾害时有出现。

五　生态环境质量现状及存在问题

（一）生态系统类型分类

察布查尔县土地覆盖生态体系共为森林生态系统、灌木生态系统、草地生态系统、湿地生态系统、农田生态系统、城市生态系统、无植被区等七个类型。

（1）森林生态系统：该系统是以多年生木本植物为主的植被群落，是有一个可确定的主干的、直立生长的植物，郁闭度不低于15%，高度在3米以上，包括自然、半自然植被，及集约化经营和管理的人工木本植被等，大体包括如下五种。①常绿阔叶林一般指双子叶、被子植被的乔木林，叶型扁平、较宽，一年没有落叶或少量落叶时期的物候特征，乔木林中阔叶占乔木比例大于75%，包括半自然植被，该植被可以恢复到与达到其非干扰状态的物种组成、环境和生态过程无法辨别的程度，如绿化造林、用材林、城外的行道树等。②落叶阔叶林是落叶阔叶林，双子叶、被子植被的乔木林，叶型扁平、较宽。一年中因气候不适应、有明显落叶时期的物候特征，乔木林中阔叶占乔木比例大于75%，包括半自然植被。③常绿针叶林是裸子植物的乔木林，具有典型的针状叶，一年没有落叶或少量落叶时期的物候特征，乔木林中针叶占乔木比例大于75%。包括半自然植被。④落叶针叶林是裸子植被的乔木，具有典型的针状叶，一年中因气候不适应、有明显落叶时期的物候特征，乔木林中针叶占乔木比例大于75%，包括半自然植被。⑤落叶阔叶混合林是落叶阔叶林和常绿阔叶林的过渡森林类型，包括半自然植被。

（2）灌木生态系统：是以多年生木本植物为主的植物群落，具有持久稳固的木本的茎干，没有一个可以确定的主干等特征，其生长的习性可以是直立的，伸展的或伏倒的，覆盖度不低于15%，乔木林覆盖度在15%以下，高度在0.3—5米，包括自然、半自然植被，及集结化经营和管理的人工木本植被，包括以下两种。①常绿灌木林是叶面保持绿色的植物群落，包括半自然植被，该植被可以恢复到与达到其非干扰状态的物种组成、环境和生态过程无法辨别的程度。②落叶灌木林是叶面有落叶特征的植物群落，一年中因气候不适应、有明显落叶时间的物候特征，包括半自然植被。

（3）草地生态系统：该系统包括草甸、草原、荒漠、高山四种不同类型。草地上草本植被群落的茎多汁、较柔软，在气候不适应季节，地面植被全部死亡。草地覆盖度大于15%以上，高度在3米以下。乔木林和灌木林的覆盖度分别在15%以下。人类对草原进行保护、放牧、收割等管理。①草甸主要生长低温、中度湿润条件下的多年生草生植被、中生植物，也包括旱中生植物，属非地带性植被。②草原生长温带半干旱气候下的有旱生草本植物组成的植被，植被类型单一，这种制备分布于我国北方地区，属地带性植被。③荒漠上主要生长超旱生的灌木、半灌木或小半灌木。④高山地带的高山植被也属地带性植被。

（4）湿地生态系统：湿地生态系统是指一年中水面覆盖超过2个月的植被系统。包括人工的、自然地表面，永久性的、季节性的水面，植被覆盖于非植被覆盖的表面。该系统包括以下七种不同类型。①有以森林沼泽乔木植物为主的湿地，其植被郁闭度不低于15%。②有以灌丛沼泽灌木植物为主的湿地，其植被郁闭度不低于15%。③有草本沼泽，以喜湿苔草、禾本科植物、多年生植物为主，植被郁闭度不低于15%。④还有湖泊，包括水库湖泊等相对静止的水体。⑤有坑塘等人工建造的静止水体，包括鱼塘、盐场。⑥有河流，包括天然河流、溪流和人工运河等流动水体。⑦有河滩，包括河岸滩地，以禾本科植物、多年生植物为主。

（5）农田生态系统：农田生态系统是人工种植草本植物，以收获为目的、有耕犁活动的植被覆盖表面。①水田有水源保证和灌溉设施，筑有田埂（坎），可以蓄水，一般年份能正常灌溉，用以种植水稻或水生作物耕地。包括莲藕等。②旱地是两年内至少种植一次旱季作物的耕地，包括有固定灌溉设施与灌溉设施的耕地。包括草地皮、菜地、药材、草本果园等，也包括人工种植和经营的饲料、草皮等草地，不包括草原上的割草地。③园地是指种植以采集果、叶、根、干、茎、汁等为主的集约经营的多年木本植被的土地。包括果园、桑树、橡胶、乔木、苗圃、茶园、灌木苗圃、葡萄园等园地。还包括城市绿地。

（6）城市生态系统：系城市生态统是人工建造的陆地表面，用于城乡居民点、工矿、交通等，不包括期间的水面和植被。①居住地包括城市、镇、村等聚居区。②工业用地是独立于城镇居住外的或主体为工业、采矿和服务功能的区域，包括独立工厂、大型工业园区、服务设施。③交通用地包括各种交通道路、通信设施、管道，不包括护路林及其附属设施、车站、民用机场地。

（7）无植被区：无植被是一年无植被覆盖或者覆盖极低的地表、冰雪等。

（二）生态系统存在问题

据调查分析，察布查尔县主要存在以下生态环境问题。

1. 农业生态问题

（1）滩地不断地被开垦，天然湿地逐渐萎缩。随着农业开发的深入，农耕地数量急剧加大，2009 年全县人均耕地约 0.482 公顷，2012 年全县人均耕地为 0.606 公顷。由于滩地不断地被开垦，天然湿地逐渐萎缩河岸带植被遭受破坏，天然河滩转化为农田，湿地系统破碎化日趋加剧。天然湿地不断地片断化，湿地的补充地下水、蓄水及动物栖息地功能不断退化。

（2）草原超载放牧，草场退化严重。2011 年察布查尔县牧区现有牲畜 32.97 万羊单位，草场理论载畜量 26.82 万羊单位。由于牲畜数量不断扩大，草场长期处于过牧状态，一些草场长期得不到休养生息，使得牧区内植物群落种类逐渐趋于单一，结构简单，生物生产力不断降低。

（3）森林资源总量不足。察布查尔县森林资源分布极不均匀，森林面积占土地面积的 14.38%，山地森林集中分布在南山的乌孙山脉，平原森林主要分布在伊犁河南岸的河漫滩地和第二台阶地的农业区。加之长期的开发和利用，使森林资源总量不断减少，加之采伐后没有及时更新补植，造成地表裸露、山地水源涵养能力减弱。

2. 能源生态问题

煤炭资源总量有限，岩盐资源综合利用不够，金属矿产资源开发技术力量薄弱，资源勘探工作滞后，资源开发利用对环境危害严重；废弃物资源利用率低，浪费大。

3. 山洪灾害问题

察布查尔县地形地貌复杂多样、河沟水系众多、降水时空分布不均，历来属于伊犁河流域山洪灾害的易发区、高发区和重灾区之一，而近年来由于流域气候异常多变，山洪灾害更是频繁：发生频次越来越高、造成的损失特别是人员伤亡越来越多，加上现状生态环境恶化、防洪设施薄弱、灾害防御体系未建立健全等因素，已成为当前防灾减灾中的突出问题和制约当地经济社会发展的重要因素。

洪水在流域面积较大的红海河、琼博拉河、扎格斯台河发生威胁比较严重。特别是红海河、扎格斯台河等，由于中、低山区支流众多，覆盖面积大，支流长度相近，各河沟汇流集水时间最容易叠加，因此此类洪水发生频率较高，危害也最大。

六　污染物排放现状

（一）水污染物

污染源及排放量：根据 2013 年污染源普查动态更新数据，察布查尔县 2012 年工业源化学需氧量（COD）产生量 185.24 吨，化学需氧量（COD）排放量 48.52 吨，氨氮产生量 1.76 吨，氨氮排放量 0.32 吨。2012 年察布查尔县农业源化学需氧量排放量 5849.24 吨，氨氮排放量 129.41 吨。其中畜禽养殖业 COD 排放量 5849.24 吨，氨氮排放量 114.96 吨，畜禽养殖业居农业源污染物排放之首。2012 年，察布查尔县生活源化学需氧量排放量 610.08 吨，氨氮排放量 29.84 吨。2012 年，察布查尔县工业源、农业源、生活源化学需氧量排放量占排放总量的比例分别为 0.74%、89.7%、9.56%，察布查尔县水污染物排放以农业源为主，生活源次之，工业源排放量较少，其中畜禽养殖业是水污染物排放的主要来源。

排放强度：2012 年，察布查尔县工业、生活源 COD 排放总量 658.6

吨，氨氮排放总量30.16吨。2012年，察布查尔县国内生产总值GDP达到32.77亿元，则工业、生活源COD排放强度为2.01千克/万元，氨氮排放强度为0.092千克/万元。

（二）大气污染物

污染源及排放量：根据2013年污染源普查动态更新数据，察布查尔县2012年工业源废气中二氧化硫（SO_2）排放量524.58吨，氮氧化物（NO_X）排放量121.1吨。城镇生活源二氧化硫排放量473吨，氮氧化物排放量74吨。

排放强度：2012年，察布查尔县工业、生活源二氧化硫排放总量为997.58吨，氮氧化物排放总量195.1吨。2012年察布查尔县国内生产总值GDP为32.77亿元，则二氧化硫排放强度为3.04千克/万元（GDP），氮氧化物排放强度为0.59千克/万元（GDP）。

（三）固体废物

工业固废：察布查尔县2011年一般工业固体废物排放量11.02万吨，其中尾矿7321吨，煤粉灰24468.9吨，炉渣5316.72吨，煤矸石等其他废物73045.97吨。

土壤污染类型为：矿产企业固体废弃物堆放土壤污染和工业污水排放土壤污染两种类型。

生活垃圾：察布查尔县生活垃圾填埋场位于县城团结公路12公里处，填埋区总有效库容32.4万立方米。年处理生活垃圾8.4万吨/年，生活垃圾主要以填埋为主。生活垃圾集中处理率85%，无害化处理率95%，服务年限11年，生活垃圾填埋场占地面积为5.7万平方米，有效库容32.4万立方米，填埋场管理区占地面积为0.64万平方米。项目总投资1925万元，到位资金1100万元，其中中央预算内资金600万元，自治区预算内投资500万元。该工程于2010年动工建设，2013年全面完成整体工程。填埋处理方式采取卫生掩埋，垃圾层至30厘米进行碾压夯实并覆土10厘米掩埋碾压。

（四）农业面源污染

农业面源污染主要有以下几个方面。

（1）焚烧污染：察布查尔县生产各种农作物秸秆总量37.7681万吨，秸秆综合利用率为94.81%。焚烧麦秆、稻草等造成空气污染。

（2）化肥污染：察布查尔县化肥施用强度较高，2012 年全县化肥施用量为 1.418 万吨（实物量计，下同）左右，平均每亩化肥施用量 26.08 公斤，其中氮肥 0.4877 万吨，磷肥 0.4136 万吨，钾 0.1432 万吨，复合（混）肥 0.3729 万吨。主要原因是复播面积逐年增加，蔬菜等高效作物种植面积加大，对化肥的需求量比较多。氮肥损失的主要途径是氨挥发、地表径流带走和下渗。目前使用化肥对农业面源污染主要表现在：氮磷钾比例不协调，且氮肥过量，造成肥料当季利用率不高。

（3）农药污染：全县 2011 年使用各种农药实物约 127 吨左右，平均每亩施用量 0.14 公斤。主要使用的农药是除草剂、杀虫剂、杀菌剂，使用农药造成农业面源污染的主要表现：一是农作物使用禁用农药造成农药残留超标，夏、秋季发生率较高；二是施药器械和方法落后，大部分药液洒落于土壤表面，形成在土壤中农药残留；三是用后农药瓶、袋弃置于沟渠边或施药后雨水冲洗，部分农药污染水体。

（4）农膜污染：全县每年使用农膜 1365 吨，其中：地膜 847 吨，地膜覆盖栽培面积 17 万亩左右，地膜回收率 95%以上，但仍有少部分地膜残存于农田土壤中，造成耕地理化性状恶化，通透性变差，分解产生有毒物质污染土壤。

（5）畜禽养殖污染：随着规模化养殖业的发展，大量畜禽粪便的产生成为农业面源污染的主要污染源，畜禽粪便中不仅含有丰富的营养物质，也含有一些重金属以及抗生素的残留，察布查尔县 2012 年底牲畜存栏数 42.28 万头，每年产生大量的污水和固体废物，畜禽养殖没有专业的污水处理系统和废弃物处置系统，只有少量的用于有机肥和生物质能被利用。

农业面源污染的主要问题有以下五个方面。

第一，人畜粪便和畜禽养殖粪便处理简单。目前，察布查尔县大部分农村地区的污水和人畜粪便，没有专业的污水处理系统和废弃物处置系统，只有少量的用于有机肥和生物质能被利用。随着草畜平衡战略的实施和集约化、规模化养殖业的发展，大量的畜禽粪便造成土地负荷压力大，环境压力较为严重，大量畜禽粪便不仅造成养殖场周围环境污染，同时污染水体和大气，加剧了该地区环境矛盾。

第二，农业新技术应用相对较少。由于化肥、农药、地膜等源头性农业面源污染难以控制，一些农业实用新技术，如液体降解膜等推广应用缓慢。

第三，农业面源污染监管机构不健全。农业面源污染治理工作涉及量大面广，需要多部门和单位协调配合，察布查尔县对农业面源污染检验检测设备不健全，人员配备不齐，导致农村一些地方成为农业面源监管的真空地带。

第四，农民环保意识普遍较低。长期以来，由于受传统观念影响，农业生产粗放，农业整体生产水平和科技含量不高，农民只注重眼前利益，缺乏大局观念，环境意识普遍较低，在发展农业生产的过程中，过量使用农药、化肥等，只追求了近期的经济效益，而忽视了社会效益和生态效益，造成农业面源污染。

第五，农药化肥利用率低。据统计，化肥和农药目前的实际利用率仅为30%。化肥中的氮和磷，通过农田渗漏进入地下水，以及排放到大气中，直接造成水体和大气的污染。杀虫剂、除草剂等农药的不合理施用，作物从土壤中吸收农药以致农产品品质下降，水体和土壤中的农药还会由于蒸发和挥发作用造成大气污染；同时药瓶和包装物被随意丢弃至农田也成为严重的污染源。

第三节　生态建设和环境保护措施

察布查尔县在社会经济发展规划中，把生态文明建设放在重要的位置，2016年的“十三五”规划中提出“树立尊重自然、顺应自然、保护自然理念，把生态文明建设融入规划各方面和全过程。在保护中开发，在开发中保护，努力实现人与自然和谐相处”的基本原则。①

一　推进林业生态建设

察布查尔县是新疆地区造林先进县、退耕还林先进县，长期以来较好保护山区和河谷天然森林资源，注重平原地区植树造林，不断加大森林覆盖率，依托退耕还林、国家公益林、天然林保护等生态工程，被规划为伊犁州百万亩生态经济林建设的主体区。在伊犁河流域生态建设中察布查尔县扮演着主要角色，并且承担艰巨的任务。察布查尔县林业局在“十三

① 察布查尔县人民政府：《察布查尔锡伯自治县国民经济和社会发展第十三个五年规划纲要（草案）》。

五”规划的开头写道“为了保护伊犁的青山绿水，自治区于2012年3月启动实施了伊犁河谷百万亩生态经济林和生态修复工程。察布查尔县作为工程第一大县，承担42.23万亩的建设任务，占到了总任务的40%，县委政府高度重视，投入资金2亿多元，完成了13万亩造林任务，成活率85%以上”①。

据2010年底统计，县域有156万亩林地，其中山区天然林33.5万亩，河谷林20万亩，平原人工林79.25万亩，森林覆盖率达12%。察布查尔县大部分森林资源发挥着生态屏障功能，也有一部分林木发挥着重要的生产、生活资源功能。比如，截至2010年建有以杨树为主的用材林基地3.75万亩，以树上干杏和苹果为主的特色果树林50万亩，提高了居民的经济收入。②在“十二五”期间，进一步推进林业生态建设，察布查尔县逐年取得良好的成绩。比如，2015年察布查尔县计划实施百万亩生态经济林造林2.2万亩，实际完成造林2.3万亩，其中生态林1.1414万亩，经济林1.1086万亩，巩固退耕还林成果特色林果种植500亩。③

察布查尔县林业生态建设的一个重要组成部分是结合百万亩生态经济林工程建设而进行的特色林果业种植。结合百万亩生态经济林工程建设，大力发展特色林果业，使之成为农村经济新的增长点。在“十二五”期间，察布查尔县新造经济林3万亩，通过科研攻关自主掌握了榛子嫩、硬枝扦插育苗技术，解决了苗木瓶颈问题。新建榛子、苹果、矮化密植苹果、西梅等州级林果示范园13个，面积达5436亩，辐射带动林果业健康发展。截至2014年全县林果挂果面积34333.4亩，预计产量达17553.67吨，完成出口果品基地备案1700亩，新建果品保鲜库3座，库容3000立方米，累计果品销售6.5万余吨，实现林果总产值1.69亿元。④ 在2015年，新栽各类林果1.1万亩，打造了南岸干渠自流灌区苹果示范园5个，总面积达2000亩；琼博拉乡3000亩西梅基地建设，9200亩树上干杏和察布查尔镇千亩榛子示范园等基地建设。通过各级示范点建设，有效带动了自治县特色林果业发展。⑤

① 察布查尔县林业局：《察布查尔县十三五林业发展规划》。

② 取自察布查尔县公众信息网（http：//www.xjcbcr.gov.cn）上经贸局更新于2015年8月12日的《察布查尔县资源简介》一文。

③ 察布查尔县林业局：《察布查尔县2015年林业工作报告》。

④ 察布查尔县林业局：《察布查尔县十三五林业发展规划》。

⑤ 察布查尔县林业局：《察布查尔县2015年林业工作报告》。

察布查尔县根据不同的自然环境条件，制订了“十二五”规划期间林业建设的重点，有以下五个方面。① 一要大力推进林业生态体系和林业产业体系建设，积极调整优化林业产业结构，扩大果业种植，使森林资源的发展和利用形成良性循环，努力实现生态效益、经济效益和社会效益的有机统一，促进人与自然协调发展。二要继续实施天然林保护、水土保持、防沙治沙、湿地保护等重大生态工程。三要平原地区继续加大人工造林，在平原河水灌区进一步加强“三北”防护林体系和各项生态综合治理工程建设，继续营造多树种、多林种，“网、片、带”相结合的农田防护林，全面实现农田林网化、并向平原绿化目标迈进。四要沿主要公路及大的引水干排渠营造大型基干防护林，启动绿色通道建设工程；在平原山水灌区和井水灌区从生态建设和环境保护出发，结合农业和农村经济结构调整，合理安排林、农、牧用地，在坡耕地、低产田实施退耕还林。五要山区继续实施天然林保护工程，加大中幼林营造抚育力度，全面恢复森林植被，涵养水源，保持水土；“三北”防护林体系全面形成，实现平原绿化达标；林业产业化进一步推进，使林业在改善生态环境的同时，成为自治县重要的经济增长点和支柱产业。②

关于“十二五”期间的成就和问题，察布查尔县政府总结说：“贯彻落实《伊犁河流域生态环境保护条例》，强化环境治理，完善监管体制，引导和鼓励企业淘汰落后产能，节能降耗，向集约化方向发展。大力发展绿色生态环保的循环经济，生态建设、环境保护和经济社会协调发展。”但是“随着改革的不断深入，协调经济发展与资源环境保护的各项约束性要求将不断加大，发展所面临的环境治理、节能减排工作任务将更加艰巨，水、土地等资源的限制和主要污染物排放达标等环境控制因素的制约，将对经济社会可持续发展产生重大影响”③。除此之外，察布查尔县的林业生态建设还存在以下四个方面的问题。④

一是林业资金投入相对不足。突出表现在人工造林成本高，资金缺口

---

① 察布查尔县人民政府：《察布查尔锡伯自治县国民经济和社会发展第十二个五年规划纲要（草案）》。

② 察布查尔县环保局：《察布查尔县生态文明试点示范县建设规划研究报告》，2015 年 7 月。

③ 察布查尔县人民政府：《察布查尔锡伯自治县国民经济和社会发展第十三个五年规划纲要（草案）》。

④ 察布查尔县林业局：《察布查尔县十三五林业发展规划》。

大。由于造林立地条件差，除必要的种苗、人工费用外，还需要大量的资金用于水利基础设施、高效节水灌溉设施配套、围栏防护及工人管护，而国家投入的造林项目资金为每亩 300 元，难以满足目前造林需求。加之地方自筹能力差，更为严重的是林业发展的后续投入没有保障，林木的管护无资金，林业部门管护林木的包袱越背越重。

二是林地储备不足、地位不稳、流失严重。一方面林业建设用地并未完全纳入到自治县土地利用总体规划中，如农田防护林占地比例 8%的标准未能预留林地的现象普遍存在；另一方面是道路、电力、通信、水利等基础设施建设占用林地现象严重，致使林业建设的空间越来越小；此外，一地“双证”现象普遍存在（“双证”即林权证和草原证），同一块地既是林地又是牧民的草场，尤其是河谷次生林区。

三是经济林在发展中存在管理水平低下，整体效益不高、商品果出园率低、对农牧民增收拉动不明显等问题。

四是林业产业链亟须延伸、拓宽。察布查尔县林业种植业比重较大，产业链不长，资源利用水平低，效益不高，产品精、深加工，森林旅游、绿色食品等方面开发还处于较低层次，龙头企业少而小，带动作用不强。

二　实施环境保护工程

实施牧区生态保护水资源保障规划。按照“以水定草，以草定畜”的原则，牧区重点发展节水高效灌溉饲草料地，恢复草地生态功能，改善牧区生态环境。实施环境污染治理工程。加强污染物排放总量控制和城乡环境综合整治，加强重点区域、敏感区域生态保护，继续推行重点污染源的限期治理和全面达标排放，重点做好“三废”治理，实现城镇污水集中处理、生活垃圾无害化处理和集中供热。加大城市环境保护与监控力度，到 2015 年，环境保护总量控制编制指标达到二氧化硫为 2742.77 吨，化学需氧量为 2215.75 吨、氮氧化物 209.76 吨，基本符合察布查尔县经济发展和人口自然增长所需的环境总量控制指标实际。①

三　发展低碳、循环经济

加大矿产资源开发力度，积极推进矿产资源风险勘探。利用“两种

① 察布查尔县人民政府：《察布查尔锡伯自治县国民经济和社会发展第十二个五年规划纲要（草案）》。

资源、两个市场”，切实转变资源利用方式，坚持“走出去”战略，开展矿产资源国际国内合作，坚持请进来，引进国内外资金，加强地质勘探力度，努力增加资源储备。继续加大对煤炭等矿产资源的开发利用，进一步加强对石灰石资源的开发和利用，为能源工业和建材工业发展奠定坚实基础。大力提高资源综合开发和回收利用率。重点做好矿产资源开发的统筹规划，加强对重点行业的资源消耗管理，控制原煤散烧，进一步提高城镇燃气化率，大力推行使用清洁能源，大力倡导绿色消费，逐步建立节约资源和保护环境的生活、消费方式。实施太阳能利用和沼气、省柴节煤、秸秆气化集中供气工程。到 2015 年，环境污染和生态破坏有所减轻，重点流域的环境质量得到改善，把自治县建成经济快速发展、环境清洁优美、生态良性循环的模范县。①

四　促进人与自然协调发展

察布查尔县加强人口与计划生育工作，为自治县经济、社会、资源、环境的协调发展和可持续发展创造良好的人口环境。“十二五”期间，人口自然增长率控制在 14‰以内，到 2015 年末，总人口控制在 202587 人以内。②

根据自然条件适宜性开发的理念，区分主体功能的理念，根据资源环境承载能力开发的理念，控制开发强度的理念。调整空间结构的理念、把生态产品生产能力作为国土空间开发的重要任务。

察布查尔县地势自南向北形成多级阶梯，东窄西宽，南高北低，自东向西渐趋开阔，自南向北逐渐平坦，形状像一把打开的折扇。海拔高程大致为 520—3699. 5 米，境内最高山峰阿尤克增，海拔 3713. 1 米。全县地貌类型丰富，如高山、山麓、丘陵、倾斜平原、河流阶地和河漫滩等；县域山地垂直带完整，生态系统类型多样，具备丰富的自然生态系统服务功能。主体功能区是建立在区域自然生态系统的基础上，重要自然与人工生态系统服务功能复合叠加区域。其规划对区域空间布局的优化和区域的可持续发展具有重要作用。

察布查尔县在全国主体功能区划中属于国家层面的“天山北坡地区”

① 察布查尔县人民政府：《察布查尔锡伯自治县国民经济和社会发展第十二个五年规划纲要（草案）》。

② 同上。

优先开发区域，根据主体功能区的规划依据和原则，对自治县的主体功能区进行南部山地、中部山前倾斜平原、北部河流阶地与河漫滩三个部分。南部山地水源涵养、森林草原生态系统修复有条件开发区由县域范围中的高山、山麓组成。该区适度进行城镇化和工业化建设，重点开展水源涵养、生态系统修复保护、退牧还草、发展可持续有机草地畜牧业和适度特色林果业、着力保护山地森林、草原等各类生态系统，保护琼博拉森林公园，构建生态屏障。中部山前倾斜平原城镇化、新型工业化、现代绿色农牧业优先开发区由县域内山前洪积—冲积倾斜平原构成。该区为本县城镇化、新型工业化和农业现代化开发的集聚地和产业发展区。考虑到现有开发强度已经较高，为规避过度开发，将该区作为优先开发区较为科学合理。该区又可划分为西、中、东三个区域。中部为新型工业化示范区，重点打造清洁生产、循环利用的产业园区。西部大力发展有机农业，考虑到当地主导风向可能导致对东部区域有机生产的影响，在东部建立无公害生产区。并在东西两区积极开展农业面缘污染治理工程。北部河流阶地与河漫滩生物多样性保护与湿地修复优化开发区由伊犁河河流阶地、河漫滩构成。该区域着力改变当前无序开发状态，重点开展湿地修复和生物多样性保护工作，严格控制区域内未利用地的开发，尽量减少对湿地、河湖水面的占用。进行区域规划和整治，全面改造伊犁河沿岸景观，发展休闲度假旅游等现代服务业。

五　优化生态环境，实现绿色发展

生态文明建设的一个重要方面是保持生态环境甚至是优化生态环境。在这个方面，察布查尔县坚定地选择了实现绿色发展的正确方向，并加强了以下几个方面的工作。

第一，重视空气和水资源健康，加强了节能减排管理。这方面的工作主要涉及减少有害气体和污水排放。察布查尔县实施总量控制主要污染物排放，加快及规范水污染物排放重点行业污染治理设施建设，加强了城镇生活污水处理厂监管；加快完成双创工业园污水集中管网建设，继续开展燃煤锅炉烟气脱硫工程、重点行业脱硝工程，推进火电、煤化工、建材等行业二氧化硫和氮氧化物治理，实施国土绿化、碳吸附等工程。加强规模化畜禽养殖等行业的污染治理。

第二，推进了新型生态文化城镇建设。察布查尔县根本上转变了城镇发展理念，加快推进“城市公园化”战略。其中突出的是重点打造了察布查尔公园化水乡生态—锡伯文化城镇和加尕斯台—琼博拉公园化森林休闲生态城镇。具体做法是用规划公园的要求规划城镇，用建设公园的标准来建设城镇，用公园化的规划要求、管理方式、经营理念和文明特征来统筹城乡建设。因而做到了依托良好的自然生态资源和地域文化资源，因地制宜地营造“步步是景、处处有公园、随时见文化”的生态旅游文化景观和氛围，提升人文宜居环境质量。从而奔着塑造“伊犁河谷公园化生态城镇第一县”和“全国最美生态旅游示范县”的形象的目标稳步推进。

第三，推行了清洁生产和发展循环经济。全面推行清洁生产，继续加强重点行业强制性清洁生产审核及评估验收，推进工业、农业、建筑等领域清洁生产。按照减量化、再利用、资源化的原则，加强对煤电、煤化工、建材等行业的尾矿、废石综合利用，实施粉煤灰、秸秆、建筑废弃物等资源化利用工程。

第四，改善环境质量。严格保护饮用水水源地，完成水源保护区划定工作，依法逐一制定水源地清理整治方案，限期完成整治，确保饮水安全。加强生活污水治理，对距离县城较远的集镇和村庄建设独立的污水处理站。实施县城空气质量改善工程，加强城市扬尘污染综合防治，治理土地沙化和草原退化，对机动车实行环保标志管理，控制餐饮业油烟废气排放。完善农膜回收系统，加强有毒及医疗废物的安全管理，实施医疗废弃物集中处理项目，完善生活垃圾收集和运转系统。

第五，加强生态保护，推进生态修复建设。坚持保护优先、自然恢复为主，立足生态优势、结合县域特点，科学布局生产、生活和生态空间。实施主体功能区战略，构建以乌孙山山地森林草地为主的水源涵养带、南岸干渠灌区百万亩生态经济林为主的空气净化带、伊犁河南岸湿地次生林为主的生态调节带等，以乌孙山为主的旅游休闲区、南岸干渠沿线产业聚集区、大河灌区生活服务区、伊犁河南岸自然保护区“四区”生态格局，筑牢生态安全屏障，逐步形成人口资源环境相均衡、经济社会生态效益相统一的宜居宜业生态发展空间，加强重点生态功能区和生物多样性保护，围绕白石峰森林公园、伊犁河南岸滩涂湿地、裸腹鲟种群、大白鹭自然保护区实施生物多样性保护战略与行动计划。加强农村生态环境保护，重点开展农村生活污水、村镇生活垃圾、畜禽养殖污染和农业面源污染的治理。围绕全域绿色无公害，推进全县禁塑，推广使用全降解农膜和有机肥，延伸秸秆利用循环产业链。加强农村饮用水源地保护，规范农区牲畜养殖，加强农田残膜回收利用，推进清洁能源使用和独立燃煤锅炉改造，突出改善农村生活环境质量。继续实施农村环境连片整治，加大生态创建力度，到2020年，全县80%的乡镇（场）达到生态创建指标或基本达到指标要求，创建自治区级生态县。

持续推进生态修复加强资源规划开发，加大节能减排力度；加强生态环境保护，推进伊犁河等境内河流水污染防治；坚持“在保护中开发，在开发中保护”的原则，加快推进矿山修复工程，积极争取国家“矿山复绿”试点示范。开展各类矿产资源开发、道路、水利等项目建设环境保护措施落实情况调查，制订具体整改计划，依法限期完成整改修复。加快推进历史遗留矿山生态修复、湿地生态修复、公路沿线生态修复、伊犁河沿岸次生林保护与修复等工程，依托退耕还林、退牧还草、三北防护林、百万亩生态经济林修复工程等国家重点生态工程，在水源涵养区、水土保持重点预防和监督区等建立生态功能保护区，保持流域、区域生态平衡。到2020年，完成百万亩生态经济林工程造林11.8万亩，实施河谷生态修复4万亩，湿地保护与恢复3万亩，形成森林生态工业园和林业观光园1.5万亩，全面启动新一轮退耕还林工程，森林覆盖率得到进一步提高，活立木蓄积量达1100万立方米以上，林业总产值突破1亿元，其中规模以上产值达到4000万元，农牧民林业人均纯收入达到1000元。

第六，美丽乡村建设。加强生态环境保护，改善农村环境，完善农村基础设施，推进城乡基本公共服务均等化。实施路面硬化率达100%、村域内工业污染源达标排放率100%、病死畜禽无害化处理率100%、九年义务教育目标人群覆盖率100%、农村五保供养目标人群覆盖率100%的“5个100工程”及其他美丽乡村考核指标建设。到2020年，打造20个生态环境优美、村容村貌整洁、产业特色鲜明、社区服务健全、乡土文化繁荣、农民生活幸福的美丽乡村。

第七，加强环境风险防范。加强重点环境风险源、环境敏感区域调查评估，对重大环境风险源进行排查，应对煤电、煤化工等产业快速发展带来的环境风险，积极争取实施伊犁河环境应急拦截坝建设项目。建立环境应急预案，定期开展环境事故应急演练。完善环境污染事故和城镇重污染天气应急预案，健全应急响应指挥体系。

第八，提升环境监管能力，完善监管制度。进一步明确环保行政主管部门的执法主体地位，提高监督执法能力和水平。加强环境监管队伍标准化建设，建设县城、工业园区两个标准化空气质量自动监测站。提高信息化水平，建立起与政府、相关部门互联互通，具有相关各类环境及管理信息采集、传送、统计分析评估、发布等功能的信息平台。完善环境保护制度建设，建立资源有偿使用制度和生态补偿制度，完善环境准入政策和经济政策。健全和落实差别化产业环境准入政策，联合推动实施绿色信贷、绿色贸易和绿色保险等绿色金融政策。强化环保目标责任制考核，完善环保绩效考核办法。建立健全环境治理体系，完善污染物排放许可制，严格实行生态环境损害赔偿制度，推行排污权交易制度，对领导干部实行自然资源资产离任审计，建立生态环境损害责任终身追究制。

第四节　生态环境优势和劣势

一　优势

察布查尔县气候条件优越，生态环境现状良好，资源丰富，同时政府对生态文明建设战略的高度认同和重视，察布查尔县具备在全疆率先进行生态文明试点示范县建设的优势。

第一，丰富的水资源是社会经济发展的物质基础。察布查尔县境内冰川广布、水系发达，水资源丰富。察布查尔县境内地表水总量为 117.73 亿立方米，平原地下水总补给量为 4.31 亿立方米，人均水资源量为 1052 立方米/人，可利用水资源量丰富，目前全县境内地表水资源可利用量为 30.68 亿立方米，地下水可开采量为 2.59 亿立方米，目前已开采 0.92 亿立方米，总体水资源利用率较低，剩余可利用水资源量充足。察布查尔县丰富的水资源，对社会经济发展和生态环境建设起着重要的保障作用。

第二，优质的旅游资源是生态经济发展的突破口。察布查尔县拥有得天独厚的旅游资源。目前，锡伯族民俗风情园为重点，以伊犁河休闲度假区、米粮泉农家休闲餐饮区、白石峰景区、琼博拉森林景区为辅的旅游发展格局；同时还有靖远寺、图公祠、乌孙古墓、海努克古城等名胜古迹。察布查尔县以现代文化为引领，民族特色文化为核心，以旅游业发展为桥梁，以城市建设为载体，积极打造“中国箭乡、锡伯家园、西域粮仓、山水画廊”的主题。

察布查尔县科学合理打造锡伯族特色文化旅游产品，以爱国主义教育旅游、民俗文化旅游、自然风光旅游为三条主线，推出精品旅游线路。沿伊犁河谷开发民族特色旅游产品，形成具有锡伯族民俗、地域特色的旅游文化，打造成伊犁河谷的“南花园”，为自治县成为国家级人文旅游生态县提供良好的条件。利用好优质的旅游资源，发展生态旅游，是促进生态经济发展的重要突破口。

第三，良好的生态环境质量是生态文明建设的环境保障。察布查尔县自然生态系统类型多样，主要以草地为主题，以河流为重要廊道，以冰川、湿地等为重要斑块的自然生态系统结构完整，植被覆盖指数高，全县森林覆盖率达到 13. 67%，生物资源丰富，生物多样性高，共有野生动物有麝鼠、旱獭、马鹿、黄羊、野羊、野猪、狼、豹、熊、狐狸、野兔、野鸭、野鸡、雪鸡、獾等。国家一级保护动物有 5 种，国家二级保护动物有 21 种。其中国家一级保护动物有大鸨、金雕、雪豹、北山羊、河狸。国家二级保护动物大天鹅、苍鹰、乌灰鹞、灰鹤等 15 种；哺乳类有 36 种，其中有国家一级保护动物雪豹、北山羊 2 种，二级保护动物马鹿、棕熊、草原斑猫、水獭等 6 种。草本科植物主要有 21 个科，89 种；药用野生植物 140 多种。自然生态系统受人为活动影响小，原生态保持完整，生态环境质量良好，生态系统稳定，具有较高的生态价值、科研价值和景观价值。结构完整、功能稳定的自然生态系统，为察布查尔县提供了重要的生态安全保障，也为察布查尔县生态文明建设提供了重要的环境保障。

第四，面广质优的大农业资源是生态文明建设的经济支柱。察布查尔县全县可利用草场总面积为 2797 平方公里，占总面积的 63. 14%。夏草场 333. 93 平方公里、冬草场 852. 6 平方公里、春秋草场 1588. 33 平方公里。草本科植物 89 种，草质优良。平原区气候条件较好，土壤肥沃，水资源有保障，适宜林果业和多种农作物生长，可耕地面积较大，人均耕地面积为 0. 46 公顷，高于全疆水平。农牧区工矿企业少，污染小，大气环境、水环境、土壤环境质量良好，发展天然畜牧业、农区畜牧业及农业条件优越，尤其具备发展有机农畜产品和基地的优势。目前，农副产品数量多、污染少、质量优，有发展绿色、有机、无公害产品的比较优势，加工增值的潜力极大。

第五，地缘优势是生态文明建设的助力。察布查尔县位于新疆西部天山支脉乌孙山以北、伊犁河以南的河谷盆地。南部以乌孙山为界限与昭苏县、特克斯县相接，东部和巩留县毗邻，北部隔伊犁河与伊犁哈萨克自治州首府伊宁市和伊宁县、霍城县相望，境内有国家一级口岸——都拉塔口岸，西与哈萨克斯坦接壤，具有发展边贸的地缘优势。地缘优势将为察布查尔县生态文明建设提供助力。

二 劣势

察布查尔县进行生态文明试点示范县建设中，存在产业发展水平低下、城乡基础设施薄弱、局部草地出现退化、可用建设用地欠缺、资金短缺和科技人才缺乏等重要问题。

第一，产业发展水平低。察布查尔县农业人口占全县总人口的76.45%，第一产业产值占生产总值的48.1%，第二产业占23.5%，第三产业占28.4%。其中节能环保产业的尚未得到发展。第一产业的从业人员占总从业人员的26.6%，第二产业占13.1%，第三产业占60.3%。三产结构中，第一产业主要是农业、林业、牧业和渔业。察布查尔县是农牧业大县，其中特色种植业、现代畜牧业、农副产品加工业、特色林果业、设施农业和旅游业是察布查尔县的六大经济支柱产业，但是察布查尔县农业生产力水平较低，农牧民增收难度大，收入水平较低。工业基础较为薄弱，服务业发展滞后，农村二、三产业推进艰难，城镇化水平低，进程缓慢，且人口增长与环境建设压力增大。提升察布查尔县产业发展水平，增强节能环保产业的比重和实力是察布查尔县生态文明试点示范建设的经济基础。

第二，城乡基础设施薄弱。目前，察布查尔县仅有两个污水处理设施，垃圾无害化处置设施、集中供热等环境基础设施建设薄弱；农村卫生厕所普及、污水处理设施建设、垃圾集中清运及资源化利用、清洁能源使用等尤其滞后，县域污染治理水平较低，节能水平不高；信息化建设尚在起步阶段，今后要逐步完善城市基础设施功能，抓好县城供排水改扩建、污水处理及再生利用和垃圾处理项目的申报立项。加大环境保护执法力度，加强城乡基础设施建设，是察布查尔县实现优美宜居生活环境的先行条件。

第三，草地退化严重。从整体情况来看，察布查尔县的草场由于受各种因素的影响，草地退化严重，草畜不平衡。使草地的水源涵养、生物多样性及水土保持等生态维持功能降低，可承载的畜产品数量下降。牧草地是察布查尔县社会经济发展和生态安全保障的重要基础，天然草地的持续退化将对察布查尔县良好的生态环境构成威胁，也将影响牧草资源的可持续利用。因此，应该抓紧时间对该区的草场资源进行综合治理，改变牧区的自然状况，扩大草原的人工灌溉面积，以及通过建设人工饲草料基地，舍饲与半舍饲、禁牧与轮牧等措施，使游牧变为定点放养和人工饲养。从改良入手，提高草地的生产能力，以缓解草畜不平衡的矛盾。

第四，地震以及地质灾害多发，可用建设用地欠缺。察布查尔位于新疆北天山中段地震灾害带，根据 2001 年国家地震局公布的中国地震峰值加速度区划图，位于地震峰值加速度 0.15g，察布查尔地震烈度均为 7 度，地震隐患较为严重。

察布查尔县土地利用中，牧草地、林地、耕地比重较大，现有建设用地仅占国土面积的 3.56%。全县耕地 79315.57 公顷，占土地总面积的 17.90%，人均耕地 0.46 公顷，主要分布在北部阶地和河滩地，中部洪积冲积倾斜平原也有部分农业种植区。察布查尔县建设用地资源的欠缺严重制约着城市扩展和工业发展。

第五，资金缺乏。察布查尔县 2012 年国民生产总值 327752 万元，人均国民生产总值 17017 元，总体经济发展水平较低。存在财政增收渠道狭窄、招商引资困难、建设资金短缺的严峻问题。目前察布查尔县基础设施薄弱，试点示范建设过程中，需要在基础设施建设、生态环境整治等方面大力投入。资金短缺将是在察布查尔县实施生态文明试点示范建设的重要制约因素，亟须多渠道申请补助资金，需要上级政府加强资金支持。

第六，科技、人才严重不足。科技对畜牧业、工矿业、旅游业发展缺乏有力的技术支撑，科技转化能力不高。专业技术人才匮乏，劳动者素质特别是农村劳动者素质普遍较低，科技投入不足，科技导向能力不强，难以适应生态文明试点示范建设对科技和人才的需求。

三 机遇

伊犁州人民政府和领导的高度重视以及国家相继出台政策和资金支持生态保护，有利于察布查尔县实施生态文明试点示范建设。

第一，自治区的重要战略部署，领导高度重视。党的十八大提出生态文明建设的重要战略部署得到伊犁州人民政府高度认同和积极推进，提出伊犁州将分步建设生态州，并选择昭苏县和特克斯县作为落实生态文明试点建设的示范县，并通过下发《关于坚持资源开发可持续、生态环境可持续进一步加强生态环境保护建设的意见》《伊犁哈萨克自治州分步建设生态文明建设示范区工作方案》实施意见等文件，明确提出不再考核

GDP 等指标，加强生态环境保护和产业结构调整，促进生态文明试点示范县的建设。以此为契机，察布查尔县政府和领导高度重视，抓紧落实，要充分把握生态文明试点示范建设的契机，全面推进生态环境保护和社会经济可持续发展。

第二，国家政策和资金支持。国家为引导地方政府加强生态环境保护力度，提高国家重点生态功能区所在地政府基本公共服务保障能力，促进经济社会可持续发展，由财政部于 2011 年 7 月印发了《国家重点生态功能区转移支付办法》，中央财政在均衡性转移支付项下设立国家重点生态功能区转移支付。新疆维吾尔自治区落实中央精神，印发了《新疆维吾尔自治区重点生态功能区转移支付暂行办法》。根据政策，对生态外溢性较强、生态环境保护较好的地区，经国家和自治区批准，可纳入转移支付范围内。国家和自治区还有国家草原生态保护补偿奖励机制、天然林保护、退耕还林还草、牧民定居、农村环境综合整治、新农村建设、生态县建设、生态乡镇建设等多项补助政策，察布查尔县应把握时机，应积极利用国家政策，申请资金补助。

四 挑战

察布查尔县生态文明建设同时也面临着以下趋势和挑战。

第一，处理好城镇化与生态环境关系。察布查尔县城市化水平低，推进城镇化建设，扩大城市建设空间是大势所趋。推进社会主义新农村建设和牧民定居等工程的实施，也必将继续占用空间，甚至是一些耕地和绿色生态空间。这对妥善处理好城乡建设与农业用地的关系提出了挑战。需要合理规划县域空间，高效合理地利用好现有的城镇空间，严格保护好基本农田和重要的生态空间。

第二，处理好工业化与生态环境关系。经济发展是硬道理，但粗放的工业化发展是导致生态环境问题的主要因素。察布查尔县第二产业发展势头迅速，但加快发展新型工业化、发展节能环保产业是未来的趋势。察布查尔县生态环境良好，需要加强保护的生态空间较大，这对妥善处理好工业化和生态环境的关系提出了挑战。察布查尔县经济社会发展与资源禀赋、环境承载能力尚未出现失衡的状态，未来需要继续保持经济发展与生态环境的承载能力、资源禀赋相适应，在资源开发和工业发展中做到有所为有所不为，选择好适宜的发展产业，设置合理的产业发展门槛，科学引导工业化发展。

第三，处理好农牧业发展与生态环境关系。察布查尔县是农牧业大县，发展农牧业不仅具备良好的自然条件基础，也是未来产业发展的重点。察布查尔县天然草场的过度放牧问题已经显现，局部天然草场退化，天然草场载畜量降低；建设人工饲草料基地的土地资源有限等现实问题，与“十二五”期间扩大牲畜养殖规模的需求上存在矛盾，这对处理好农牧业发展与生态环境关系提出了挑战。需要合理控制农牧业发展规模，尤其天然草场的规模，发展高效益的特色农牧业等，来实现农牧业增效，农牧民增收。

第四，处理好资源开发与生态环境关系。察布查尔县水能资源和旅游资源丰富，矿产资源具有一定储量。水能资源开发、矿产资源开发、旅游资源开发是察布查尔县“十二五”国民经济发展战略中资源开发的重点，也作为县实现 GDP 增长的重要来源。察布查尔县生态环境质量良好，尤其是山区的中高山区，更是水源涵养的重要区域，对维护县域生态安全起着重要的作用，资源开发不可避免会对生态环境造成一定的影响，这对处理好资源开发与生态环境关系提出了挑战。需要采取分区环境管理和产业发展策略，有选择地发展产业，合理控制开发规模等，确保察布查尔县的“青山绿水”常在，使其成为后代子孙的“金山银山”。

察布查尔县除面临以上挑战外，还面临示范建设资金紧张；资源禀赋上与相邻县同质性较高，易产生恶性竞争；环境实际容量小等挑战。

第五节　生态保护与污染防治

到 2015 年，察布查尔县重点区域生态环境得到改善，重点生态功能区生态功能保持稳定，环境管理能力得到提高；森林、天然草场得以休养生息，湿地得到保护和恢复，水源涵养区水土保持能力得到提高；优化人居绿化体系建设，生物多样性保护工作不断加强；资源开发生态保护和生态环境统一监管能力得到加强，公众生态文明意识得到提高；资源开发和生态环境可持续保障措施得到有效落实。到规划中远期，察布查尔县生态环境质量明显提高，可持续发展能力大为增强。

察布查尔县现状森林覆盖率为 14.38%，以严格保护为前提，确保林地规模持续增长，加强林地建设工程，实现森林覆盖率目标，保持森林覆盖率规划近期≥16.8%，中远期≥18.8%。

察布查尔县现状林草覆盖率61.6%，大力推进天然草地保护和建设工程，稳步提高林草地占有率，缓解草场退化现象。规划近期保持林草覆盖率≥72%，2015年至中远期≥75%，退化草场治理率达到100%，实现县域内无退化草场。

察布查尔县现状受保护地区占国土面积比例为11%，规划近期内保持受保护地区占国土面积比例≥15%，中远期保持受保护地区占国土面积比例≥20%。

察布查尔县现状城镇人均公共绿地面积7平方米，近期实施乡镇所在地公共绿化工程，城镇人均公共绿地面积近期≥12平方米，中远期≥17平方米。

一　加强生态安全屏障体系建设

以水源涵养区、伊犁河流域特克斯河上游河岸带水土保持区、河岸带生态区等重点生态功能区域为重点，加强森林保护与建设，加强天然草地保护，加强湿地保护，建立以森林草地为基质、以河岸带为廊道、湿地为重要节点的生态安全屏障体系。

（一）森林保护与建设

察布查尔县不仅要保护天然林，还要植树造林，加强林业建设。为此制定了强化天然林资源保护，继续实施“天保林”工程，实施山区天然林和河谷次生林的疏林地和宜林地封育，实施浅山、荒滩等疏林地、荒漠灌木林地的封育管护，增加林草植被覆盖度；巩固退耕还林、“三北”防护林、公益林建设成果，继续扩大宜林地新造林面积，继续加强农村防护林、城镇防护林、县乡公路防护林建设，调整育苗品种结构，优化生态经济林建设。加强森林防火建设和森林病虫害防治建设，增强森林生态系统功能的发展计划。察布查尔县林业建设“十三五”规划的目标是到2020年，平原地区新增森林面积89.35万亩（其中速生丰产木浆原料林50万亩，经济林10万亩）；山区新增森林面积4万亩；森林覆盖率达到18.8%。[①]据统计，截至2014年，自治县有林地和灌木林地已达87.45万

① 察布查尔县环保局：《察布查尔县生态文明试点示范县建设规划研究报告》，2015年7月。

亩，其中山区天然林有林地 34. 69 万亩，灌木林地 12. 28 万亩，平原天然林有林地 6. 39 万亩，灌木林地 6. 29 万亩，平原人工林 27 万亩，四旁树 0. 8 万亩。自治县行政区域面积 4485 平方公里（672. 75 万亩）。依此计算，自治县 2014 年森林覆盖率已达 13%。[①]

（二）天然草地保护

强化草畜平衡监督。根据草场利用季节、片区，乡镇草原监理员包片包区，责任到人到片，开展定期不定期核查牧民载畜数量。县草原行政主管部门定期不定期抽查复核，加强草畜平衡管理和检查力度。稳步推进退牧还草，按照草畜平衡、以草定畜原则，实施划区轮牧、阶段性禁牧和季节性休牧，恢复毒杂草型退化草地；稳步推进退耕还草、现代草地畜牧业示范县建设、建设人工饲草料基地，发展舍饲圈养，降低天然草地载畜量，落实草畜平衡制度，逐步改良草场。综合防治草原生物灾害，做好草原防火工作，增加草地植被覆盖度，恢复草地功能。全面停止草原开垦，加强禁止采集和滥挖固沙野生植物或中药材的监督工作。规划期林草覆盖率达到 75%以上，退化草场治理率达到 100%，实现县域内无退化草场。

（三）湿地保护

大力推进以巩固退耕还林基本口粮田、“三北四期”防护林、公益林、湿地保护为主的生态建设工程。加快启动伊犁河流域察布查尔湿地管护区建设项目，通过实施湿地自然保护区建设工程、湿地恢复工程、湿地可持续利用示范工程、湿地保护能力建设工程，全面提高湿地保护、管理和合理利用水平，使我区湿地保护和合理利用进入良性循环，保持和最大限度地发挥湿地生态系统的各种功能和效益，实现湿地资源的可持续利用。“十二五”期间，保护和恢复河流湿地和沼泽湿地 17992. 1 万亩。

（四）水土保持和防沙治沙

根据对察布查尔县土地利用结构的调整，并结合各水土保持治理区的特点制定水土保持治理措施，包括耕作措施、生物措施、沟道治理工程措施及防沙治沙工程。

山区冻融侵蚀预防保护区，分布在海拔高度 2800 米以上，人类活动对该区影响甚少、利用难。由于各方面条件的限制，暂不能对该区进行有

① 察布查尔县林业局：《2014 年林业工作报告》。

效的治理，只能对该区进行预防和保护管理，防止人为新增水土流失的发生。

中山和前山丘陵及洪积侵蚀倾斜平原水力侵蚀重点治理区，位于海拔高度650—2800米的广大区域，切实保护好现有的天然植被，防止水土流失的进一步发展，为山区和河谷中下游创造了一个良好的生态环境。治理上主要采取工程措施和植物措施相结合，在沟道建设沟头防护、谷坊，淤地坝和拦沙坝，在坡面上植林、种草。

西部沙漠风力侵蚀综合治理区，该地区位于察布查尔县境内67团西部塔克尔穆库尔沙漠的小部分，面积1325公顷，占总面积的0.30%。

具体措施如下。

（1）基本农田规划，在经过人口发展预测基础上，对基本农田进行规划，到规划期末，共计减少耕地10492公顷，主要是退耕还林，用于造林。该地的减少主要是在察布查尔镇、爱新舍里镇、堆齐牛录乡、孙扎齐牛录乡、纳达齐牛录乡、扎库齐牛录乡牧场等地。

（2）生物治理措施规划：要改变本区面貌必须在兴修水利设施基础上进行综合治理。实行乔、灌、草相结合，形成多层次、高密度的防护体系。在原来植被较稀疏的地方，充分利用当地的水热资源条件，实行封育管理，以便恢复植被。对有条件的草场进行人工种草和草场的改良，对退化草场实行分片封育，建立合理的放牧制度，禁止滥牧，实行划区轮牧。

（3）沟道治理工程规划：中山和前山丘陵及洪积侵蚀倾斜平原水力侵蚀重点治理区，根据坡沟兼治的原则，进行从沟头到沟口，从支沟到干沟的全面治理。规划修建谷坊40座，淤地坝25座，沟头防护25公里，治沟工程128公里。

（4）防沙治沙规划：主要措施是尽快利用水源进行南岸大渠即将通水，为该区提供了可靠的水源，除按照灌区规划做好灌区建设和种植速生林和牧草外，同时做好防风林的种植与管理，在本期内使这片沙漠变为绿洲。

二　优化人居绿化体系建设

巩固已有的城市绿化建设成果，继续加强县城外围防护林建设，形成环绕城市的完整生态防护林体系；结合城区外部自然条件，通过道路绿化、沿河绿化等，将城区外圈山林绿化、农田、林地等引入城区，使外圈大环境绿化和城区绿化融为一体。

加强各乡镇建成区绿化建设，增加公共绿地面积，增加散步道和供市民使用的小型活动设施，加强树木、花草、园林小品的设计和配置，改善集镇景观和居民生活质量。加强村庄绿化，重点开展环村绿化建设、公共绿地、道路绿化带、农户庭院及学校等绿化建设。规划期城镇人均公共绿地面积达到15平方米以上。

三　生物多样性保护与宣传

开展现有国家森林公园生物多样性调查和科学评估，以提高保护区管理水平和保护效果为重点，加强能力建设，完善监管体系，严格控制保护区内的资源开发活动，保护原生特有生态系统。加强保护区基础设施建设，提升管护能力，提高监测与研究水平。实现自然保护区由数量增长向质量提升转变，遏制生物多样性持续下降趋势。在尚未得到有效保护的典型生态系统、典型自然景观区域—特克斯河上游及其支流河谷地带优先建立自然保护区、湿地公园等保护地。加强对新建自然保护区、湿地公园的指导。

加强对察布查尔县珍稀野生动植物资源的保护，开展生物多样性本底调查与评估，保护和恢复极小种群野生植物及其生境。加强对大鸨、大天鹅、疣鼻天鹅、苍鹰、雪豹、北山羊、马鹿、棕熊、兔狲等国家一二级珍稀保护动物及其栖息地的保护和恢复；加强对贝母、甘草、雪莲、党参、独活、红花等药用野生植物的保护；加强对珍稀特有水生物种资源调查编目和保护工作；加强对广布种天然雪岭云杉、野生胡杨、白桦树等的保护。将生物多样性的保护列入生态修复与建设、城市绿地系统规划和建设的基本内容，大力开发利用地带性的物种资源，尤其是乡土植物，有节制地引进域外特色物种资源，预防外来入侵种，构筑具有地域区系和植被特征的城市生物多样性格局。

开展多种形式的生物多样性保护宣传教育活动，加强生物多样性科普教育，引导公众积极参与生物多样性保护。

四　加强特殊保护区和重点生态功能区的保护和管理

积极推进和加强察布查尔县琼博拉森林公园白石峰及齐格勒克大白鹭自然保护区的保护。依据环境功能区划，加快推进水源涵养功能区、河岸带水土保持功能区、河岸带生态区等重要生态功能区的标示建设等，执行较为严格的环境要求和产业准入要求。保护重要生态功能区内森林、草原、湿地等生态资源面积不减少，环境质量不降低，维护区域水源涵养、水土保持生态调节功能稳定。

加强饮用水源地保护区生态环境保护和环境监管，结合防病改水工作，采取有效措施，保障饮用水达到卫生标准。开展饮用水源地的环境整治，加强饮用水水源保护区的监管力度，坚决依法取缔保护区的排污口，禁止有毒有害物质进入饮用水水源保护区。科学规划区域产业发展布局，一级保护区内禁止新建、改建、扩建与供水设施和保护水源无关的建设项目；已建成的与供水设施和保护水源无关的建设项目，由县级以上人民政府责令拆除或者关闭；二级保护区内禁止新建、改建、扩建排放污染物的建设项目；已建成的排放污染物的建设项目，由县级以上人民政府责令拆除或者关闭。定期开展饮用水水源地环境保护专项执法检查。加强饮用水水质监测，及时掌握饮用水水源环境状况，防治水源污染事故发生。制定饮用水水源保护区应急预案，强化水污染事故的预防和应急处理，确保群众饮水安全。

加强琼博拉森林公园、白石峰、野杏林等风景区的环境保护和环境监管，严格规范建设项目，总体上使保护区内污染小或基本无污染源，环境质量状况最好，基本保持在自然背景值状态；进一步推进建立自然保护区的工作，对景区原有生态被破坏的地方，要科学论证，采取有效措施，使生态得以恢复，进一步提升生态文化内涵。在开发旅游资源的同时，一定要遵循保护植被、保护生态环境的原则。清查、治理特殊保护区和重点生态功能区的矿产资源开发和有污水产生的工业企业项目，实施生态受损区域的生态修复，恢复功能。规划近期受保护地区占国土面积比例达到15%以上；中远期达到20%。

五　加强地质灾害防治

进行地质灾害分区评价，根据评价结果，地质灾害重点防治区及次重点防治区以搬迁移民安置为主；地质灾害一般防治区以避开灾害可能影响的范围为主，同时在灾害点树立警示牌，禁止居住。在所有灾害点上的人员搬迁移走前及牧民放牧时期，对监测点实施监测，发现险情及时预警，加强对地质灾害危害性和防治措施的宣传。

重点加强各风景名胜区、锡伯族民俗风情园、都拉塔口岸、努拉洪滑雪场、白石峰森林生态区、伊犁河谷次生林风景区等的地质灾害重点防治区的地质灾害修复。加强各建设项目的地质灾害评价和对重点地质灾害隐患点的监测和巡回检查工作，加强地质灾害易发区的人为工程活动的监督管理力度。

六　加强生态环境监管能力建设

实施环境监察人员培训，积极参加国家级培训，且保证每年有20%人员参加自治区级培训。提高环境检查大队人员执法水平。

加强环保法治建设和执法监督检查，提高执法水平。按照依法、足额、全面、及时征收的原则，加大排污费征收力度。强化排污监管，实行排污总量控制，探索开展排污权交易。

加强对全县环境监察信息处理工作能力的建设，逐步建立、完善环境监察信息指挥中心，以此推进和提高和布克赛尔蒙古自治县环保部门信息处理和快速解决污染纠纷、事故的能力。进一步加大对违法企业的打击力度，加强环境监管与环境执法力度，坚持清查与群众举报、舆论监督相结合的办法，彻底处理环境违法行为。

第六节　生态文明建设效益

察布查尔县资源开发可持续和生态环境可持续示范建设将通过合理空间布局，保护好察布查尔县赖以发展的生态环境；转变生产方式，发展循环经济和生态产业，优化产业结构，促进经济的可持续增长和农牧民增收致富；倡导生态文明，提高人民生活质量品质和文明程度。两个可持续规划着力于促使经济发展、社会进步和生态环境保护三者之间的良性互动，从而实现社会效益、经济效益和生态环境效益的统一。

一　生态环境效益

（一）生态环境支撑能力增强

通过空间优化布局和生态保护战略的实施，县域重要的生态环境区域将得到重点保护，森林覆盖率和林草覆盖率进一步提高，受保护地区占国土面积比例有所增加。合理的生态格局和健康的生态系统对于维护区域生态系统多样性和稳定性、保护生物多样性、减轻自然灾害、促进社会经济可持续发展将起到重要的生态环境支撑作用。

通过生态保护和污染防治战略的实施，县境内的水环境质量、环境空气质量将继续保持现有的良好的水平；城镇生活污水集中处理、城镇生活垃圾无害化处理能力将得到较大的提高。各类生态系统的功能将得到进一步保障，区域良好的生态环境质量得到继续保持，县域生态安全格局基本形成，生态环境支撑经济发展的能力增强。

（二）环境健康得到保障

通过生态保护和污染防治战略的实施，城乡居民居住环境得到明显改善，饮用安全问题得到解决，城镇和农村生态环境明显改善，工业污染源和农业面源污染得到控制。随着水环境、大气环境、声环境、卫生环境的进一步改善，绿色社区、生态乡镇、生态村等创建活动的开展，将切实满足人体健康对环境的基本需求，使人居环境切实得到改善，有力地保障居民的身心健康。

二 经济效益

（一）经济实现可持续增长

产业发展战略的实施将有利于生产方式的转变和优化产业结构，依据资源优势以及资源承载能力发展的生态型产业将有利于资源的合理配置和可持续利用，提高经济发展质量，带来直接和间接的经济效益，提高察布查尔县综合长远竞争力，促进经济的科学合理发展，避免“先污染，后治理”的发展老路。

通过产业空间优化布局，通过做大做强察布查尔县的优势资源产业，发展生态产业，将使察布查尔县的经济结构趋向更加合理，在保护生态环境的同时，也可有效拉动全县产业经济的增长。

通过实施清洁生产和资源综合利用，可形成高效低耗减污的资源利用方式，使全县综合竞争实力显著提高，有效推动察布查尔县生态产业的稳步发展，进而拉动当地经济的发展。通过提高原料和能源效率降低废物处理成本及生产成本，同样可为察布查尔县获取良好的间接经济效益。

（二）农牧民实现增收致富

随着生态农牧业战略的实施，在合理利用土地资源，合理控制载畜量基础上，通过科学种植、养殖及饲草料基地建设，以及特色农业、特色畜牧业以及有机产品基地等的建设，不但农产品质量及产量将得到提高，农业产值及附加值也将得到有效提高，将有效带动农民收入的增加；畜牧业方面，随着牲畜良种的培育、牧民定居兴牧、畜禽粪便资源化综合利用等工程的实施，在减小了天然草场的退化及畜禽粪便的污染问题的同时，也将改善农牧民的生活条件和促进农牧民收入的可持续增长，同时因畜禽粪便的资源化利用，也可间接地为当地农牧民带来了收益，并减少农牧民日常生活中的能源消费。

随着生态工业战略的实施，通过选优并劣进行资源整合，实施规模化开发战略，淘汰落后工艺、技术、设备、产品和提高企业整体清洁生产水平，不仅生产经营企业生产成本降低，利润增加，且农牧产品资源及矿产资源得到有效利用，生态环境得到有效保护。同时因工业企业的可持续发展，也带动了当地税收的提高。从另一角度讲，因企业的发展也拉动了当地服务行业的发展，间接地提高了当地农牧民的收入。

随着生态旅游业战略的实施，生态旅游与其他旅游产品一样将可创造出可观的经济效益，且其投入相对其他产业要低得多。从满足人口就业的角度上看，生态旅游业可以提供大量的就业岗位，将有效带动相关产业的发展。而发展生态旅游最主要的措施之一就是鼓励当地农牧民直接参与，使其从提供的导游、食宿等服务中得到收入，有效地带动了当地农牧民人均收入的增加。

（三）生态环境优化创造间接经济效益

随着生态保护和污染防治战略以及生态产业战略的实施，林草覆盖率的持续提高，县域的生态环境将得到持续改善，健康的生态环境将大大提高防灾、减灾能力，减轻突发性自然灾害带来的经济损失。

良好的生态环境将改善察布查尔县农牧业生产条件和人民生活环境，同时也将为察布查尔县发展生态旅游、生态农牧业保留和创造良好的生态环境空间，吸引更多有环保理念的企业前来投资和开发，实现生态产业的良性发展，实现了环境与经济发展的互动与双赢，将环境污染、资源短缺、生态失衡、人口爆炸、生物多样性被破坏等问题扼杀在摇篮状态，从而减少因“先污染，后治理”带来的巨额治理费用，间接创造经济效益。

三　社会效益

（一）人民生活质量进一步改善

实施两大战略以来，察布查尔县继续保持良好的生态质量，经济可持续发展增长，城市和农村的人居环境不断改善，饮水安全等重要民生问题逐步得到解决，人民的生活水平和生活质量不断提高。生态文明等理念的普及，将有利于城乡居民传统生产、生活方式及价值观念向环境友好、资源高效、系统和谐、社会融洽的生态文化转型，实现物质文明与精神文明的同步发展，促进社会文明与进步。比如，生态林业建设的发展，不仅美化、净化环境，而且还带动了菜篮子工程。2014 年，察布查尔县全县林果挂果申请绿色林果基地认证及出口果品基地 1728 亩，其中树上干杏 1328 亩、苹果 400 亩，预计产量达 17553.67 吨，投资 140 万元在加尕斯台乡、爱新舍里镇分别新建果品保鲜库一座，申请注册树上干杏、红富士苹果商标 4 个，涉及 8 个果园。察布查尔县果品销售主要以本地市场鲜食为主，基本可满足市场供应。组织坤源农林、甘泉果品等企业参加广交会、浙江森博会、上海农交会及苗木博览会，不断扩大本土果品知名度。①

（二）人口素质得到提高

生态理念和环保思想将通过规划渗透到政府各个部门和企业单位，通过分解向下传递，转化为全社会百姓参与的行动，将从多方面转变人们对环境的传统观念，树立起资源节约的思想和强烈的环境意识，提高对资源与环境的珍惜和对后人的责任心。生态县建设所引起的生态文化观念的转变将全面提高人口素质。

（三）促进安定团结和欣欣向荣的社会局面

良性发展的自然生态系统、循环可持续的经济发展和自然和谐的社会生活将使人民对生存环境的安全得到认可，提高对现实生活的信心和对生存环境的爱护，从而减轻对未来发展状况的忧虑，促进社会的安定。

---

① 察布查尔县林业局：《2014 年林业工作报告》。

第五章

民族教育与锡伯族语言文字

察布查尔锡伯自治县教育事业发展状态良好，与各个时期国家和当地经济社会发展相适应。在锡伯族教育事业发展中，官方教育机构和民间私塾都发挥了重要作用。有识之士，极力倡导，身体力行，厥功尤著。普通民众积极响应，无论家庭如何贫穷，也要保证子女上学，学习文化知识，起码要学会本民族的文字。唯其如此，锡伯族教育事业不断发达，人均受教育水平较高，如今在全国各民族中也名列前茅。

锡伯族有自己的语言和文字。锡伯语属于阿尔泰语系满—通古斯语族满语支语言，锡伯文则是在满文的基础上改造而成的文字。由于锡伯族人口较少，历史上受到周边民族语言文字的影响较大，蒙古语文、满洲语文、汉语文的影响尤为显著。如今锡伯语文虽然还在使用，但均已出现濒危趋势，需要加强研究，采取切实可行的政策和措施予以保护。

第一节　全县教育发展状况

1954 年察布查尔锡伯自治县成立以后，在中共察布查尔县委、县政府的领导下，继承和发扬优良传统，使全县的教育事业欣欣向荣蒸蒸日上。特别是跨入 21 世纪以来，县委、县政府更加重视教育，优先发展教育，取得了更大成绩。自 2009 年起，察布查尔锡伯自治县把教育摆在优先发展的地位，着力于义务教育学校标准化建设，大力推进教育强县战略，以通过国家两基验收为推进教育事业腾飞的起点，科学编制《察布查尔县义务教育学校标准化建设办学规划》《察布查尔县义务教育学校均衡发展规划》等一系列发展规划，确定了建设教育强县的总体目标。

一　教育机构

察布查尔锡伯自治县教育局（位于县城果尔敏东街71号）是县主管教育工作的政府机关，下设教育中心、教研信息中心、局党委办公室、组织人事股、工会、核算中心、招生考试中心、维稳办、基建条装办、青少年活动中心。其工作职责有下述14个方面。

（1）全面贯彻执行党和国家的教育方针、负责将国家的各项教育方针、政策和教育规章制度落实到各级各类学校，并组织实施。

（2）拟订全县各级各类教育事业发展规划和年度计划，并指导检查实施，汇总年度计划和总结。

（3）统揽全县基础教育、职业教育、成人教育、学前教育、特殊教育工作；组织教师开展教学研究和改革教育教法，指导有关的教育学会、协会社团等教育工作。

（4）依法审批和管理社会力量办学。

（5）协调指导基层党组织做好教育体制和办学体制的改革；加强中小学布局调整，理顺教育内部和外部的关系，建立适应社会主义市场经济体系和政治体系、科技体系需要的、具有中国特色的社会主义教育体制及运行机制。

（6）会同县计划、财政部门对教育基建投资、教育经费、年度经费预算等进行研究、调拨和审计；负责教育经费汇总统计工作；指导全县教育系统的财务管理、监督和审计工作。

（7）按照干部管理权限依法对各级各类学校领导干部的培养、教育、考核、选拔、推荐任免及聘任工作；负责学校后备干部的培养、教育工作。

（8）会同有关部门制定教育系统劳动工资及人事管理工作的有关政策和规章制度；指导学校加强内部人事制度改革、统筹规划并指导各级各类学校教师队伍和教育管理干部队伍的建设工作；负责全县教育系统职称改革和专业技术聘任评聘工作；会同有关部门做好全县师范类大中专毕业生就业工作。

（9）指导各级各类学校的思想政治工作、德育工作、体育、卫生、美育、国防教育及环境保护教育等工作。

（10）组织指导全县各级各类学历教育及其考试工作；规划指导继续

教育、成人自学考试。

（11）组织实施各级各类学校技术装备规划，指导中小学勤工俭学工作。

（12）依法履行中小学教师的资格认定、招聘录用、调配交流、聘任评聘、培训培养、考核奖惩、辞职退休管理职能。

（13）负责指导、协调全县的语言文字及推广普通话工作。

（14）承办县人民政府和上级业务主管部门交办的其他事项。

数十年来，察布查尔县教育局牢记使命，开拓进取，卓有成效。尤其2016年，县教育局在县委、县政府的坚强领导下，紧紧围绕社会稳定和长治久安的总目标，团结带领全县各族师生，以提升教育教学质量、教育均衡发展、建设民族团结一家亲“和谐校园”为核心，巩固办学阵地，落实教育惠民，强力推行15年免费教育，坚持依法治教，规范办学行为，优化办学条件，加强队伍建设，推动各级各类教育均衡协调发展，全面实现了教育事业发展目标，荣获伊犁州教育系统绩效考核一等奖。

二　教育政策措施

察布查尔县全面推进15年义务免费教育，加惠于各族子女。学前教育突飞猛进，在全疆范围内率先实施学前3岁、4岁幼儿“三免一补”教育。2014年9月出台《察布查尔锡伯自治县学前三岁、四岁幼儿“三免一补”教育实施方案》，免除课本费、公用经费和取暖费，并对低保家庭3岁、4岁幼儿给予每人每月95.5元伙食补助，使学前教育实现重大突破，幼小教育无缝衔接，为实现双语教育从娃娃抓起奠定了坚实基础。该方案的出台，标志着察布查尔县已于2014年9月进入15年免费教育新时代。2015年，学前三年毛入园率达到82%，高于全疆10个百分点。目前，全县共有中小学36所，教学点19个。其中：小学22所，九年一贯制学校9所，初级中学2所，完全中学3所。中小学生共23257人，都享受免费教育。义务教育质量显著提升，全县高中阶段毛入学率已达到84%，高考录取率已达到82%。内地中职班四年累计招生340人，内初班在校生增加到534人。职业教育进入快速发展阶段。近年以来，察布查尔锡伯自治县与全国、与伊犁河谷兄弟县市的教育差距，农村与城市的教育差距明显缩小，各族群众受教育的比例大幅提高。特别是该县着眼于就业，根据县域内青年年龄、爱好以及市场用工需求等情况，采取政府主导、买单的形式，与企业合作，集中对“70”“80”后青年进行服装针织、汽修、电焊等职业技能订单式培训，在解决就业再就业问题的同时，夯实社会稳定的基础。双语教育迈出历史性步伐。“十二五”期间，全县建成30所农村双语幼儿园，学前三年双语教育普及率达到85%，在园幼儿数增长到7322名。2016年加快推进双语幼儿园建设，新建双语幼儿园26所，10500名适龄儿童全部入园。2017年新建9所双语幼儿园，10330名适龄儿童应入尽入。中小学双语教育覆盖率达到76.1%，双语班学生数增长到11951人。民汉学生混班教学、混合住宿和民汉一体化教学取得重要进展。

教育惠民政策深得民心。进入21世纪以来，察布查尔县累计投入16.9多亿元，实施13项重点教育民生工程。对农村义务教育阶段家庭经济困难寄宿学生给予生活费补助，补助标准逐年提高。启动农村义务教育学生营养改善计划，覆盖全县15个乡（镇）场所有义务教育阶段学生。自2013年起，县财政安排专项资金，实施普通高校当年录取家庭经济困难的研究生、本科生、专科（含高职）生分别一次性资助5000元、4000元、3000元政策。建立健全从学前教育到高等教育的学生资助体系，走在全国前列，各族学生公平受教育的权利得到充分保障，赢得了各族群众的衷心拥护。

教育经费投入力度空前。中央新疆工作座谈会召开之前，察布查尔县每年教育经费投入为1.8亿元，中央新疆工作座谈会之后的五年中，平均每年教育经费投入达到3.4亿元，财政性教育经费支出占全县生产总值的比例连续高于4%的国家规定目标。实施农村义务教育薄弱学校改造计划、农村中小学校舍维修改造建设项目，抗震更新工程项目，农村双语幼儿园建设三年行动计划，“十二五”期间累计投入资金3.2亿元。2016年，全面完成2.83万平方米薄弱学校改造任务。2017年，教育教学累计投入资金4.9亿元，全面建成中小学远程教育“三通两平台”，实现双语远程教育资源“班班通、校校通、人人通”。江苏省盐城市投入教育援疆资金4938万元，促进了县教育事业的发展。在加大硬件设施投入的同时，该县还积极完善教育投入体制和管理机制，确保教育拨款“三个增长”，投入资金4870余万元，配置实验器材、仪器、图书、教学设备且高于自治区标准，村级小学和教学点与县直中小学同步配备。补充配备“班班通”设施设备260套，“学生计算室”45间，计算机1512台，教师教学用笔记本电脑 1600 台，图书 10 万册。

教师队伍建设成效显著。目前，察布查尔县在编教职工共有 2608 人。“十二五”期间，该县全面落实自治区多项增加教师收入的政策，同时县财政每年投入 325 万元，提高班主任、教研组长、年级组长津贴，每人每月增加 300 元。为解决乡村中小学教师住房困难，五年建成乡村教师周转宿舍 382 套、13460 平方米，解决了乡村教师的住宿问题。自 2014 年起，县财政每年投入 488 万元，公开招聘 115 名学前双语教师，积极实施《中小学少数民族双语教师培训工程》等国培、区培计划。努力提高校长队伍整体素质和专业化水平，成就显著。

第二节　民族教育

锡伯族有文字记载的教育，尤其是官方教育机构实施的教学活动，始于清代康熙年间，在此之前的教育情况如何，文献阙如，尚待探讨。自清代以来，锡伯族开始接受正规的学校教育，而主要教学内容具有非常鲜明的时代特色。根据这一特点，锡伯族的教育大致可分为三个时期，即：清代时期（1693—1911 年）、民国时期（1912—1948 年）和中华人民共和国时期（1949 年至今）。

一　发展历程、机构设置和布局

（一）清代锡伯族的教育

明末清初，锡伯族居住在嫩江、松花江流域，隶属于科尔沁蒙古。至康熙三十一年（1692）清政府将锡伯族绝大部分人从科尔沁蒙古旗赎出，编入满洲八旗，挑选年力精壮者为披甲，设立牛录，分驻齐齐哈尔、伯都讷（今属吉林省松原市）、乌拉吉林（今吉林市）三城。[①] 由此，开启了锡伯子弟在官学接受正规教育的先河。如在乌拉吉林，“左右翼官学一所，在城内东南隅，康熙三十二年建，八旗每佐领名下额送学生四名肄业，每翼设助教一员”[②]。又如在黑龙江，于康熙三十三年（1694）十一月十六日，镇守黑龙江等处地方将军萨布素、副都统喀特呼题称：“臣等

① 吴元丰、赵志强：《锡伯族由科尔沁蒙古旗编入满洲八旗始末》，《民族研究》1984 年第 5 期。

② 《钦定盛京通志》卷四十四。乾隆《钦定四库全书》本。

所辖官兵内，新满洲、锡伯、索伦、达斡尔等颇多，伊等向不知读书之真谛。教化之播，风俗之敦，宜建官学，设官以教。伏乞于墨尔根地方，两翼各建官学一座，每翼设教官一员，每牛录择取幼童一名，教通文义。”十二月十一日，命礼部议覆。翌年（1695）正月二十九日，该部具题。二月初一日，奉旨：“依议。”四月初三日，萨布素等咨行吏部，内称：“补授助教，左翼拟以镶黄旗雅都佐领下领催达礼布，右翼拟以正黄旗乌礼堪佐领下披甲关海补授。”① 是为锡伯族官学教育之滥觞。从此，锡伯族俊秀幼童每牛录各一名被招入官学，学习满语、满文。从此以后，锡伯人颇受满洲文化的影响，兼用满语文，传承至今。

锡伯族南迁盛京（今沈阳）、京师（今北京）等地后，被编入满洲、蒙古八旗诸牛录，因而锡伯族子弟和各地的满洲、蒙古族子弟一样，接受旗学教育，较以往更多地濡染华风。清朝统治者为了加强盛京和京师等处的防务力量，加强对锡伯族的控制，于康熙三十八年（1699）至四十年（1701），将吉林乌拉的锡伯族迁到京师，伯都讷、齐齐哈尔的锡伯族迁到盛京。吉林乌拉的锡伯人到达京师后，一部分留在京师，分散于满洲、蒙古八旗，令其当差，另一部分则分到顺天府所属的顺义（今北京市顺义区）、良乡（今属北京市房山区）、三河（今河北省三河县）、东安（今河北省安次县）以及山东德州等地。伯都讷和齐齐哈尔的锡伯人迁到盛京后，安置于盛京、锦州、广宁、盖州、牛庄、抚顺、铁岭、开原、金州等20多处地方。作为都城的京师，作为陪都的盛京，官学、义学都很兴盛。如在京师，顺治元年（1644）十一月，“满洲八旗地方各觅空房一所，立为书院，将国学二厅六堂教官分教八旗子弟，各旗下仍设学长四人，俱就各旗书院居住，朝夕诲廸”②。旋又定：“京师八旗各佐领下幼童，由各佐领内择其优长之人，令其教习读书及马步箭。”“京师八旗子弟读汉书者，考取生员、举人、进士时，仍令射马步箭，能者方准作文考试。其余幼童十岁以上者，本佐领各选一人教习，满洲旗分教满书、满语，蒙古旗分教满洲、蒙古书语，汉军旗分教满书、满语，并教马步箭，仍令各佐领、骁骑校稽查。将此学，名为义学。”③ 又如在盛京，康熙三十年（1691），“盛京左右两翼各设官学二处，将彼处俊秀幼童，各旗选

① 中国第一历史档案馆藏：《黑龙江将军衙门满文档案》。

② 《钦定八旗通志》卷九十五。乾隆《钦定四库全书》本。

③ 《钦定八旗通志》卷九十八。乾隆《钦定四库全书》本。

取十名，每翼四十名。满学各二十名，教读满书，习马步箭。汉学各二十名，教读满汉书，习马步箭”①。“奉天各官学，俱设有助教，旗籍子弟俱令习满汉文”，“并马步箭”②。由于这一缘故，锡伯族南迁以后，受满汉文化的影响与日俱增。随着时间的推移，京师和盛京等地的锡伯人，与满洲、蒙古人一起，基本完成文化转型，较为彻底地接受汉文化，改用汉语汉文了，只是民族心理和一些风俗习惯尚有保留。

西迁的锡伯族在特殊的自然和社会环境下，保留着自己的文化，传承着满洲语文。乾隆二十九年（1764），盛京及其所属各城的锡伯官兵1019人，奉命携眷西迁，奔赴新疆伊犁驻防。翌年（1765），5050名锡伯人到达伊犁，继而独自为营，下设八旗，每旗一牛录，“驻伊犁之霍济格尔、绰和罗等处”③，即今察布查尔锡伯自治县境域，迄今已有250余年。在此期间，锡伯族的教育也蒸蒸日上，欣欣向荣。

锡伯营移驻伊犁河南岸后，虽然屯垦戍边，差事繁重，但秉承盛京的教育传统，即于乾隆三十四年（1769），在各牛录设立官学。其规模和教学方式，与当时伊犁将军驻地惠远城的满、汉、蒙古官学相同。如《伊江汇览》记载：“至移驻之锡伯，虽务农者多，然向驻盛京，深沐风化，自（乾隆）三十四年领队大臣伊（勒图）振兴教养，各设官学于佐领中。其教习课读之规，尚与满营相埒耳。”④ 同时，还选派学生到惠远城求学。

惠远城位于伊犁河北岸，高居伊犁九城之首，伊犁将军驻扎于此，满洲、蒙古八旗官兵携眷驻守。唯其如此，先后设立清书学、义学、敬业官学、俄罗斯学，教育资源丰厚。据《钦定新疆识略》记载：

“清书学八所。乾隆三十一年，将军明瑞以八旗随营子弟不能家自为学，每旗各设清书学房一所。每学房教习二人，分司教书、教弓，学生无定额，派满营官管理，年终派员考课。”

“义学一所。乾隆三十四年，将军伊勒图奏明两满营特设义学一所，派协领等官管理。满洲、蒙古、汉字教习各一人，官学生各三十名，按年考拔……其蒙古教习，专教托忒字。”两满营即惠远、惠宁两城满营。

“俄罗斯学一所。乾隆五十七年，将军保宁以伊犁无通晓俄罗斯语之

---

① 《钦定八旗通志》卷九十八。乾隆《钦定四库全书》本。
② 《钦定盛京通志》卷四十四。乾隆《钦定四库全书》本。
③ 《钦定八旗通志》卷三十五。乾隆《钦定四库全书》本。
④ 格琫额：《伊江汇览》第59页。

人，奏请于京城俄罗斯馆内选派一人来伊犁教习官兵子弟十数人，又奏定五年期满考试学生，其优者将试卷咨送军机处磨勘具奏，一等第一者，准充本处笔帖式，遇缺坐补。”

“敬业官学一所。嘉庆七年，将军松筠以八旗子弟能读书者甚多，因于旗学、义学及八旗闲散童蒙中挑取聪慧者，入敬业学肄业，于旗下及废员中选派满汉教习，分司教读，并宣读《圣谕广训》……派满营协领等官管理。”①

教学内容，主要是满、蒙、汉语言文字及俄罗斯语文、翻译、射箭。所用教材，多为“启蒙应读之书，如国语《十二字头》暨《四十条》《连珠集》《十条》《七训》《圣谕广训》”。教学方法也简单，“均酌篇页难易，为定诵读之期，并余假日，令其温习，兼记国语数句及《成语对带》一条”，“一日之间，晨起鼓箧，之中习字，傍暮习射”。教学时间一般在一年半到两年时间，“就中人之资，不过五百日读完。即岁时伏腊解馆暇隙，亦止二年之间，可遍诵熟习矣。”“若届期诵习未完，则成教习督课之弛，而子弟愚钝之质，亦送回本佐，入于弓房，谙习骑射，仍年终考校一次，视其肄业有成、资性明敏者，拔置汉、满、蒙古官学，授以《小学》《四书》《书经》《潘氏总论》《六部成语》《八旗则例》诸书，讲习翻译。”“八旗学生多寡向无定额，官学额定学生六十四人。满蒙两学教习人，皆旗中文理优通，兼请蒙古字语者分教之。”②

光绪八年（1882），清朝收复伊犁后，伊犁将军金顺遵旨补发伊犁沦陷时期多年未发的饷银，锡伯营总管色布希贤利用这些银两兴办了锡伯营八个牛录的义学，“主要课程是：满文、八旗戒训和满文诗经、千字文、四书五经。同时，色布喜贤又和惠远城官仓主事徐老总（汉族）商议，把官仓大院内的几间空房修葺起来作为讲堂。从官仓的汉族办事人员中聘请三名教师，并由徐老总解决学生学习期间的一切费用，从锡伯营八个牛录的义学里挑选俊秀30余人，集中到此地，专门学习汉语文”③。

色布希贤是锡伯营六牛录人，是锡伯族杰出的政治家、教育家。他调任索伦营领队大臣，进驻惠远城后，又在领队大臣衙门里办起学校，招收

① 《钦定新疆识略》卷四，第9—10页。

② 格琫额：《伊江汇览》第58—59页。《四十条》又名《清话问答四十条》，《连珠集》应为《联珠集》，《成语对带》应为《成语对待》。

③ 何溥滢：《锡伯族教育发展述略》，《民族教育研究》1999年第4期。

锡伯、索伦子弟50余人教授满、汉文。在他的号召和鼓励下，锡伯营四、六牛录分别挑选百余名学生，集中学习汉语文。四、六牛录的学校均改名为“色公学校”，以纪念色布希贤的功绩。①

时隔不久，色布希贤又与索伦营前领队大臣协商，锡伯、索伦两营联名上书伊犁将军，陈述伊犁与俄国接壤，若不积极培养懂俄语的人才，对以后边务不利的道理，得到将军的赞同。这样，他们从锡伯、索伦营中挑选有培养前途的优秀学生20余人，送到阿拉木图学习俄语俄文。由此，开创锡伯族青年出国留学的先河。这些人学成回国后，在中俄交涉和交往中，发挥了重要作用。②

（二）民国时期锡伯族的教育

民国时期，新疆锡伯族教育事业革故鼎新，与时俱进，成就显著。

1914年，留俄回国的锡伯族学生常广斋、博肖昌、佟金阿、木金阿、元保春等创办锡伯营首个民间文化团体——尚学会，博孝昌任会长，乌扎拉·萨拉春任副会长。“该会创办民营新学，举行农村文化活动，开展农民技能竞赛，参与社会整治工作，带动了特殊历史时期锡伯族文化教育事业的发展，造就了一代知识阶层和名人志士，为新疆锡伯族近代史上写下了辉煌的一页。”③

1915年，锡伯族有志之士夏勒达（又名额勒登布，字子明）等20余人受尚学会的影响，在锡伯营四牛录建立兴学会，发展会员数十人。次年建立所属学校，并以原索伦营领队大臣锡伯人西吉尔浑的名字命名为“西公学校”，教员均为兴学会会员。该校首次招收20多名女童入学。这是锡伯族西迁新疆伊犁后，锡伯族女童第一次跨入学校大门，开始学习文化知识，与男子一样享受教育的权利，这也是锡伯族教育史上一个新的开端。④

1917年，锡伯营二牛录、五牛录、七牛录、六牛录、八牛录相继将旧学改为新式学校，逐步推行新式教育。同年，在锡伯营领队大臣富勒祜伦主持下，锡伯营自筹经费，在六牛录（今察布查尔锡伯自治县政府所

① 参阅何溥滢《锡伯族教育发展述略》，《民族教育研究》1999年第4期。葛丰交《新疆锡伯族教育百年史》，新疆锡伯语言学会网站。

② 同上。

③ 佟克力：《尚学会与民国时期锡伯族文化教育》，新疆锡伯语言学会网站。

④ 葛丰交：《新疆锡伯族教育百年史》，新疆锡伯语言学会网站。

在地）建立一所高等学堂（今察布查尔锡伯自治县第一小学前身），“校长为涅车春，富勒祜伦任监督。建校初，从八个牛录的义学里挑选品学兼优的学生40余名到学堂深造，后来在校生发展到120余名。学制三年。这所学堂一直办到20世纪30年代末，共培养600多名学生，对锡伯族文化教育的发展起了极大的作用”①。

20世纪二三十年代，一批锡伯族有志青年走出国门，赴苏联留学，且人数不断增多。这些人士学成回国后，大部分成为新疆经济、文化、教育界的知名人士，为边疆经济建设、社会发展、文化繁荣做出了应有的贡献。这一时期，锡伯族的教育事业如火如荼，除锡伯营各牛录兴办学校外，塔城、巩留、霍城伊车嘎善等锡伯族聚居地区也相继办起了学校。如1924年，塔城建立民族学校一所，专门招收锡伯、蒙古、满族子弟入学，学习满文和汉文。“三十年代，在盛世才‘六大政策’指引下，新疆少数民族教育作为民族平等的一项重要内容受到重视，以‘民族为形式、以六大政策为内容’的教育发展宗旨得到贯彻执行，各民族文化促进会相继成立，以公立学校为主要形式的民族教育得到迅速发展”②。此时，锡伯营旧制被废除，原来八个牛录的学校均改为公立学校，由政府教育机构统一管理。高等学堂毕业的学生可以直接考入乌鲁木齐、伊宁等地的中学、师范、农校、女校，与汉族学生一起学习。据记载，1939年9月，察布查尔锡伯族学生一次考入外地各类学校的就达150余人。此后，每年去乌鲁木齐、伊宁学习的学生都有一二十名。1939年10月，“锡伯、索伦、满洲文化促进会”（简称锡索满文化促进会）在迪化成立。该会是振兴民族文化教育的群众团体，主要负责人有中孚、博大正、刘德恩、伊明政。该会在伊宁、察布查尔一、三牛录、塔城、奇台设立分会，依靠广大会员和群众，兴办本民族的文化教育事业，大力整顿并扩建农村小学，办扫盲夜校，开展群众性的扫盲活动，提高本民族的文化水平。这是锡伯族历史上教育发展最快、成效最好的时期。

1940年，在伊宁市民族中学（又称五族中学）设立两个锡伯班，招收锡伯族学生60余人，察布查尔锡伯族子弟又多了一条求学之路。

1944年，新疆三区革命爆发，察布查尔八个牛录、巩留、伊车嘎善等地的锡伯族学校都被迫停课，直到1945年下半年才复课。此后，新疆

① 葛丰交：《新疆锡伯族教育百年史》，新疆锡伯语言学会网站。

② 同上。

锡伯族教育有所发展，小学由原来的 13 所增加到 15 所，在校生 2000 多名，中学、中等专业学校在校生 70 余名，大学生 3 名。

1946 年 9 月，在伊犁阿合买提专科学校设立一个锡伯班，招收 40 余名锡伯族学生，用满语文教学。

1947 年，锡伯、索伦文化协会在伊宁市成立，通宝任会长。同时，在塔城、霍城成立分会。该会举办教师培训班，为察布查尔各牛录、霍城索伦营、巩留等地培训了 40 余名锡伯族小学教员。

此外，经新疆省政府批准，从 1945 年到 1947 年，迪化和伊犁的十几名锡伯族在校生先后被保送到西北国立学院、南京中央政治大学学习。

1948 年秋，锡伯族初级中学（今察布查尔锡伯自治县第一中学前身）在伊宁市成立，涂荫柏为学校负责人，当年招收伊犁各县锡伯族学生 30 余名。从此，锡伯族有了自己的中学，中等教育也发展起来。1949 年 11 月，锡伯中学迁到察布查尔六牛录，新建校园，扩大规模，何全喜任校长，当年招收两个班学生共 93 名。

据统计，1949 年，新疆锡伯族小学在校生 1430 人，教师 62 人。普通中学在校生 55 人，教师 2 人。中等师范学校在校生 19 人，中等技术学校在校生 8 人，教师 1 人。高等学校在校生 1 人，教师 1 人。[①]

（三）中华人民共和国时期锡伯族的教育

中华人民共和国成立后，锡伯族的教育跨入了新的发展时期。在党的民族政策的光辉照耀下，在各级党委、政府的关心和锡伯族干部群众的共同努力下，新疆锡伯族各级各类教育事业得到长足发展，取得历史性进步，文化教育水平在新疆各民族中名列前茅。

1949 年 11 月，锡伯族初级中学从伊宁市搬迁到察布查尔六牛录（今察布查尔锡伯自治县政府所在地），新建校园，规模逐渐扩大。为培养、扩充小学师资队伍，1950 年，察布查尔锡伯中学附设了初级师范班。为加强师资队伍，1952 年以后，新疆教育厅陆续为锡伯中学分配了一批汉族教师和锡伯族大学生，使锡伯中学师资队伍的知识结构、民族成分得到改善。1954 年又附设了中师班，面向察布查尔各乡镇、霍城、巩留等地招生。毕业的学生除部分分配到小学工作外，大部分升入了区内外大专院

① 以上内容，参阅葛丰交《新疆锡伯族教育百年史》，新疆锡伯语言学会网站。何溥滢：《锡伯族教育发展述略》，《民族教育研究》1999 年第 4 期。

校，成为中华人民共和国成立后锡伯族第一代大学生。1956 年 9 月，在锡伯初级中学正式设立了第一个高中班，面向伊犁地区招生 40 名，从此锡伯族有了自己的完全中学。

1956 年 8 月，新疆教育出版社专门设立了锡伯文编辑室，配备编辑人员 4 名，负责编辑锡伯文教材，开创了锡伯文教材编辑的先河。

从 1956 年至 1960 年，通过办夜校、各类识字班等各种形式的扫盲班，察布查尔锡伯自治县成年人基本脱盲。因扫盲工作成绩突出，1960 年被评为全国扫盲先进县，选派代表出席国家教育部在杭州召开的全国扫盲工作会议。

1961 年，伊犁州教育局在伊犁师范学校设立锡伯班，招收了 42 名锡伯族学生，单独编班教学，毕业后分配到察布查尔、霍城、巩留等地锡伯族小学任教。

“文化大革命”期间，锡伯族教育受到严重摧残。许多教师被打成资产阶级知识分子、臭老九等，被迫离开学校。中小学锡伯文教学被取消，锡伯文教材编辑出版工作遭到严重干扰和破坏。师范院校停止招生，师资来源断绝。教育经费无保障，教学仪器设备被破坏殆尽，锡伯族教育出现了一次大倒退。不过，值得肯定的是，在这一时期，霍城县伊车嘎善锡伯乡成立了农业中学，察布查尔锡伯自治县于 1972 年恢复第一中学教育，招收高中两个班约百名学生，次年学制改革，两班并为一班，减员二分之一，至 1975 年毕业。这是该县在“文革”后期培养的首批高中生，其中赵志强、赵玉梅、吴元丰、郭美兰、关精明 5 人被招至北京，参加故宫博物院满文干部培训班学习。1972 年，察布查尔县爱新舍里镇也于建立一所完全中学，开始兴办高中。该班学生郭春芳也被招至北京，参加故宫博物院满文干部培训班学习。1978 年，这些学员毕业后，成为我国满文档案整理、编目、翻译、出版和研究的骨干力量，为档案事业和学术研究做出了重要贡献。1972 年，察布查尔锡伯自治县还举办了小学教师进修班，招收小学教师进行培训，解决了师资短缺的困难。

党的十一届三中全会以来，察布查尔锡伯自治县教育战线拨乱反正，成绩斐然。随着教育战线的拨乱反正和党的民族政策的贯彻落实，新疆维吾尔自治区各级党委、人民政府和教育部门及广大锡伯族教育工作者认真贯彻《民族区域自治法》《义务教育法》和中共中央、国务院 1980 年下发的《关于普及小学教育若干问题的决定》，在教育系统进行拨乱反正、正本清源，整顿、恢复被破坏的各级各类教育的同时，把普及小学教育工作提到重要的位置。1984 年，察布查尔锡伯自治县制定了《关于普及小学教育的决定》，同年 7 月，在自治县九届一次人民代表大会上通过并在全县实施。制定了普及小学教育的规划及具体办法、措施，认真抓了小学入学率、巩固率、普及率和毕业率，建立健全了初等教育“四册、一卡、二表”档案。采取“两条腿走路”的方针，多渠道筹措教育经费，改善办学条件，基本实现了“一无二有”即校校无危房、班班有教室、学生人人有课桌椅，“五有三化”即有校门、有围墙、有道路、有园林、有符合要求的活动场地，做到美化、绿化、净化。同时在 15—40 岁农牧民青壮年中开展扫除文盲工作，利用冬闲时间举办农牧民扫盲班，文盲率大大减少。积极开展“两教”（普及初等教育、扫除青壮年文盲教育）工作，推动了自治县“两教”工作发展，1986 年 10 月 29 日，察布查尔锡伯自治县“两教”工作经自治区验收通过。全县小学学龄儿童入学率达 99.7%，年巩固率为 99.8%，毕业率为 100%，12—15 周岁少年儿童普及率为 99.7%，16—40 周岁青壮年非文盲率为 96.8%，均达到自治区规定的验收标准，成为伊犁地区第一个普及初等教育和农牧民扫除文盲教育通过自治区验收合格的县，受到自治区人民政府的表彰和奖励。锡伯族聚居地区塔城市、霍城县伊车嘎善锡伯镇、巩留县东买里乡、塔什吐拜乡、尼勒克县喀拉苏乡也先后在 20 世纪 80 年代末、90 年代初完成普及初等教育和农牧民扫盲教育。

这一时期，最值得称道的是锡伯族学校双语教学也得到了恢复。1978 年新疆维吾尔自治区人民政府下发了《关于恢复锡伯文使用和恢复锡伯语文教学的通知》，察布查尔锡伯自治县 8 所锡伯族小学先后恢复了锡伯文教学，霍城县伊车嘎善锡伯民族乡中小学、巩留县两所锡伯小学以及塔城市喀尔哈巴克前进学校等也陆续恢复了锡伯文教学。为适应锡伯文教学的需求，1980 年以来，新疆维吾尔自治区相继恢复了新疆人民出版社锡伯文编辑部和新疆教育出版社锡伯文编辑室，充实了编辑力量，相继制定出版了锡伯族小学各类自编教材教学大纲，编辑出版发行了锡伯族全日制小学各年级语文、地理、历史、自然、思想品德等课本和课外读物，其中“七五”期间共发行 96920 册。

新疆锡伯族聚居地区在 20 世纪 90 年代初在基本完成普及初等教育和农牧区扫盲教育任务后，制订规划，实施“两基”工作，即基本普及九年义务教育和基本扫除青壮年文盲，加大教育投入力度，消灭中小学危房，改善办学条件，加强师资队伍建设，提高教育、教学质量和办学效益，大力推进素质教育，狠抓九年义务教育的入学率、普及率、升学率和巩固率，取得显著成效。1998 年 10 月，察布查尔锡伯自治县、霍城县伊车嘎善锡伯乡已基本完成普及九年义务教育和基本扫除青壮年文盲任务，经自治区人民政府教育督导团验收合格。其中，察布查尔锡伯自治县小学适龄儿童入学率 99.9%，初中适龄儿童入学率 97%，残疾儿童、少年入学率 79.6%，15 周岁人口初等教育完成率 86.4%，青壮年非文盲率 99.7%。2000 年 9 月，察布查尔锡伯自治县基本普及九年义务教育和基本扫除青壮年文盲工作以 289.4 分通过国家级复查。

在基本普及九年义务教育和基本扫除青壮年文盲的同时，锡伯族中等教育、普通高等教育、职业技术教育和成人教育也得到了长足的发展。这一时期，察布查尔锡伯自治县成立了职业中学，面向全县招生。为了加强师资培训，1979 年初成立了县教师进修学校，开展小学教师的继续教育，培养锡伯族语文教师。同时，锡伯族中学每年选派一批教师到辽宁大学、山东师范大学、新疆教育学院、新疆师范大学、伊犁师范学院、伊犁教育学院进修深造。随着基础教育质量的提高，锡伯族学生升入高等院校的数量也逐年增多，从 1978 年国家恢复高考制度以后，每年都有上百名锡伯族考生考入内地、自治区高等院校，其中不少学生以优异的成绩考入北京大学、清华大学、复旦大学、北京师范大学、中国人民大学、吉林大学、大连理工大学、西安交通大学等重点大学。①

目前，全县共有中小学 34 所，教学点 19 个。其中，小学 20 所，九年一贯制学校 9 所，初级中学 2 所，完全中学 3 所。职业教育中心 1 所。公办双语幼儿园 26 所。以锡伯族为主的学校共有 8 所，其中包括完全中学 1 所、九年一贯制学校 1 所、初级中学 1 所、小学 5 所。在校中小学生 21423 人，其中少数民族学生占 74.9%。全县有教职工 2587 人，其中专任教师 2247 人。

现在，察布查尔锡伯自治县各学校分别使用锡伯语、汉语、维吾尔语、哈萨克语四种语言教学。在自治县 8 个牛录（以锡伯族为主体的乡

---

① 以上参阅葛丰交《新疆锡伯族教育百年史》。葛丰交、永梅兰《新疆锡伯族教育纪事（1764—2000）》，新疆锡伯语言学会网站。何溥滢《锡伯族教育发展述略》，《民族教育研究》1999 年第 4 期。

镇）1—9年级开设锡伯文课程，1—6年级作为必修课、初中作为地方课程、高中将锡伯文课程作为选修课程。现用教材为2005年新疆教育出版社发行的新编锡伯文双语教材。察布查尔锡伯自治县积极申请锡伯文母语教学免费师范生项目，伊犁师范学院于2014年定向为察布查尔锡伯自治县培养锡伯文免费师范生21人，2015年招生30名定向为察布查尔自治县培养的锡伯文免费师范生，2016年因故没有招生。

经过察布查尔锡伯自治县领导和广大教师的不懈努力，1998年该县通过了新疆维吾尔自治区普九验收，2000年通过了国家普九验收。2015年达到义务教育学校标准化建设目标，其主要做法是：在领导高度重视，实施教育普惠，强化控辍保学；资金投入到位，办学条件达标；强化德育教育，促进校园和谐；加强队伍建设，提高教育能力；规范办学行为，促进质量提升；加强后勤保障，提高服务能力。2016年实现义务教育均衡发展目标，表现在五个方面。一是科学规划，合理布局。二是加大投入，夯实基础。三是多聚并举，均衡师资，包括落实编制，加大教师补充力度；加大教师专业能力的培养力度；加强领导班子建设，夯实学校管理队伍；加强学校联盟捆绑办学，以强带弱，实现均衡；实施绩效工资制度，提高教师待遇。四是深化改革，提高质量，包括立德树人，德育为先；强化管理，促教育质量提升；扎实推进素质教育，促进学生全面发展；扎实推进双语教育。五是规范办学，实现公平，包括积极构建外来务工人员随迁子女平等入学保障体系；建立留守儿童关爱体系；利用高中招生指标杠杆，促进教育均衡。该县预期到2020年，实现自治区教育强县的发展目标。①

进入新的历史时期，适应教育发展的需要，新疆察布查尔锡伯自治县不断完善教育机构。1984年，机构改革时，成立教育局并设股室教研室。在各级党委、人民政府的高度重视下，在学校设施逐年增多，教学环境日益好转，有力地促进自治县教育教学质量提高的同时，教研队伍也日益壮大起来。为了全面深入推进教育教学，切实履行教研室的“研究、指导、服务”职能，提高教育科研水平和质量，经教育局党委研究决定，于1996年4月成立教研中心。为顺应时代发展，2016年3月成立教研信息中心。教研信息中心包括汉语教研室、哈语教研室、维语教研室、信息教

---

① 察布查尔锡伯自治县教育局：《察布查尔锡伯自治县教育简介》，见察布查尔县公众信息网>>政务服务>>部门信息>>。

研室、锡伯文教研室。

二　民族教育发展成果

(一) 教书育人，输送人才，为国家建设服务

中华人民共和国成立以来，新疆锡伯族教育不断发展，取得了骄人的成绩。

九年义务教育已基本普及。新疆锡伯族聚居地区在20世纪90年代初在基本完成普及初等教育和农牧区扫盲教育任务后，于1998年已基本完成普及九年义务教育和基本扫除青壮年文盲任务，并通过国家级复验。

高中阶段普及率较高，初中升学率逐年提高。20世纪50年代中期，察布查尔锡伯自治县在伊犁地区各县中较早成立了高中，到70年代初在金泉镇办了一所高中。先后又成立了县教师进修学校和职业高中。锡伯族较集中的乌鲁木齐、伊宁、克拉玛依等城市的初中毕业生95%以上升入高中学习。锡伯族高中阶段普及率高于新疆其他民族。

大力开展扫盲教育，文盲率降低。据全国第六次人口普查统计，2010年新疆锡伯族6岁及以上文盲人口394人，文盲率1.22%。低于国家平均水平。察布查尔锡伯自治县在20世纪60年代初，被评为全国扫盲先进县，受到表彰。

锡伯族受教育的人口比例较高，人口文化素质有了较大幅度的提高。据全国第六次人口普查，2010年新疆锡伯族受教育程度的人口数，研究生文化程度的142人，大学本科程度的2764人，大学专科4932人，高中程度的7638人；具有初中程度的10309人；具有小学程度的6201人。自治区成立以来，不仅培养了大批锡伯族本专科生，而且有了一定数量的硕士、博士研究生和博士后等高层次专业人才。其平均受教育水平均高于全国、全区水平。

培养了一大批锡伯族各类人才。随着锡伯族教育事业的稳步发展，新疆锡伯族各级各类学校毕业生数也日益剧增，据统计，从1949年到2010年，新疆各级各类学校锡伯族毕业生为：普通高等学校2988人，普通中等专业学校7194人，普通高中14021人，普通初中23950人，他们在自治区经济社会发展中发挥着一定的作用，做出了应有的贡献。

独具特色的双语教育。20世纪五六十年代，锡伯族学校的双语教学采用小学低年级以锡伯语文为主，中年级锡汉语文并重，高年级以汉语文

为主的形式，初中后停开锡伯文，改上俄语课。这样既保留了母语，又掌握了汉语及外语。升入高等学校后与汉族学生同班学习，不仅很快适应了汉语教学环境，而且较好地完成了学业，培养出许多“民汉兼通”的专门人才。可以说，双语教学不仅是锡伯族教育的重要特点之一，而且是锡伯族教育成功的主要因素之一和提高民族文化素质的主要途径。新疆锡伯族中涌出现了很多翻译人才，在沟通边疆各级党政领导、干部与人民群众的思想，增进民族团结，促进文化交流与发展，实现各民族共同繁荣和进步，发挥了特殊作用。

学校办学条件得以显著改善。在锡伯族聚居地区不论是偏僻的乡村，还是城镇，最好的房子是学校，且大多是花园式学校。在教学手段上，推进现代信息技术在教学中的运用，实施了中小学远程教育工程，通过广播、电视、互联网等手段，为锡伯族学生提供多样化的良好的受教育机会，促进教育教学质量的提高。

建立起了一支数量可观、忠诚党的教育事业的锡伯族教师队伍。数十年来，党和国家一方面调派汉族教师到锡伯族聚居地区，另一方面积极发展各级各类民族师范教育，开办各类师资训练班和通过在职进修、自学等，大力培养、培训锡伯族教师。他们辛勤工作，努力教书育人，为培养各类社会主义建设人才做出了自己的贡献，涌现出了春晓光、佟文兰、顾宝昌、贺红岩等全国教育系统劳动模范、全国优秀教师。春晓光、付刚、何坚韧三位锡伯族教育教学工作者先后荣获自治区特级教师殊荣，成为师德的表率，育人的模范，教学的专家。

1951 年 9 月，察布查尔锡伯中学首届初中毕业生中，保送 40 名锡伯族学生到西北人民革命大学学习。1953 年 5 月，这批学生又被保送到中央一级部咸阳机械学校学习，成为中华人民共和国成立后第一批学工业技术的锡伯族中等专业人才。

1956 年 9 月，锡伯中学正式设立了第一个高中班，面向伊犁地区招生一个班，40 名学生。这是伊犁地区最早的锡、汉高中班。1959 年第一批高中毕业生参加全国统考，升入自治区及内地大专院校学习。

1961—1966 年，中央民族学院（今中央民族大学）为培养满文高级专业人才，在周恩来总理的亲自关怀下，举办了满文专业班，从新疆、东北、北京招收了包括 3 名锡伯族学生在内的 21 人，学制为五年。这是中华人民共和国成立以后培养的第一批满文专门人才，毕业后绝大部分从事满文档案的整理、翻译、研究和教学工作，成为我国为数不多的满文专家。

1975—1978 年，北京故宫博物院遵照周恩来总理的批示，再次培养满文专门人才，从新疆、黑龙江和北京招收 6 名锡伯族学生在内的 21 人，学制为四年。这是我国培养的第二批满文高级人才，他们长期在中国第一历史档案馆从事清代满文档案的翻译、整理、著录、编辑和研究工作，取得了丰硕成果。

2000—2004 年，中央民族大学在该校历史系设满文文史本科班，培养了 15 名满族、锡伯族、达斡尔族、蒙古族等民族的满文专业人才。此外，黑龙江大学、辽宁师范大学也办了清史满文专业班。

2005 年 9 月，新疆伊犁师范学院创办首届锡伯语言文学专业本科班，至今已招收四届学生。2015 年招收首届锡伯文专业硕士研究生。

可以毫不夸张地说，数十年来，察布查尔锡伯自治县向新疆维吾尔自治区内外输送了诸多合格毕业生，为国家各项建设事业做出了应有的贡献，尤其在输送国家急需的满文人才方面做出了无可替代的贡献。

此外，从 1955 年到 1960 年，察布查尔锡伯自治县的成人教育、农村扫盲工作做得非常出色。通过办夜校、冬季识字班等形式，开展扫盲活动，使锡伯族成年人大都脱盲。1960 年，察布查尔锡伯自治县被评为全国扫盲先进县，选派代表出席了教育部在杭州召开的全国扫盲工作会议，受到表彰。

中华人民共和国成立初期，察布查尔锡伯族中小学教育全面贯彻党的教育方针，一手抓教学，一手抓勤工俭学，成绩突出，于 1960 年评为全国勤工俭学先进单位，校领导光荣地出席了“全国宣传、新闻、文教战线群英会”，受到国务院表彰。

（二）民族教育政策

在县委领导的关心和支持下，察布查尔锡伯自治县人民享受了各项教育惠民政策。

1. 区内初中班。新疆维吾尔自治区按每生每年 7000 元标准，由财政部门拨付区内初中班学生经费，主要用于学生的医疗保险费用、探亲交通费用、伙食补助等学习和生活费用，不足部分由办班城市财政解决，安排大病医疗救助资金 100 万元。

2. 区内高中班。新疆维吾尔自治区按每生每年 8000 元标准，由财政拨付区内高中班学生经常性经费，主要用于学生的公用经费、一次性生活用品费、宿舍装备费、医疗保险、探亲交通费用、伙食等学习和生活费用。

3. 内地新疆高中班。内地新疆高中班办班经常性经费，包括学习、生活费和医疗等费用，都由办班城市财政承担，每年每学生平均经费标准基本都超过了国家规定的每生每年 8000 元的标准，绝大部分城市的标准都在 10000 元以上。新疆维吾尔自治区财政每年用于每位学生的伙食补助、医疗保险和学生探家路费 2300 元，大病医疗 100 万元。

4. 少数民族、农牧民独生子女考试照顾政策。根据新疆维吾尔自治区人口和计划生育委员会、教育厅《关于印发农村领取〈计划生育光荣证〉家庭子女报考区内高校和内地新疆高中班及区内初中班考生加分的实施方案的通知》文件精神，凡是积极响应国家计划生育政策并领取《独生子女光荣证》或《计划生育光荣证》的农牧民家庭子女（农村户口），在报考内高班、内初班时，可获得 5 分的加分奖励；在高考中，按照规定填报区内高校、高等职业学校、高等学校职业教育专业的，在统考成绩总分的基础上增加 10 分投档，由学校审查决定是否录取。

2013 年新疆维吾尔自治区普通高考录取照顾政策规定：民考汉考生若父母均为维吾尔、哈萨克、锡伯族等 11 个少数民族之一的，加 50 分；父母一方为维吾尔、哈萨克等、锡伯族等 11 个少数民族之一的，加 10 分。回族考生在统考成绩的基础上加 10 分投档，由学校决定是否录取。汉考民考生（即参加民语言统考并报民语言招生计划的汉族及其他民族，不含上述 11 个民族），在录取时与“民考汉”考生的照顾分值一样对待。

（三）抓教研，提质量，成绩突出

一是抓校本，促联片。抓教研是提升质量的关键，2017 年为进一步加强全县各学校教研工作，已完成构建县域内联片、跨县市联盟教研组织 8 个，包括汉语系小学、中学和维吾尔语系县内联片教研组织，成功举办 13 次联片、联盟教研活动，参与教师达 1000 余人次，为自治县教研活动注入了强劲活力，极大地推动了自治县教研活动向高层次发展。自治县构建了初中由生源为主的 6 个片区，小学以区域为主的汉语系 4 个，哈语系 3 个，维语系 4 个共 11 片区，每个片区负责学校具体开展工作，由此形成了全县教科研基地。

二是强化学科管理。组织学校教师开展课堂教学评比，基本功展示、网络说课、微课、晒课等教学交流、观摩研讨活动，共1100余节。推进课题管理，申报2016—2018年自治州级教学科研规划课题39个，其中重点课题2个，一般性课题22个；自治区“以校为本”小课题10个，已批复立项2个；国家级课题1个。以上，共申报50个课题。

三是落实课程管理。各学校严格按照国家、地方、校本课程管理要求，落实国家课程设置方案，开齐国家课程，开足规定课时。双语授课学校严格执行《新疆维吾尔自治区义务教育阶段双语课程设置方案》，开足开齐了双语教学的课程和课时数，合理选用开发校本课程。

三 目前存在的问题和困难

目前，察布查尔锡伯自治县民族教育在师资、课程设置、教学条件等方面还存在一些问题，面临着各种各样的困难，这是无可回避的。这些问题和困难，概括起来，主要有如下四个方面。

（1）维汉、哈汉双语教师紧缺，绝大部分民语教师的汉语水平急需提高。2017年9月，伊犁哈萨克自治州将要推行“双语教学模式2”①，察布查尔锡伯自治县的维汉、哈汉双语教师紧缺，困难较大。而绝大部分民语教师的汉语言水平较低，在乡村学校这个问题尤为突出，亟待解决。

（2）锡伯语文教师不足。目前，察布查尔锡伯自治县的锡伯文教师共有22人。其中，专职锡伯文教师只有12人，其余都是兼职教师。现有的师资无法满足该县锡伯文教学要求。

（3）锡、汉双语教学名不副实，锡伯语文教师面临诸多尴尬。多年以来，锡伯语文教学不被重视，不仅课时少，而且经常被其他课程占用。锡、汉双语教学在很大程度上形同虚设，名不副实。锡伯语文教师更在教育实践中遭遇诸多难题，譬如在职称竞聘中，根本就没有锡伯语文课程的岗位；在申请教师资格证时，根本就没有锡伯语文专业；在五年一轮继续教育中，根本就没有锡伯语文专业；在四年一次教师专业考试中，根本就没有锡伯语文专业试题。凡此种种，锡伯语文教师被逼无奈，只好以其他学科应付，处于很尴尬的境地。

---

① 即2011年3月11日颁布的《义务教育阶段双语教育课程设置方案》包括模式1和模式2。“模式1：小学汉语、数学、科学、信息技术，初中汉语、外语、数学、物理、化学、生物、信息技术课程使用国家通用语言文字授课，其他课程使用本民族语言文字授课。”“模式2：全部课程使用国家通用语言文字授课，开设民族语文课程。不具备师资条件的学校，体育、音乐、美术课程可以使用本民族语言文字授课。”

（4）缺少教辅资料。无论维吾尔语、哈萨克语，抑或锡伯文，在教学过程中，都缺少教辅资料，严重制约着教学质量和教学水平的提高。

对于锡伯族来说，双语教育流于形式，锡伯语文面临危机，锡伯语文教师处于尴尬境地，无疑是最大的伤痛。锡伯族双语教学遇到的难题由来已久，也早已引起锡伯族有识之士的关注和呼吁。新疆民族事务委员会民族研究所的葛丰交先生，早在21世纪初，就撰写了《试论新疆锡伯族双语教学问题》一文，发表在《满语研究》2002年第1期上。该文论述了新疆锡伯族双语教学的现状，分析了存在的问题，并提出了对策建议。作者认为，要进一步提高对锡伯语文教学意义、作用的认识，确立锡伯语文在锡伯族教育中不可动摇的地位，按语言教学规律进行教学，处理好锡、汉语文教学的关系，加强组织领导，保证经费投入，搞好双语教学研究、教材建设、师资培养培训，探索具有新疆特色的锡、汉双语教学的路子，不断提高教学质量。新疆锡伯族双语教学存在的主要问题是什么呢？作者概括为如下七个方面。

（1）区、州、地教育部门，在实际工作中尚未对锡汉双语教学引起足够重视，更没有把它作为重点、难点来抓，在政策、资金、师资培养培训等方面倾斜不够，宏观指导不力。

（2）尚不完善的教育机制，造成锡伯族学生学习本民族语言文字的动力严重不足。在新疆，锡伯族学校实行锡汉双语教学，参加中考、高考以“民考汉”方式进行，不考锡伯文，与维吾尔、哈萨克、蒙古等少数民族相比，锡伯族学生学习民族语言的热情锐减，存在“学不学都一样，学了还要加重负担”的思想，甚至动摇了对锡伯语文的信任，因而有的锡伯族学校（班）取消了锡伯语文教学。目前锡伯语文已滑坡走向低谷，处理不好有可能夭折。如果国家这方面的政策配套、完备，在中考、高考时，加试锡伯语文，并把它计入总分中，情况就大不一样了。

（3）锡伯语文师资培养、培训问题困难重重，上级教育部门尚未列入工作的议事日程和招生计划内，缺少培训的学校和基地。尽管察布查尔县及有关人士多次奔走呼吁，但仍无济于事，未引起有关部门应有的重视。对此，自治区教委应该像重视培养、培训其他民族学校的汉语文教师那样，重视锡伯语文教师的培养、培训工作。由于培养、培训工作跟不上，造成锡伯语文师资青黄不接，严重匮乏。现有部分师资理论功底不足，教学业务水平较差，不能很好地驾驭教材，教学效果较差。

（4）部分领导、教育工作者和教师，也包括部分锡伯族知识分子对民族语言文字在民族生存与发展中的价值和作用认识不足，对锡、汉双语教学的意义尚不十分明确，在尚不具备语言环境的条件下，违背儿童生理学和心理学的科学规律，提出“直接过渡论”，对锡伯语文教学产生了消极影响，同时，“锡伯语文无用”“锡伯文过不了伊犁河”等言论仍有一定市场，在一定程度上阻碍了锡伯语文教学健康顺利的发展。

（5）对锡、汉双语教学的科学研究不够，力量单薄，缺乏对锡、汉双语教学教材、教法及规律进行科学、系统的研究，因而不能进行有效的指导、科学的管理和组织实施。在广大锡伯族干部、群众中双语教育的宣传工作也没有跟上去。

（6）锡伯语文教材编译人员少，现有人员中年龄大的面临退休，力不从心，年轻的业务水平尚待提高，编撰经验尚少，缺乏教学实践的经历和经验。现行锡伯语文课文在一定程度上脱离锡伯族的语言生活实际，内容偏多、偏难；锡伯语原文作品少，锡伯语言知识的介绍也较贫乏。另外，锡伯文课文的辅助读物少，影响学生锡伯语文知识面的拓宽。

（7）锡、汉双语教学经费不足，直接影响困扰着双语教学的开展。①

四　思考与建议

针对以上存在的主要问题，提出如下思考与建议。

（1）要解决好对锡、汉双语教学的认识问题，确立母语教育在锡伯族教育中不可动摇的地位。要进一步搞好锡、汉双语教学，尤其是搞好锡伯语文的教学，首先要提高和统一锡伯族聚居地区广大干部职工群众、教育工作者对学好锡伯语文重要意义、作用的认识。这是最根本的问题。这个问题不解决，其他一系列问题也无从谈起。

众所周知，民族语言是构成民族的一个重要特征。民族语言文字又是民族文化的重要形式，对本民族历史的保存、传递和延伸起着巨大的作用。它同本民族的历史紧密相连，不仅记载并传播着本民族人民认识和改造客观世界的宝贵经验，还保存并传播着本民族人民创造的丰富多彩的文化财富和思想财富。换言之，一个民族的政治、经济、文化的发展和其历史文化的继承，大都依靠和使用本民族语言文字这一工具和手段。1981

① 葛丰交：《试论新疆锡伯族双语教学问题》，《满语研究》2002年第1期。

年联合国教科文组织在巴黎召开的以母语教育为工具的专家会议上，各国专家一致认为：本族语言是人类教育取得成功的关键，对于维持一个土著集团的文化，本族语教育是最好的向导和工具，本族语是号召大众参加开发民族最好的振奋剂和指南。使用本民族语言是进行扫盲教育，扫除愚昧、歧视和贫困的有力工具，对振兴民族具有潜在的催化作用。这一论断对锡伯族教育事业同样具有指导意义。我国语言专家马学良教授也指出：我国的少数民族，大多数都以本民族母语作为日常的交际工具。总的来看，目前少数民族使用单语的现象仍占多数，只有一部分民族使用双语。这就决定了我们在制订少数民族语文教育规划时，应以母语为主。现代社会的发展，使越来越多的国家和有志之士认识到多重文化、多种语言对未来社会的重要性，它会给人类文明带来巨大的好处。美国教育部制定了《双语教育法》，为少数民族学生规定了双语教学课程和双语教学资金。在我国，党和政府都十分重视民族教育，在《宪法》《民族区域自治法》《义务教育法》以及最新颁布的《教育法》中都明确规定："少数民族学生为主的学校及其他教育机构，可以使用本民族或者当地民族通用的语言文字进行教学。"锡伯语言文字历史悠久，有着较深厚的文化和社会基础，是锡伯族人民群众在生产和生活中使用的主要语言工具。搞好锡伯语文的教学，是实施国家法律和贯彻党的民族政策的需要，是继承锡伯族优秀文化遗产和发展锡伯族民族文化的重要途径，是学习先进民族语言文字和自然科学知识，促进整个民族教育发展的基础。大量事实令人信服地说明：母语是教育的最好手段。因此，笔者认为，要坚定不移地把锡伯语文教学工作扎扎实实地开展下去，丝毫不能动摇。

（2）从实际出发，按教育科学规律办事，推进锡、汉双语教学。学习同其他事物一样，合乎其规律者则胜，违背规律者则败。学习的规律是学有声的语言和有形的语言（文字）。古今中外的共同规律都是先学母语，进而学习外族第二语文，循序渐进，巩固提高。诚然，如本章开头所述，长期以来，新疆锡伯族与其他民族互相交往，形成双语现象产生和发展的客观条件和土壤。随着改革开放的推进，双语现象的覆盖面日趋加大。现在，锡伯族中有相当一部分人熟悉和兼通了汉语文。但是，我们还必须清醒地看到，新疆锡伯族聚居地区的多数锡伯人，特别是那些未成年的3—8岁的孩子，从小就生活在母语的环境里，养成了用母语交际、用母语思维的习惯。母语是儿童认识世界的基础，是开发智力的最好工具。

因此，在锡伯族聚居地区，小学的双语教学必须从母语入手，先进行锡伯语文教学，具备一定的母语基础，继而进行锡、汉双语教育。这样才能利用母语这一思维工具作为中介对第二语言进行分析、理解，乃至掌握。把思维语言、教学语言、表述语言三者有机地结合起来，既符合认识的规律，又符合教育学的基本原理。相反，如果对尚未具备汉语言基础的锡伯族小学生，从一年级起直接用汉语文教学，只能造成他们“思维断桥”，其效果是不言而喻的。几年前，李慎英、欧阳志等学者运用瑞文测验联合型量表对新疆5—16岁锡伯族在校儿童的智力发展水平进行了测验。测验表明“在五岁至六岁组的学前阶段，新疆锡伯族儿童的智力发展不仅起点高，而且发展速度也最快，远远高于其他地区和其他民族儿童的智力发展水平。但是到了小学和初中阶段就不太正常了，不仅团体智商下降的幅度比较大，而且在小学阶段就先后出现三次停顿期，在中学阶段又出现了长达三年的高原期，这说明新疆锡伯族儿童的学校教育可能存在比较大的问题”。笔者认为其原因是除学校管理、办学条件、师资业务水平和教学能力外，主要是由于实行直接过渡或在锡、汉双语教学中违背语言教学的基本规律所致。

（3）建立锡、汉双语教学的最佳模式。建立符合当地实际的、较为完善的、科学的锡汉双语教学形式，是搞好锡伯族学校双语教学的保证。要合理科学地确定两种语文课的学习顺序、起始年级、课时比重、终止年级、学习年限等，很好地把握好两者的合理组合。在这方面，既要继承历史上锡、汉双语教学的传统经验，并借鉴兄弟民族开展双语教学的成功做法，也要遵循语言教学的一般规律。在具体做法上要按照1989年自治区锡伯语言文字工作会议上提出的“小学低年级以锡伯语文教学为主，从二年级开始加授汉语文，高年级以锡伯文、汉文并重，到初、高中以汉文为主”的教学方针，实行“先锡后汉、锡汉并重、以锡带汉、锡汉兼通”。到初、高中还要学好一门外语。根据这一方针修订教学大纲，合理安排课程和课时，并认真付诸实施。其学时比例笔者初步考虑为：学前班，锡伯文100%；一年级，锡伯文85%，汉语文15%；二年级上学期，锡伯文65%，汉文35%；二年级下学期，锡伯文50%，汉文50%；三年级上学期，锡伯文40%，汉文60%；三年级下学期，锡伯文30%，汉文70%；四年级，锡伯文20%，汉文80%；五年级上学期，锡伯文10%，汉文90%；五年级下学期、六年级，锡伯文5%，汉语文95%。实施中要合理安排，不能顾此失彼，锡、汉语文教学不能单科突进，压挤其他学科，要立足整体、突破重点，逐步开展综合配套改革，以求得自身优化与整体优化的统一。可以想象，在小学既要学全国统一教学大纲规定的课程，还要学好锡伯语文，其教学量、难度是较大的。为了扎扎实实地打好锡、汉语文基础，达到“锡汉兼通”的目的，同时，减轻学生的学习负担，建议把新疆锡伯族聚居地区的小学学制由六年改为七年。

（4）加强对锡、汉双语教学的组织领导和宏观管理。纵观锡、汉双语教学的历史，什么时候各级领导重视，抓得紧，政策落实，措施得力，锡、汉双语教学就有较大的发展。在新疆，少数民族教育是重点，这是多年来自治区、州、地发展民族教育的共同的指导思想，那么，锡伯族教育作为新疆民族教育的一个组成部分，应列入其中，作为重点来抓，引起各级党委、政府以及教育等部门的重视，在实际工作中一视同仁，在人力、物力、财力上给予适当倾斜、支持，要像抓其他少数民族双语那样抓好锡、汉双语教学，使党的民族政策和民族语文政策确确实实落到实处。自治区、州、地教委、语委会、民委要关心、过问、支持锡、汉双语教学，用足用好党的民族语文政策，采取切实有效措施，统筹规划，加强管理，及时总结经验教训，以点带面，点面结合，探索出一条可行的路子，使锡、汉双语教学得以健康顺利地发展下去。

（5）拓宽渠道，增加经费投入，确保锡、汉双语教学的开展。教育的发展速度在很大程度上取决于物质投入的多寡：锡伯族教育有自身的特殊性和众多的困难，教育基础比较薄弱，这是一方面；另一方面，锡、汉双语教育均在九年义务教育范围之内，属政府行为。对此笔者建议：①各级政府、教育部门对锡伯族教育予以更多的关注、重视和扶持，切实做到政府行为到位、经费投入到位，保证做到教育经费的“三个增长”，为锡伯族双语教育的发展提供物质保证；②建议自治区教委从每年国家教委、民委下拨给自治区的民族教育专项补助经费中划拨一定比例经费用于发展锡伯族教育（国家每年的民族教育专项补助费为2000万元）；③打通渠道，积极主动地争取联合国儿童基金会、教科文组织、世界银行以及海外有关人士的支持和帮助；④设立锡伯族教育基金会，动员海外人士、东北及新疆锡伯族干部、群众、个体户、老板等捐资助学，弘扬锡伯族捐资助学的优良传统；⑤锡伯族聚居地区要不断提高生产力水平，努力发展经济，增强经济实力，增加收入，促进教育与经济的良性循环。同时，锡伯族学校在现有的基础上努力开展勤工俭学，增加收入，弥补经费的不足。

（6）大力培养、培训双语教学师资。发展锡伯族教育，推行双语教学，提高教学质量，师资的培养和提高起主导作用。根据新疆锡伯族学校的实际，要抓好以下几方面的工作。①大力培养和壮大锡伯语文教师队伍。主要是在察布尔查尔县教师进修学校定期招收锡伯语文师资班、为锡伯族小学培养锡伯文师资；对现有小学锡伯语文教师进行六个月至一年的轮训提高；把察布查尔县教师进修学校办成锡伯语文师资培训基地，增加投入，加强基础设施建设，改善办学条件，提高教学质量；继续在伊犁师范学院设立一个锡伯语文大专或本科班，一是为锡伯族小学培养较高水平的锡伯文教师，提高现有锡伯文教师的学历层次和整体水平，二是为锡伯语文教材出版社、科研部门输送编辑或研究人员；②注重做好锡伯族中小学汉语文教师的培养、培训工作。应当指出，目前锡伯族中小学校汉语教师的整体水平比较差，师资力量薄弱，直接影响双语教学质量的提高。为此，我们必须探索一条行之有效的培养较高水平师资队伍的路子。根据第四次全国民族教育工作会议有关“困难较多的一些省（自治区）的民族教育，除国家给予一定的支持外，各级政府要动员本省（自治区）的力量，参照‘智力援藏’的办法给予扶持，包括选择一些办学条件较好的中等学校招收少数民族学生人学，为经济、教育发展特殊困难的少数民族地区多培养一些合格人才”的精神，结合新疆、伊犁的实际，笔者建议：在乌鲁木齐市实验中学或伊宁市条件较好的中学，举办一个锡伯班，每年从锡伯族较集中的地区挑选出40—50名成绩优异的锡伯族学生，实行寄宿制，从初一上到高三，所需经费可参照办“内地西藏班”形式，由国家负担。高三毕业后，大部分报考师范院校，毕业后，除一部分国家需要统一分配以外，其余回原地充实到锡伯族中小学当教师，这样使锡伯族地区中小学师资队伍的整体水平有一个大的提高，上新台阶，改变目前恶性循环的状况。另外，要舍得花钱，有计划地超前培训现有的教师，使他们的学历层次和实际教学水平都有所提高。

（7）搞好双语教学的科学研究。锡、汉双语教学必须以科学的理论为指导。《中国教育改革和发展纲要》指出：“各级政府和教育行政部门要把教育科学研究和教育管理信息工作提到十分重要的地位。”现在，必须把锡、汉双语教学研究摆到一定位置，切实抓紧、抓好。①健全察布查尔县锡伯语文教研室，充实得力人员，科学有效地指导全县双语教学工作；②双语教师要一手抓教学，一手抓教研，努力学习双语教学研究的基本方法，积极参与双语教学研究，更新教育思想，改进教学方法，有所发现有所创新；③活跃锡、汉双语教学研究气氛，经常召开各种形式的双语教学研讨会，及时总结交流经验，定期出版双语教学论文集；④选派教研员、教师参加内地、自治区双语教学研讨会，开阔视野，及时了解国内外双语教育的现状与态势。

（8）完善教育机制，锡伯语文教学内容应与招生、就业考试内容相一致，改变相互脱节的状况。为发展锡伯族教育、继承本民族文化遗产创造良好的外部条件，要制定配套政策和措施，锡伯族中学毕业生在升学、招干、招工时需要考核应考者的锡伯文基础，将锡伯文考试成绩百分之百地计入总分，并作为录取的条件；同时，作为自治县、乡考核、提拔干部的一条依据；自治县、乡内各级党政机关首先配备兼通锡、汉两种文字的干部，提高工作效率，密切党群、干群的关系。

另外，要切实做好锡伯文教材的编译出版工作和审定工作，不断提高质量。在广大干部群众中大力宣传锡、汉双语教学意义，取得社会、群众的支持。各级教育和学校的领导者应提高锡、汉双语教学的地位，提高教师对锡、汉双语教学的认识，多做思想和宣传工作。要在锡、汉双语教学中，引进现代化教育手段，编制与教材相配套的音像教材，丰富教学内容，提高教学质量。

最后，建议国家、自治区尽快制定出《双语教育法》《双语教育条例》，使双语教育有法可依。①

相隔十年后，郭小平先生撰写了《浅议双语教育模式下的锡伯语文教学》一文，发表于《伊犁日报（汉）》2011 年 8 月 18 日第三版。该文简述“锡伯语文教学的历史沿革”之后，对于“双语教育中的锡伯文教学现况”做如下陈述。

2003 年 3 月始，锡伯语文教育问题引起县教育局领导的高度重视，经过两年的调研，自治区教育厅于 2005 年下发文件，批准锡伯语文教学学制由原来的六年制缩短为现在的三年制。2005 年秋季开始使用新编锡伯语文教材。新疆教育出版社的锡伯文专家根据文件精神，成立教材编写小组，利用半年多的时间，根据课程标准编写完成了现行的“锡伯语文

① 葛丰交：《试论新疆锡伯族双语教学问题》，《满语研究》2002 年第 1 期。

教材”。教学要求是：一年级基本掌握锡伯文“阿字头”的121个音节及首、中、尾的变化规律、拼写规律，课文中出现的锡伯文单词要锡汉对译，掌握300个单词；二年级基本掌握锡伯文切音字及切音字合写规律、“十一”字头和27个外来字，还有多种变化规律，能够对译课文中出现的锡伯文单词，掌握锡伯文的书写规律和300个单词；三年级初步掌握整字规则，加强阅读、写作能力，会写简单的应用文，并掌握400个单词。通过这三年的教学，要掌握1000个单词。

现行锡伯语文教学的三年制教材于2005年秋季正式出版使用，并且免费提供。在2005—2008年一轮的教育教学中，1—2年级教学质量较好，至于三年级因加设英语、学生年龄以及语言环境等因素的影响，给学生学习锡伯语文带来了一定困难，致使锡伯语文的学习又成为一门外语。当前教学中主要存在以下几个方面的问题：如在小学阶段，学生年龄小，学生的学习是无意识的学习，学得快，忘得也快。锡伯族学生生源在减少，并且语言环境在变化，学生在与父母、同学相互交往中基本上都用汉语交往，特别是县城以东，学习锡伯文又成为一门外语，老师授课时只能通过解释，才能让学生理解锡伯文的大概意思。同时，在高考统一的指挥棒下，学生和家长认为学不学锡伯文无所谓，淡化了学习锡伯语文的兴趣和热情。①

针对这种现状，作者认为：“保护和传承锡伯语文的建议为了保护和传承好锡伯族的语言文字，就必须抓好小学阶段的双语教育，特别是要教好其中的锡伯语文，真正将其作为一种教学语言来施教，并取得实效。一方面绝不能放弃小学阶段的锡伯语文教学，另一方面要抓紧做好社会层面上的锡伯文学习和使用，两者不可偏废，这两者都是保护和传承本民族语言文字的重要举措。”为此，该作者还提出了两条建议。

（1）学习锡伯语文我们可以根据“两法一条例”，依法施教，按照党和国家民族政策及民族教育方面的相关规定，将小学锡伯语文教育延长到小学六年级毕业，小学四至六年级作为巩固学习阶段，每周可以设1—2节课时。之外，尽可能地采用多媒体手段，利用视频或动画等寓教于乐的方式，向学生提供学习锡伯文的课外辅助读物，以进一步巩固和提升课堂内学到的锡伯文知识。

① 郭小平：《浅议双语教育模式下的锡伯语文教学》，《伊犁日报（汉）》2011年8月18日第三版。

（2）目前，察布查尔县正在举办锡伯文培训班，在锡伯族干部当中开展学习锡伯文活动，并取得一定成效。为此应做好初、中、高不同等级的教材编写工作，落实好具有较高水平的锡伯文教师，长抓不懈，使锡伯文的学习真正取得成效。①

两年后，葛丰交先生撰写《新疆锡伯语文教学情况调研报告》一文，刊载于《中国民族报》2014年12月12日第八版“理论周刊·聚焦”。该文分为“观察”“分析”“结论”三个部分。在“观察”部分，陈述了“在新疆的锡伯族聚居区，促进锡伯族语言的使用和传承有八种主要做法”。在“分析”部分，作者认为“经过观察和深入了解，目前在新疆锡伯族聚居区中小学，锡伯语文教育教学和改革过程中出现了七大突出问题”。在“结论”部分，作者指出“在新的历史时期，如何以党和国家民族语文政策为指导，从锡伯族聚居地区和锡伯族中小学的实际出发，保护和传承锡伯族语言文字，改进和加强锡伯语文教育教学工作，是一项重大课题”，并提出了自己的思考和建议。目前在新疆锡伯族聚居区中小学，锡伯语文教育教学和改革过程中出现的七大突出问题是什么呢？

（1）锡伯族语言文字使用出现了萎缩。从20世纪90年代中期开始，受诸多因素的影响，锡伯语的使用范围不断缩小，使用人数日趋递减，锡伯族语言文字在公务活动、教学实践、图书出版等领域中都陆续出现了萎缩现象，以锡伯族语言文字为母语的地方也一度面临传承的危机，绝大多数锡伯族青少年远离了自己的母语。据调查，目前全县18岁以上的锡伯族成年人口中，能熟练使用锡伯语文的仅占23%。在锡伯族中小学的锡伯族学生之间，以及锡伯族家庭成员之间，也大都使用汉语交流。在学校的教学课堂上，锡伯文也成了锡伯族学生的第二语言。

（2）锡伯文教师数量不足，素质参差不齐，不能满足锡伯语文教学的需要。锡伯语中小学现任锡伯文教师基本是县师范学校中师班培养的，还有的教师在中小学期间没有学习过锡伯语文，只是上中师阶段接触了一些锡伯文知识，没有系统受过专业的锡伯文培训，对锡伯文语言文字、语法等掌握不够，了解甚少，胜任锡伯语文教学还有一定困难。目前进行的短期培训，只能解决教学方法改革的问题，教师的锡伯语文教学素质和能力达不到课程实施的要求。加之老一代的锡伯语文教师基本上已退休，使

① 郭小平：《浅议双语教育模式下的锡伯语文教学》，《伊犁日报（汉）》2011年8月18日第三版。

锡伯语文师资出现断层现象。

(3) 锡伯语文课时设置偏少。在小学阶段，锡伯语文课时数仅相当于汉语文课时数的38.1%、维吾尔和哈萨克语文课时数的53.3%。在初中阶段，锡伯语文的课时数仅相当于维吾尔和哈萨克语文课时数的20%，远远低于其他民族母语文的课时数。由于锡伯语文课时数设置不足，造成学习时间和学习内容的矛盾，不仅无法保证学生学习和掌握锡伯语言文字，也难以达到抢救和传承锡伯语言文字的目的。

(4) 课程标准要求偏低。受课时设置的影响，锡伯语文课程标准确定了较低的认知目标。以小学词汇量为例，汉族汉语文课标词汇量为认识6000个、掌握5000个，少数民族汉语文课标词汇量为认识4000个、掌握3000个，而锡伯语文课标词汇量为认识2000个、掌握1500个。锡伯语文确定的标准不足汉语文标准的30%。如此低的词汇量标准，根本无法保证学生学业水平达到基本掌握锡伯语言文字的要求。

(5) 锡伯文教材编辑出版受到严重影响。1980年以来，新疆维吾尔自治区落实党的民族语文政策，恢复了新疆教育出版社锡伯文编辑室，核拨了编制，充实了编辑力量，编辑出版了锡伯族全日制小学各年级课本和课外读物。但到2006年，由于种种原因又撤销了锡伯文编辑室，锡伯文教材编辑出版工作受到严重影响。

(6) 小学锡伯语文教材编写不科学，难度偏大，教材脱离实际。一是教材量大，内容多，篇幅长，学生学习任务重，在规定的时间内无法完成；二是教材基本以翻译全国统编教材为主，其内容脱离学生生活实际，难学难懂，加之锡伯语口语和书面语差距较大，师生都难以适应。

(7) 锡伯语文教学管理较薄弱。县教育局虽然制定下发了有关锡伯文教学的规定、通知等文件，对学校锡伯文教学提出了一些具体要求，制定了措施，但是在管理上缺乏力度。下发文件多，检查指导少，致使学校各行其是，课程设置有早有晚，课时安排有多有少。虽有统一的教学大纲，但没有统一的教学进度，给教育部门教学管理造成很大困难。

该作者还指出："出现上述问题的主要原因，一是部分干部群众对锡伯文的文化价值和社会功能缺乏正确、足够的认识；二是锡伯族人口较少，客观上无法形成完整的教育体系，而且锡伯语文使用范围很小，又非升学考试科目，锡伯族学生学习本民族语言的动力严重不足，'锡伯语过不了伊犁河，学不学都一样，不如不学，学了还要加重负担’的思想导致他们忽视甚至放弃母语学习。”①

综上所述，亟须解决两个问题：一是中央、新疆维吾尔自治区、伊犁哈萨克自治州、察布查尔锡伯自治县各级党委和政府切实重视锡伯语文，给予锡伯语文课程应有的地位；二是中央、新疆维吾尔自治区、伊犁哈萨克自治州、察布查尔锡伯自治县各级党委和政府切实关心锡伯语文教师，在职称评定、教师资格审评和继续教育中，确定符合锡伯语文教师实际工作的岗位、专业和试题，提供高层次的培训。

令人欣慰的是，2016 年 6 月 20 日，察布查尔锡伯自治县人大常委会颁布《察布查尔锡伯自治县第十六届人民代表大会常务委员会公告》（第 8 号），宣称：“《察布查尔锡伯自治县锡伯语言文字保护条例》于 2016 年 1 月 22 日经察布查尔锡伯自治县第十六届人民代表大会第六次会议通过，2016 年 5 月 27 日经新疆维吾尔自治区第十二届人民代表大会常务委员会第二十二次会议批准，现予以公布，自 2016 年 9 月 1 日起施行。”应该肯定，该条例获得批准，颁布施行，对锡伯族语言文字的使用，锡伯族文化的传承保护都具有重要意义。我们也相信，该条例的施行，必将在一定程度上解决锡伯语文教学面临的难题，激发锡伯族同胞学习和使用本族语文的热情，使锡伯语言文字在当前和未来的社会实践中不断发展，并发挥其应有的作用。

第三节　锡伯语文应用状况

锡伯语文是锡伯族的语言和文字。生活在新疆的锡伯族至今传承着自己的文化，还在一定范围内使用自己的语言文字。

一　锡伯语言保护

锡伯语属于阿尔泰语系满—通古斯语族满语支语言，现在主要分布在新疆伊犁哈萨克自治州察布查尔锡伯自治县、霍尔果斯市伊车嘎善锡伯乡、巩留县、塔城市、乌鲁木齐市、伊宁市，略有方言差别，但不影响交流。

---

① 葛丰交：《新疆锡伯语文教学情况调研报告》，《中国民族报》2014 年 12 月 12 日。

一般而言，锡伯语有 8 个元音：a、ə、i、o、u、ɛ、œ、y，15 个复元音：ai、əi、oi、ui、au、əu、ou、ia、iə、io、iu、ua、uo、ya、yə，2 个三合元音：iau、uai，27 个辅音：n、qh、q、χ、kh、k、x、p、ph、s、ɕ、ʂ、th、t、l、m、tʂh、tɕh、tʂ、tɕ、j、m、f、v、dz、ʐ、ŋ。此外，还有 lj、nj、rj、xj 等腭化辅音，dw、w、kw、w 等唇化辅音。

锡伯语有元音和谐律，且比较复杂。词干后缀接不同的附加成分，表示不同的语法意义。名词后面可以接复数、格、领属等附加成分。复数附加成分有-sa、-sə、-si、-ta、-tə。动词有时、态、体、式等范畴，并有人称形式。句子成分的次序在句子里比较固定，一般是主语在谓语前，定语、状语在中心语前；从句一般在主句前。主要构词手段有派生法和合成法。锡伯语中比较完整地保留了满语书面语，并吸收了很多蒙古、哈萨克、维吾尔、俄罗斯、汉等语言的词汇。

锡伯文是新疆锡伯族在满文基础上创制的一种拼音文字。1947 年，锡伯族语文工作者在满文的基础上，增删一些音节字母，改变个别字母的形体，制定锡伯文。锡伯文书写时以词为单位，从上到下，行款从左到右。锡伯文有 5 个元音字母，24 个辅音字母，10 个拼写外来语的字母。字母单用或出现在词首、词中、词末以及词中音节首、词中音节末等不同位置时，往往有不同的字形。锡伯文在锡伯族文化事业发展中起着重要作用。

然而，长期以来，受到大环境的不利影响，锡伯语言文字日益陷于危机，锡伯族人越来越多地使用汉语和汉文，锡伯族适龄儿童越来越多地选择汉语学校就读，口耳相传的非物质文化遗产也随着时间的推移逐渐消失，出现了使用人数渐少、使用年龄偏高、使用范围萎缩、语言功能退化等情况，已经显露出联合国教科文组织界定濒危语言的四大特征。为了保障锡伯语言文字的使用和发展，保护传承锡伯族传统文化，察布查尔锡伯自治县人大常委会根据《中华人民共和国民族区域自治法》《中华人民共和国国家通用语言文字法》和《新疆维吾尔自治区语言文字工作条例》及有关法律、法规的规定，结合察布查尔锡伯自治县实际情况，制定了《察布查尔锡伯自治县锡伯语言文字保护条例》。该条例于 2016 年 1 月 22 日经察布查尔锡伯自治县第十六届人民代表大会第六次会议通过，2016 年 5 月 27 日经新疆维吾尔自治区第十二届人民代表大会常务委员会第二十二次会议批准，于 2016 年 6 月 20 日予以公布，自 2016 年 9 月 1 日起施行。其原文如下：

察布查尔锡伯自治县锡伯语言文字保护条例

（2016 年 1 月 22 日察布查尔锡伯自治县第十六届人民代表大会第六次会议通过，2016 年 5 月 27 日新疆维吾尔自治区第十二届人民代表大会常务委员会第二十二次会议审查批准）

第一条　为了保障锡伯语言文字的使用和发展，保护传承锡伯族传统文化，根据《中华人民共和国民族区域自治法》《中华人民共和国国家通用语言文字法》和《新疆维吾尔自治区语言文字工作条例》及有关法律、法规的规定，结合察布查尔锡伯自治县（下称自治县）实际，制定本条例。

第二条　自治县人民政府应当把保护、抢救、传承锡伯语言文字工作纳入经济社会发展总体规划，作为社会主义精神文明创建活动的考核内容。

第三条　自治县人民政府应当将锡伯语言文字抢救和保护经费列入本级财政预算予以保证。主要用于锡伯语言文字的保护、抢救、科研、征集、翻译、出版、奖励等。

第四条　自治县人民法院、人民检察院、公安、司法行政和其他国家机关应当根据实际需要，为不通晓国家通用语言文字的锡伯族公民提供翻译。

第五条　自治县人民政府应当重视国家通用语言文字和锡伯语言文字教育培训工作，每年至少组织一次全县党政机关锡伯族干部职工进行双语培训，提高其使用国家通用语言文字和锡伯语言文字开展工作的能力。

第六条　自治县人民政府应当采取措施，对锡伯族聚居乡镇的锡伯族居民，有计划地开展国家通用语言文字和锡伯语言文字双语教育。

鼓励民间团体开办锡伯语言文字学习班，按国家和自治区有关政策予以扶持。

第七条　自治县以招收锡伯族学生为主的中、小学校和锡伯族聚居区的乡镇学校在学前、小学、初中、高中教育阶段设置锡伯语言文字课程，开展国家通用语言文字和锡伯语言文字的双语教学。锡伯族学生的锡伯语言文字考试成绩纳入学校和教师的业务考核。

自治县内锡伯族中、小学校应当加强锡伯语言文字的教学研究。

第八条 锡伯族学生自愿进入用国家通用语言文字授课的学校（班）学习，或者其他民族学生自愿进入用锡伯语言文字授课的学校（班）学习的，学校（班）应当接受。

第九条 自治县人民政府应当加强锡伯族教师的双语培训，着力提高锡伯族教师的业务素质。学前、小学、初中、高中锡伯语言文字教师，应当通过学历教育或者培训达到相应的专业水平。

第十条 自治县人民政府在招聘锡伯语言文字教师时，应当优先招聘具有大专文化以上，能够熟练运用锡伯语言文字的双语教师，加强锡伯语言文字教育教学队伍建设。

第十一条 有下列情形之一的，应当同时使用规范的国家通用语言文字和锡伯语言文字；用字规范按照自治区、自治州有关规定执行：

（一）自治县的国家机关公布法规和重要文告、大型会议的会标；

（二）自治县、锡伯族聚居的乡镇人民代表大会和锡伯族聚居的村（居）民委员会的换届选举、印制选民证、选票、当选证书和公布选民名单、候选人名单；

（三）自治县机关、团体和事业单位（不包括坎乡、阔洪齐乡、海努克乡、加尕斯台乡、琼博拉乡）的印章、门牌、证件、文件头和印有单位名称的信笺、信封；

（四）锡伯族聚居乡镇的重要公共场所、公用设施的名称标牌，有重要意义的碑文；

（五）自治县自然地理实体名称、行政区划名称、居民地名称。

第十二条 自治县公开使用锡伯语言文字的商业牌匾、公益广告、界牌、路牌和车辆上印写的单位名称等，应当使用规范的锡伯文字。

第十三条 自治县内锡伯语地名，应当使用自治县人民政府公布的标准名称。

第十四条 使用锡伯文字，有下列情形之一的，应当接受自治县语言文字管理机构的指导监督。

（一）自治县机关、团体和事业单位的印章、门牌、证件、文件头和印有单位名称的信笺、信封使用锡伯文字的；

（二）锡伯族聚居区的各类经济组织制作名称标牌使用锡伯文字的；

（三）以锡伯语言文字命名和更改地名的；

（四）重要公共场所、公用设施的标识、有重要意义的碑文、桥名、地界、地名使用锡伯文字的。

第十五条　锡伯语言文字出版物、广播影视作品在出版、播出前，出版、制作单位或者主管部门可以报自治县语言文字管理机构就语言文字使用进行规范指导。

第十六条　从事锡伯语言文字的民间教学班、翻译的经营企业应当严格执行国家、自治区有关规定，接受自治县语言文字管理机构的监督管理。

第十七条　自治县人民政府应当加强锡伯语言文字的翻译工作，培养培训锡伯语言文字翻译人才，组织翻译满文历史资料和现行法律法规、科普、文化等读物，为国家和社会提供锡伯语言文字翻译服务。

第十八条　自治县的广播电视媒体应当开设锡伯语言频率、频道或者栏目，加强锡伯语言广播影视节目的制作、译制和播出能力。

第十九条　自治县提倡和鼓励创作和演出锡伯语言文字的文学作品和文艺节目，鼓励在每年“西迁节”使用锡伯语言文字开展宣传教育和群众性文化体育活动。扶持锡伯语言文字教材、课外读物、音像制品、锡伯文报纸杂志的出版发行工作。支持使用现代技术手段建立锡伯语言资源有声数据库，科学保存锡伯语言实态。

第二十条　自治县人民政府应当加强对锡伯语言文字文化遗产的保护工作，有计划地组织开展地方锡伯文文史资料和锡伯民间传统文化的调查、收集、整理、研究、出版工作，建立锡伯文古籍文献及图书资料库。

第二十一条　自治县人民政府应当加强对锡伯语言文字科学研究工作的领导，将重点科研项目纳入自治县科学研究规划，并拨付专项经费予以扶持。

根据需要建立锡伯语言文字研究机构，在有关高等学院有计划地委培从事锡伯语言文字教学、管理和研究的人员。

第二十二条 自治县对锡伯语言文字保护好的乡镇（村）建立锡伯语言文字示范保护区，保护传承锡伯语言文字。

锡伯族公民在日常生活中可以选择使用国家通用语言或者当地少数民族语言，任何单位和个人不得干涉和歧视。

第二十三条 自治县人民政府每年至少召开一次语言文字工作会议，研究部署锡伯语言文字工作。每五年举行一次锡伯语言文字工作表彰会议，对锡伯语言文字学习、使用、翻译、传承保护工作做出突出成绩的单位和个人，给予表彰奖励。

第二十四条 有下列违反本条例情形的，按照下列规定予以处罚：

（一）机关、团体、事业单位违反本条例规定用语用字的，由自治县语言文字管理机构责令其限期改正；逾期不改正的，予以通报批评，并依法追究其主管负责人和直接责任人的责任；

（二）开办的民间锡伯语言文字教学班、从事翻译的经营企业、制作名称标牌的经济组织，违反本条例规定用语用字的，由自治县语言文字管理机构责令其限期改正；逾期不改正的，予以通报批评，并视情节处以一千元以上五千元以下罚款，有违法所得的，依法予以没收；情节严重的，由有关部门责令停产停业、吊销或者暂扣有关许可证；

（三）违反本条例规定，有关部门及其工作人员不依法履行职责的，由其上级主管部门、监察机关或者所在单位责令改正；情节严重的，对直接负责的主管人员和其他直接责任人员依法给予处分；构成犯罪的，依法追究刑事责任。

违反本条例规定应当承担法律责任的其他行为，依照有关法律、法规的规定执行。

第二十五条 本条例自 2016 年 9 月 1 日起施行。

二 当地锡伯语言使用状况

(1) 察布查尔县少数民族干部群众对民族语言文字的态度及行为选择

总的来说，锡伯族干部群众对锡伯语言、文字态度大概分三种。第一种人认为锡伯文是优秀的民族文化遗产，具有很高的使用价值和传承价值，应该加大力气抢救、挖掘、保护和发展，一则可以传承民族优秀文化和保持民族的独立性；二则为浩瀚如烟的满文档案翻译做出贡献。这类人重视、关心锡伯文的抢救、传承和发展，注重家庭教育，日常运用，并尽可能做着一些有助于锡伯语言文字发展的、力所能及的事。第二种人认为锡伯语言文字对孩子们的上学、就业帮助不大，随着时代的发展和国家通用文字的进一步推广普及使锡伯文的使用范围急剧缩小，社会交流功能急剧弱化，但同时在感情上又认同锡伯民族传统文化，平时对孩子学习锡伯文、用锡伯语交流既不支持也不反对。这类人对锡伯语言文字的传承和发展态度不明显，就目前而言，这类人居多。第三种人“锡伯语言文字过不了伊犁河”观念较明显，认为学校设立锡伯文课程会影响其他课程的学习和提高，应该取消。这类人对锡伯语言文字的传承保护持消极态度。

相对而言，维吾尔族、哈萨克族语言文字学习、传承和社会关注度情况比锡伯语言文字要好。

（2）县政府在民族语言文字使用、服务方面的主要工作和成果

县政府对民族语言文字的使用和服务方面还是比较重视，有专门的机构（语言文字工作委员会）和编制（4人），由自治县县长担任语言文字工作委员会主任，人大、政府、宣传部等相应县级副职领导担任副主任。主要工作职责有七条。①全面贯彻执行党和国家关于语言文字的方针政策和法律。研究制定全县语言文字工作的规划和措施，落实《中华人民共和国国家通用语言文字法》《新疆维吾尔自治区语言文字工作条例》《伊犁哈萨克自治州社会用字管理办法》《察布查尔锡伯自治县锡伯语言文字保护条例》中规定的各项任务。提出语言文字使用、管理的具体政策和规定。②研究解决语言文字工作中的重大问题，监督检查各乡镇、各部门执行语言文字政策和开展语言文字工作情况。③根据宪法和民族区域自治法的规定，进一步加强语言文字的法制建设，依法监督执行民、汉两种文字行文和民、汉两种语言的使用，管理社会用字。④负责管理全县各民族语言文字规范化，研究制定规范化标准，提出推广规划和措施，负责推广普及全国通用的普通话和推动普通话水平测试工作。⑤依照民族区域自治法的规定，积极提倡鼓励和指导各民族间互相学习语言文字。⑥管理全县少数民族语言文字的翻译工作，配合有关部门审定自然科学名词和人名、

地名审音、定字工作。⑦组织县域内的少数民族重点是锡伯族语言文字研究、重点科研项目的协作攻关，开展学术交流活动。

为发挥自治县锡伯语言文字优势，县委、县政府于 2014 年 6 月成立了满文翻译中心，组织自治县 20 多名退休干部、教师翻译《清代新疆满文档案汇编》，培养年轻满文翻译人才，进而提升自治县的文化竞争力，已与石河子大学签订了清代新疆满文档案翻译合作协议书。同时，在政府的组织下参加《锡伯族家谱汇编》一书的收集整理、《牛录志》的编写工作。还有一部分参加新疆人民出版社组织的“东风工程”图书出版项目，已经出版翻译锡伯文的书籍 20 多部。

重视和加强语言文字信息化建设，“索贝特—锡伯文满文输入法”研发成功并投入使用，科大讯飞少数民族智能语音（锡伯语）项目经多方努力，锡伯文信息技术国家标准工作组于 2016 年成立。对锡伯族语言文字信息化，标准化发展，有着非常重要的意义。

（3）影响县民族语言文字的主要政策法规及其执行情况

主要政策法规有相关会议及领导讲话，《中华人民共和国国家通用语言文字法》《新疆维吾尔自治区语言文字工作条例》《伊犁哈萨克自治州社会用字管理办法》《察布查尔锡伯自治县锡伯语言文字保护条例》（2016 年 1 月 22 日察布查尔锡伯自治县第十六届人民代表大会第六次会议通过，2016 年 5 月 27 日新疆维吾尔自治区第十二届人民代表大会常务委员会第二十二次会议审查批准，2016 年 9 月 1 日起执行）。国家、自治区、自治州级语言文字的相关法律作为自治县语委会开展工作的主要依据，每年都由宣传、住建、工商、文化、语委会等部门组成联合执法检查组，对全县的各类广告牌、牌匾、地名等社会用字规范情况进行执法检查，对存在问题及时提出整改意见，责令限期整改，一定程度上杜绝了社会用字不规范现象。使语言文字相关法律法规，提高群众中的知晓率，我们每年都通过广播、电视等手段加大宣传力度。县人大还定期监督检查语言文字相关法律法规在察布查尔县的执行情况，各种方式的监督检查，语言文字法律法规在察布查尔县执行情况良好。《察布查尔锡伯自治县锡伯语言文字保护条例》颁布实施时间不长，涉及财政资金等问题，落实起来困难较多，加上上述的国家通用语言文字主体地位、社会对锡伯语言文字传承发展等关注度不足、教师缺乏等问题，执行情况不尽如人意。

(4) 民族语言在行政、司法领域的应用情况及存在问题

察布查尔锡伯自治县县域内的锡伯族基本精通锡、汉两种语言，在行政、司法领域中普遍用汉语和汉文字。

(5) 县民族语言文字的社会服务项目有哪些（医院、车站、机场等处广播是否有民族语服务）

该县在社会服务中普遍使用汉语文，如在医院、车站等处都用汉语服务。只有对山区乡的维吾尔、哈萨克等民族，提供民族语言服务。

(6) 县民族语言文字教育在各类教育中的地位和影响

察布查尔锡伯自治县民族语言文字教育工作在上级党委政府的正确领导下以党政机关、学校、新闻媒体、公共服务行业为重点，创新思路、完善措施不断加大工作力度，语言文字教育宏观管理机制初步形成，民族语言教学改革取得一些进展，“双语”培训班规模迅速扩大，为保护和传承民族语言文字起到重要作用。

全县在锡伯族聚集乡镇共 8 个学校开展锡伯文双语教育，实施普及音素教学方法，由原来的一届教学法三年制教育改为音素教学法九年制教育。将锡伯文培训工作纳入干部教育培训计划中，目前在党政企事业机关、寒暑期大中专院校以及教育系统继续教育培训班中已经广泛开展，截至目前共举办锡伯文班 42 期，培训 2481 人。但是，客观地评价锡伯文教学，效果并不明显，学校教学未能使锡伯语真正成为获取知识的教学语言，而是成为一种象征，在课堂上出现用汉语教授锡伯语文的奇特现象；全县已无锡伯文党政文件，干部学习锡伯文无用武之地，导致学习兴趣不高，培训效果不佳；锡伯语专业老师的职称评定与锡伯语教学完全没有关系，使得专业老师不能安心、深入锡伯文教学。这些情况说明，在现阶段，锡伯语言文字教学已经出现下降、衰退趋势，并且日渐凸显，其生存环境正在一步步恶化，影响力越来越小，对干部、学生及其家长吸引力也越来越弱，甚至不得不转入抢救和保护阶段。而维吾尔语、哈萨克语等民族语言教学，因近十几年以来施行民汉分校，加之人数较多，其教学保持了较好水平。

三　关于锡伯语和满语关系的争论

作为一个民族的语言，锡伯语早已具有合法身份和地位。然而，在语言学界和社会上一直有争论。有人认为，锡伯语和满语是两种语言，彼此

之间有相同之处，如李树兰先生的许多论著均持这种观点。① 有人认为，锡伯语是满语的方言之一。甚至有些锡伯族学者也主张锡伯语言文字是满语文的继承和发展，如安俊先生及其《锡伯语言文字乃满语满文的继续》一文，可谓这种观点的代表。②

不可否认，锡伯语和满语有许多相同之处。究其原因，一是因为这两种语言都属于阿尔泰语系语言，从根本上决定了彼此之间有共同之处，二是因为官方的教育。前已述之，锡伯族从康熙三十一年（1692）被编入满洲八旗后就开始接受满洲文化熏陶，学习满语满文，直至 1947 年锡伯文的产生。在这两个半世纪的教化过程中，锡伯人颇受满洲文化的影响，完全掌握了满语满文。乾隆三十四年（1769）四月二十二日，盛京将军恒禄等奏闻锡伯官兵讲满语情形的折子里就说："至于满洲话，新满洲锡伯、蒙古官兵人等，精通、粗通、不通者不等。"③ 乾隆三十六年（1771）年九月二十二日（奉朱批时间），盛京将军恒禄再次奏闻巡查南部诸城情形的折子里说："试得官兵之满洲话，锡伯人等皆能说满洲话，其余人等虽较前稍有长进，但不会不懂者犹多。"④ 此后，东北的锡伯族逐渐汉化，改用汉语汉文了，而新疆的锡伯依然保留着满语满文。

然而，锡伯语和满语在语音、词汇、语法方面也有诸多差异。语音方面的差异，在 1947 年创制锡伯文时，舍弃满文《十二字头》中的元音字母 ū 与相应的音节字母，增加 wi、wo、wu 三个音节字母，就已经表现出来了。此后，有人研究锡伯语书面语和口语差异的成果中，也都有所体现，只是人们包括有些研究者仅将其作为锡伯语书面语和口语的差异而没有作为锡伯语和满语的差异。词汇方面也如此，例如：左，hashū（锡伯语书面语），ɕoɹʁo（锡伯语口语）；右，ici（锡伯语书面语），ʔiçtə（锡伯语口语）。hashū（左）与满语相同，ici（右）亦与满语相同。显然，hashū（左）与 ɕoɹʁo（左）、ici（右）与 ʔiçtə（右）的差异不仅仅是锡伯语书面语和口语的差异，本质上应该是锡伯语和满语的差异。在语法方面，锡伯语和满语也有差异，如动词的正在进行时形式-me bi/fi bi 与-m ilaʁγi/-m maʁγi，前者为锡伯语书面语，与满语相同，而后者为锡伯语口

① 李树兰：《锡伯语概论》，《民族语文》1979 年 3 期。李树兰：《锡伯语的领属范畴》，《民族语文》1982 年 5 期。李树兰、仲谦、王庆丰：《锡伯语口语研究》，民族出版社 1984 年版。

② 安俊：《锡伯语言文字乃满语满文的继续》，《满语研究》1985 年第 1 期。

③ 中国第一历史档案馆藏：军机处满文《月折档》，恒禄等奏折。

④ 同上。

语。这种语法差异，也不仅仅是锡伯语书面语和口语的差异，实质上也是锡伯语和满语的差异。

从上可见，锡伯族使用的书面语与满语相同，而口语则相差甚远。因此，有人认为锡伯族使用的书面语是满语，而口语是锡伯语，应该说有一定的道理。当然，在没有系统、深入的研究之前，说锡伯语中比较完整地保留着满语，是比较审慎的说法。

第六章

宗教民俗与社会家庭

锡伯族在长期历史发展过程中形成了自己的民族特点、宗教信仰和风俗习惯，创造了优秀的民族文化。特别是今天生活在新疆伊犁地区的锡伯族人，由于地理位置等原因，至今相对完好地保持着本民族的传统文化。随着时代的变迁，锡伯族的宗教信仰、风俗习惯、家庭结构、伦理道德等也在不断变化，折射着锡伯族社会的时代印记。在传统文化与现代文化、本土文化与外来文化、主流文化与多元文化冲突与交融的今天，对新疆锡伯族的宗教习俗和家庭伦理进行梳理和总结，有助于锡伯族传统文化的保护与传承。

第一节　宗教信仰

中华人民共和国成立前，锡伯族的传统宗教信仰较为复杂，曾经有过对天、地、日、月、星等的自然崇拜，对鲜卑兽、狐狸、蛇、虫、古树、人参等动、植物的崇拜，对灵魂的崇拜，对祖先的崇拜等。但锡伯族对宗教信仰的虔诚程度不是很深，在锡伯族民众中曾流行过原始崇拜、萨满教、喇嘛教。

一　原始崇拜

锡伯族历史悠久，历史上锡伯族的生产生活方式主要为狩猎、农牧业生产。在长期从事狩猎、农牧业生产过程中，产生了许多原始信仰，并成为精神生活的一部分。如猎神崇拜、渔神崇拜、天地神崇拜、牲畜神崇拜（海尔堪玛法）、喜利妈妈崇拜（保佑家宅平安和人丁兴旺的神灵）、祖先崇拜（男、女）、灶神崇拜、门神崇拜、娘娘神崇拜、土地神崇拜、狐仙崇拜等。

察布查尔县锡伯族人中至今仍然保留着一些原始崇拜，最主要的是对“喜利妈妈”的崇拜。“喜利妈妈”是保佑子孙繁衍和家宅平安的女神，“喜利”在锡伯语中的意思就是“延续”。“喜利妈妈”，是一条两丈多长的丝绳，名曰“索绳”，上系小弓箭、小靴鞋、箭袋、摇篮、铜钱、布条、嘎拉哈、木锹、木杈等物。其中嘎拉哈表示辈数，即添一辈人，加一个嘎拉哈；小弓箭表示男儿，添一男孩，两个嘎拉哈之间就添一张小弓箭；布条表示女孩，这一辈有几个女孩，就有几根布条；摇篮、小靴鞋等表示子孙满堂；箭袋表示男儿长大之后，成为骑射能手；铜钱表示生活富裕；木锹、木杈等表示农业丰收。直到今日，察布查尔锡伯自治县仍有部分锡伯族人供奉喜利妈妈。察布查尔县锡伯族人家平时将丝绳装入袋内挂在供位（供位位于上房西屋西北角）上面，每逢春节除夕取出来，由西北角拉向西南，烧香磕头，到二月初二日，再装入袋内挂回原处。

除了信仰“喜利妈妈”外，现今新疆的锡伯族还保留着祈年树和树木崇拜。在察布查尔县以西的爱新舍里镇依拉齐牛录北 2 公里处，有一棵硕大无比的榆树，锡伯族人叫它“文车热哈林”，汉语意思是“祈年树”。祈年树，树干围约 9 米，树高约 15 米，树冠覆盖面积一亩左右，树干上有火烧的痕迹，证明它经受了劫难。它独立于田野之中，苍劲挺拔，枝繁叶茂，郁郁葱葱。若攀登树杈上，顿觉风声飒飒，遍体清凉，令人心旷神怡。200 多年前，锡伯族从东北迁来时，这棵树仅有碗口粗细。锡伯族古谚：“独树不能砍”，以为神灵庇佑，群众特意加以保护，禁止小孩上树伐枝。每年端午节，牛录佐领邀集萨克达（德高望重的老人）和附近农民来树下开联欢会，一为纪念爱国诗人屈原，二为祈望丰收。祈年树是锡伯族的树木崇拜，实际上是一种自然崇拜的遗俗。锡伯族一直保留着这种崇拜树木的习俗，他们认为古树是有灵的，或是一种风水树，严禁乱砍滥伐。谁要是砍伐了风水树，就会遭到大自然的惩罚。独树更灵验。如果独树被欢伐了，就会遭受灾难。

二 萨满教

萨满教是锡伯族早期的原始宗教信仰。萨满教的基本观念是崇拜大自然，相信鬼神存在，万物有灵。萨满教把宇宙分为上、中、下三界，上界天堂是神灵居住的地方，中界地面是人类居住的地方，下界阴间是魔鬼和人死后灵魂居住的地方。萨满教认为神、鬼主宰世间万物和人类祸福，为了祈求神灵保护和不受魔鬼欺压，萨满是神的弟子，萨满跳神驱魔，保佑人类平安。锡伯族萨满教没有专习的教义，也没有专祭的寺庙，只有自己的祭祀神像，平时卷起，祭祀时打开。锡伯族人或久病不起，或欲免除天灾人祸，便请萨满跳神，跳神时唱萨满舞春（萨满歌），跳萨满舞。反映锡伯族萨满教信仰状况的锡伯萨满歌，是在锡伯族最原始的民歌基础上随着萨满教的出现而产生和发展的。随着萨满教的延伸，萨满歌的内容和类型也趋于丰富和扩大，出现了各具用途和功能的祷词、请神歌、求神歌、赞歌、祭礼歌、祝福歌以及各种仪式歌等。迄今为止，锡伯族学者总共发现和搜集了20余种锡伯萨满歌。其中最著名的是在锡伯族人南金保家发现的万字锡伯萨满歌。

锡伯族的萨满有男萨满和女萨满，据传说锡伯族萨满的鼻祖叫尼山朱，是个女人，所以过去多为女萨满。到了19世纪末20世纪初，男萨满才多起来。锡伯族的萨满是不能世袭的，在一个家族内只允许隔代学萨满。因为萨满的本领高强，儿子承接父亲，肯定本领不如父亲，因而不会成为众人信服的好萨满。由普通人成为萨满，必须经过一段复杂而离奇的经历。一个人患病，家长向萨满许愿，病好后愿意当萨满，给他跳神治病的萨满认定他可以做萨满，经过跳神祈祷之后，如果病人恢复了健康，就可以学做萨满。决定当萨满学法术的人，要举行仪式（锡伯族叫“举山羊之宴”），宰杀一只白色的公山羊，主要邀请哈拉达（氏族长）、亲戚朋友、各牛录萨满参加，其目的是宣告他已被萨满神灵选中，开始学习萨满法术。萨满徒弟在仪式之后，出资请画师绘制一幅萨满神像，以求其保佑自己成为一个名副其实的萨满。学萨满法术不脱产，白天参加生产，夜晚在家学习。学习过程中，师傅经常带徒弟参加萨满教实践活动，观看跳神治病或跳“吉神”的现场，在耳濡目染下徒弟很快学会萨满法术的要领。经过三年的学习之后，要举行上刀梯仪式。刀梯，锡伯语称为查库尔。上刀梯仪式是锡伯族萨满教独具的特点。刀梯有18级、25级、49级不等。上刀梯仪式非常隆重，并且有深远的社会影响，只有上过18级以上刀梯的萨满才能取得“依勒吐”（公开的）萨满称号，并且通过上刀梯公开表演其武功法术，用高超的武功取信于民，在民众中树立起威信。每一位萨满都有其供奉的主神和副神。主神只有一个，副神则不限制，可多达十几个甚至几十个。萨满的神灵有自然神、动植物神和祖先神。锡伯族萨满的职责，最初其范围很广，凡民间的疾病、婚丧喜事、出猎祭祀、庆丰收等事都由他们管理。随着人类社会的发展，后来萨满教内部开始分化，萨满的职责范围越来越窄。

萨满教是锡伯族最原始的信仰之一，锡伯族长期以来深受萨满教的影响，体现在锡伯族日常生活中的方方面面。20世纪30年代时辽宁省的萨满就已经很少了。而新疆察布查尔锡伯自治县到20世纪80年代还有萨满，但是信仰的人已越来越少，萨满教在锡伯族中已渐趋消亡，现在，几乎没有人再信仰萨满教了。萨满教在锡伯族信仰中的衰落，与喇嘛教的传入有关系，同时与近现代以来大力破除封建迷信的社会背景也有很大的关系。另外，随着社会的发展、科技的进步，萨满替人治病驱灾的功能逐渐被弱化和取代，只在偏远的乡村还有一些残留。萨满教虽然退出了历史舞台，但它的残余形态至今在锡伯族民间仍然保留着，仍以遗俗的形式传存至今。萨满教对锡伯族社会、文化都产生了极大的影响，尤其在锡伯族民间影响十分广泛深远，时至今日，从察布查尔县锡伯族的服饰中也可以看到萨满服饰的影子，特别是锡伯族民间歌舞表演时穿的服装，有的具有浓厚的萨满韵味。

三　喇嘛教

13世纪后期，元朝统治者由于政治统治的需要，从政治、经济等方面大力扶持喇嘛教，上层喇嘛开始掌握西藏地方政权，喇嘛教的发展出现了空前未有的势头。元朝统治者认识到喇嘛教有利于巩固自己的统治基础，因而在西藏大力扶持喇嘛教的同时，又通过各种形式，把它很快传入蒙古族统治地区，使大部分蒙古族以及其他所属少数民族相继都皈依了喇嘛教。当时正处在科尔沁蒙古统治之下的锡伯族，同科尔沁蒙古开始信仰喇嘛教。

16世纪末，由于清廷的鼓励提倡，喇嘛教成为锡伯族人信仰的主要宗教。关于锡伯族早期信仰喇嘛教的资料记载很少，目前能够说明锡伯族早期信仰喇嘛教的资料只有沈阳市俗称“锡伯家庙”的喇嘛教太平寺及其碑文。

1764年，锡伯族西迁到新疆察布查尔后，于乾隆四十六年（1781）在锡伯营五牛录（今察布查尔县孙扎齐牛录镇）修建一座喇嘛庙，后来察布查尔大渠挖成，锡伯营五牛录迁至新址后，又重新修建了壮观的靖远寺。靖远寺在同治三年（1864）伊犁事变中被烧毁，光绪十七年（1891）开始重修，光绪二十二年（1896）竣工。现尚存，被列为文物保护对象。

锡伯族喇嘛除在本教规定的日期念经外，在民间红白喜事、大人物寿辰、节日和国家大事之日还焚香念祷、祈祝。此外，遇有灾祸疾病、"鬼魔邪气"流行的年月，还要举行送邪恶仪式（民间俗称"抛筐"仪式）。一般是在收获不佳、疾患流行等天灾人祸较多的年份举行，而且多在岁末或年初举行。据说，自靖远寺建寺以来，送邪恶仪式只举行过三四次，根据《锡伯族简史》记载，最后一次是 1948 年 1 月 16 日在孙扎齐牛录（五乡）举行的。在举行仪式之前，众喇嘛在寺庙里诵经满天，满天的次日举行仪式。送邪恶仪式非常隆重，将邪恶的模具置于用木板制作的"筐"内，四周围上黄土、五谷，供果品等物。仪式当天，全县八个牛录的官员、百姓万余人齐聚孙扎齐牛录。在靖远寺住持大喇嘛指挥下，众喇嘛诵经、奏乐，组成浩浩荡荡的仪仗队伍，抬着"邪恶筐"绕寺院一周，缓缓走出北门，送到野外事先挖好的坑内进行焚烧。送仪邪恶式，民间也称"抛筐"，是锡伯族喇嘛教仪式中最隆重的一项。

喇嘛教虽然在锡伯族中曾经盛极一时，但是并没有成为锡伯族唯一的宗教信仰，锡伯族在信仰喇嘛教的同时，萨满教也仍然占据着一定的信仰空间。此外，新疆察布查尔的锡伯族受汉族文化的影响，也供奉观世音菩萨、关帝庙、龙王、土地神等。自民国以来，察布查尔的锡伯族的宗教意识就开始逐渐淡薄。解放后又受到党的无神论宣传教育，所以，今天察布查尔县锡伯族广大群众极少有人信仰宗教，目前，察布查尔县锡伯族可以说是无宗教信仰的民族，现在察布查尔县锡伯族最崇拜的是自己的祖先神——喜利妈妈。

第二节　锡伯族民俗

锡伯族的传统民俗文化与风俗习惯独特而丰富多彩，是中华民族文化宝库中的瑰宝，并且随着社会的发展进步，在传统与现代的碰撞中，逐步变迁。锡伯族的民俗主要体现在民间艺术、礼仪礼节、民族节日、服饰、饮食、民族禁忌等方面。

一　民间艺术

留居东北的锡伯族至清末时几乎已全面汉化，民间艺术近乎绝迹，锡伯族的民间艺术主要在察布查尔县锡伯族中得以保存并传承至今。现今在察布查尔县锡伯族民间传承的艺术主要包括：音乐及其乐器、舞蹈、工艺美术等。锡伯族的音乐分戏剧音乐和说唱音乐两类。戏剧音乐（称秧歌牡丹），又分为平调和越调两种。平调的历史悠久，是锡伯族在东北时期就已形成的音乐，越调是锡伯族西迁与汉族有了频繁往来以后才形成的，吸收了汉族音乐成分，因而它的历史较短。平调和越调各有不同的曲调（或称牌子）。锡伯族的戏曲音乐既有浓厚的民族特点，又有陕西、山西、甘肃一带流行的眉户音乐的成分。

锡伯族说唱音乐曲式结构简单，大部分曲子以单乐段构成，因此，既便于记忆，又便于流传，常见的是上下两句的单乐段，节拍以 2/4、3/4、4/4 等单牌子为主。[①] 但是调式种类繁多，这是锡伯族民间说唱（民歌）的一大特点。锡伯族具有民族特色的乐器有菲察克、墨克纳、斐特合纳、绰伦、冬布尔、四胡、伊穆秦。其中有的是弹奏乐器，有的是吹奏乐器。锡伯族民歌大致可以分为田野歌、习俗歌、儿歌和新民歌[②]，主要是反映锡伯族丧葬、婚姻、劳动、游乐、礼节、信仰等方面的风俗。如丧葬方面有《哭葬歌》；婚姻方面有《说亲歌》《哭嫁歌》《劝嫁歌》；劳动方面有《四季歌》，游乐方面有《刁羊歌》，礼节方面有《尊老歌》，信仰方面有《喜林妈麽歌》等。在婚娶习俗歌曲中一般都有固定的歌词。儿歌歌曲曲调简明，多是教育儿童努力学习、学唱字母、射箭口诀等内容，这是锡伯族崇尚教育优良传统的体现，正是这种传统才促使这个西迁时只有 5000 余人的民族，虽然与其他民族杂居了漫长的 200 多年，仍然保留了本民族的语言文字和传统艺术。

舞蹈。锡伯族民间舞蹈有贝伦舞、萨满舞两种，贝伦舞有十几种，主要有锡伯贝伦、单阿克苏尔、双阿克苏尔、行礼舞、拍手舞、呼妻舞、蝴蝶舞等。双人贝伦舞以锡伯族民间贝伦舞为基础进行艺术加工，富有浓郁的民族特色和激情的舞台表现力，深受群众欢迎。萨满舞是从锡伯族过去信仰的原始宗教——萨满教及其巫术活动仪式中演化而成的一种古老的单人舞，主要表现萨满跳神时请神驱魔、祛病消灾的全过程。萨满舞至今在

---

① 参见《锡伯族简史》编写组《锡伯族简史》修订本，民族出版社 2008 年版，第 201 页。

② 参见察布查尔锡伯自治县史志编纂委员会编《察布查尔县锡伯自治县志》，新疆人民出版社 2007 年版，第 520 页。

锡伯族中仍有保留和演出。[①]

绣花艺术。绣花是锡伯族妇女擅长的手艺。每年农闲时间里，妇女除炊事缝补之外，就是施展其特有的手艺——绣花。装饰包、荷包、针扎等上面绣的花格外精美。时至今日，刺绣仍然是锡伯族妇女引以为荣的技艺，并且成为一些锡伯族家庭一条重要的创收渠道。

住宅建筑艺术。锡伯族早期住帐篷、草房、马架子、地窝子等。清代以来以土平房、人字开土坯斜顶房、木架结构斜顶房等。锡伯族的人字顶房屋很宽敞。屋檐前伸1米左右，窗户很大，一间屋就有四五个窗户。窗芯都由小格木组成，小而多曲，几乎和雕刻的一样，每格木联结处都刻有精致的花木图案。门框、门扇、屏风、炕柜上也雕刻有图案。现在察布查尔县锡伯族普遍住的是既抗震又美观大方的砖瓦房，住房多为三间，南北向。随着生产生活水平的提高及城镇化的发展，现在已经有越来越多的锡伯族人住进了楼房。

二　礼仪礼节

1.“打千”礼。“打千”是锡伯族在日常生活中经常行的礼节。打千礼自古传到今天，是非常普遍应用于见面时的礼节。晚辈与长辈、儿女与父母、久别重逢的同辈、老人与老人见面时都行此礼。所不同的是，老人与老人、同辈之间行打千礼时，对方也同时“打千”，即“答千”，而年轻人向长辈“打千”时，长辈只是吭一声就算应礼。锡伯族的“打千”礼只限于本民族内使用，妇女不行此礼，但男性向女性同辈行此礼时，妇女也须做出“打千”的姿态应礼。“打千”的形式是立定后，左脚先迈出半步，双膝弯曲，把左手先放在左腿膝盖上，然后右手压住左手，身子往下坐曲，即刻复直。锡伯人“打千”的形式和满族“打千”形式相似而稍有别。

2. 跪礼和磕头。锡伯人下跪具有礼节上的意义。除为死者下跪致哀和为长辈请罪而下跪外，一般儿女数年离家归来，还为父母爷奶行此礼。在婚丧期间也多行此礼。尤其是逢年过节，晚辈对长辈都要下跪磕头祝贺（祝寿）。现在，一般的见面礼仪，在平辈之间握手，对长辈仍行“打千礼”。

---

① 察布查尔锡伯自治县史志编纂委员会编：《察布查尔县锡伯自治县志》，新疆人民出版社2007年版，第522页。

三　节日

1. 大众化节日

锡伯族和全国各族人民一道，过“新年”（元旦）、春节、“五一”国际劳动节、国庆节等全国性节日。

春节，锡伯族也叫过年。这一节日的活动较丰富，既有宗教色彩，又有民族特色。大年三十这一天，各家各户都杀猪宰羊，有的富裕户还宰牛，妇女们忙于炸油果子、油饼，烤制具有锡伯族特色的发面饼，做锅盔，煮牛羊肉，做“萨萨罕索吉”“车勒”等菜。年轻人则清早前往墓地清扫坟头上的雪，之后忙于给亲戚、长辈送年礼（主要礼品为瓶酒、方糖、点心以及猪、羊、牛肉等）。晚上，一家成员必须吃顿丰盛的团圆饭。开饭之前，家主带一家成员到大门前设供桌摆供品祭祖先，敬土地神。吃完饭，家庭的男性成员到保存哈拉家谱的家去，为祖先烧香磕头，给哈拉达（族长）拜年并给晚辈讲解本哈拉的发展情况，然后到其他长辈家拜年。晚上，家庭主要成员聚集在一起剁馅包饺子，老人们带孩童在炕上玩“嘎尔出克”（把一年中积存的最好的食品拿出来分给大家吃），大家欢乐到深夜才睡觉。第二天一早，各家各户都争先恐后地早起，煮饺子吃，然后父母带子女到亲戚朋友家拜年，锡伯族拜年时要下跪磕头。春节前要备足一个月的发面饼及菜肴，在这一个月里，男女老少主要走亲戚，参加各项文体活动。“五一”国际劳动节和“十一”国庆节的过法基本和汉族的过法相同。

2. 半民族化节日

锡伯族欢度的半民族化节日有：两次清明节、端午节和中秋节。

清明节主要去扫祖先之墓（一是祭供、二是培土）。锡伯族的清明节有两次，三月间的“鱼清明”和七月间的“瓜清明”。三月份正是产鱼季节，人们习惯上拿鱼肉去祭供，故称“鱼清明”；而七月正是瓜果成熟季节，扫墓的人都以瓜果祭供，故称“瓜清明”。

端午节，锡伯族称作“孙扎拜义车孙扎”（五月初五之意，也叫泼水的日子）。这一天大早，小孩们拿盆、碗互相泼水。过去，端午前的半个月里，父母老人给幼童的衣背上挂布猴，到端午这一日，将布猴投入河里。各家各户的门口都挂艾草，以此避邪。此日清早，老人给子孙的耳朵里塞艾叶（意为防病虫害侵入耳朵里）。此外，这一天还举行叼羊、赛马、射箭、摔跤等群众性的娱乐活动。青年人给老人泼水时，只是象征性地弄湿一点即可。

中秋节，锡伯族以瓜果、月饼供月亮。

3. 民族化节日

阴历“四月十八”西迁节和正月十六“抹黑节”是锡伯族具有纪念意义和娱乐性质的节日。

阴历四月十八，是新疆的锡伯族从祖国的东北西迁到新疆伊犁地区的传统纪念日。清乾隆二十九年（1764）的阴历四月十八，锡伯族同胞在故乡——辽宁沈阳（当时称盛京）的锡伯家庙（太平寺）集会吃离别饭，与骨肉同胞分别，踏上西迁的征途。西迁节时各个牛录都举行各种形式的纪念活动，包括丰富多彩的文艺会演、赛马、叼羊、射箭、摔跤等。年轻人还骑着骏马出外野游，妇女、老人们或者坐车，或者徒步，三五成群到野外踏青，摆野餐共度佳节。此外，家家户户做“米顺”（面酱），吃鲜鱼，做蒸肉，欢度这一传统的纪念日，“文化大革命”期间曾一度被取消这一节日，党的十一届三中全会以后，“四一八节”又得以恢复，开始以多种形式欢度这一传统节日。

正月十六“抹黑节”。这一节日历史悠久。锡伯族转为农业民族后，他们种植的小麦、稻谷等，由于天气寒冷，经赏挨冻而生黑麦（黑丹）。当时科学不发达，还不知道起因，就以为是天神在惩罚他们。于是有人想出用黑灰抹脸向天神谢罪的办法来消除这些灾难。锡伯族以为正月十六是天神巡视人间的日子，故于天神下凡之际，墨面请罪。每年这一天清早，年轻人争先恐后早起，用葱头、毡片粘锅底灰，三五成群争着向对方脸上抹黑，但对长辈是象征性的，只是往脸上点个黑点，或者不点，点时也须行跪礼，对服孝者忌抹。正月十六“抹黑节”，发展到今天，成为青少年的一种娱乐性的活动日。

四　服饰

锡伯族的服饰因时代不同和地区的差异，以及民族相互间的影响，也有所差异和变化。锡伯族由于历史上和其他民族错居杂处，其服饰式样曾有大的变化，吸收了蒙古、满、汉等民族的服饰优点，但也一直保持着自己的特点。尤其奉命西迁新疆的锡伯族有鲜明的民族特点，至今仍保留着独特的民族服饰特点。在清代，锡伯族的男子服装喜用青、蓝、棕等颜色，女子喜用各种格布，幼儿多穿各色花布服装。男子服式均与满族服式基本相同。为便于骑马和操作，都穿左右开衩的长袍和短袄，戴圆帽；妇女穿旗袍，扎裤脚，着白袜花鞋。姑娘们都是单长辫子，结婚后结发。妇女喜欢戴耳环、手镯和戒指，年老的妇女在春夏秋三季里多包白头巾，冬季戴棉帽。到了清末，由于锡伯族与汉族经济、文化方面交往密切，因此，服饰与汉族逐渐相同，唯有西迁到伊犁地区的锡伯族妇女，仍喜欢穿旗袍。

随着社会发展，当前新疆锡伯族民众的日常生活中，除了老年人着长袍马褂、戴礼帽、穿绣花鞋，孩童着绣花坎肩、绣花鞋等传统服饰仍旧有所保留外，其余人的日常着装普遍与汉族人着装相同，并且汉族民众中也有不少女性穿着具有锡伯族特色的绣花鞋。但是在重大民族节日、婚礼等特定场合，男女老少还会穿着具有明显民族特色的服饰。当前锡伯族老人的寿衣还是以长袍马褂、礼帽、坤秋帽、绣花鞋为首选。随着生产的发展和生活水平日益提高，锡伯族民族服饰用料越来越考究，样式越来越多样化，其中也会融入很多现代元素。

五 饮食

锡伯族饮食习惯有独到之处。明末清初，锡伯族放弃游猎、游牧、渔猎等非定居的生产形式，转为定居的农业民族，开始种植稻谷、小麦等，饮食结构由食肉为主转变为以粮食为主。清代，锡伯族军民种植的“席伯米”曾负有盛名，以至清政府也下令专以“席伯米”作为军粮调运。部分锡伯族迁到新疆伊犁以后，其生产形式仍以农业为主。锡伯族的饮食种类较丰富，面食类的饼子就分为许多种。馅食有包子、饺子、韭菜盒子、肉馅饼等。米食有大米干饭、抓饭、大米（小米）稀饭（分三种：一种为清水煮；一种为肉汤煮；一种为牛奶稀饭）。锡伯族的副食品分肉食类和蔬菜类。肉食类以食牛、羊肉为主，兼食猪、鸡肉。锡伯族食用的蔬菜品种较丰富，主要有韭菜、辣椒、芹菜、西红柿、茄子、洋芋（土豆）、白菜、青萝卜、黄萝卜、卷心菜、豇豆、刀豆、香菜等。其中最喜欢吃的而且常年吃的是韭菜和辣椒。农历四月十八，煮面酱做“米顺”盛入瓦缸中，用于做菜调味，或用青黄瓜、青椒等蘸着吃。到秋末，用韭菜、青椒、包心菜、胡萝卜等切成细丝，腌制“花花菜”。锡伯族人喜欢喝奶茶，一般都在奶茶中加熟奶皮或酥油。此外，锡伯族韭菜盒子、南瓜饺子、鱼汤等也别有风味。

最具锡伯族特色的饮食主要有以下几种，且一直保留至今。

锡伯大饼："发拉哈额分"为锡伯语，意为发面饼子。锡伯大饼独具特色，深受锡伯族群众喜欢。这种饼大而薄，微起点点烤黄的小泡，色淡黄，却不夹生，柔软可口，锡伯人早餐待客时多用这种鲜饼。主妇前一夜就发好面，早炊前再掺入适量面粉和苏打粉（或碱），再"饧"十几分钟，便可烤制。擀面要求又圆又匀，厚度为半厘米左右，大小以锅为标准，可大可小。将锅烧热，要求掌握火候，不宜火旺或火小，贴上擀好的面饼，待微起点点烤黄的小泡后，再翻一面，这样三翻九转即可烙熟。用发面饼佐以锡伯族特有的菜肴，别有风味。发面饼上桌时分天、地面，天面必须朝上，地面朝下，切成四瓣摆在桌沿一边。

花花菜：锡伯族有一种别有风味的咸菜，当地称之为"哈特混素吉"，也叫"花花菜"。每年秋末，锡伯人家都用韭菜、青椒、芹菜、包心菜、胡萝卜等切成细丝腌制咸菜，由于及时拌以盐并盛入瓦罐里，各种蔬菜都保持了原有颜色，红、绿、白、黄等色彩分明，在缺少新鲜蔬菜的冬天，一盘色彩分明、味道鲜美的花花菜能激起人们的食欲，有的人家可以把花花菜吃到第二年秋天。

布尔雪克炖鱼：布尔雪克炖鱼也是颇具风味的锡伯菜肴。"布尔雪克"是一种野生的香菜，这种草具有奇特的香味，因形似柳叶，故锡伯人称"布尔雪克"，译成汉语就是柳叶草，也有译作鱼腥草。鱼腥草炖鱼，一般将鲜鱼去鳞片开膛洗净剁成块儿，下锅清炖，加盐、辣椒面和鱼腥草嫩茎，鱼肉和鱼汤特别清香。

中华人民共和国成立以后，锡伯族与维吾尔、哈萨克、汉等民族的交往越来越密切，在锡伯族的日常食谱里又增添了上述兄弟民族的许多种饮食成分，例如维吾尔族的抓饭、烤馕、薄皮包子、拉面、揪面片，哈萨克族的那仁、汉族的各种炒菜等，都是锡伯族经常食用的食品。尤其是维吾尔族的烤羊肉，无论是家庭便宴或是喜庆宴会都是必不可少的食品之一。随着改革开放和市场经济的发展，锡伯族的饮食文化逐渐被外界接受，已有人到北京开锡伯族风味的饭馆。乌鲁木齐、伊宁市等处也有不少锡伯风味餐馆。

六　禁忌

锡伯族的禁忌范围较广，包括婚姻、丧葬、饮食、妇女、疾病等方面。

1. 婚姻方面的禁忌

子女在偶龄时禁止结婚，最起码一方为奇龄。说亲前就把男女双方的年龄、属相用八卦律精心算出，如果一方不符要求，就不会去登门求亲。堂兄妹和同姓间禁止婚配。男婚女嫁须择黄道吉日，忌单日结婚。男人忌说妻子美，忌父母大寿年办喜事，忌一年内办两三次喜事。

2. 丧葬方面的禁忌

锡伯人去世后，在给死尸洗理、穿寿衣之前忌号啕大哭。报丧时忌说“死”字，而用“末了”“终了”“百岁”等语代之。给死者洗理时，儿媳等忌看，忌猫、狗跳尸，忌站死尸首前。年轻人或妇女忌在停尸堂炕上坐卧，出殡前忌断死尸脚后长明灯，也忌扫地。忌摘取死人的耳环、手镯等贵重装饰品。出灵禁申日和午后。入殓时，忌尸脚先出和直晒太阳。忌去丧家借东西。丧家子女忌乱串别家门。服孝家成员忌去为他人送葬。在守孝期间，子女不得理发修饰，禁办喜事，忌刷扫房子。守孝期间禁歌舞、庆佳节，妇女不得在守孝期间改嫁。新坟三年内不培土，闰年不上坟培土。

中华人民共和国成立后，随着移风易俗，察布查尔县锡伯族的丧葬习俗发生巨大变迁，丧葬仪式比以前大为简化。

首先，传统的宗法观念和家族制度越来越淡漠。反映在茔地上，过去每一个“哈拉”都有固定的墓地，而且有着严格的排列顺序。现在，排列顺序越来越紊乱，茔地的规模也越来越小，人们可以自作主张把自己父母的坟墓迁移到别处，也不再注重周围的围墙、植树等保护措施了。其次，近些年来，随着火葬的推广，火葬已逐渐被锡伯族人接受。过去，火葬是作为一种特殊的丧葬方式，只对萨满、喇嘛等神职人员，以及难产而死者、非正常死亡者实行的丧葬方式。现在，火葬已经成为一种较为普遍的丧葬方式。再次，丧葬过程也比以前大为简化，尤其是其中的许多迷信内容已经越来越少，如过去人死后要请喇嘛念经超度，现在虽然也有，但是已经不多了。复次，在守丧方面也变化极大。丧夫者，不再遵从三年守丧期间不能改嫁的定制了，寡妇再嫁现象已极为普遍。最后，吊唁形式也普遍简化。过去，死者子女披麻戴孝，现在往往只是臂戴黑纱，朋友则是胸戴白花、送花圈等，以表哀思。锡伯族丧葬习俗的这些变化，是伴随着社会的发展、人们观念的变革自然而然地发生的，反映出锡伯族人具有开放性的民族性格，随着时代的发展而不断地与时俱进。

3. 饮食方面的禁忌

锡伯族的主食——发面饼有天地面，上桌时掰成4份，天面朝上，地面朝下，忌地面朝上，否则，认为翻天。锡伯族老人从小教育儿童爱惜粮食及食品，如果食物渣子掉地，须捡起来扔到房顶上。吃饭时忌用筷子敲桌子、碗碟，忌用筷子打猫，认为猫能引蛇入室。忌到院外、街上去吃饭。不能在饭桌上坐卧。禁小孩玩刀子、把筷子含嘴里。锡伯族受满族的影响，也不吃狗肉。

4. 妇女方面的禁忌

主要是妇女生产方面的禁忌。锡伯族妇女在坐月子期间禁吃凉性食品和冷菜，要补充肉食品，忌把光手赤脚露被子外晒凉。坐月子期间禁碰凉水，禁吹风、梳头、擦身，也不可吃酸辣、硬食，不可大声哭喊，忌过度伤心，不可拿针线做活，不可看书写字。

妇女在怀孕期间，也有很多禁忌，如：孕妇不可干重活，不可看死婴、听凶事和使人伤心的事，不可跃绳索，忌去病人家。不能说孕妇嘴馋，对孕妇的饮食要求不可拒绝。忌把妇女的脏物扔到流水里。

5. 疾病方面的禁忌

主要是小儿出疹时的禁忌。小孩出疹期间，其父母及亲属忌抠鼻子、搔脸，不可把火扔进水里，不可用棍子或其他东西打牲畜，不可钉桩打楔子，不可动锐器（刀斧），不可在患儿前出大声，禁做发面饼。禁把别人家的孩子领到家里，也不可到别人家串门。防止患儿与外人接触，尤其是忌尔琪①以外的巫师进家门。孩子出疹时，父母禁同房。

6. 其他方面的禁忌

狐狸是锡伯族的禁猎动物，如果无意伤害或害死，须杀鸡宰羊，举宴请罪。禁妇女在西屋旁小解。献给“海尔堪”的马，妇女不得骑用。家畜产崽时严禁属虎者来照料。忌夸自己的孩子聪明，严禁当着小孩面说其俊秀、体胖。

锡伯族爱整洁。过去牛录的每条街道要定期进行打扫，街道上不准牲畜家禽乱窜。农家肥必须堆在隐蔽之处，一年的肥料，春季必须清除掉。饮马者不可把马牵到水渠边上去饮，须用水桶接水，离渠几十米处去饮。

① 尔琪——巫师类，民间给人看病的人。

如果谁家的猪跑到河里去拉屎撒尿，一旦被发现，主人就会受到严厉惩处，或者当场把猪处死。因此，牛录的街道都非常干净。这样，既保护了环境卫生，又避免了各种病虫害的繁衍。中华人民共和国成立后，每个牛录的城墙、大门都已不复存在，因人口增多，村寨不断向四周扩建，过去的城墙遗址只有一些零星的残垣。同时居民的民族成分也发生变化，由单一的锡伯族变为与汉、维吾尔、哈萨克等民族杂居的局面。改革开放以来，锡伯族的村寨也发生了巨大的变化，进行统一规划，对主要街道进行拓宽，铺成柏油路面，路面宽而平坦。马路两侧都有绿化带，并且有了路灯。农村改水工程的实施，农民都吃上了自来水。

现代社会生产生活中，锡伯族对很对禁忌的执行已经不像以前那么讲究，特别是一些不利于生产发展和生活和谐的禁忌和陈规陋习基本被摒弃。

第三节　锡伯族社会家庭

锡伯族西迁至伊犁河驻守，保持着一种特殊的社会组织形式。这种形式，对今天察布查尔县的经济社会发展仍有影响。

一　社会组织

锡伯族在历史上经过了哪些社会发展阶段？其各个阶段的社会性质又是怎样？史书记载不多。根据史书记载，历史上锡伯族的社会组织结构主要有氏族组织和八旗制度。

1. 氏族组织

氏族，也叫作氏族公社，它是以血缘关系为纽带的原始社会的“基本细胞”。氏族公社阶段为世界绝大多数民族所必经，由于历史的原因，锡伯族的氏族制阶段比较漫长。据史书记载，锡伯族最早的社会组织形式是哈拉穆昆制。哈拉穆昆制是一种氏族公社组织，它是以血缘关系为纽带的原始氏族组织。随着整个社会的发展和时代进步，锡伯族的生产水平逐渐地提高，其社会组织也在发生变化，过渡到以一夫一妻制的个体家庭为单位的按地缘关系结合的“嘎善”（嘎善：锡伯语村庄、故乡）为基础的社会组织。锡伯族的每一个“嘎善”都是由不同的“哈拉”和“莫昆”组成的。“哈拉”，是锡伯语的音译，意为姓。“穆昆”也是锡伯语的音译，意为氏族或族。锡伯族的“哈拉”为同一个祖先的后代，是以血缘为纽带的一个氏族，“哈拉”内绝对禁止通婚。“哈拉”传至五六代以后便分出“莫昆”，这时的“哈拉”就演变成一个胞族，因此，每一个“哈拉”包括几个“莫昆”，即家族。每个穆昆又包含若干个家庭，锡伯族的穆昆（家族）是由若干个同一祖先繁衍的后代组成的大家庭。

伴随着锡伯族的历史发展，哈拉穆昆制存在了几百年之久，它使整个锡伯族社会能够自我管理、自我调节、自我完善。它既具有政治上的功能，又兼具社会服务的职能，实际上是一种封建家长制。自锡伯族隶属于清朝统治之后，这种家族组织又与八旗制度紧密结合起来。

2. 八旗制度

八旗制度是在 1615 年由清帝国的奠基人努尔哈赤正式建立的。这是一种军政合一，兵民一体的社会组织形式，具有行政管理、军事征伐、组织生产等职能。八旗制的基本单位是牛录，它是从女真人狩猎时实行的“牛录”组织逐步发展演变而来的一种社会组织形式。明万历二十一年（1593）“九部联军”战败后，就有一些锡伯族人陆续归顺了努尔哈赤。后来，清政府在编设科尔沁蒙古十旗时，将隶属于科尔沁蒙古的锡伯族也编入了蒙古八旗。康熙三十一年（1692），科尔沁王台吉将锡伯人进献给清政府，清政府把科尔沁蒙古旗内的锡伯族全部编入满洲“上三旗”，分属于各牛录，所以当时没有设以锡伯族为主的锡伯牛录。从此，锡伯族在满洲八旗制度统治之下生活了 200 余年。

乾隆三十年（1765），自盛京（沈阳）西迁至新疆伊犁地区的锡伯族官兵，一到伊犁就组建了锡伯营，编为六牛录。后来随着人口的增长，于乾隆三十二年（1767）年增设两牛录，编为八牛录，即八旗。锡伯营的牛录，在人员构成上基本上是按原来的氏族组织划分的，几个“哈拉”组成一个牛录，但也有一个“哈拉”分散在几个牛录里的情况。锡伯营的组织形式是：营设领队大臣一员，驻惠远城。营下设有总管、副总管各一员，驻本营，其办事机构为“总管档房”，专管本营八个牛录的兵民一切事宜。总管档房下辖八个牛录，牛录的办事机构为“旗下档房”，设佐领、防御、骁骑校、委官各一员，领催四员，披甲（兵丁）一百五十至三百人，连同家属一千至二千人。锡伯族的牛录组织，是与其传统的哈拉穆昆制紧密地联系在一起，是一种牛录—哈拉—穆昆—家庭的社会组织形式，因此，锡伯族的社会组织是哈拉穆昆制与八旗制度的紧密结合体。

辛亥革命爆发，杨增新取得新疆统治权后，锡伯营官兵解甲归田，但仍然保留清代锡伯营牛录制，直至1938年才最终废除锡伯营旧制。虽然1938年新疆官方废除锡伯营旧制，但直到中华人民共和国成立，牛录组织仍然是新疆伊犁锡伯族的主要社会组织形式，在社会生活管理中起主导作用。中华人民共和国成立后，新疆伊犁地区的锡伯族迈入了现代社会，1950年6月，宁西县人民政府成立，1954年3月，宁西县改为察布查尔锡伯自治县，聚居察布查尔县的锡伯族在原先八个牛录的基础上，划分为八个乡镇，从1950年宁西县成立到1988年，察布查尔县的乡镇建制一直在不断调整，直到1988年才形成八个乡镇建制，新疆锡伯族的社会组织形态发生了历史性变革。

二　家庭结构与亲属称谓

历史上，传统的锡伯族家庭是组成“哈拉”姓、“穆昆”家族的最小单位。锡伯族的家庭都是属于某个哈拉之内的，同一哈拉内是绝对禁止通婚的。锡伯族家庭的封建家长制，直到中华人民共和国成立前，仍保持得比较完整。家庭中辈分最高的男子为一家之长，主持家务。家中没有父辈的，长子成为一家之主，家内外的一切事务由长子当家。长辈一般住在西屋，晚辈一般住在东屋。长辈在世时，一般都是三代同居，也有四五代同堂的现象。

锡伯族家庭内男女分工较为明显。男子一般承担田间劳动和其他外务，妇女负责家务和副业生产劳动，但是在农忙季节，如秋收打场时，妇女也参加。中华人民共和国成立前，察布查尔县锡伯族男尊女卑的观念较重，妇女的地位比男子低下，妇女没有财产继承权、离婚权和受教育权（辛亥革命后察布查尔县锡伯族妇女才开始上学），直到中华人民共和国成立前，锡伯族女孩上学仍然很少，家中来了客人，女孩也不能上桌与客人同桌吃饭。

中华人民共和国成立后，尤其是改革开放以来，尽管性别平等意识在增强，家庭成员间有了更多的平等和自由，但是，女性仍然继续尊重她们在家庭中的传统角色，比男性承担更多的家务。锡伯族崇尚尊长敬祖，故素有祭祖的习俗。一般家庭祭祀活动一年有三次。锡伯族人讲究辈分，注重家族内部的等级，辈分越高，在家族内的地位、威望越高，体现了家族内部不同群体之间的权力等级之差异。现在的察布查尔县锡伯族家庭结构，主要以父母与其未婚的子女共同生活的家庭模式为主。

亲属称谓制度，是反映人们的亲属关系以及代表这些亲属关系的称谓的一种社会规范，通常又称之为“亲属名称制度”。察布查尔县锡伯族亲属关系的基本称谓有二十多种，与汉族基本一致，在实际生活中的使用情况如下：太爷、太奶，太姥爷、太姥姥，爷爷、奶奶，姥爷、姥姥，父亲、母亲，伯父、伯母，叔叔、婶婶，舅舅、舅母，大姨父、大姨，小姨父、小姨，哥哥、嫂子，姐夫、姐姐，弟弟，妹妹，姑姑。

三　婚姻制度与婚俗的发展变化

锡伯族实行一夫一妻制的婚姻形式，本姓（家族）内禁止通婚。中华人民共和国成立前，锡伯族主要实行族内婚，禁止妇女外嫁其他民族，但允许男子娶其他民族的妇女。本民族内同姓不婚，联姻讲究门当户对。允许姨表、舅表、姑表兄妹通婚，但不同辈分的男女不能结婚。子女的婚姻均由父母包办，没有儿子或者儿子年幼而父母已经年老的，也有女婿入赘的习俗，入赘的女婿，或养老送终继承家业，或其内弟长大成人后方可另立门户。锡伯族的传统婚姻制度一直为察布查尔县锡伯族所遵循，中华人民共和国成立后才有了新的变化，婚姻自由逐步得到认可。

1. 中华人民共和国成立前锡伯族婚俗

中华人民共和国成立前锡伯族婚俗主要有：指腹为婚，至成婚年龄予以成婚的，叫蛋婚；联婚后，如女子年幼，家庭生活困难，可将幼女移交男家抚养，长大后成婚，叫“小姐婚”；招养老女婿，没有子嗣的人家为养老送终，可招作为继承人，其婚事的所需之物均由女家负担，民间多称“帮工婿”。男女自幼联姻，在各自父母家中长大，则婚事所需之物绝大部分由男方准备。结婚前每逢大年三十，女婿要去娘家送衣料和其他礼物（平时不登门），女子必须回避，女方家受礼后送给女婿一双布鞋或其他物品。

2. 中华人民共和国成立后锡伯族婚俗

中华人民共和国成立后，锡伯族的婚姻观念已发生了很大变化，婚姻界限被打破，男女均可娶嫁其他民族的男女，近些年来，察布查尔县锡伯族女子嫁给汉族的趋势一直呈上升状态。如今同姓不婚已不很严格，但是姨表、舅表、姑表兄妹的近亲婚姻已受到人们的普遍重视，逐渐退出了历史舞台。青年男女的婚姻以自由恋爱为主，但传统的婚姻形式依然有所保留。锡伯族的婚姻仪式较为烦琐，锡伯族青年男女的婚姻一般要经过说亲、许亲、认亲、结婚几道程序，这一整套婚姻仪式解放前均为察布查尔县锡伯族所遵守。

说亲，即提亲。当男方家在确定了儿子的意中人后，就派媒人（有名望，年龄和辈分与女方父母相当）到女方家中“拜访”。头一次或第二次不带酒，也不提说亲之事，只是一般礼节性拜访。此后，则带一瓶酒到女方家中，媒人说明来意即求亲。如果女方家接受了礼酒，就说明他们不反感，有提亲的余地。经媒人多方说合，女方家征得家人同意后，就可以举行许亲仪式了。

许亲：许亲即定亲，定亲仪式一般分两次举行。第一次为正式许亲，第一次许亲之日，男方携带一只羊和酒，与媒人和自己的近亲到女方家中，在媒人的主持下，在女方家设宴款待女方父母，男方跪听女方父母许亲。这次不用送彩礼，因而称其为“虚磕头礼”。第二次，双方商定日子后，男方与自己的近亲、媒人携带彩礼和猪、羊各一只、酒等礼物到女方家举办一次中型宴席，招待女方直系亲属。届时，准女婿要对女方父母等亲属行跪礼，一一磕头相拜，并敬献彩礼。因这次带了彩礼，故叫“实磕头礼”。

认亲：定亲仪式后，男方选定一个方便的日子，在家中准备酒肴，请女方的父母和近亲前来，招待一次，并请自己的近亲陪同，彼此相互认亲。

婚礼：认亲后，男方父母在媒人陪同下，去女方家中，请示结婚日期，称作“请命”。吉日确定后，双方就开始准备婚礼。锡伯族传统的婚礼非常热闹，富有浓重的民族色彩。婚礼一般要举行三天（主要以男方为主）。婚后第九天，新娘在新郎的陪同下回娘家一次，当日返回，路途远则可以住下。满月后新娘归家，住近一个月，不能住满月，否则会引起公婆的异议。

中华人民共和国成立后，随着婚姻法的深入贯彻执行，察布查尔县锡伯族人的婚姻观念和婚俗都产生巨变，除了婚礼上设宴招待来宾以外，其余种种繁文缛节逐渐被新式婚礼所代替，青年们婚姻自主。

四　伦理道德

锡伯族以农为主，在长期的社会生活中形成了具有自己民族特色的伦理思想，并相应地形成了一套道德规范。

1. 体力劳动方面男女分工明确。男人主干田间活，女人主持家内劳动。如果男人在非农忙季节经常令妻去田间劳动，则被认为是无能之辈，社会道德舆论将其讥称为“死汉”；尤其是让老年女子下田间劳动，更要受到众人的指责或讥笑。相反，男人如果经常在家里做“女人活”，如做饭、带孩子、下菜地除草等，那么该家女人则同样会受到邻里街坊女人的非议，说她是无能媳妇。当然，此种情况在过去很普遍，中华人民共和国成立后已有所改变。男子上了五旬，被认为已到了老年，一般就要脱离田间劳动，只能在家里做家务活，如带孙子、喂家畜等。如果经常下田间劳动，也要受人非议。这种根据性别差异所体现出来的男女分工，反映了锡伯族人在社会生产活动中特别强调要有明确的人伦关系和秩序。另外，注重对儿童进行劳动道德观念的教育和培养。在锡伯族社会里，孩子长到三四岁，长辈就开始通过讲故事、猜谜语等形式灌输有关知识，尤其注重培养他们的劳动道德观念，教育他们要树立以劳动为荣、懒惰可耻的道德观念，认为懒汉伏天会“冻”手脚等。五六岁以后，有意让他们帮助母亲干些力所能及的活，如抱柴、烧水、带弟妹等。到八九岁，让其下田帮父亲打柴、捆麦、赶车，并学会骑马等。十二三岁后，必须学会割麦、喂养家畜、打场、除草等成人活计。劳动是人类生存之本。培养人们树立以劳动为荣、以懒惰为耻的道德观念，是锡伯族人得以生存和发展的道德根基。

2. 锡伯族自古就有互帮互助的良好风尚。如在旧时种田，往往三五户自愿组成互助组，有农具的出农具，有耕畜的出耕畜，有种子的出种子，有力的出力；收成后，不管劳力强弱和贡献大小，收获物都要平均分配，甚至对贫弱或负担重者更要予以优待。人们对此从不会有何异议。每当人们盖新房，邻里街坊都会自愿前来协助，尤其是封顶时几乎得悉的人们都要前来帮忙，妇女们还自愿制作发面饼，携新鲜蔬菜前来准备饭菜。在这种场合如果有人偷懒，便会遭到众人的一致谴责。如果盖房封顶时不请人帮忙，会一辈子遭到众人的非议，说他是“孤家寡人”。这种互帮互助的道德观念是“我为人人，人人为我”的伦理精神的生动体现。

3. 锡伯族人具有尊老爱幼的传统美德。老人受到尊重，是锡伯族人的传统美德。家里如果有年轻力壮的人却让老人干重活，是这一家最大的耻辱，会受到社会的耻笑；不赡养老人的人，会受到社会道德舆论的斥责和非议。锡伯族人在尊老的同时，爱幼也是其美德之一。凡是成心欺负小孩儿、拿小孩儿出气的人，皆要被大家耻笑为无能之辈，无论他有理无理，都必将受到长辈的训斥。在锡伯族人社会中，尊老与爱幼是相互关联、上下承接的。赡养父母和尊敬老人是锡伯族人民的传统美德。子女都有赡养父母的义务，兄弟分家后，仍然要共同赡养父母；同时父母也有权过问他们的家务。父母习惯上跟最小的儿子度过晚年。

4. 锡伯族人具有保护水源的环境伦理意识。过去，锡伯族人对保护水源，各地都有明文规定。譬如，不准牛、马、猪、禽跑进水渠喝水和乱撒尿屎，严禁把垃圾倒到水渠里或水渠旁，不准挖水源泥土等。此外，长辈经常教育儿童不要往水里撒尿。锡伯族人具有保持内外整洁的道德观念。锡伯族是崇尚整洁的民族。对室外的要求来说，锡伯族人认为垃圾等不洁之物不可堆在人眼见到的地方，而必须堆在背阴之处，自己门前或房前的大小路径必须自觉地进行清扫，保持其经常性的整洁与干净。室内时时要保持整洁，把客人迎进肮脏的房间，是一种失礼的表现。若在平时串门，还要讲究穿着打扮，即使是破旧衣服也要补齐洗净。如果穿肮脏破烂的衣服串门，会被认为是对主人的一种不尊重的表现。

5. 尊重客人是锡伯族传统礼仪礼节中最起码的道德要求。锡伯族是热情好客的民族，尊重客人是锡伯族礼节中最重要的一项。客人到家，主人必须出门去迎接；客人走时，也要送到院门。到家的远方客人，不能空腹离家，必须做一顿好饭，吃饱后才让走。客人吃饭时，不能将锅铲弄出响声，如果铲锅出响声，客人会误认为是饭菜不够，就会吃不饱。客人的背囊、帽子等物，不可拨弄，须放到高处。忌问客人走的时间，否则，人们会说这家主人不懂礼或不尊重客人。客人忌当面夸赞主人的手艺或其他东西。客人吃饭或留住后给主人报酬，是对主人莫大的污辱，主人会当面发脾气。客人在家时，主人家的其他成员也要以礼待人，不可随便躺卧。同客人谈话时，主人家的幼辈不可随便插话或在旁听讲。在人际交往中，说话和气也是锡伯族人的道德要求。锡伯族人颇注重和讲究说话音调，凡是说话粗鲁或生硬者将处处受到指责和议论。

6. 下跪和磕头也是锡伯族人伦关系的道德要求。锡伯族下跪具有礼节上的意义。除为死者下跪致哀和为长辈下跪请罪外，一般儿女数年后分别归来，也要为父母爷奶行此礼。此外，在办理婚丧事期间，人们也要多行此礼。尤其是逢年过节，晚辈都要向长辈下跪磕头祝贺，表示祝寿。

第七章

医疗卫生与社会保障

察布查尔县政府和相关机构十分重视提高服务能力与保障水平。进入21世纪起来，他们不断创新发展方式与管理模式，认真开展医疗卫生和社会保障等民生工程，通过技术创新、基础实施提升改造、人才培养、创新管理机制等方法，积极改善医疗卫生状况，建立健全社会保障体系，在医疗卫生与社会保障事业方面取得了长足的进步，为全县各族人民群众解除了病痛，保障了人民群众的身心健康。

第一节　医疗卫生

中华人民共和国成立前，县境内只有1所医院4名卫生人员，另外有少数个体行医者，万人中拥有医务工作者不足3人。1956年县人民医院有医护人员27人，各区卫生所有17人，万人中拥有医务工作者11人，1961年，全县卫生技术人员共121人，其中县医院33人、公社医院28人、生产大队医务所46人、厂矿卫生所14人，此外还有个体行医者14人，万人中拥有医务工作者21人。当前全县共有各级各类医疗卫生机构109家，其中县级公立医院2家（县人民医院、县中医院），专业公共卫生机构3家（妇幼保健院、县疾控中心、卫生监督所）、乡镇卫生院15家、牧业医院2家、村卫生室55家，个体诊所32家。全县医疗机构共有干部职工1427人，其中卫生专业技术人员1214人，占85.7%，执业（助理）医师219人、注册执业护士331人。全县核定床位725张，其中县级430张，乡（镇）级295张，现有开放床位605张，其中县级410张，乡（镇）级195张。每千常住人口公立医院床位数3.1张。全县万元以上医疗设备596台，其中县级333台，包括美国GE Brivo MR355第二代新光纤（1.5T 超导）核磁共振、西门子双排螺旋 CT 机、全自动细菌培养药敏分析仪、奥林巴斯 290 胃肠镜、腹腔镜和钬激光等多台先进设备。2016 年总诊疗人数 103.41 万人次，出院人数 2.6 万人次。①

一　医疗卫生状况

近年来，察布查尔县医疗卫生事业建设全面强化，成效凸显，各项指标基本实现。卫生资源总量持续增长，2010 年自治县共有 86 家医疗卫生机构，其中公立医疗机构 61 家，包括 4 所县级医疗卫生机构（有县级综合医院、县妇幼保健院、县疾控预防中心和县中医院）；15 所乡镇场卫生院、2 所牧业医院、1 所社区卫生服务中心、6 个社区卫生服务站、33 所村卫生室；25 家个体医疗诊所。截至 2016 年全县有各级各类卫生机构 105 个，共有床位 412 张，比 2005 年增加 256 张，每千人拥有床位数增加到 2.49 张，有卫生技术人员 712 人，比 2005 年增加 254 人，每千人拥有卫生专业技术人员 4.31 人。②

在公共卫生服务能力方面，由于服务网络不断完善，服务能力有了显著增强。"十一五"至今，自治县先后投入 1.6 亿元，完成县乡村三级医疗卫生基础设施建设，新建面积达到 7.4 万平方米。其中先后投入 6050.16 万元完成县人民医院标准化建设项目、医技门诊楼基础设施建设和县妇幼保健院整体搬迁，新建成的县妇幼保健院业务楼在全疆县级单体面积最大，功能最全。投入 4000 万元相继完成乡（镇）卫生院综合业务楼功能提升改造；投入 393.8 万元完成 75 套乡（镇）卫生院干部周转房；投入 880 万元高标准完成 55 所村卫生室建设，新建村卫生室业务用房面积均在 100 平方米以上，水、电、暖、网络、厕所、宣传栏等配套设施齐全。室内设置诊断、治疗、观察、预防接种中医（民族）诊断和药房，六室分开，全县 55 所村卫生室人员到位、设备到位，在伊犁州唯一实现标准化村卫生室全覆盖，农牧民看病就医难的问题得到有效解决。

通过一系列政策措施的实施，全县基本医疗保障水平正在稳步提高，新农合参合人数由 2006 年的 87225 人增加到 2016 的 403634 人。按照县委提出"力争参保率达到 100%、确保贫困人口参保率 100%"工作目标，

① 参见察布查尔锡伯自治县地方志编纂委员会编《察布查尔锡伯自治县志》，新疆人民出版社 2007 年版，第 479—480 页。

② 同上书，第 481—490 页。

完成城乡居民医保缴费人数131589人，较2015年新增加9315人。实现贫困人口参保率、农村和城镇低保户等民政对象参保率、民政对象代交率达到三个100%。

在医护人员队伍的建设方面，察布查尔县通过公开招聘先后为乡村两级医疗卫生机构配备318名卫生技术人员，其中县级医疗机构58人，乡级医疗机构210人，村级卫生室50人。累计增加编制180个，累计培训基层医疗卫生专业技术人员1150余人次，基层卫生专业技术人员短缺状况有所缓解，人才队伍不断壮大，医护人员业务水平不断提高。

总结起来，察布查尔县在促进医疗卫生事业的发展方面主要有以下做法和经验。

（1）强化责任，健全保障新合力，固本培元强基础。县委、县人民政府高度重视医疗综合改革工作，确定2家县级公立医院和1家专业公共卫生机构为改革试点单位。全面落实“一个明确，四个保障”政府主体责任，即明确政府是公立医院改革投资主体，健全组织保障、制度保障、投入保障、人才保障“四个保障”，依托援疆项目，先后投入79万元选派33名专业技术骨干到盐城医疗卫生机构参加短期培训和脱产进修。全面实施自治区农村定单定向免费医学生培养项目，五年来，累计选送定单定向委培生72人，已毕业分配到乡镇卫生院46人。选派21名业务骨干参加国家住院医师规范化和全科医生培训，保证乡村医疗机构全面发展，医护人员业务水平稳步提升。

（2）多方联动，建立补偿新机制，有效减轻患者负担。以“公平可及、群众受益”为出发点和立足点，坚持医保、医疗、医药“三医联动”，用改革的办法破除“以药养医”困境，将服务收费、药品加成收入和政府补助三个资金进入渠道改为服务收费和政府补助两个渠道，从源头上杜绝“以药养医”。严格落实药品零差率政策，15个乡（镇）卫生院、55个村卫生室实现药品零差率全覆盖，药价较改革前总体下降30%以上，预计半年可为患者减轻180万—200万元药费负担。县级3家公立医院药品占比43%，比去年同期下降2个百分点，其中县人民医院药品占比45.6%，比去年同期下降3个百分点。从2015年7月1日起，县级2家公立医院、1家公共卫生机构全部取消药品加成，县财政对3家单位实行药品零差率补偿。县级3家医院药占比从2011年的60%降至40%。专项财政补助力度不断增强，目前，县财政对肾功能失代偿期患者血液透析治疗救助、县妇幼保健院脑瘫儿童康复治疗和贫困孕产妇救助等民生项目年补助资金达 253 万元，补助项目和补助资金都走在全州前列，为困难家庭重症患者减轻医疗负担，使重症患者看得起病、看得好病，有效防止因病致贫、因病返贫情况发生。全民免费体检全面落实，医疗惠民工程扎实推进，群众获得感和满意度得到提升。

（3）创新模式，建立管理新机制，注入发展新动力。探索公立医院内部决策和制约机制，创新管理模式，落实公立医院绩效工资内部分配、运营管理等自主权。加强医疗质量管理和控制，规范临床检查、诊断、治疗等，全面推进医院管理制度化、规范化、精细化和专业化，基本实现“四升四降”（门诊患者就医时间延长、服务效率明显提高、技术劳务收入占比提高、患者就医满意率明显提高；转诊量下降、医生劳动负荷下降、医药费用增长幅度下降、药品费用下降）。县人民医院与自治区人民医院组建“医疗联合体”，分别与自治区人民医院普外科、泌尿外科和眼科开展“医生交朋友、科室结对子”活动，从对口帮扶、技术协作进入一个崭新的互助发展模式，病人转诊率明显下降，基层首诊率明显提高，与去年同期相比县外转诊率下降 8%，乡镇卫生院门诊量和住院量分别上升 8%和 39.44%，逐步实现“基层首诊、双向转诊、急慢分治、上下联动”运行机制。根据县级 3 家医疗机构自身实际，因地制宜走“差异化发展”之路，在人员、设备、环境、服务等方面功能互补，做优做强专业化，真正达到人无我有、人有我强的特色优势。

（4）强化考核，建立激励新制度，激发服务新热情。根据国家、自治区、自治州关于医疗卫生机构绩效考评的指导性文件，绩效工资实行总量控制，坚持不与经济收入指标挂钩，鼓励医护人员提升技术水平、提高服务质量。研究制定《察布查尔县级公立医院绩效考核办法》，争取县级公立医院改革补助资金 300 万元，重点以公益性质和运行绩效为核心，突出功能定位、公益性职责履行、合理用药、费用控制、运行效率和社会满意度等考核指标，提升考核的客观公正性。强化院长年度和任期目标管理，建立问责机制。不断加强医护人员绩效考核，健全以服务质量、数量和患者满意度为核心的内部分配机制，做到多劳多得、优绩优酬、同工同酬，体现医护人员技术服务价值。将收入分配向临床一线、关键岗位、业务骨干、做出突出贡献等人员倾斜，人员支出占医院总支出的 38.6%，比 2014 年同期提高 3.6%，目前医护人员月平均收入达 3500 元以上，较改革前提高5%，临床一线骨干医生最高月收入达1万元。

（5）多措并举，探索支付新方式，医疗惠民取得新进展。坚持回归公益，群众受益的原则，研究出台《察布查尔县县级医疗机构住院总额预付实施方案》，调动县级医疗机构主动控费意识，减轻农牧民医药负担。不断探索创新支付方式改革，以门诊总额预付和按病种付费两种支付方式推进改革，在县、乡两级定点医疗机构推行按病种付费方式。2015年以来，共提取门诊总额预付855.92万元，占当年总基金17%。2015年新农合筹资标准人均510元，筹资水平在全州名列前茅，实际参合人数达122274人，参合率达99.9%。全面落实特殊大病和其他大病政策，政策范围内住院补偿比达75%，最高支付限额达8万元。同时，对患有特殊大病及治疗费用在3万元以上的其他大病实行二次医疗救助，对剩余可补偿费用按照同级医院住院补偿比再次进行补偿，患者平均住院补偿比均能达到90%以上，全面建立疾病应急救助制度，群众就医负担明显减轻，“病有所医”迈出关键性步伐。大胆推行城镇居民和农牧区居民“两险合一”（2个乡镇试点），初步实现统一管理，统一筹资标准，统一待遇水平。

二　问题与对策

当前，察布查尔县卫生计生事业管理和服务水平与人民群众健康需求还存在一定差距。一是卫生计生事业发展“供给侧”结构性矛盾仍然突出。城乡和区域医疗卫生事业发展不平衡，资源配置不合理，技术人员分布不均衡，特别是基层卫生计生队伍整体素质不高，学历水平普遍偏低。二是基层公共卫生人员严重不足，疾病预防控制、妇幼保健、卫生监督等公共卫生服务机构专业技术人员短缺。三是稳定的卫生投入与增长机制尚未形成，医疗卫生的公益性、公平性和绩效水平有待进一步提高，卫生计生事业管理和服务水平与群众健康需求矛盾日益增长。四是卫生专业人才数量不足，服务能力不高，公共卫生保障及卫生应急能力较低，卫生基础条件依然薄弱，不能有效满足群众看病就医需求，深化医药卫生体制改革进入攻坚阶段，责任重大、任务艰巨。

自治县境内结核病、艾滋病和布鲁氏杆菌病等重点传染病疫情尤为严重，公共卫生服务体系建设严重不足，落实免疫规划等基本公共卫生服务存在较多困难，重大传染病防治形势依然十分严峻。

专业公共卫生机构的卫生应急能力仍然相对较弱，应急救援能力建设亟待加强。县级疾病预防控制机构实验室水平和能开展的实验室检测项目数不能满足工作需要，防控能力不足。妇幼健康服务体系不健全，母婴安全形势严峻，孕产妇和婴儿死亡人数分别高于全国平均水平。卫生监督、食品安全风险监测工作有待进一步加强。

十九大报告指出“人民健康是民族昌盛和国家富强的重要标志”，“大健康”理念将从理论付诸实践、察布查尔县将大力推进医疗卫生体制改革，促进医疗卫生事业健康发展。具体举措如下。

（一）全面加强公共卫生服务体系建设，促进基本公共卫生服务逐步均等化

完善重大疾病预防控制体系，实施疾病预防控制能力建设达标工程，推进疾病预防控制绩效考核与实验室能力建设工作，切实加强重大疾病防治和传染病疫情监测工作，有效预防和控制传染病流行。依托“科技之冬”、下乡入户等时机，利用群众常用的新媒体，加大结核病、艾滋病、布鲁氏杆菌病等地方疾病的基本防控常识，消除人们对疾病的麻痹恐慌心理，使疾病防控知识得以普及。进一步强化国家免疫规划，以农村人口和流动人口为重点，落实预防接种措施，继续保持无脊髓灰质炎状态，消除麻疹危害，降低疫苗针对传染病发病率。切实加强寄生虫病、碘缺乏病等地方病防治。建立和完善全县慢性病防治和监测网络，加强危害因素干预，控制心脑血管病、糖尿病、恶性肿瘤、慢性呼吸系统疾病等慢性病的发生。

提升基本公共卫生服务能力。改造提升县级妇幼保健院基础设施建设及医疗设备配置，健全妇幼卫生服务网络，提高妇幼卫生服务能力和水平，保证服务质量和效率，减少可避免的孕产妇和儿童死亡，加强新生儿疾病和妇女病的防治，全面提高妇女儿童健康水平。到2020年，婴儿死亡率下降至7.5‰，5岁以下儿童死亡率下降至9.5‰。落实国家基本公共卫生服务项目，根据县情需要，适当增加基本公共卫生服务项目，提高基本公共卫生服务标准。深入开展爱国卫生运动和健康教育工作。建立精神卫生防治服务网络。进一步加强采供血机构能力建设。

进一步健全医疗卫生服务体系。继续加强县、乡、村三级医疗卫生机构的建设，健全农村医疗卫生服务网络。不断健全各类医院的功能和职责，优化布局和结构。加强医疗质量管理和医疗服务监管，着力提高基层医疗卫生机构服务水平和质量。转变基层医疗卫生机构运行机制和服务模

式，完善补偿机制。完善分级诊疗和双向转诊制度，为群众提供便捷、低成本的基本医疗卫生服务。继续完善城乡医院对口支援制度。加强区域医疗中心建设，加强县、乡急救站（点）建设，建立和完善远程会诊系统。

（二）深化公立医院改革，着力提升公共医疗卫生供给和服务能力

加快推进公立医疗机构改革。制订公立医疗机构设置规划，推进公立医院结构布局的优化调整。明确政府对公立医院投入责任，加大投入力度，完善公立医院对口支持城乡基层医疗卫生机构制度，提升基层医疗卫生机构服务能力和管理水平。加快建设县级应急指挥平台系统和应急流动医院，加强卫生应急物资储备库和紧急医学救援体系建设和卫生应急救援队伍建设，全面提升卫生应急处置能力。加强中医民族医院内涵建设，突出中医民族医药特色。加快农村和社区中医民族医药服务能力建设。初步建立中医民族医药信息网络平台。

加快推进公立医院管理体制改革。积极探索管、办分开的有效形式及公立医院法人治理结构，扩大医院的经营自主权，完善医院内部领导体制与决策议事机制，推进医院民主管理，建立协调、统一、高效的公立医院管理体制。进一步加强公立医院内部管理，提高公立医院精细化、科学化管理水平。加强医疗服务质量监管制度，提高医疗服务质量和效率，有效控制医疗费用不合理增长。强化行政监管职能，建立健全医疗服务监管机制和医院管理评价制度。

加快形成多元化办医格局。鼓励、支持和引导社会资本发展医疗卫生事业，加快形成投资主体多元化、投资方式多样化的办医格局，努力满足人民群众多层次、多样化医疗卫生需求。落实非公立医院扶持政策，引导、鼓励和支持非公立医院发展，促进不同所有制医疗卫生机构的相互合作和有序竞争。

（三）大力推进卫生监督工作

大力推进卫生监督工作，切实加强职业卫生和放射卫生监督管理，加强饮用水、公共场所和消毒、涉水产品卫生监督管理，提高传染病和学校卫生监督管理水平，打击非法行医和非法采供血行为，维护医疗服务市场秩序。以基层卫生监督机构基本建设为契机，积极促进卫生监督体系能力建设，坚持“公正、廉洁、高效、便民”，规范卫生行政执法行为，努力推进卫生监督各项工作实现跨越式发展。

（四）进一步加强医疗卫生人才建设

加强医学人才特别是全科医生和防疫人员的培养。积极响应健康中国战略，第一，继续实施定向为农牧区培养不同层次的医学人才和针对乡镇卫生院卫生技术人员、村卫生室从业人员的在岗培训。第二，继续扩大继续医学教育的覆盖面，强化培训环节的管理，提高培训工作质量和工作效率。有计划地做好高新卫生技术引进和适宜卫生技术在基层的推广工作，提高基层卫生机构对卫生技术的引进、消化和应用能力，促进基层医疗卫生机构的知识更新和技术进步。第三，推进中医民族医疗机构标准化建设进程，进一步加强师承工作，大力培养中医民族医药继承人。

第二节　社会保障

察布查尔县社会保障体系建设是在我国改革开放和现代化建设不断深入、党和国家政策不断完善的背景下开始起步并逐步发展起来的。近年来，察布查尔县把社会保障作为最根本的民生工程，从群众最关心、最直接、最现实的利益问题入手，坚持民生优先、民生先动，深入贯彻伊犁州民政局长会议提出的具体要求，以“四个全面”战略布局和“五大发展理念”为引领，以供给侧结构性改革为指导，借助国家扶贫政策的倾斜和对口援疆省份的援建，在社会保障发展方面取得了可喜的变化，人民群众的生活水平得以提高，幸福指数得以提升。

一　基本社会保障体系的建立

自20世纪90年代初，先是在公有制企业实行职工养老保险，后来进一步在事业单位铺开。进入21世纪以来，以医疗保险为突破口，逐步向完善整个社会保障体系推进。

（一）保险制度的建立

察布查尔县自1992年开始实施养老保险，1996年开始失业保险，2000年开始医疗保险，2004年开始生育保险和工伤保险。1998年、2007年分别建立了城镇居民和农村居民最低生活保障制度，目前，全县共审核认定最低生活保障10383户、15560人。在2005年，全县城镇养老保险、失业保险和医疗保险覆盖率分别达到96%、94.5%、95.5%。尤其是在“十二五”期间，察布查尔县的社会保障体系建设更是取得了明显成效。

截至2017年12月底，城镇职工基本养老保险参保9852人，完成任务的156%；完成城镇职工基本医疗保险参保18056人，完成任务的119%；完成失业保险参保11865人；完成生育保险参保12917人，完成任务的128%；完成工伤保险参保11814人，完成任务的118%；机关养老保险参保7078人，完成任务的110%；基金征收13030万元，完成任务的103%；城镇职工养老、医疗、工伤、失业、生育保险应保尽保实现全覆盖，困难群体全部纳入社会保障和救助体系；新农合参保率保持100%。社会保障实现从计划经济时代的国家负责、单位包办、全面保障、板块结构、封闭运行式的社会保障制度到政府主导、企业与个人责任分担、覆盖全民、社会化、多层次化的新型社会保障体系的转变。

（二）就业与脱贫

“十二五”期间，察布查尔县大力实施积极就业再就业政策，开展就业培训、职业指导和职业介绍等服务，全县城镇累计实现就业再就业2.47万人，转移农业富余劳动力28.3万人次，劳务创收12.6亿元，职业技能培训1.84万人。以改善老年人福利设施为重点，社会福利建设迈上新台阶。完善城镇低保审批制度，提高了城镇居民最低生活保障水平。制定并实施具体的优抚政策，抚恤补助金社会化发放和兑现率达100%，实施医疗救助覆盖率和报销率双100%。2016—2017年，实施“431”贫困人口就业工作机制，在服装、保洁、园林、保安等行业开发5193个就业岗位，累计新增城镇就业7151人，转移富余劳动力12.25万人次，创收6.99亿元；15年免费教育、中等职业教育和家庭困难学生资助等政策全面覆盖落实，双语教育全覆盖，义务教育均衡化发展以优秀等次通过自治区验收、国家认定；两轮全民免费健康体检任务全面完成，向乡村医疗基础设施不断加强，公共卫生服务水平显著提升；完成安居富民工程9400套；加大“专项扶贫、行业扶贫、援疆扶贫、社会帮扶”四位一体扶贫力度，实现3180户11382人脱贫，贫困人口人均纯收入达到5000元以上，贫困发生率降至0.31%，成为全疆首批脱贫摘帽县。社会保障更加完善，低保兜底作用有效发挥，各族群众获得感、幸福感显著增强。

（三）救助体系

察布查尔县紧紧围绕总目标，以健全机制为抓手，不断强化救助工作，实现了从传统的被动救济转向主动救助，救助内容与对象由单一向多元转变，从弱势型救助转型为普惠型救助体系，截至2015年累计受益人数达22100人次，享受救助资金7801.44万元，凝聚了人心，巩固和发展了各民族关系，强化了基础组织建设，为社会稳定和长治久安打下良好基础。

1. 加强力度，推进社会救助全覆盖。察布查尔县密切关注城乡低保对象、五保供养对象、高龄老人、优抚对象、孤儿等困难群体基本生活，在财政十分紧张的情况下，2012年率先在全疆开展农村居家养老服务，将居家养老经费纳入财政预算，专项管理，每年投入150余万元，按照每人每小时10元标准实现农村居家养老服务政府买单，实施农村居家养老无偿服务。制定全国高标准高龄津贴办法：80周岁至89周岁老人每人每月100元；90周岁至99周岁每人每月260元；100周岁及以上老人每人每月600元。县财政、扶贫、残联等多部门联动，将救助对象范围逐步扩大到因残致贫、因病返贫、外来务工人员和其他需要特殊救助人群，实现困难群体“全覆盖”。

2. 健全机制，实现社会救助“零等待”。颁布实施《惠民政策事权下放实施方案》，在县城设立民政服务大厅，打造“一门受理、协同办理”平台。依托乡镇（社区）办事大厅，设立社会救助窗口，建立急难求助“首问责任制”和“转介”工作制度，做到“一明显三上墙”。将二次医疗、殡葬、高龄津贴、临时救助等6项事务的审批权力下放到村党支部，县民政局切实履行监管职责。开设特事特办“绿色通道”，将民政等社会救助部门领导联系方式向社会公开，如遇紧急事件，百姓和办事人员可直接和局领导联系，高位推动，及时救助。简化救助程序，定制医疗救助“担保单”，实现医疗患者“先看病、后付费”，解除没钱看病的顾虑。资金运行“全封闭”，救助资金专户管理，专账核算，专款专用。民政部门通过与定点医院等直接施救机构签订救助协议，并预支付部分救助资金，救助机构根据担保单金额将救助资金给予患者。

3. 配套政策，保障救助规范化长效性。《居家养老实施办法（试行）》《特困重度残疾人生活救助办法（试行）》《特殊困难群众殡葬救助办法（试行）》《城乡困难家庭大学生资助办法》等13项惠民政策，包括重大疾病医疗救助、临时救助、殡葬救助、高中生和大学生资助、残疾人补助、意外伤害救助、优抚对象救助等在内的社会救助制度体系不断健全。将医疗、住房、就业全部纳入社会救助体系，使困难群体得到“全方位”保障。采取为困难群众购买医疗保险、宣传优惠政策等举措，为困难群众上“多重保障”。实施“六位一体”的医疗救助模式，实现医疗费用报销“高比例”，即实施“居民基本医疗保险（新型农村合作医疗）+低保补充医疗保险+二次救助+大病救助+临时救助+县财政配套”相结合，报销比例达91%，最高救助金额达34万元。加强低保动态管理力度，对全县城乡低保家庭收入状况进行全面深入清理核查整顿，停发、变更不符合享受城乡低保条件人员的低保。在村（社区）设立低保公示栏，及时公示低保户照片、领取金额等信息，接受群众监督。定期开展救助家庭经济状况核查，减少“关系保、人情保”，确保公平正义。

（四）老有所养

积极探索“村委会+老年协会+居家养老服务+政府+社会资本”的“五位一体”养老模式，走出了政府主导、社会资本参与、老年协会与村委会、居家养老紧密结合、协同发展、相互补充的新路子，收到较好成效。

1. 创新模式，养老服务体系建设全面加强。在疆内率先开展农村居家养老服务试点工作，在14个乡镇开展了居家养老服务，为需要生活照料服务的626位老人提供无偿服务，70余名服务人员通过居家养老服务实现了就业。养老服务从基本生活照料向医疗健康、精神慰藉等方面的延伸。在居家养老服务供应领域引入了竞争机制，把全县居家养老工作分片外包给县爱心妈妈协会和喜利妈妈家政服务中心，由两家社会组织具体负责实施，通过构建“居家入户、中心日托、机构服务”平台，为老人们提供多元化、规范化、高端优质的服务。依托老年协会提升服务力。截至2015年全县共成立老年协会84个，拥有会员5570余人，基本实现全覆盖。以察布查尔镇为试点，推出“银龄互助”特色项目，按照就近、自愿原则，采取邻里结对、亲属结对、好友结对等形式，建立空巢老人精神关怀体系。

2. 创新思路，稳妥推进农村居家养老。察布查尔县60岁以上的老年人占全县总人口的11.16%，其中90%的老年人口集中在农村。面对农村老年人口多、家庭贫困人口多、子女外出打工多的现状，2011年，自治县将少数民族占90%，高龄、孤寡、空巢、困难老人居多的维稳重点乡——海努克乡作为试点，在全疆率先展开启农村居家养老服务试点工作。县人民政府每年投入100万元，按照每人每小时10元标准由政府买单，招聘困难群体、老年协会会员和社会组织实施“无偿、低偿、有偿”

三种服务，设立居家养老呼叫24小时在线服务，依托呼叫平台提供上门送医、打扫卫生和家政服务、即时性服务，取得了良好成效。2012年，居家养老服务已在自治县所有乡镇全面铺开。在米粮泉乡中心敬老院试行“医养结合”模式，解决了敬老院没有医疗服务、医院无法满足长期康复看护“康养难以兼得”的难题。截至2015年9月，有626人次老人享受到这一优惠政策，70人通过居家养老服务实现了就业，政府累计发放服务费94.4万余元。

3. 加大投入，养老服务设施不断完善。积极争取项目资金，整合乡镇、村集体土地资源，推进老年福利中心建设。2012—2015年投入2000万元（其中争取福利彩票项目资金900万元，地方自筹240万元），建设7个福利机构，包括爱新舍里镇农村敬老院、察布查尔县中心敬老院、米粮泉乡农村敬老院、加尕斯台乡农村敬老院、加尕斯台乡社会福利中心和海努克乡居家养老中心等，总建筑面积10290平方米，共设置276张床位。在全县范围内设立1个县级社会福利园区和5个乡镇片区福利园区，每个乡镇片区福利园区建设1所农村敬老院、1所社会福利中心，床位数均不少于70张，“9073”养老模式逐步完善。老年养护设施覆盖率达100%。

二 面临的困难和问题

（一）社会保障工作任务艰巨、投入不足

1. 社会保障难度大、任务重。自2003年3月就被确定为国家扶贫开发工作重点县，贫困面广、贫困程度深。截至“十二五”末，全县总人口19.4万人，其中，城乡低保对象10182户17612人、五保供养对象1344人、孤儿48名、贫困户2805户10847人、残疾人5304人、高龄老人1026人。目前全县尚有280户949人未达到国家现行农村贫困标准，其中97.7%的贫困人口集中在5个偏远山区乡。山区乡村自然环境恶劣，生存生产条件差，水资源匮乏，自然灾害频发，贫困群体文化程度相对低，稳定增收基础极其脆弱。贫困山区社会事业发展滞后，村医疗卫生设施落后，缺医少药、服务水平低等问题依然突出，贫困家庭就近就医难，无形增加负担和就医成本。偏远贫困乡村留不住人才，师资力量、教学质量等相对落后，区域性贫困和因病、因学、因灾返贫问题突出。养老、育幼、助残等方面的基本公共服务发展不足，既影响了老年人、残疾人的生

活质量和未成年人的健康成长，也构成了家庭成员的沉重负担。基层群众社会保障意识不强，社会保障工作任务重、成本高。

2. 社会保障资金不足。贫困地区由于经济发展水平低，贫困面大，贫困率相对较高，无论是城镇居民还是农村居民，其人均可支配收入远远低于其他地区。收入水平成为直接制约社会保障发展的重要因素之一。目前社会保险工作还存在不少困难。一是在社会保险中，养老保险和医疗保险最为重要，必须扩大保险的覆盖面，并延伸至农村、困难群体，才能起到社会“安全网”的作用。但是察布查尔县为贫困县，人均收入水平低，但养老保险征收增长得快。2003 年交 99 元，现在交 156 元，一些人交不上，欠费较多。私营企业主交费积极性不高，有的变相加大工人的承担比例。为招商引资，县委政府实施的宽松政策对企业有优惠政策，约束较少。一些弹性就业、灵活就业的人交费意识不强。二是医疗保险和失业保险的财政补助部分不能足额到位。工伤保险主要是企业投资，个人享受。高风险行业愿意投保，低风险行业不愿投保，如煤矿下井工人投保的多，电信行业投保的少，工伤保险扩保面临困难。加之监察、执法力度不大，工伤保险完不成任务。三是自治县低保配套资金没有足额配套到位，致使低保资金未能按月发放。受财政配套资金限制，退役士兵职业技能培训工作未全面开展。有些公墓因地势和受水源的限制，遮挡栽树成活率不高，没有达到预期效果。由于殡葬方面无专项资金，受经费影响，殡葬资金投入有限。行政村优化重组后，新村需建设办公场所和配套设施，受建设资金制约，影响工程进度，还需上级部门的项目及资金支持。后期各敬老院老人全部入住后，运营费用需求量较大，需县委、县政府给予大力支持。

（二）就业保障面临突出问题

造成察布查尔县就业难的原因是多方面的，受经济发展水平不高，人才结构不合理，再就业培训力度不够、针对性不强的影响，察布查尔县自治县在就业问题上还存在一些突出问题。

1. 全县劳动者结构分布二元分化现象突出。大量就业劳动力集中于国有企业、集体所有制企业等公有制经济中。根据察布查尔统计数据显示，全县 10638 名在岗职工中，有 9442 人供职于国有经济，占全部在岗职工的 88.76%。可见，有能力、高素质的城镇适龄人才基本都流向了公务员、事业单位，而经优胜劣汰、筛选而剩的低技能劳动者、农村富余劳动力以及“80”“90”后人员则成为社会的主要就业群体。全县人力资源的结构分布失调，呈现明显的二元分化现象。同时，城镇公务员、事业单位劳动者的下一代子女大多选择外出读书，学成之后多数都选择留在中心城市就业，高技能和新兴技术人才基本都流失到内地，人力资源二元化现象进一步加剧。

2. 劳动力供求矛盾，企业用工需求与劳动力供给存在结构性失衡。在全县就业的整体层面，察布查尔现面临两大显著性的矛盾：一是就业形势的需求与劳动力总量增加的矛盾；二是劳动者素质与就业需求不相适应的结构性矛盾。察布查尔县拥有伊泰集团、天山水泥、金龙水泥等大型工业企业，能提供相对较多的就业岗位，但劳动力市场上实际就业的这部分人力资源所受到的文化教育程度普遍不高，大多数是处于弱势地位的农村劳动力、低技能劳动者，不具备从事非农产业相应的技能和知识，劳动者技能与岗位需求不相适应、劳动力供给与企业用工需求不相匹配，企业用工需求与劳动力供给存在结构性失衡，形成需求与供给无法匹配的现象，造成市场上劳动力资源配置错位，企业“招工难”与劳动者“就业难”并存，矛盾突出。

3. 产业发展与人力资源结构不匹配，就业结构变化滞后于产业结构调整。随着技术进步加快和产业优化升级，技能人才短缺问题凸显。转变经济发展方式，推进产业升级、科技进步和管理创新对提高劳动者素质提出了更高的要求，而推进城镇化则对农业富余劳动力转移的就业工作提出了新的挑战，人力资源整体就业结构的变化与产业结构的调整不同步。察布查尔的就业对象主要以两后生①、农村富余劳动力转移、就业困难群体、失业人员为主，他们的技能水平、知识结构不足以支撑产业发展对人才层次的需求，人力资源结构失衡成为产业结构优化升级的制约因素，劳动者就业结构层次与产业未来的规划布局不同步，就业结构变化滞后于产业结构调整，无法形成产业结构调整与扩大就业良性互动的长效机制。

4. 培训、就业服务效果不明显，培训后真正实现就业的人数较少。为解决察布查尔“80”“90 后”就业难、农村富余劳动力转移难等就业难题，由县政府牵头，人社局会同当地的职业技术学校共同推进职业教育工作，以“免费培训，推荐就业”的方式服务当地就业困难群体，但经几轮运作，效果并不明显。虽然前期培训基本学员都按时参加，但推荐工

---

① 指 1980、1990 年之后出生的人。

作时选择就业的意愿较低，大多数学员不满意政府推荐的工作，对于政府部门及街道社区介绍的就业岗位如保洁、保绿、家政服务等工作不愿意去做。

5. 就业质量普遍不高，就业周期短、稳定性低。目前，察布查尔县的工业企业虽然能提供部分稳定就业岗位，但由于市场上的劳动力大多为农村劳动力、低技能劳动者，不具备从事非农产业相应的技能和知识，劳动者技能与岗位需求不相适应、劳动力供给与企业用工需求不相匹配，因此，工业企业对弱势就业群体的吸纳容量较小。大部分弱势就业群体倾向于经过培训后能够快速上岗的工作，所以建筑行业成为劳动者转移就业的首选，但建筑行业施工周期短、就业稳定性较差，经过短暂的就业周期后，这些劳动者将再度沦为失业者，没有从根本上解决就业问题。

6. 双重因素导致少数民族就业难的现状。虽然国家无论从宪法还是党的民族政策来看，已经消除了任何形式的民族偏见，但就业市场上的各种偏见现象仍然存在，部门用人单位回避或不愿招收少数民族群众的情况依旧存在。同时，部分少数民族待业人员自身择业转变观念较慢，存在着“高不成、低不就”现象，择业时认准公务员、事业单位等这些所谓的“体面”工作，而对于政府部门及街道社区介绍的就业岗位如保洁、保绿、家政服务等工作不愿意去做，供给与需求的双重因素导致了少数民族群众的就业困境。

（三）社会保障的运行机制需要进一步完善

虽然建立了在政府领导下的社会保障经办机构和工作系统，形成了一整套运行机制，但机构和系统的不完善、运行机制的缺陷相当程度的存在。例如，受县乡社保经办人手紧张、办公经费不足和多头管理等因素影响，对社保基金的筹集、运营、支付等环节监督形同虚设，加大了基金运行的风险，也影响效率。又如，有的社保经办部门实行多头管理，劳动保险公司其业务由市县共管且主要归市里管，人员和工作经费归县里管，也会影响了工作的有序性和效率。社保系统内部、内部与外部之间信息的共享和协同处理还很不完善，也会影响监督和调控的有效性、科学性。在领域行业部门和基层关键岗位上腐败犯罪、职务犯罪时有发生，严重损害群众利益、败坏社会风气、损害政府公信力。

（四）社会保障队伍亟待充实和加强

乡村社区从事社会保障工作的人员十分紧张，社会组织发育比较缓慢，全县44个社会组织规模普遍偏小，从业人员稳定性较差，影响了社会组织工作的正常开展。低保清查任务重，个别乡镇场存在不同程度人情保、关系保、政策保和认定救助对象不够精准等问题，还需进一步加大力度。因老人思想保守，存在顾虑，对老人入院还需进一步加强宣传和思想疏导。

三　完善社会保障的思路和对策

新时代察布查尔县民生建设领域尽管还存在很多发展短板，但在发展中蕴藏着机遇。党的十九大强调要加强社会保障体系建设，明确提出“按照兜底线、织密网、建机制的要求，全面建成覆盖全民、城乡统筹、权责清晰、保障适度、可持续的多层次社会保障体系”，进一步明确了“幼有所育、学有所教、劳有所得、病有所医、老有所养、住有所居、弱有所扶”的社会保障体系建设的基本方向，随着改善民生问题的政策不断实施，察布查尔县政府对社会保障体系建设采取了相应的整改对策。

（一）积极适应新时代，切实转变社会保障思维观念

社会保障制度的基本目标是保障和改善民生。随着国家和社会的发展进步，民生诉求也在不断升级。党的十九大做出了我国社会基本矛盾已经转化为人民日益增长的美好生活需要与不平衡不充分的发展之间的矛盾的重大政治判断，并对社会保障要实现“七有目标”进行重要阐述，这充分体现了当代社会民生需求的转型升级，即，现代民生需求不仅仅包括养老、医疗、教育等，还包括其他方面，比如好的生态环境、信息共享、人权保护、文化传承与发展等，也就必然要求社会保障的发展要具有新思维。

1. 系统思维。社会保障是一项系统工程，它不是所谓的配套政策，也不只是一种风险保障，而是更高目标的保障、是全民保障、是更高水平的保障，既要通过社会保障改善人民的物质生活，又要改善人民的文化生活，还要提高人民的健康水平。

2. 底线思维、守住底线。也就是落实国家在教育、就业、养老、医疗等方面的基本保障，满足全体人民基本的生活需求，关注社会中特别困难的群体和特殊群体，确保社会保障不落下一个，实现全覆盖和兜网底。

3. 发展思维。民生改善没有最好，只有更好；没有终点站，只有连续不断的新起点。对社会保障要长期抓、坚持做，不断提升保障和服务

水平。

4. 坚持法治思维，健全完善社会保障的相关法律，加大执法力度，确保社保惠及于民，维护社会公平正义。

（二）加强科学谋划，持续完善社会保障发展机制

政府积极承担推进社会保障体系建设的主体责任，积极主导、统筹兼顾、稳步协调推进，把社会保障放到更加突出的位置加以思考和谋划。

1. 加强规划设计。组织专业力量进行全面深入调查研究，形成符合自治县实际的、更加科学合理的社会保障体系建设的总体思路和规划。社会保障的政策规划和工作措施，既要注重织牢民生安全网的“网底”，保障群众基本生活，又要有所侧重，对重点群体和重点地区进行倾斜；既要注重形成系统全面的制度保障，使制度更加公平、普惠和可持续，又要注重促进形成良好舆论氛围和社会预期，使改善民生既是党和政府工作的方向，又成为广大人民群众自身奋斗的目标；既要对保障改善民生有更高追求、尽力而为，又要充分考虑到客观实际、量力而行、循序推进，以更好实现社会保障的可持续健康发展。

2. 在完善预算制度的基础上，不断加大社会保障支出的比重，有序地提高社会保障水平。

3. 按照责任严明、职能健全、机制有效、手段先进的要求，配齐机构和人员，尽可能减少专职人员的兼职和职责交叉，确保有人干事。

4. 加大对乡政府和社会保障业务部门落实社会保障工作的情况作为评价与衡量政绩的核心指标，强化考核和奖惩，为社会保障建设和发展注入动力。

（三）部门协同，完善社会保障的征缴机制

1. 进一步规范征缴程序。从参保登记、交费申报、基数核定、专户管理等环节，明确劳动、税务、财政、金融等部门的职能，做到职责清晰、分工明确、各司其职，形成有效的征缴运行机制。部门配合，对交费工资和社会平均工资进行认真分析核定，解决企业交费工资不实问题。加强对费源、交费基数的管理，真正做到掌握费源、管好费基、强化征管、确保入库，真正从源头上把好关。严格责任目标管理，对社会保险经办机构采取“核定收入、超奖减罚、一定一年”的考核方式，确保保险交费应收尽收。

2. 建立全县乃至全州社会保障计算机网络信息系统，形成部门间横

向联结、信息数据相互交换，集数据采集、业务处理、查询、监督管理于一体的社会保障网络体系，便于及时掌握情况，为政府决策提供依据。

3. 加强社会保障的宣传教育，通过电视、广播、报纸等媒介宣传社会保障政策，提高农民对其认识和了解。对于那些偏远地区，社保工作人员可以深入乡村和农户进行一对一的讲解，使其全面了解社会保障的作用及意义，在坚持个人自愿原则基础上，引导其加入社会保障。加大社会保障执法力度，不断扩大社会保险覆盖面，提高社会保险费的征缴率，增加社会保险费收入，扩大积累，增强抗御风险能力。

（四）加强运行监管，探索健康持续发展的长效机制

特别要以维护基金安全为重点，形成一套有效的监管制度和机制。一是健全监管体制。根据社会保障资金总量大、点多、面广、资金分散的特点，逐步探索和建立党委统一领导。政府主抓，有关部门认真履行职责，纪委组织协调，相关部门专门监督与群众监督、社会监督相互结合的社会保障资金监管机制。二是突出工作重点。抓重点部门、重点资金的监管工作，推动社会保障资金监管工作全面开展。三是加大案件查处力度。围绕中央、自治区的社会保障和惠民政策的落实，加大监督检查和查办案件力度，集中力量查处虚报冒领、截留、套取、挪用、贪污社会保障资金和惠民资金的党员干部，注意抓反面典型曝光以起到警示教育作用。

（五）加强政策保障，持续提升就业保障和服务水平

“就业是最大的民生。”县委政府把促进就业放在经济社会发展的优先位置，作为经济社会发展的优先目标，选择有利于扩大就业的经济社会发展战略，强化政府责任，深入实施就业优先战略和更加积极的就业政策，突出抓重点、补短板、强弱项，大力破除妨碍劳动力、人才社会性流动的体制机制弊端，积极统筹人力资源市场，打破城乡、地区、行业分割，消除身份和性别歧视，维护劳动者平等就业权利和机会，持续提升就业保障和服务水平，努力实现更高质量、更充分的就业。

1. 培育新的经济和就业增长点，积极拓展就业空间。加强地方产业规划设计，立足“交通发展、园区发展、旅游发展、融合发展、生态发展”五大发展格局，积极发展就业容量大、有利于充分释放吸纳就业潜力的新兴业态。例如，大力推进农业现代化，大力发展绿色有机农业，全力打造红花、有机稻米、薰衣草、牛羊马肉、乳品等特色农产品产业链，加大产地初加工和精深加工力度，通过招商引资、企业兼并重组等方式，

大力培育一批龙头企业，促进农村一二三产业融合发展，构建产加销一条龙、贸工农一体化的全产业链企业集群；借助自治区建设丝绸之路经济带“五大中心”和察布查尔地缘优势、边境口岸优势，大力构建交通大格局，大力发展先进制造业、现代物流业、农产品进出口等生产性服务业；依托旅游和生态发展大格局，大力发展健康养生、健康养老等生活性服务业等，持续不断拓展创业就业岗位，引导农民向二三产业转移，拓展非农增收空间，拓宽稳定的收入来源，为更多人充分释放个人的潜能与创造力开辟新的通道。

2. 实施积极的就业政策，进一步优化创业环境。一是大力推进“大众创业、万众创新”，建立健全面向人人的创业机制，落实社会保险补贴、职业技能培训补贴、就业见习补贴、小额担保贷款贴息等就业创业扶持政策，营造良好的就业创业氛围。二是以察布查尔县列入全国支持农民返乡试点为契机，打造人才孵化中心和创业孵化基地，通过产业带动、创业助推、政策扶持、援疆促进、培训提升，用足用活各类人才，努力实现“人人有事做、事事有人做”。特别要加强困难群体的就业援助，高度重视少数民族女性毕业生的就业工作可以通过“送政策、送岗位、送技能、送服务”等上门服务，帮助其实现再就业。三是在园区着力选商引资，引进一批技术含量高、带动就业多、税收贡献大的产业，形成聚合和辐射效应。四是在乡镇大力实施“431”贫困人口就业工作机制，依托各类企业吸纳就业，抓大不放小，侧重于培育小米级企业，大力发展无污染、无公害的乡村民生坊、“卫星工厂”、农家乐等平台，让老百姓在家门口就业赚钱。五是完善就业服务体系，搭建好劳动力保障服务平台、就业服务平台和创业服务平台。六是加强劳动保障监察执法，加大劳动争议调解和处理工作力度，切实保障劳动者合法权益。

3. 实施产教融合发展，强化能力培训。深化职业教育改革，加强职业技术学校的基础能力建设和公共实训基地建设，立足自治县主导产业需求、就业创业主体的自主需求和企业用人需求，推进“菜单式”培训，找准培训重点，提高培训针对性和实效性，弥补当前企业和产业用工需求与劳动力供给失衡的不足。推行工学结合、校企合作的技术工人培养模式，重点做好“80”“90”“00后”、农村富余劳动力和城镇失业困难群体的就业技能培训、岗位技能提升培训和创业技能培训，提升就业能力，适应新的就业形势。

（六）坚持人民为中心，完善城乡一体化社会保障体系

建立多层次的农村社会保障体系，逐步缩小城乡社会保障水平的差距。一是努力办好人民满意的教育。加大教育投入力度，坚持“高中以县城为主、初中以乡镇为主、小学以片区为主、幼儿园以村居为主”原则，科学规划校点布局，实施山区乡和大河灌区乡学校师资互换轮岗交流，推动教育资源优化均衡和教学质量显著提升。二是努力办好人民满意的医疗。对农村卫生事业方面要给予政策倾斜和资金支持，加强农村公共卫生和基本医疗体系建设，全面建设新型农村合作医疗制度，不断改善乡村医疗条件，建立覆盖乡村的疾病预防、控制和救护体系。稳步推进公立医院综合改革，继续实施“组团式”医疗援疆，有效提升医疗服务水平，着力解决各族群众看病难、看病贵的问题，遏制因病返贫、因病致贫的现象。扎实开展好用好第三轮全民免费健康体检，加强对农牧民健康生产生活方式的指导，有效预防地方病。计划“十三五”期间完成县人民医院远程会诊系统、疾病控制中心业务楼、29 个贫困村卫生室配套建设。2018 年加快县人民医院新址建设，同步做好中医院新址改建工作，进一步完善医疗卫生基础设施。大力发展中医理疗和康养产业，加快推进康养福利院项目。加快休闲养生养老基地和湿地养生度假村项目建设，实现居家养老、就近就业和生态旅游多赢。三是政府积极“补好位”，加快完善多主体供给、多渠道保障、租购并举的住房保障制度，加强基本住房保障力度。计划“十三五”期间完成 3483 户困难群众安居房建设，消除现有住房安全隐患。2018 年完成 1655 套“四类人员”安居富民工程建设项目和 800 户棚户区改造任务。四是全面实施全民参保计划，启动新的城乡居民基本医疗保险制度，健全全员覆盖的社会保障体系。提高城市居民最低生活保障标准，扩大城乡低保覆盖面。

第八章

文化建设与旅游发展

“文化搭台、经济唱戏”是时下最流行的提法。利用好当地的文化资源，挖掘其深藏的文化底蕴，是能够为经济服务的。《国民经济和社会发展第十二个五年规划》明确提出要推动文化产业成为国民经济支柱产业。文化产业将是未来全球经济新的增长点。察布查尔锡伯自治县民族文化资源丰富，1764 年锡伯族自东北沈阳西迁到伊犁后，一直处在相对封闭的环境中戍边屯垦，从而比较完整地保留了锡伯族的语言文字（包括满语满文）、原生态文化和人文资源，成为全国锡伯族语言文字与文化集大成的地区，也成为我国和世界满—通古斯诸语族活态语言（满文）的传承基地。察布查尔县又是多民族文化长期共存、互相融合、共同发展的地区，现已形成锡伯、汉、哈萨克、维吾尔、回等各民族文化相互交融、和谐共存、共同发展的独特而鲜明的人文环境，形成了独具特色的养料充足、素材丰富、前景广阔、融合创新发展的察布查尔一体多元文化。近几年察布查尔县在县委、县政府的努力下，从县城到行政村，公共文化服务体系日益完善，丰富了城乡百姓的精神文化生活。文物保护不断加强，文化遗产传承与保护初见成效，旅游业蒸蒸日上。

第一节　公共文化与大众传媒的建设

通过公共文化服务培育和促进文化消费，是现代公共文化服务体系建设的一项新功能和新任务。这主要通过培育公众文化素养、拓展公众文化享受范围、激发公众文化消费欲望来实现。持之以恒的公共文化服务，在带来公众文化素养提升、基本文化需求得到满足之后，人们会追求更为丰富多彩的文化享受。保护非物质文化遗产实际上是对文化发展的促进，同时也是现代公共文化服务工作中的重要组成部分。

媒体作为现代社会生活必不可少的信息来源，影响着人们生活的方方面面。大众传媒以其特有的记录和传播方式，以文字、图像、纪录片等形式，在非物质文化遗产传播中发挥着不可替代的作用。大众传媒在自觉与不自觉地执行着“社会遗产继承”的社会责任。报刊以文字和图片的形式，广播以音声传播为主，影视媒介以文字、图像、声音的方式发挥更强的传播力量，而随后的网络媒体的发展，其“多媒体”、互动式、较少受时空限制的特点更是将大众传媒的传播功能发挥到更高层次。察布查尔县作为全国唯一的锡伯族自治县，《察布查尔报》和电视广播电台在传承民族文化、弘扬精神文明等方面发挥着不可忽视的作用。

一　乡镇公共文化事业

（一）公共文化设施

近几年来，察布查尔锡伯自治县县委、县政府十分重视公共文化服务体系建设和公共文化服务能力建设，其花销在总财政支出中所占比重逐年增加，文化基础设施分三个层级进行了建设，形成了县、乡、村三级公共文化服务体系网络，文化阵地建设有了新发展，争取国家和自治区项目资金，在公共文化设施建设方面共投入资金达 4970 万元。

在县级层面上，察布查尔县新建和改扩建了具有标志性建筑的广场、文化活动中心、民族风情园、图书馆、博物馆、青少年校外活动中心、老年活动中心等十几个公共文化设施。其中，投入 1000 万元新建了占地面积 50000 平方米的县文化广场，已成为集休闲、娱乐、举办各种庆典和文化活动为一体的重要文化活动场所，投入 500 万元新建乡镇文化广场 2 处，已成为农牧民开展文化活动的重要场所，投资 1000 万元建设了占地面积为 60 亩的锡伯族民俗风情园和锡伯族民俗博物馆，投资 120 万元新建了建筑面积为 1184 平方米的县图书馆大楼，投资 200 万元新建了建筑面积为 1980 平方米的县宣传文化活动中心，投资 100 万元改扩建了县影剧院、射箭厅和县歌舞团排练厅，投入 200 万元维修了国保单位——靖远寺，投入 200 万元新建了县青少年户外活动中心，投入 500 万元新建了射箭运动学校教学楼、学生公寓和食堂，投入 168 万元改扩建了全民健身文化广场，投入 460 万元新建了建筑面积为 3000 平方米的老年活动中心。

在乡镇一级，完成了各乡镇（场）文化站的建设，为 15 个乡镇建了电子阅览室。

在各村里，结合全县行政村阵地建设工程，为49个行政村配套建设了300平方米以上的村级文化室；启动实施了67个行政村农牧民体育健身工程，实现了自治县村级农牧民健身活动场地所有行政村全覆盖；建成了农家书屋63家，2012年孙扎齐村“农家书屋”荣获全国示范农家书屋。

2015年，全县的文化基础设施得到进一步夯实。在察布查尔县城南新城区如期建成了文化艺术活动中心。它是旨在丰富民众文化生活的主打项目，不仅能直接创造经济效益，更是人们深刻体验察布查尔县独特艺术魅力的窗口。文化艺术活动中心还以百日广场、民间文艺活动为支撑，舞台演出与下乡演出相结合，组织各类文艺会演，融合创新锡伯族、哈萨克族、维吾尔族及其他民族的优秀歌舞音乐和表演艺术，以充沛的激情、生动的笔触、优美的旋律、感人的形象，创作出思想性、艺术性、观赏性相统一、群众喜闻乐见的优秀文艺作品，打造一批精品节目，展示全县民族艺术的魅力，并积极探索商业化的路子，努力取得良好的社会、经济效益。同时，投资450万元修建的歌舞团排练厅也已投入使用；投资78万元改建广播电台办公室，更新广播调频发射设备，提升调频覆盖面，完成州直补点工程7个点50瓦调频设备安装工作，实现州台5套数字电视、3套广播节目及本县2套电视、2套广播的安全播出，安装国家卫星地面无线数字电视户户通38718户，惠及乡村群众16万人；完成“边疆万里数字文化长廊”基层服务建设工作，为5个乡镇文化站，15个村文化室赠送价值24万元的电脑、电视、DVD及播出终端等设备。推进两馆一站（指文化馆、图书馆及乡镇文化站）免费开放。据最新数据，2015年新增书籍36100册（价值76万元）、报刊1563份（价值18.6万元）。为37个村安装阅报架（价值18万元）。新增“农家书屋”延伸点355个，每个点有图书30—50册，光碟20—30张，每15天进行一次调换，方便群众在家门口阅读。县图书馆更新图书5580册，其中中国图书馆学会和中国光华科技基金会“基层文化建设促进计划”项目赠书4000册。2015年1—9月读者达1.6万人次（馆内阅览9800人次），开展大型全民阅读活动5次。文化馆在2015年举办了大型展览活动6次，举办文化站干部培训班、贝伦舞、锡伯族民歌、农民画、暑期少儿艺术等培训班21次，辅导文艺爱好者1000余人。在文化“三下乡”活动中，歌舞团开展乡村慰问演出 70 场，大型演出 10 场。农村电影放映 830 场，超额完成计划任务。

（二）“东风工程”

2007 年 1 月 1 日，中央和新疆维吾尔自治区为解决全疆农牧民群众“看书难”“读报难”“借书难”的状况启动实施了一项公益性惠民工程——新疆新闻出版“东风工程”。该工程由中央财政和自治区财政专项拨款，每年按计划出版一定数量的少数民族文字出版物，主要是图书、党报、党刊、音像制品和电子出版物，免费发放到全疆各个乡镇和行政村，以充实基层群众的精神文化生活。“东风工程”主要由“民文党报、党刊、图书、音像制品、电子出版物免费赠阅项目”“发行网点建设项目”“党报印刷设备建设项目”等七个项目组成。

以察布查尔镇为例，自 2007 年以来镇政府及下属村（居）共收到县组织部、文体局、机关工委等县直送图书进村（居）帮扶单位捐赠的《人民日报》《新疆日报》《新疆科技报》等报纸 6 种，有汉、维吾尔、哈萨克三种语言共计 28 套；《今日新疆》《新疆青年》《健康快车》《党员之友》等 7 种汉、维吾尔、哈萨克三种语言的杂志共计 35 套；赠送关于农村经济、科技等各类图书 1500 册，分发到察布查尔镇下属的 2 个村、4 个社区。目前，全镇共建立镇、村、社区图书室 5 个，共有藏书 4000 册，受益群众 12000 余人，进一步满足了各族人民群众的精神文化需要。察布查尔镇党委、政府大力扶持镇文化站的建设，共投入资金 48 万元，新建建筑面积达 460 平方米的文化活动中心，新修了篮、排球场。建立健全了镇文化站日常管理、图书借阅和管理、安全保卫等各项制度。镇文化站共配备干部 4 名，保证了镇图书室、活动室每日正常对外开放。为进一步满足农牧民的文化需求，镇党委、政府在两个村队建立“农家书屋”2 个，赠送图书 1000 册，确定了 8 户文化中心户，并配发了书架、图书、电视机和 VCD 共 8 套。在“农家书屋”建立了图书借阅制度、藏书管理制度，保证“农家书屋”经常性对外开放，以方便周围的农牧民群众借阅。“农家书屋”的建立，在一定程度上丰富了农牧民的业余文艺生活，提高了农牧民的知识水平。

由此看来，“东风工程”的实施将有效缓解察布查尔全县农牧民“看书难”“读报难”的矛盾，巩固党在农牧区的思想文化阵地。同时，还将有助于提高农牧民文化素质，推动新农村文化建设，提高农牧民脱贫致富和构建和谐新疆的能力。

（三）百日文化活动

察布查尔县的群众文体事业与全国同步。近几年以节庆活动和百日广场文化活动、乡村百日文体竞赛活动为载体，群众文化活动高潮迭起。

截至2015年，察布查尔县依托西迁节已成功举办六届经贸文化旅游节，共三大类9项大型活动，各乡镇累计开展“快乐乡村”西迁节80场次，基层群众反响热烈。举办春晚、元宵社火和猜灯谜活动、纳吾肉孜晚会、古尔邦节、中秋节、国庆节等系列活动30场次。

在实施百日广场文化活动中，以嘎善歌舞乡村行、草根艺术节和舞林大会等形式，成功探索出了“一乡一品、一乡一特色”的乡村文化发展之路，目前已形成六个牛录乡镇锡伯族传统文化、加尕斯台乡、海努克乡维吾尔塔兰齐农垦文化、良繁场、绰霍尔乡社火文化、米粮泉乡回族花儿文化为主的特色文化品牌。乡村文艺宣传队深入村队、社区、企业演出204场次，山区乡的去极端化小品深受群众喜爱，有力地冲淡宗教氛围。2015年，为庆祝新疆维吾尔自治区成立60周年，察布查尔县举办了民族团结杯“千个故事献新疆”征文演讲比赛、“我爱新疆　美丽伊犁”图片摄影展、和谐家园拍客大赛、和谐箭乡剪纸大赛、和谐家园农民画创作大赛、民族团结画展，以及拓永浩、朱旭、关金昌等个人画展。

在百日乡村文化体育活动中，察布查尔县积极举办运动会、射箭比赛、民族民俗趣味运动会、返乡大学生足球比赛、青少年“民族团结”杯游泳比赛、男子篮球比赛等各类体育活动，挖掘传统民族和优势体育运动项目，全民健身活动项目多、规模大、影响深，促进了全县群众体育工作的全面发展。竞技体育成绩喜人。在全国第十届少数民族传统体育运动会获得“马上三项”中“跑马拾哈达”一项的三等奖。在全国重点体校射箭比赛获得男子团体淘汰赛第四名，团体排名赛第六名。在2015年全国射箭重点学校锦标赛中获1银4铜2个第六1个第八；同年“百汇家居”杯全国青少年射箭锦标赛获得女子30米第二名。参加州直第二届全民健身运动会冬季项目暨昭苏县“雪之恋”冰雪旅游节比赛，获趣味项目“五人六足”第二名，雪圈竞速第三名。在西迁节举办的民族民俗趣味运动会上，顶牛、嘎仕库、掰手腕、骑射、摔跤、拉硬弓等传统体育项目的群众参与率和积极性很高。阔洪齐乡成立全疆首家农民足球协会，有19支业余足球队，海努克乡有12支业余足球队，举行联赛，吸引“80”

“90”后参与其中，有效遏制宗教极端思想的传播。随着农村体育的不断发展，因势利导，逐步形成各具特色的体育活动，如爱新舍里镇、托布的篮球，加尕斯台、阔洪齐、坎乡、海努克的足球、排球，琼博拉赛马，正在形成“一乡一品”的格局。

自2013年始开展“文化种在村居”活动以来，更是打包式开展文化下乡，送演出、送比赛、送图书、送电影、送节目下乡，专业演员带动业余演员，专群联合文艺演出。

二　大众传媒

（一）《察布查尔报》和《察布查尔画报》

察布查尔县是全国唯一的锡伯族自治县，中共察布查尔县委的机关报即《察布查尔报》（锡伯文），由县委主管主办，创刊于1946年7月，是一份锡伯文综合性民族报纸。其办报宗旨是：坚持四项基本原则和改革开放的总方针，围绕全县的中心工作，结合党在社会主义初级阶段的基本理论，传播信息，交流经验，抓好典型，开展表扬批评，反映锡伯族人民的呼声、要求和愿望。《察布查尔报》自创刊以来，默默地做好党和人民的喉舌，始终保持高度的政治性，模范地遵守新闻出版规律，处处体现了民族报的党性原则。在许多少数民族语言文字逐渐消亡的今天，它的意义已远不只作为察布查尔县委机关报那么简单，它是一种精神的象征，更是锡伯人纸上的精神家园。

《察布查尔报》是全国乃至全世界唯一的锡伯文报纸，创刊时名为“自由之声报”，为周二刊、八开的油印报纸。1953年12月，更名为“新生活报”。次年3月，察布查尔锡伯自治县成立，国家民族事务委员会赠送了一套锡伯文铅印铜模和印刷设备，该报纸从此由油印实现了活字铅印印刷。“文化大革命”期间，《新生活报》被迫停刊。1974年10月复刊，更名为“察布查尔报”沿用至今。2002年10月，在上级主管部门的大力支持下，《察布查尔报》实现计算机编辑排版和胶印印刷，由此进入了电子出版技术应用时代，实现了质的跨越。之后的十余年，通过上级党委、政府的努力与支持，《察布查尔报》电子应用技术日趋成熟。在锡伯文输入法方面，开发应用过易文通锡伯文软件，如今普及使用索贝特软件。在排版软件和设备方面，目前察布查尔报社使用的是华光超捷6.0版排版软件（潍坊北大青鸟华光照排有限公司研发）。自2012年起通过积极跑办

“国家东风工程党报党刊能力建设项目”，已争取到四色胶印机（彩印机）及配套制版机设备各一套，价值150万元，并于2013年12月30日起正式实现了彩印。引进的彩印设备解决了《察布查尔报》及《察布查尔画报》图片模糊不清等问题，提高了办报质量。目前报纸印刷不仅快捷、方便，而且画面颜色正，字体清晰，版面美观。

《察布查尔报》在全世界有着唯一存在性，是锡伯民族优秀文化遗产，对锡伯民族文字语言的快速发展、传承、保留起到了至关重要的作用。察布查尔报社为全额拨款事业单位，机构规格为正科级。根据编制机构部门“九定”方案，核定编制25名，目前实有22人（一人借调文联）。其中，干部12人，印刷工人10人。《察布查尔报》每期印刷发行2200份（其中1000份由国家东风工程资助免费发行），除在新疆发行外，北京、沈阳、吉林等地均有订阅，全年订阅价是60元。

《察布查尔报》是四开四版，立足民生，设时政要闻、农牧科技、法制教育、文艺副刊四大板块。该报始终坚持正确舆论导向，将县委、县政府的一系列方针政策、重要决策、工作思路、会议精神及时、翔实地传递给广大读者。对一些重大活动《察布查尔报》都会开设专栏从不同层面、不同角度、不同形式进行全方位报道，积极发挥舆论引导作用，为自治县各项工作的开展营造了良好的舆论氛围。

2012年6月3日，在县委、县政府主要领导的要求及支持下，在出版发行锡伯文版《察布查尔报》的基础上，又创立内部发行、汉、维吾尔、哈萨克三种语言文字版本的《察布查尔画报》，以图片为主、解说为辅，八开双面印刷，免费发放到自治县15个乡镇场的广大农牧民手中，出版发行三年半以来，根据县委主要领导关于“镜头下移、对准老百姓”的批示精神，全面及时宣传党的惠民政策、民族宗教政策及县委、县政府重大决策部署、民生工程等工作。《察布查尔画报》自创刊至今已发行387期，每期5500份（其中汉文2300份，维吾尔文2200份，哈萨克文1000份），其宣传效果明显，起到了积极引导作用，深受广大农牧民的喜爱和肯定。

《察布查尔画报》坚持贴近实际、贴近生活、贴近群众的原则，突出“短、平、快”，采用一系列拿得出、讲得透、看得准、传得广的方法和途径，为基层群众提供便捷、管用的文化套餐。在资金紧缺的情况下，围绕县委各个时期的重点工作，以漫画、专刊、号外的方式，印刷上万份及时发行到全县各乡镇场及县城各领域，基本做到全覆盖。图文并茂的《察布查尔画报》及时让各族群众了解了自治县的社会、经济、文化发展动态，了解了政策法规，凝聚了人心，汇聚正能量。

外宣工作上，察布查尔报社积极向自治州、自治区新闻媒体投稿，宣传察布查尔县近些年取得的新变化、新成就。每年都会在《民族报业》《新疆日报》《老年康乐报》《伊犁日报》《伊犁晚报》等新闻媒体刊发稿件约40篇。在近些年举办的《伊犁好新闻》评选活动中该社记者华岩明连续荣获伊犁地区新闻奖二、三等奖。

《察布查尔报》的发展得益于1994—1996年新疆维吾尔自治区民语委的课题《计算机锡伯文、满文文字处理和轻印刷系统》的研制成果"锡伯文办公自动化系统"、"锡伯文、满文轻印刷系统"和"锡伯文报版系统"三套软件。该套软件的开发，不但填补了国内外、区内外此项空白，并且从根本上改写了锡伯文、满文以手抄、石木刻和活字铅印方式出版图书、杂志、报纸的历史。《察布查尔报》通过使用该软件，告别了活字铅印时代，实现了电子排版印刷。2012年，自治区"东风工程"为该报配置了价值100万元大型印刷设备。在锡伯语文的使用范围不断缩小、对本民族传统文化的影响力和创造力不断减弱的背景下，《察布查尔报》作为向锡伯族人民宣传贯彻党的路线、方针、政策的有力武器，成为保护和传承锡伯语言文字与传统文化的重要载体，尽快实现其网络化和数字化的应用，已成为一项十分紧迫的任务。锡伯文报纸网络化和数字化技术的实现，能使覆盖面很小的地方性报纸彻底改变传播面小、发行量和读者少的局面，外地和国外读者可在网上浏览锡伯文内容，可使新闻价值成倍增长，并随着报纸影响力的增长，带来客观的广告效益。县政府拟重新编制锡伯文字符集编码系统，设置锡伯文键盘布局，研制锡伯文输入法和OpenType曲线字体，实现锡伯文及多文种混合处理网络技术，建立锡伯文网站，实现锡伯文信息发布、传递和接受功能，研发锡伯文数字处理系统软件和锡伯文数字报纸管理系统等。报纸作为传统的三大媒体之一，传媒报业正随着我国经济的不断发展而壮大。传统的纸介报纸已不能满足报业经营时代的要求，而网络报纸却可实现内容和广告的快捷投送。网络报纸有动画、声音和视频等多项功能，可节省大量人力、物力和财力，产生良好的社会、经济效益。

2016年9月6日，锡伯文信息技术国家标准工作组成立大会在乌鲁木齐市召开。会议指出，少数民族信息技术标准化工作非常重要，直接关系到应用和产业发展，要珍惜锡伯文信息化事业前所未有的难得机遇，提高标准化工作的质量和水平。要求工作组增强大局观念，少讲条件要求，多讲奉献责任，在工作目标上高度统一，将取得的各项标准成果转化为生产力和经济社会效益，为努力实现新疆跨越式发展和长治久安做出应有的贡献。锡伯文信息处理系统的应用和锡伯语言文字的信息化建设，对于扩大该种文字信息处理的应用领域，夯实其信息化建设基础、构建平等竞争的语言文字环境，为推进本民族语言文字和传统文化的信息化、网络化、数字化，促进本民族地区经济社会和文化教育事业面向现代化发展提供重要的技术支撑。今后需要大力加强锡伯语言文字的规范化、标准化和信息化建设，为锡伯语言文字与传统文化的保护、传承和发展做出积极贡献。

（二）锡伯语广播电视

1951 年 12 月 28 日，察布查尔县建立收音站，通过电波，察布查尔人民第一次听到了党中央的声音。1959 年 12 月 5 日，察布查尔县建立广播站，从这天起开始编播锡伯语广播节目。1960 年 4 月 25 日，县广播站开始安装喇叭。1974 年，全县共有 23 个生产大队、126 个生产小队通了广播，安装入户喇叭 9664 只，实现全县有线广播网化。1980 年 10 月，县广播站改为县广播电视局。1990 年 11 月，察布查尔县电视录转台建成试播。1994 年 6 月，广播电视局建立有线电视台。

进入 21 世纪，县广播电视台迎来了发展的春天，尤其是自 2010 年开始有了突飞猛进的发展。是年底，《察布查尔新闻》由每周一、三、五播改为日播。2011 年，开办的自办栏目《唱读讲传》获得自治区优秀栏目奖，广播还开办了《供求信息》《察广民情 110》栏目。2012 年，电视台新闻板块增加《一周要闻》，广播节目增设《民族宗教理论讲坛》《音乐吧》《为你点歌》《百家讲坛》、广播剧《大西迁》等栏目。2013 年，广播电视台开办电视自办栏目《民生 110》《向人民报告》《民生论坛》《以案说法》《感恩组织　敬畏历史》《团结稳定是福》《书记群雕像》《锡伯美食》；广播栏目《乡村大舞台》《百姓事百姓说》。同年，完成广播电视“户户通”17340 套。投资 202 万元实施智能广播户户通工程，为 1 万户农牧民安装智能小喇叭，收听范围覆盖全县 65 个村。完成广播电视发射中心异地搬迁工程，实现广播电视信号覆盖率由 60% 提高到 95% 以上。2013 年拍摄完成锡伯族弓箭文化题材的电影《箭乡少女》，5 月 27 日在央视电影频道播出，该片以锡伯族射箭运动员成长经历为题材，片长约90分钟，展现了锡伯族崇尚箭技、精忠报国的爱国主义传统和拼搏进取的精神，真实反映了锡伯族的宗教、历史、文化、饮食、服饰、建筑、舞蹈等民族特色，实现了察布查尔县影视剧创作工作的新突破。2014年1月25日，广播电视台开播维语《察布查尔新闻》。

2015年广播电视台三分之二的记者深入基层一线包乡，以去极端化、民族团结、“访惠聚”、“树旗立标”及三好支部为重点，挖掘宣传乡村鲜活、典型事迹。围绕总目标，突出宣传重大工程、民生项目、惠民实事，弘扬主旋律，传播正能量。积极改进栏目，满足群众需求，提高收视率。根据观众意见，将每日开机时间提前1小时，全年播出时间增加300小时；调整《察布查尔新闻》重播时间方便上班族收看；新增《综艺喜乐汇》娱乐栏目和《文化察布查尔》《嘎善大舞台》。创办的《跟我学锡伯语》成为全国锡伯语言文字电视教学栏目；首创情景剧《被忽略的亲情》受到好评。县广播电台成为中央电台乡村之声签约单位。汉语广播改版升级为“995城市音乐频道”。围绕工作中心，策划了“西迁节庆跟我看”“三严三实”“走近老军人听故事”“辉煌60年”“民族团结从我做起”“抗战胜利70周年”“群众路线回头看大走访”“悠悠援疆情”等专栏。策划推出《幸运听众》走进帮教转化人员培训基地，《希望的花朵》节目走进琼博拉乡中心校等10个互动节目。县电台还联合民间人士在译制经典的动漫作品，为锡伯语的保护又开辟了一条保护渠道。电台的工作人员表示影视、网络和动漫业作为新闻服务类项目和新兴文化产业，以锡伯语文为主要载体进行建设，拟由此催生一批新兴文化产业。

由上述内容可知，《察布查尔报》和县广播电视台自创设以来，就肩负着双重使命。一方面宣传时政要闻，传播娱乐节目丰富百姓的精神生活；另一方面作为锡伯语言文字、文化的保护载体，记录着锡伯传统文化的变迁。非物质文化遗产具有极强的地域性，与传承区域的文化传统和生活方式有很大关系，这使得受众广泛的主流媒体因顾及全体受众的接受态度而不能对具体项目持续详尽报道，而地方媒体正可以发挥地缘优势，通过长期开设专刊，或在地方电视台设立专题节目等对本地非物质文化遗产项目进行宣传推介，深入挖掘和展现地方文化的独特性、丰富性和多样性，让每个当地人都为身边有这样优秀的文化而自豪，喜爱这些文化遗产，逐渐成为文化遗产的主动传承者。地方民众参与保护的程度，从根本上决定着这些文化遗产项目的未来命运。然而，地方媒体虽然发挥了主体能动性，但是受众非常有限，地方媒体为外界关注者少，无法发挥更大范围宣传的优势。对于偏远少数民族的文化遗产亟须中央和有影响的地方电台给予适当关注，使少数民族文化为外界所知。

第二节　文化资源的保护与开发

文化遗产包括物质文化遗产和非物质文化遗产。物质文化遗产多体现为文物古迹。非物质文化遗产多为口传、民俗、手工技艺等。察布查尔锡伯自治县是古代民族流动频繁的区域，历史悠久，留下了不少文物古迹，现有 122 处文物保护单位，都建立了保护档案，其中 3 处国保单位、9 处自治区级文保单位，现全部竖立有标志牌，设置了保护控制地带。如今的察布查尔县是锡伯族聚居区，其文化在全国具有独特地位。2003 年，我国加入联合国教科文组织《保护非物质文化遗产公约》，随即开启了文化遗产保护的倡议和实践。察布查尔县于 2005 年开始组织开展锡伯族非物质文化遗产代表作名录的申报立项和保护传承工作，截至目前，已有西迁节、贝伦舞、弓箭制作技艺、锡伯族刺绣、锡伯族民歌 4 个项目入选第一、二、三批国家级非物质文化遗产代表作名录，入选自治区级非物质文化遗产代表作名录的有西迁节、锡伯族贝伦舞、锡伯族弓箭制作技艺、锡伯族萨满舞蹈音乐、锡伯族朱伦呼兰比、锡伯族汗都春、锡伯族射箭、锡伯族刺绣、锡伯族民间故事、锡伯族东布尔、锡伯族杭西、锡伯族民歌、锡伯族抹黑节、锡伯族蝴蝶舞、锡伯族拔火罐传统疗法 15 个项目，锡伯族刺绣等 30 个项目被纳入伊犁州非物质文化遗产代表作名录。近几年，察布查尔县在非遗保护和传承方面成就突出，非遗在社会经济建设中发挥着不可低估的重要作用。

一　物质文化遗产

察布查尔锡伯自治县境内保存有不同时期的古城、寺庙、水利工程以及远古的墓葬等遗址。

（一）海努克古城

海努克古城位于自治县东南海努克乡海努克村东北 6.6 公里处。古城原为内外两重，外城城墙早已不存，仅存一土埂，周长 2 公里。内城略呈长方形，尚存城墙之残垣，夯土筑成，残高约2米，城北残留建筑遗迹，呈条沟状。城中曾出土元明时期的陶片及铜铁件，陶片以红胎面涂青色陶衣的陶片为最多，亦有红胎面划水波纹或弧弦纹。① 目前察布查尔县拟修复古城，这对于保护历史文物遗迹，维护多民族杂居地区民族和谐发展有积极意义。

（二）寺庙、祠堂

（1）银顶寺遗址。银顶寺在海努克乡境内。17世纪70年代初准噶尔首府从和布克赛尔迁至伊犁后，为策妄阿拉布坦所建，与伊宁市的金顶寺隔河相对（此两寺为伊犁地区最早建筑的藏传佛教寺庙）。遗址周围残瓦碎砖随处可见。

（2）靖远寺。靖远寺建于清光绪十八年（1892），位于孙扎齐牛录乡境内，距县城5公里。该寺始建于1780年，1891年重修，俗称喇嘛苏木，是伊犁九大名寺之一。靖远寺坐北朝南，沿一条较明显的中轴线左右对称分布；风格与我国西北汉式建筑特点相似，1995年和1996年国家文物局拨款主修，包括西侧的关帝庙和娘娘庙总面积35333平方米，建筑面积为2811平方米，共有12座建筑：东边的山门、四大天王殿、大雄宝殿、东西配殿、三世佛大殿、钟楼、鼓楼及西边土地庙、关帝庙、娘娘庙等。四周建有围墙，整个建筑采用砖雕、木雕彩绘等工艺，古朴自然。靖远寺经过二百多年的风雨，于1990年被自治区人民政府列为自治区重点文物保护单位。国家投入巨资进行修葺，已成为新疆伊犁州的经典旅游点。2006年5月，国务院正式确定新疆“靖远寺”为国家重点文物保护单位。截至2015年，靖远寺共接待国内外参观贵宾客和游客5.8万人次，成为自治县文化交流的一个重要窗口。

（3）关帝庙、娘娘庙。清代推崇关帝信仰，八旗驻防地均建有关帝庙。所建娘娘庙是为求子。察布查尔县锡伯族迁居伊犁后所设八个牛录均建有关帝庙和娘娘庙，如今保存较好的有孙扎齐牛录的关帝庙和纳达齐牛录的关帝庙、娘娘庙。孙扎齐牛录的关帝庙位于靖远寺东侧，光绪十八年（1892）建，占地面积400平方米，基座2米，全用人工夯实，青砖拱面。大殿屋脊为双层，后背高，前脊低，呈波浪式。外观形同三间，实为一间，

① 察布查尔锡伯自治县地方志编纂委员会编：《察布查尔锡伯自治县志》，新疆人民出版社2007年版，第540页。

正中供奉关帝神位。廊柱及屋架上绘制飞禽走兽、山水花卉等，活脱逼真。三面殿上，有少许画像，壁龛不多。纳达齐牛录的关帝庙和娘娘庙保存状况良好，其建于1907年（清光绪三十三年），占地面积约24000平方米，建筑面积约300平方米，1994年由当地居民集资，进行过一次轻度维修。关帝庙于1996年办理文物使用土地证，确定保护范围为5400平方米；1998年建立保护标志；1999年列入自治区级重点文物保护单位。娘娘庙，供奉云霄、碧霄、琼霄三位娘娘灵位，内部墙面壁画内容丰富，艺术精湛。

（4）图公祠。图公祠位于察布查尔县纳达齐牛录乡北街，始建于1808年，1986年重修，1994年募捐再修，现有建筑面积150平方米，为庭院式建筑。图公祠系为纪念清嘉庆年间锡伯营总管图伯特带领军民修建察布查尔大渠的丰功伟绩而建。图公祠建成后，锡伯族军民在每年春、秋两季举行祭祀仪式，成为展示锡伯族屯垦戍边精神的重要场所。

图伯特（1755—1823），是清代锡伯族历史上杰出的民族领袖。清嘉庆年间，图伯特带领锡伯族军民从山口开挖大渠，引伊犁河水上岸，经过7年艰苦开凿，修成200余里长的察布查尔大渠，灌溉良田7万多亩，使万古荒原变成粮仓。2011—2012年，察布查尔县完成了图公祠历史文化街区建设，规定每年农历五月八日为图公公祭日。自2011年起由县委、县政府牵头举办大型纪念活动，使图公精神进一步发扬光大。祠内的图伯特纪念馆，对于缅怀图伯特的不朽功绩、传承锡伯族屯垦历史文化、教育后人具有重要意义。

（三）察布查尔大渠龙口

察布查尔大渠龙口，又称图伯特龙口，位于察布查尔县城东南40多公里的山口，是个无坝龙口。清嘉庆年间（1802—1808）图伯特带领锡伯族人民开凿龙口及大渠，引伊犁河水灌溉全县中部的土地，使万古荒原变成万亩粮田，锡伯人称此渠为察布查尔布哈，意为粮仓大渠。这条大渠也是全县人民的生命线。察布查尔县于1973—1979年修建了新龙口，并在老龙口修建水闸进行了改造。渠首长度为244米，新老龙口并驾齐驱，老龙口在北面，新龙口在南面，新龙口引水大于老龙口。察布查尔龙口保存完好，工程宏伟壮观，伊犁河水无须拦水坝，即引入渠中，这是人类水利史上的一次壮举。2002年9月28日修建的图公亭、图公纪念碑落成，提升了此地作为旅游景点的欣赏价值。

察布查尔大渠已有200多年的历史，是重要的农业文化遗产，也是用传统方式开挖的生态系统、一种古老的水利设施。察布查尔县政府规划了“古建筑察布查尔龙口工程”，重点对察布查尔大渠旧龙口遗址进行保护。保护察布查尔大渠就是保护锡伯族珍贵的农业文化遗产，可以用实物形式见证当年锡伯族军民艰苦卓绝的屯垦历史，对于旅游业开发也有重要利用价值。依托该工程项目，县政府正在做察布查尔大渠农业遗产保护与利用项目的前期调研、资料搜集和文本编制工作，为申报我国传统农业文化遗产预备清单做准备。

（四）卡伦

卡伦，锡伯语 karun，意即“哨卡、哨所”，是清代特有的一种防御、管理设施。清统一新疆后，广设卡伦，驻军戍边。锡伯族军民在西部边境守卫 18 座卡伦，这些卡伦大都设在边境及城镇山川隘口等要道上，曾在防务薄弱的边疆地区，为防止外敌入侵和保卫祖国领土的完整发挥过重要作用。目前尚存有洪纳海、吐库尔浑、多兰图、阿布散特尔、纳旦木、梧桐孜、头湖 7 处卡伦遗址。2011 年重点修旧如旧洪纳海卡伦（拟与洪纳海水库、洪纳海沟野牡丹连片开发）、纳旦木卡伦（拟与都拉塔口岸一起开发）和头湖卡伦（拟与现代岗楼遗址一起开发）；并对吐库尔浑卡伦、梧桐孜卡伦、多兰图卡伦、阿布散特尔卡伦进行保护。这些卡伦遗址修复完毕后，将作为爱国主义教育的标志开发利用。

（五）墓葬

（1）战国至元代古墓。察布查尔县境内现发掘有 5647 座古墓，分属于 31 个墓群，系战国至元代时期遗留，未进行具体年限的研究断定。目前遭盗墓破坏严重，据了解仅有一名临时雇用人员在山区墓葬区域进行巡逻防护，亟待加强保护。

（2）麻扎。麻扎系穆斯林的墓葬。察布查尔县境内的霍诺海麻扎是伊犁的四大著名麻扎之一，位于县西南部沙诺海山北麓，霍诺海河和别德特河交汇处，为青山绿水所环抱，风景如画。霍诺海麻扎坐北朝南，分成内外两层陵院，呈南北向长方形状，四周被土围墙所圈，总面积约 1000 平方米。陵院南靠霍诺海麻扎尔废村遗迹。陵院内南面分布有许多土丘，似小坟群，北面有独立的小陵院。小陵院呈正方形状，面积约 300 平方米，围墙高 1.7 米。正南为无扇敞开门，由青砖砌成。院内正中便是陵墓建筑，造型别致，远望似亭，由四个倾斜的屋面和四条斜脊组成，无正脊，只有葫芦状翠绿色琉璃瓦顶。整个建筑物呈正方形状，面积有 12.25

平方米，为砖木结构。外四角各立有圆形木柱三根，皆排列成三角形状，东、西、北三面为砖砌墙壁，南为木栏墙，可窥内景。霍诺海麻扎大约建于清道光末年。如今，麻扎建筑整体尚好，只是琉璃瓦、砖雕等经风吹雨打，受到了不同程度的损坏。

此外，还有位于坎乡以东 9 公里处察布查尔山口的察布查尔麻扎，占地面积约 9 万平方米，院内北部建有土木结构陵墓一座，建筑面积约有 100 平方米。

察布查尔县地处祖国边陲，由于历史上屡遭兵燹，保存下来的文物很少。而长期以来，察布查尔县经济又欠发达，留存的文物损坏严重。县政府现已立项对爱新舍里镇现存关帝庙、娘娘庙、百年民居、古墓群、旧城墙和准噶尔敖包等古遗迹进行修复并开发利用。古建筑和古民居具有原创性和不可再生性，具有较高的历史、文化、艺术价值，对其进行修复和开发利用，可将物质文化资源转化为旅游资源，发展旅游新业态。

二　非物质文化遗产

相比于物质文化遗产，察布查尔县的非物质文化遗产要丰富得多，以锡伯族非物质文化遗产为核心。

（一）西迁节

西迁节是锡伯族最为隆重的民族节日，在锡伯族民间被称为“四一八”节，锡伯语“杜音拜专扎坤”（duin biyai juwan jakūn），东北地区的锡伯族亦称“迁徙节”或“怀亲节”。每逢这一节日，全国各地的锡伯族都纷纷聚会，举办各种形式的文体、聚餐、座谈等活动。2006 年，“西迁节”被列入第一批国家级非物质文化遗产名录，属社会实践、民俗类和文化空间类别，察布查尔锡伯自治县系其示范保护地。

关于西迁节的由来，一般认为是乾隆年间清廷统一新疆，为加强边防、巩固统一，清政府从盛京（今沈阳）及其所属各地的锡伯人内挑选官兵 1000 余名，于乾隆二十九年农历四月十九携眷起程移驻新疆伊犁地区。起程的前一日即农历四月十八，锡伯族人齐聚盛京锡伯家庙，祭拜祖先，共饮离别酒，互诉离别情。无论是奉命西迁的官兵和家眷，还是留在故土的父老乡亲都深深铭记着这一天所发生的一切，成为永恒的纪念。因此，每逢农历四月十八，各地锡伯族都要举行各种形式的纪念活动。久而久之，每年的这一天就成为锡伯族的传统节日。[①] 西迁之事，是锡伯族人心中永远抹不去的回忆，自然成为西迁节所要追忆和纪念的永恒主题和内容。

然而，民间另有说法。民间传说农历四月十八是锡伯族祭祀奥莫希玛玛（子孙娘娘）的日子，每年这一天，锡伯族人都外出选择水草丰美之地野餐，举行隆重的祭祀仪式，祈求人口兴旺、渔猎丰收。这一天所宰杀的牲畜、所用的食物和其他费用，均由牛录的乡亲们集体筹集。一切活动不在家庭内或宗族内举行。这一天的活动内容大致如下。(1) 锡伯人以牛录或嘎善（相当于乡和村）为单位，不分男女老少，会聚于本牛录庙院内的树林里（没有建庙的村子，则到郊外的树林中），分三批共进野餐。(2) 向奥莫希玛玛（子孙娘娘）烧香跪拜，祈求她保佑子孙后代。尤其是那些不孕妇女，更是向这位女神苦苦求子（有的还向大树求子）。每个牛录庙院内，关帝庙的殿堂最大，但这一天却冷冷清清，人们都到坐落在一个角落的小得多的娘娘庙里供奉。(3) 向祖先祭祀祈祷。(4) 怀顾先辈的丰功伟绩和经历的苦难历程。(5) 开展各种民间文艺活动。热闹一天，到傍晚才回各自的家。[②] 按照这一说法，西迁节的内涵其实更为丰富。

现在，农历四月十八的西迁节是新疆锡伯族最热闹的一天，各个牛录举行的各种形式的纪念活动包括丰富多彩的文艺会演、赛马、叼羊、射箭、摔跤等。在文艺会演中，有传统舞蹈、男女民歌对唱、牛录之间的民歌比赛、汗都春艺术等内容。在饮食方面，制作面酱是西迁节这一天独有的事情。妇女在这一天到水磨去磨一种发酵后晒干的面曲子，回来后当天在大缸中搅拌，制作成面酱，备日常食用。锡伯族人也多选在这一天编修家谱，即召集本哈拉（姓氏）的成员，举办隆重的家宴，举行填写本家族新成员的续谱仪式。

由于锡伯族分居两地，以察布查尔县和沈阳为核心，近十余年来两地每年都举办隆重的庆典活动，互派代表参加这一年一度的盛会。在察布查尔县政府的主导之下，西迁节已成为当地文化和旅游互动发展的一种创新形式。

---

① 吴元丰：《锡伯族的西迁节及其由来》，载吴元丰、赵志强著《锡伯族历史探究》，辽宁民族出版社 2008 年版。

② 忠录：《锡伯族四一八节的由来之我见》，《西北民族研究》1991 年第 2 期。

（二）弓箭

锡伯族素以“善骑善射”著称，然而锡伯族传统的弓箭制作技艺因种种原因已失传。2008 年，察布查尔县将锡伯族弓箭制作技艺申报非物质文化代表作名录，被列入第二批国家级非遗代表作名录，同时转为自治区级非物质文化遗产名录，属传统手工技艺类别。近几年，察布查尔锡伯自治县的民间手工艺人着手开发弓箭工艺品，恢复了已经失传的传统弓箭制作技艺。目前，其制作技艺主要流传于新疆察布查尔锡伯自治县和乌鲁木齐市。弓箭在不同的历史时期扮演着不同的角色。随着社会的发展，弓箭无论是作为游猎经济的生产工具还是冷兵器时代的军事武器都退出了历史舞台，而成为民俗文化和现代体育竞技项目存在着。锡伯族传统弓箭文化集中体现了锡伯族的文化渊源、特点和社会发展进程。

锡伯族的传统弓箭主要使用红柳、玻璃钢和牛筋等材料。响箭的箭头则用牛角制成。这种响箭的制作工艺很有讲究，响箭的箭头用兽骨制成，呈尖圆形。箭头上有 4 个小孔，箭离弦后，由于速度快，空气从小孔中穿过，发出响声，“响箭”之名即由此而得。制作时使用大叶白蜡、洋槐木、榆木等硬质木头。大的弓箭要将 18 块不同的木头黏合在一起，小的弓箭也要用 12 块木头黏合，每块木头都要有拉力和弹力，并且不易变形。这些材料的加工需要集切、锯、刨、削、磨、弯曲、打光、粘贴、整合、装饰等多种工艺为一体，一样都不能缺，需要从粗加工到精细加工的多道工序。弓弦一般用洗干净并晒干的羊肠来做，弓箭力量的大小跟羊肠的粗细、硬度、弹力有直接关系，根数越多，力量越大，反之亦然。目前，孙扎齐牛录乡农民陶文新及其子是锡伯族传统弓箭制作技艺传承人。陶文新的祖先从清代起就制作弓箭。他年轻时喜欢射箭，过去经常参加村里和各牛录举行的射箭比赛，1983 年在县体委组织的射箭比赛中还获得过一等奖。陶文新把他的弓箭制作技艺传给他的三儿子陶金新，现在陶金平也会制作弓箭，成为第四代弓箭手工艺人。陶文新父子制作的弓箭一般长 1.8 米，可以射 200 米远。这种弓箭的操作程序和关键流程，完全倚仗于工匠自己的精湛技艺和平时积累的经验，往往以眼为尺，以手为度，很少有具体数据作参考。制作一把弓需要利用上百件专用工具，使用近 100 道工序，历时 20 多天才能制作出一把弓箭。

2012 年 8 月 8 日，察布查尔县中华弓箭文化博物馆开馆，这是自治州第一座以弓箭文化为主题的博物馆。场馆前身是 1974 年国家特批修建的新疆射箭队训练场馆。博物馆建筑面积为802平方米，分为射箭文化、军事文化、礼仪文化等板块，展有40款世界各地、全国各地代表性的弓种，箭支有400多种，扳指、护臂150款。该馆收藏的珍贵文物中包括全国罕见的清代锡伯八旗战弓，其形制优美，拉力达200磅，为存世清代弓箭中的极品。馆里的“镇馆之宝”是一把长约3.52米、号称射程最远的“中华至尊弓”。制弓材料全部来自本县，以筋木弓传统工艺制作，弓身绘有汉、锡伯、蒙古、维吾尔、藏5种文字的“弓、射”二字。该弓箭于2012年9月获得吉尼斯世界纪录总部的认证。该馆还通过680张图片集中展示了中华弓箭文化五千年的悠久历史、丰富的文化内容及崇高的人文精神。

当前全国各地掀起了保护民族传统文化的热潮。在党的十七大和十八大上，国家都反复强调了建设文化强国。新疆针对当前的形势，为大力发展伊犁地区文化事业，提升区域文化软实力，促进经济的繁荣，在“十二五”规划中提出建设锡伯族民俗文化名镇。因此，察布查尔县锡伯族传统弓箭文化能够借助国家和地区相关政策得以积极发展和传承。

（三）刺绣

锡伯族妇女的刺绣，流传于察布查尔锡伯自治县锡伯族聚居的八个牛录、伊犁哈萨克自治州直属其他各县市、塔城市、乌鲁木齐市等锡伯族散居区，2009年申报列入第二批自治区级非物质文化文化遗产名录，属民间手工技艺类别。2011年5月，被列入第三批国家级非物质文化遗产名录。

锡伯族刺绣用的图纹较多采用牡丹、菊花、鹿、龙等动植物形态，图案强调均齐对称，如人体上的双耳双目、上下肢，鸟虫的翅翼，花木的对生枝叶等都以均齐对称的形态表现在图案纹样上。西迁屯垦戍边以后，受维吾尔、哈萨克、蒙古、俄罗斯等民族文化的影响，锡伯族妇女的刺绣工艺具有了新的地域特色。

锡伯族妇女的刺绣工艺，有挑花、贴花、针织等种类，其中挑花、贴花工艺用得较多。在服饰、鞋袜、窗罩帘、墙围布、锦帐、枕头花、衣边以及荷包、嫁妆、葬服等物件上，大多用挑花类或贴花类进行刺绣。在锡伯族妇女的刺绣品中，最常见的是长方形枕头顶刺绣花和绣花鞋。枕头顶刺绣一般用蓝底色的布料，绣布样呈长方形，设计纹样或用彩笔勾勒出来，或先剪纸贴在绣布上，然后用各种颜色的丝线将纹样刺绣而成。绣花鞋一般用黑布（多用平绒），先做好鞋帮，在鞋帮和鞋头位或绘或剪贴好刺绣图案，然后按照图案搭配各种颜色的丝线进行刺绣。这种刺绣是根据设计好的图案，娴熟地运用各色丝线刺绣，有时还创造性地用绒毛绣，使绣品璀璨夺目。近几年以来经过民间艺人的不断开发，在刺绣内容上又有了更多的纹样，如锡伯族的瑞兽、牛车、弓箭等具有象征意义的纹样。

过去，锡伯族姑娘都要向母亲学习刺绣技术，因为刺绣不仅是一项生产技术，也是评价女孩是否贤惠的标准。恋爱中的男女青年若相互有好感，女方一般会将自己绣的手巾、荷包送给心上人。到出嫁时，女孩家要给男方叔伯姑妈每人一双鞋作为嫁妆陪嫁。锡伯族的刺绣技艺没有专门的师傅传授，大多以家庭传承为主。女孩子自小跟随母亲，常年耳濡目染，便慢慢学会刺绣技艺，得以代代相传。改革开放以后，随着经济的快速发展，人们的教育、观念等也迅速转变，越来越多的锡伯族女孩开始走出察布查尔县，远赴省内外其他城市学习、就业、打工。物流的发展，使锡伯族人对穿衣和日用品的选择也更趋向于直接购买成品，摆脱了自给自足的状态。这都使锡伯族的刺绣技艺逐渐被冷落。

2007 年察布查尔县锡伯族刺绣获得了联合国刺绣扶贫开发项目的支持，扶贫资金有力地推动了锡伯族刺绣的发展，使深埋在民间的刺绣手工艺不断得到挖掘并生产出众多精美的刺绣产品。从此，定期举办刺绣培训班，擅长刺绣的老年妇女为年青一代传授手工刺绣技艺，使锡伯族的传统刺绣手工技艺得到了保护和传承，制作介绍锡伯族刺绣手工艺及其制品的宣传册、宣传片等，已开发出各类男女服饰、绣花鞋、挂帐、床上用品、头饰、香袋等多种刺绣产品，形成规模，走向了市场。察布查尔锡伯自治县所辖 2 镇 11 乡均已有民间刺绣作坊。

察布查尔县文化馆作为国家级项目锡伯族刺绣保护单位，整合社会资源和力量，多措并举，抓好刺绣项目的传承和保护工作，并制定了保护条例。一是做好规划，积极研究并制订了《锡伯族刺绣“十二五”时期保护规划》，建立健全了相关规章制度，完善了锡伯绣非遗档案。二是做好管理，启动了“刺绣现状调查”工作，重点对全县的刺绣现状进行调查走访，征求民间艺人意见和建议，对调查结果进行总结分析，制定出科学合理的保护传承方案。三是做好传承，组织国家级非遗代表性传承人开展传习活动，在“文化遗产日”开展宣传展演活动，展示刺绣手工艺制作品，邀请传承人及其弟子参与展演。现已在堆齐牛录等 6 个乡镇建立了锡伯绣传习所。四是做好交流，积极组织参与上级文化部门主办的各类手工刺绣大赛和展示，以及刺绣艺术理论交流会，启动了刺绣项目数据库建设工作，搜集、录入文字、图片、视频等。

（四）“发拉哈额分”和“萨斯恒”

（1）“发拉哈额分”

“发拉哈额分”是锡伯族每天不可或缺的主食，译即“发面饼”，锡伯语音读“发拉哈额分”，其做法和吃法都很独特，有讲究。制作用料为面引子、面粉、碱和水。做法是先将面粉倒入盛有面引子的盆里，拌碱水和好，捂盖放置在常温或暖处（热炕上）发酵。还有一种做法是头一天晚上将面引子和入面粉，放至第二天早上，加碱再揉一次，等面团发酵。制作时，取一坨面团擀圆，擀得厚薄均匀，其大小因铁锅的大小而异，一般直径三四十厘米，厚度为五六厘米。烙发面饼，一般用生铁锅，掌握火候是关键，把握住火候，烙出的发面饼才酥软可口。用大火将锅烧热，把擀好的面挂在擀面杖上贴到锅底，将火调小，饼面均匀地鼓出大大小小的泡泡，锅底一面微微烤黄后，再翻一面，这样三翻九转即可烙熟。刚出锅的锡伯大饼香气扑鼻，松软筋道，散发着浓浓的麦香味道，夹上凉菜或炒菜食用都是极好的。锡伯族每天早上一顿的发面饼都会多烙一些，用过早餐后要用纱布把剩余的饼子包起来，等到中午或晚上再吃，味道同样爽口，但不能过夜，锡伯发面饼一过夜口感就大打折扣。因此，锡伯族妇女非常勤快，每天早上起床都要和面烙饼，供一天食用。在察布查尔锡伯自治县民间还流传一种说法，能否做好锡伯大饼，是公婆评价一个新媳妇是否“称职”的“三好”标准之一。

发拉哈额分的吃法也很有讲究，上桌前一般要将其对折撕成四瓣，叠放在盘里。锡伯大饼分“天”“地”两面，在烙饼的时候，留下大花纹的一面是天，细小花纹的一面是地，在长期的生活中，人们形成一个习惯的叫法是大花和小花。大饼在摆放的时候必须天压地，也就是大花朝上、小花朝下，即“天”朝上，“地”朝下。吃的时候，必须“天”朝外，“地”向内，把菜夹在“地”一面，以“天”包“地”的形制食用。无论是摆放还是食用，天和地都不可以倒置，这一点体现出锡伯人特有的饮食习惯和文化传统。随着市场经济的发展，锡伯族的发面饼也进入市场，渐有进入大新疆菜系的趋势。

（2）“萨斯恒”

“萨斯恒”是在察布查尔锡伯自治县锡伯族饮食中保留有东北菜特点的为数不多的一种杂烩菜肴。有人认为“萨斯恒”是因西迁路途遥远、困难重重，用干豇豆做主要用料的萨斯恒可以反复热着吃，所以一直作为一种传统家乡菜保留了下来。这道菜肴在冬季普遍食用，也是锡伯族人在过年过节或红白喜事上的主要菜肴。

豇豆是萨斯恒的主要用料，夏季从菜地摘取，划开后，在阴凉处晾干，并收起存储，用于烩制萨斯恒。

萨斯恒的制作用料除了干豇豆外，还需要牛、羊、猪肉、白菜、土豆、胡萝卜、辣皮子、洋葱、西红柿酱、白砂糖、生姜、花椒、八角等。制作方法：热锅，倒清油，比一般炒菜要多，加白砂糖适量，搅动，待起泡沫时，火关小些，将切好的肉块或排骨放进锅里红烧几分钟，火再开大，加葱或洋葱，再加花椒粉（或粒）、几粒八角、生姜、辣皮子翻炒片刻后，将切好的干豇豆放进锅里（干豇豆必须用凉水洗，不能在水里泡，切成长段）炒一会儿，加胡萝卜块，然后加水炖，水要淹没锅里面的菜，等干豇豆发软，加土豆块继续炖数分钟，加白菜片，等快熟时，放少许番茄酱，加盐，再加些蒜，搅拌一至二分钟，色、香、味俱全的萨斯恒便可盛盘上桌。

上述两项食物中，“发拉哈额分”是锡伯族日常饮食的代表，承载了锡伯族独特的“世界观”。随着社会经济的快速发展，锡伯族人口在不断外流，饮食种类也在不断丰富，“发拉哈额分”作为每日必吃主食的地位岌岌可危，应该尽快列入非物质文化遗产名录，保护其制作技艺。而“萨斯恒”是证明锡伯族原系东北民族的最具代表性的物品，亦应列入非物质文化遗产名录，使一个民族铭记自己的根和源。

2012年，察布查尔县举办了“首届餐饮美食文化节”，有力地增进了外界对锡伯族饮食文化的了解。当年，与美食文化节同时举办的盛事还有中国首届锡伯族民歌大赛、中华弓箭文化研讨会，中华弓箭文化博物馆、锡伯族名人何耶尔・柏林的百年故居开馆迎客，合称为“三首两馆”。这一系列文化事件展现了锡伯族人的文化自觉和文化自信，凝聚了人气，吸引了各地的游人，前来观看的群众达数千人，有的乡镇群众宁可舍弃一天200元的务工收入，骑着摩托进城看比赛，传统文化赢得了老百姓的喝彩。“三首两馆”的开演开放，锡伯文化荟萃一堂，对于弘扬优秀传统文化，建设先进文化来满足人民日益增长的精神文化需要，加速察布查尔县文化旅游城建一体化建设步伐，推动自治县早日实现跨越式发展目标，有着不同寻常的意义，在察布查尔县非物质文化遗产保护工作中有着里程碑式的意义。

三　对外文化交流

近几年来我国关于文化发展最突出的主题之一是文化“走出去”战略。察布查尔县也积极开展对外文化交流，扩大影响力。2015 年，在中国人民大学举办了为期一周的锡伯文化节，活动包括学术讲座、校园文化展示、文化演出等内容，展现了 1764 年部分锡伯族人从盛京（今沈阳）西迁到新疆伊犁，并完整保存了民族文化传统的过程。中国人民大学还与察布查尔县签署了战略合作协议，以进一步推动清朝历史及锡伯族历史等方面的研究工作。同年暑期，察布查尔县接待了中国人民大学研究生暑期研习营活动和清华大学学生锡伯文化体验活动。在盐城市举办了“西迁圣地　和谐家园”文化盐城行非遗展示展览活动，分别在市文化馆、大丰市、东台市、射阳县、杨侍村开展民间交流演出 3 场、座谈 5 场和宣传展示及有奖竞答。在盐都区杨侍村生态庄园举办“携手丝路　共创未来”盐城·察布查尔文化旅游周，进行“大爱无疆”系列民间绘画创作，创作表现援疆工作组帮扶察布查尔农民画 20 幅，进一步对外宣传了锡伯族传统文化和察布查尔。

2016 年 9 月 11 日由文化部非遗司指导，文化部恭王府管理中心、中国非物质文化遗产生产性保护系列活动组委会主办题为“赤心西迁　忠诚戍边　锡伯代代传奇”非遗展开幕，展示了新疆察布查尔锡伯自治县文化遗产精品，这是文化部恭王府管理中心首次展示西部少数民族地区传统文化技艺。此次展览为期两周，分为“历史长河，追溯鲜卑族源”“西迁戍边，铁肩担当社稷”“百步穿杨，健儿马蹄声急”“语言文字，锡伯民族特征”“独特民俗，一带一路明珠”五大板块，通过图片、文字、实物充分展示了自 1764 年锡伯族西迁到新疆后由清代八旗制度所形成的“国语骑射”、锡伯文书法、锡伯族刺绣，并且展演了锡伯族贝伦舞、萨满舞、锡伯族射艺等，同时还展销了锡伯族非物质文化遗产衍生产品及文化旅游产品。

此次展览首次展出了具有珍贵意义的锡伯族文字译著的四大名著书

稿、锡伯族弓箭、清代锡伯族绣品和锡伯族民风民俗的“农民画”。其中“农民画”主要是由当地农民所作，内容以农村生活为题材，展现了锡伯族人民劳动、娱乐、饮食等场面，反映了锡伯族人民对生活的热爱和对未来的憧憬。

在这次精品展活动中，还围绕“以小白杨精神为代表的锡伯族西迁精神与文化遗产传承保护”“以察布查尔大渠为代表的锡伯族文化遗产保护研究”“振兴传统工艺——锡伯族非物质文化遗产（传统技艺）的传承保护规划”三大主题，举办了新疆察布查尔锡伯族文化遗产传承与保护学术研讨会。文化部恭王府管理中心主任孙旭光表示，本次精品展是2016年中国非物质文化遗产生产性保护系列活动之一，活动的成功举办，必将使锡伯族的传统文化遗产得到更好的传承和保护。11月12日，察布查尔锡伯自治县与文化部恭王府管理中心就在恭王府管理中心会议室签订了战略合作协议。协议涉及团队组建、人才培养、学术交流、文化产业开发等八个方面。此合作协议的签订以及协议项目的贯彻，为锡伯族非遗建构了强有力的文化传承保护平台。

第三节　旅游业的兴起与发展

进入21世纪，我国的旅游业蓬勃发展。国家对旅游产业发展的定位是把旅游业培育成国民经济战略性支柱产业和人民群众更加满意的现代服务业。察布查尔锡伯自治县旅游业起步晚，1998年才成立旅游局，为县政府办公室下设单位。2001年2月16日，从政府办分离，成为独立机构。刚起步即严格按照科学发展观，走可持续发展之路。2000年3月，自治县制订了新疆察布查尔锡伯族民俗风景旅游区建设规划。2002年，自治区争取到旅游国债资金1000万元，建设了锡伯民俗风情园（包括博物馆），2004年8月27日开园营业，2007年评为AAAA级景区。随着察布查尔县委、县政府对旅游业的高度重视与支持，县旅游业实现了从无到有，从起步到跨越发展的巨大转变，旅游投入几何倍增长，旅游人数和旅游收入呈井喷式增长，2010年成功创建自治区级旅游强县。截至2015年，全县各类营业旅游企业由1999年的63家发展至209家。景区6家，其中国家AAAA级景区1家、AAA级景区1家；宾馆、酒店20家，其中星级宾馆2家；农家乐、牧家乐、农家旅馆157家，其中星级农家乐36

家；旅游企业、旅游纪念品生产厂家及购物点 18 家，其中国家级工业旅游示范点 1 家。截至 2016 年 11 月，全县接待游客 64.45 万人次，同比增长 31%，收入达 14599 万元，同比增长 11%。旅游业的发展模式紧随各地的做法，依托节庆、传统手工技艺、农业文化、饮食特色等项目全方位合理开发，在保护、传承与经济发展中实现可持续发展。

一 节庆旅游

自 2010 年，察布查尔锡伯自治县凭借“西迁节”开始举办经贸旅游文化节。其间，有箭乡美食狂欢节、“锡伯大饼”制作比赛；组织文艺会演；在察布查尔县纳旦木卡伦，举行纪念西迁的祭拜卡伦活动。各乡镇还结合乡镇民族文化特点，举办富有地域特色的各类群众文化活动，如孙扎齐牛录镇举办西迁节靖远寺文化庙会活动，纳达齐牛录乡举办图公纪念活动，海努克乡琼布拉克村举办阿迪力达瓦孜艺术团专场演出，米粮泉乡举办“花儿”演唱会。在政府的组织下，传统民族节日西迁节改变了原先单一的歌舞表演、聚餐形式，发展为旅游节庆活动，而且欢度时间由原先的一天延长至数日，节日期间举行的各种体验式、参与式活动，吸引了较多游客，促进了旅游招商引资。

1764 年西迁新疆的锡伯族人以血的代价守护了祖国的边疆，并与新疆各族人民一起迎来了新疆的和平解放。与此同时，锡伯族军民在伊犁河南岸开挖察布查尔大渠，垦荒种植，建设起自己的家园。在历史的演进过程中，锡伯族的西迁屯垦成边业绩升华为一种爱国主义精神、开拓进取精神、团结友爱精神、自强不息精神，一代接一代传承了下来。西迁节成为锡伯族人民永远难以忘记、培育全民族成员爱国主义情操的节日，200 多年来一代接一代地延续着。自 20 世纪 80 年代以来，察布查尔锡伯自治县和各乡镇人民政府先后多次举办西迁节纪念活动，全国各地锡伯族同胞纷纷前来参加。在节日活动中，锡伯族的民俗文化及各种表演艺术得以充分展示，“西迁节”形成锡伯族传统文化独特的传承空间。受此影响，辽宁、黑龙江、吉林、北京等省市的锡伯族同胞（约 15 万人）也开始举办西迁节纪念活动，受到锡伯族群众的广泛关注与积极参与。

西迁节展示出锡伯族人民爱国主义的民族情感，承载着锡伯族的文化血脉和思想精华，成为传承本民族文化传统、建设先进文化的宝贵资源。西迁节承载着锡伯族厚重的民俗文化，体现多角度、全方位的文化内涵，成为具有广泛性、代表性和典型意义的节庆活动，成为促进锡伯族自治地方发展经济和文化教育事业、构建和谐社会的动力。西迁节所承载的非物质文化遗产，是锡伯族悠久文化遗产中的杰出代表，显示出锡伯族传统文化的创造能力和传承活力。西迁节还成为充分展示本民族各种民俗文化的一个平台，成为本民族的文化传播空间，向世人展示着锡伯族灿烂悠久的文化传统，并逐渐被赋予浪漫而动人的吉祥意义，成为锡伯族岁月长途中的欢乐盛会、生活中的美好诗篇。

西迁节已然成为在锡伯族地区建设先进文化和发展旅游的宝贵资源，有力地促进着本民族自治地方特色旅游产业、招商引资和文化教育事业的发展。西迁节的旅游开发具有政治、经济、文化、社会、环保等价值。通过挖掘西迁节的文化内涵、历史渊源、有关传说和民间仪式，突出其标志性文化符号，以政府指导、社区组织、民众参与、旅游互动方式激活民众对西迁节的认同和热情，增强西迁节的生机和活力，开发利用西迁节的文化资源（即娱乐文化资源、亲情文化资源、道德文化资源、民俗文化资源等），将其转化为经济效益，对于更好地为当地文化产业和旅游业发展服务，提升民族文化竞争力有着不可低估的作用和意义。西迁节以其高度的公共性、组织性和历史性而特别适用于公益文化活动的开展。西迁节的文化功能和节庆仪式，已与社会公益性活动紧密整合，实现了资源共享。比如结合文化惠民、广场文化活动等，提升了西迁节自身的民族性、共赏性功能，担负起了公益性文化的责任。察布查尔县已抓住西迁节的地方特色和民族特点开展越来越多、越来越丰富的群众文化活动，为民众提供自我娱乐、自我教育、自我完善、文化自觉和创造文化艺术的活动空间，并做到小型化、多样化、具体化和实用化，给群众文化活动赋予新内容、新形式、新意境，以满足不同群众的不同文化需要。

“西迁”还作为主题搬上了交响乐的舞台。2016 年 6 月 10 日，由著名作曲家、新疆艺术剧院木卡姆艺术团团长努斯来提·瓦吉丁创作、新疆艺术剧院爱乐乐团演奏的交响组曲《跟着太阳走》在新疆人民剧场首演获得成功。《跟着太阳走》是一部爱国主义题材的作品，主要表现的是锡伯族官兵西迁新疆、保家卫国的内容，努斯来提用一年的时间亲赴察布查尔县调研采访后完成。整部组曲的艺术编排，四十多分钟的演出，起始部分用木卡姆做引子，主体部分运用木卡姆、独唱、长笛等表现。

历经两个半世纪的传承与变迁，察布查尔锡伯自治县完整保留了锡伯族语言、文字和风俗，积淀了朴实凝重的历史文化和特色民俗，是中华民族文化宝库中的一枚瑰宝。以西迁精神为指引的“西迁节”已成为察布查尔县对外的一张特色名片。国家级名录西迁节的保护单位察布查尔锡伯自治县文体局已制订有关西迁节的保护规划和实施方案，正在打造以爱国主义为核心内容的西迁文化，使之成为走向全国和全世界的文化品牌。然而，西迁节旅游节庆活动虽然已举办多年，但由于时间固定，受季节影响，外地游客的参与还是有限。

二　特色旅游产品与文化产业

1. 弓箭

锡伯族传统弓箭目前制作成功的有三类产品：一类是传统弓箭，射程较远，适用于民间射箭竞技比赛，保留着清代硬弓的特征；另一类是响弓，主要用于民间竞技比赛，响弓的箭射出后在空中发出响声是其主要特征；还有一类是弓箭工艺品，具有外形美观、制作精湛、形状耐看、图案精致、包装精美等特点，体现了锡伯族工艺品的艺术风格和特点，同时又有现代工艺品的创意和理念，形成大小不一的各种工艺产品。

2012 年 2 月 5 日，中国非物质文化遗产生产性保护成果大展在北京全国农业展览馆新馆开幕，察布查尔县锡伯族弓箭制作技艺传承人伊春光携其子伊陈辉参加了展览会。同年察布查尔县中华弓箭文化博物馆开馆，是自治县“五个文明建设”的一件大事，也是自治县近年来强势推进城建文化旅游一体化发展结出的丰硕成果。

这项技艺在新疆师范大学副教授锋晖的努力下已走向市场。2012 年 11 月，锋晖与好友黄浩等人组建了自己的公司，开始了弓箭产业的开发。“天山弓坊”也成了察布查尔县传统弓箭制作技艺传习所，首届传统锡伯族弓箭制作技艺培训班的学员们正在这里学习。锋晖的察布查尔天山弓坊文化产业公司主产角弓。角弓是锡伯族弓箭中一个优良的弓种，国外对清代八旗角弓的评价特别高。由于传统弓箭与大众用品不同，弓箭市场已经趋于收藏和运动专业性。因此，锋晖选择可以通过代理商、定点和网络销售三种方式打造市场。他于 2013 年 6 月赴哈萨克斯坦进行中亚学术交流期间，带去了自己制作的弓箭，当地的华商对这些传统弓箭表示很感兴趣，愿意成为中亚地区的代理商。

但是，学界的定量研究显示游客对察布查尔县传统弓箭文化的了解程度较低。分析原因一方面是游客反映其在生活中从电视、广播、网络、杂志、旅游等方面得到的锡伯族传统弓箭文化相关的信息太少。而另一方面显示锡伯族弓箭文化旅游存在很大一部分潜在旅游者，他们以男性为主。这是因为传统弓箭文化活动对参与者的身体素质有一定的要求，而且有很强的参与性和竞技性。年龄也成为影响锡伯族传统弓箭文化活动参与度的重要因素之一。[①] 察布查尔县应该扩大旅游产品的展示空间，根据游客选择的偏好，突出文化内涵，着重开发体验型、参与型的创新项目，提升当地的旅游吸引力，进而促进锡伯族传统弓箭文化的传承发展。

2. 刺绣产品

刺绣是体现锡伯族人艺术观念和生活状态的物质载体。察布查尔县在将刺绣技艺申遗之前，就对其开展了保护和传承，同时根据合理利用、传承发展的现实需求，将刺绣文化作为核心层，开发刺绣工艺，将其列入产业化发展和生产性保护项目，使之在县文化产业发展中发挥作用。“十二五”期间，察布查尔县改变以往对传统文化的挖掘限于表层、形式单一、手段陈旧、缺乏产业观念和意识等不足，积极发展文化产业，逐步将传统文化转变为商机。

2008 年 11 月，察布查尔县手工艺品总协会推荐察布查尔镇刺绣协会参加世界银行第二届中国发展援助项目评审活动，荣获二等奖。自治县还组织举办百名绣娘手工刺绣技能大赛，涌现出一批优秀的民间艺人和“新疆工艺美术大师”。

在 2013 年召开的第十七届中国东西部合作与投资贸易洽谈会上，新疆维吾尔自治区妇联组织新疆女性“靓丽工程”特色产业及女性领办的企业产品参加西洽会，伊犁哈萨克自治州、博尔塔拉蒙古自治州、和田、喀什、克孜勒苏柯尔克孜自治州等部分地州推荐妇女手工艺品参展，伊犁州即以锡伯族特色为主，推进新疆女性“靓丽工程”特色产业市场化、品牌化，打造妇女手工艺品产业链，为各族妇女就近就地转移增收致富提供平台。察布查尔县妇联积极做好参展西洽会锡伯绣产品的筛选工作，选出锡伯刺绣香枕、十二生肖刺绣荷包以及锡伯绣拖鞋、婚庆旗袍、马夹等 6 类、43 件产品参展，产品充分体现了锡伯民族特色，并具有精美、实用、市场前景好等特点。这一展示让过去深藏在民间的锡伯绣走出深闺，

---

① 李俊等：《察布查尔县锡伯族弓箭文化旅游开发研究》，《边疆经济与文化》2015 年第 3 期。

走向了更大的舞台。锡伯绣制品像一张特色名片吸引了众多客商前来洽谈交流。察布查尔县孙扎齐牛录乡喜利妈妈刺绣专业合作社的锡伯绣娘布云秀自1989年至今，接触锡伯绣24个年头，曾去苏州专门学习苏绣，如今通过绣针把伊犁多元文化元素与精湛的苏绣制作工艺结合起来，打造出独具特色的锡伯绣品牌。喜利妈妈刺绣专业合作社在经过三年的摸索后，找准了市场定位和目标，在传统锡伯族服饰中大胆尝试现代制衣技艺，打造现代与古典完美结合的时尚锡伯族风情服饰。

当地非锡伯族人也开起了刺绣产业，察布查尔镇乌宗布拉克社区新绣苑刺绣专业合作社即为当地人陈萍所创办。合作社现有经营场所2400平方米，共有职工锡伯族、哈萨克族、维吾尔族、回族等“80”“90”后及大中专毕业生200余人。陈萍为了将合作社做大做强，使更多的妇女实现就业，2015年8月注册了“伊犁细君服装刺绣有限公司”，注册资金200万元，是一家以培训、研发、生产、销售为一体的互联网+电商平台。合作社已先期注册“伊犁特产”微信公众服务号，2016年3月开始网上销售。4月“锡姑娘”入驻伊宁市国际电子产业园，并且在5月成功注册了“新疆刺绣网”，7月正式与云拓网络科技有限公司签订合作协议，云拓、宇邦网络科技有限公司帮助陈萍的公司进行“新疆刺绣网”“锡姑娘刺绣网”的平台搭建及网络营销，截至目前已投入资金120万元，企业销售额已达到200万元，平台搭建完成后进一步为伊犁州及察布查尔县的哈绣、锡伯刺绣产业开辟更广泛的市场空间。“锡姑娘”产品通过电商平台不断发展产品代理商，已发展云拓网络有限公司、宇邦网络有限公司等100家代理商。

2014年，锡伯族女性冬兰创办了新疆兰派服饰有限公司，将时尚元素与民族元素融合，用服饰讲述锡伯族独有的民族文化。冬兰公司将刺绣应用在丝巾、披肩、休闲麻衣、锡伯婚礼礼服等服装配饰上，产品琳琅满目，端庄清雅。传统技艺的传承需要合适的载体。目前，锡伯手工绣短时间内并不能创造出很高的价值，还会面临发展的尴尬。为了传承这一民族文化技艺，让手艺人有坚持下去的勇气，冬兰尝试定制服装品牌“锡伯绣”。她认为单纯的传统民族服饰很难让市场接受，于是秉承将刺绣工艺以及传统图案的优势延续到服饰上来，让传统重新流行的思路，探索市场新路子。冬兰的公司经两年的发展已逐步形成集自主研发、自主设计、自主生产、自主销售于一体的产业化、特色化、规模化、多元化的大型综合民族文化产业中心。每件服饰都秉承“时尚与原创”的设计理念，以民族原创设计结合国际流行元素，以时尚民族服饰、民族刺绣的多元化产品定位，成为宣传民族文化的载体。冬兰的“锡伯绣”系列产品赢得了市场的青睐，甚至远销澳大利亚。前不久，在北京的锡伯族文化展销会上，她的“锡伯绣”成为官方指定用品。虽然创业只有短短一年多的时间，但冬兰的创业之路在不知不觉间挑起了民族文化传承的重担。

目前，察布查尔县拟整合全县刺绣工艺资源和工艺人才，成立全县锡伯族刺绣手工艺品专业合作总社，负责刺绣手工艺品的创意、研发、销售，在爱新舍里镇、察布查尔镇、堆齐牛录乡、孙扎齐牛录乡、纳达齐牛录乡、扎库齐牛录乡六个乡镇设立合作分社，各分社拟修建二层1000平方米集生产销售、工艺体验为一体的刺绣专业合作社用房，共建6000平方米作坊。通过组织培训、研发工艺美术产品、市场宣传等途径，改变目前简单而自给自足的经营形式，逐步建立市场化发展模式。各乡镇刺绣合作社将作为对外宣传、展示传统特色手工艺品的重要媒介，以市场为导向、以高新技术为先导，提供产、供、销一体化服务和技能培训，实现农村剩余劳动力的转移，变农闲为农忙，不断拓宽增收渠道。

三　稻田画

察布查尔县农业发达，传统的农业经济一直在国民经济中占主导地位。在缺水干旱的新疆，察布查尔县锡伯族充分利用伊犁河水开发灌溉农业，种植水稻，成为全疆第二个水稻生产的大县，其大米品质优、口感佳。近年来，察布查尔县响应国家保护农业文化遗产的要求以及人们休闲旅游的需要，结合农业资源积极开发旅游产品。

察布查尔县纳达齐牛录乡有着悠久的农耕文化传统和浓郁的乡愁气息。自2015年以来，从传统的农业耕种向农田旅游化转型，纳达齐牛录乡纳达齐村种植680亩面积的稻田画吸引了众多游客前往观赏和拍摄。稻田画，主要是将几种颜色的水稻种植于水田中，栽种时先在农田里用传统画线器画出九宫格，依图样定出坐标，再牵线描出图样或字体轮廓，最后种上紫色秧苗，随着水稻生长，就会呈现出预先规划的图形或文字。

2015年6月28日，察布查尔县纳达齐乡总占地面积680亩的巨幅稻田画《美丽察布查尔》和《羊羔跪乳》两幅“3D稻田画”正式亮相于纳达齐乡纳达齐村五组的稻田里。这是纳达齐乡从沈阳市沈北新区引进水稻种子，包括214公斤的紫色和黄色种子，通过引进、育苗、人工插秧形成的“3D稻田画”。据了解，稻田画也是当地改变传统农业种植结构所做的一项重要尝试。稻田画先设计好要表现的图形，利用先进的3D技术和透视技术，用矢量法定点定桩连线人工填色，种植不同品种有着不同颜色叶子的水稻，绘制出平面、立体、镂空、线条四种不同风格稻田画。

2016年，察布查尔县将具有锡伯族文化特色的稻田画作为旅游品牌，创作展示了锡伯族非物质文化的稻田画作品“贝伦舞”，受到广泛关注。自治县称今后纳达齐牛录乡将继续打造不同主题的稻田画作品，借此进一步宣扬其农耕文化和乡愁气息。

种植观赏稻田画发展旅游业，推进了该乡特色农业转型，提高了经济效益，同时也带动了本乡农村富余劳动力的转移，增加了家庭收入。在稻田画基地春耕备耕工作启动以来，育苗、打埂、撒肥料、磨田、犁地、插秧等各个环节都带动了本乡农村富余劳动力的转移。2016年，仅稻田画基地解决富余劳动力人数就达64人次，务工总天数365天次，务工费达54750元。其中，插秧前期准备工作务工人数22人次，合计务工总天数96天次，按每人每天150元计，务工费达14400元。插秧期间务工人数42人，合计务工总天数269天次，按每人每天150元计算，务工费达40350元。

这种稻田画可以维持三个半月左右。这样的尝试很有意思，打破了农业就是单纯的农作物种植的传统观念，将农村、农业、旅游观光结合起来，做活了农业生产，给农村带来实际利益的同时，也将改变农民的思想观念，接受新鲜事物。或许，这也是一个农村互联网时代的积极探索模式。

四　各民族风味农家乐

近年来，察布查尔县也在“吃”上做文章，开发各民族的特色饮食，大力打造“游在伊犁，吃在察布查尔”的旅游品牌，一些独具特色的农家乐享誉伊犁河谷，即便是在寒冷的冬季，游客、食客仍是络绎不绝。例如，县城万隆酒店主打的锡味鱼、锡伯套餐，兰兰餐厅的羊杂系列等美食，米粮泉回族乡荷花池农家乐的红烧鹅，巴里根农家乐的全羊宴，备受游客好评。

察布查尔县餐饮具有鲜明的民族特色，这些各具特色的农家乐菜肴味美、色香、实惠，在满足游客的同时，有力地推动了察布查尔县冬季旅游的持续升温。数量众多的农家乐（室内、室外）已成为察布查尔县各乡镇旅游消费的一大亮点，向人们展示着本地的特色风味。然而，察布查尔县的农家乐尚未形成完整的产业链，就餐环境普遍较差，部分农家乐不注重形象和包装，缺乏质量保证。对此极有必要加强管理模式，提升品牌经营理念，增强产品质量和服务。县政府已着手制定相关规范标准，出台相关扶持政策，对各家农乐进行规范，提升经营档次，增加文化内容，将农家乐美食当作创意产业，突出特色，发展产业链条。

察布查尔县县城投资160万元修建了集餐饮和特色商品的“锡伯民俗文化一条街”，目前已开业农家乐5家，刺绣1家，民俗风情小吃1家。通过发展餐饮企业，打造特色鲜明、餐饮、购物、娱乐功能齐全，服务设施一流、环境整洁卫生、管理科学、汇集各民族特色餐饮文化的美食一条街，形成聚集美食产业和创意经济的格局，使察布查尔县城成为名副其实的“美食之镇”。

在加速培养特色餐饮产业链，让察布查尔的美食飘香万里的同时，自治县大力发展乡村旅游，加快乡村旅游提档升级。2016年，县旅游局组织申报了9个乡村旅游富民基础设施建设项目，已完成项目前期用地、选址、环评等手续。孙扎齐牛录镇孙扎齐牛录村、米粮泉回族乡阿顿巴村、纳达齐牛录乡纳达齐牛录村3个村项目建设资金300万元已到位。积极跑办坎乡坎村、库勒特克齐村和加尕斯台乡加尕斯台村、阔洪齐琼塔木村及琼博拉乡琼博拉村5个乡村旅游精准扶贫项目。目前，落实坎乡坎村旅游扶持资金85万元。旅游局相关负责人表示计划将“生态”“康养”的理念融入乡村旅游特色产业中，打造美食与健康相结合的开放式、持久性的旅游品牌。同时，让更多的农牧民融入旅游产业链，吃上“旅游饭”，挣上“旅游钱”。

2016年11月4日根据《农业部办公厅关于深入开展全国休闲农业和乡村旅游示范县（市、区）创建工作的通知》要求，2016年农业部开展了全国休闲农业和乡村旅游示范县（市、区）创建工作，通过自愿申报、地方主管部门遴选推荐和专家审核等程序，拟认定北京市昌平区等74个县（市、区）为全国休闲农业和乡村旅游示范县。在认定的全国休闲农业和乡村旅游示范县名单中察布查尔锡伯自治县与新疆维吾尔自治区阜康市、和静县并列。

从察布查尔县近几年的发展来看，正是充分落实了中央政策，在政府的引导下，让全民参与，开发旅游产品，保护和传承文化遗产，促进经济发展。实践证明，旅游业的发展可以促进文化遗产的恢复，若单纯的保护而不与旅游产业结合，文化遗产只能够“养在深闺人未识”。相反，把文化遗产保护融入旅游业发展过程中，在旅游开发中赋予文化遗产鲜明的地域特色和文化内涵，可以使文化遗产保持原有的生机和活力，拥有赖以生存的土壤和传承的广度和深度。依靠市场经济机制去揭开民族文化遗产的面纱，既能使政府扩宽保护资金渠道，又可为旅游目的地居民带来经济收益，从而激发其对本地文化遗产的保护意识。

第九章

锡伯族民间表演艺术

锡伯族热爱音乐、能歌善舞，在漫长的历史进程中，锡伯族人民用自己的智慧和劳动创造了灿烂夺目的民间艺术文化以及丰富多彩的民间音乐财富。锡伯族的民间艺术具有鲜明的民族气质和民族风格。在锡伯族西迁200多年的历史时空中，通过各类民间节日，民俗艺术活动等形式，延续和传承着锡伯族民间艺术文化传统。

中华人民共和国成立以来，各级政府部门高度关注少数民族优秀传统文化的传承与发展问题，因而锡伯族民间艺术得到了及时的抢救和保护，同时也有了新的发展。1959年，察布查尔县成立了文工团，这个乌兰牧骑式的文艺演出队，是锡伯族历史上的第一个专业文艺团体。在这一时期，锡伯族传统艺术得到了初步的搜集整理，并以新的形式展现在民间舞台上。20世纪70年代末，随着改革开放的不断深入，锡伯族艺术文化也迎来了一个新的历史时期。锡伯族民间艺术遗产得到了全面的搜集与整理，进而研究工作也取得了较好的成果。1980年在新疆维吾尔自治区文化厅的安排部署下，察布查尔锡伯自治县成立了锡伯族民间音乐搜集、整理领导小组，1981年初，组织人员下乡到扎坤古萨各牛录和伊车嘎善等地，拜访民间艺人及歌手，搜集整理了100多首民间歌曲和百余首原创歌曲。1993—1999年，多次组织人员搜集整理和录制出版了锡伯族原生态民歌、萨满歌、叙事歌曲、戏曲等。同时，锡伯族和其他民族的专家学者也撰写和发表了许多有关锡伯族传统音乐及民间艺术的文章，其中一些论文具有很高的学术价值，为我们了解和掌握锡伯族传统音乐的特点提供了重要信息。在这方面，锡伯族专家佟加·庆夫贡献较大，他发表了十多篇文章介绍锡伯族的各种传统音乐。

基于上述调查研究成果及2016年中国社会科学院“21世纪民族地区

经济发展大调查”项目组在察布查尔县实地调研时搜集到的第一手资料①，对察布查尔县锡伯族民间艺术的传承与发展状况进行综合论述。

第一节　锡伯族民间音乐

锡伯族民间音乐具有独特而鲜明的民族风格，旋律优美，节奏多样，有着浓郁的民族生活气息。各种民间音乐形式所反映的社会内容极为广泛。与东北地区的锡伯族民间音乐相比，察布查尔锡伯族的民间音乐形式种类繁多、丰富多彩。这种特征的形成和发展与察布查尔锡伯族的社会地理环境有着密切的联系。自锡伯族西迁以来，已经过250余年的时间。在这一历史进程中，锡伯族与新疆各民族，如卫拉特蒙古、哈萨克、维吾尔等民族在政治文化等方面产生了深度的接触与融合。另外，20世纪初期俄罗斯统治，也给察布查尔锡伯族民间音乐输入了新鲜的血液。因此，察布查尔锡伯族的民间音乐既保留了古老锡伯族的传统特征，也融入了蒙古、哈萨克、维吾尔、俄罗斯的音乐特征。

一　锡伯族民歌

民歌是民间艺术中最具有典型特征的艺术形式。锡伯族民歌种类繁多、形式多样、内容丰富。对于民歌的分类，各个学者也有不同的看法。《锡伯族民歌集》（辽宁民族出版社，2000年）将锡伯族民歌分为十一大类：旧时歌、叙事歌、苦歌、田野歌、情歌、习俗歌、格言歌、渔猎歌、儿歌、萨满歌、新民歌。② 另外，还有六种、五种等不同的分类方法。③这些不同的分类方法主要是因为各个学者对于民歌分类的标准不同所致。有的是根据词曲固定与否划分、有的是根据歌曲的社会功能划分。关于察布查尔锡伯族民歌的分类问题，基于已故佟加·庆夫先生的分类，并结合笔者的调查资料，根据歌曲内容大致可分为古老的民歌、田野歌、劳动歌、长篇叙事歌、萨满歌、新民歌、习俗歌、儿歌等种类。

---

① 已故佟加·庆夫先生为本课题组提供了他本人多年来积累的调查资料。

② 李滢：《新疆察布查尔锡伯自治县锡伯民歌的研究》，硕士学位论文，东北师范大学，2012年。

③ 同上。

（一）古老的民歌

锡伯族古老的民歌所反映的社会生活最为多样，有反映狩猎和渔猎生活的，有反映劳动生产习俗的，也有反映爱情方面的民歌。古老的民歌词曲基本固定。例如：雅齐纳（黑土地）、阿巴拉西吾春（打猎歌）、多么多坤吾春（狩猎歌）、艾辛托珲（金纽扣）、晋布那迪晋不哲、晤呼哩等。

Yecina 叶琪娜（雅齐纳）①

（1）Yecina yanjirde mafa mama juwe nan banjirde，yecina yang dalin de muse mama juwe nan yang dalin de

叶琪娜、咱夫妻，恩爱相处谋生计。

（2）Yecina yoo akū mafa mama juwe nan de boo akū，yecina yoo arkiye muse mama juwe nan boo arkiye

叶琪娜，谋生计，撒网打渔到江边。

（3）Yecina yoha haduki muse mama juwe nan sitha haduki，yecina yobo gidaha emdan gidahangge ai tobo

叶琪娜，到江边，风里雨里没房住，

（4）Yecina yoko bahaha mameni senggel coko baha，yecina ulgiyen ujiki，muse mama juwe nan ulgiyen ujiki

叶琪娜，割野蒿，盖起窝棚安新居。

（5）Yecina asu jodoki mese mama juwe nan asu jodoki，yecina namha herekiye，muse mama juwe nan nimha herekiye

叶琪娜，捕鱼儿，木梭穿线织渔网

（6）Yecina yut banjikiye muse mama juwe nan uttu banjikiye，yecina usin tarikiye muse mama juwe nan usin tarikiye

叶琪娜，要生计，披星戴月走山林

（7）Yecina inenggidari muse mama juwe nan inenggi dari，yecina ergerakū muse mama juwe nan ergerakū

叶琪娜，忙不停，使用弓箭和木棒

① 此歌由察布查尔县民歌传承人胡光清于2016年12月提供。锡伯文转写与翻译由顾松洁完成。

(8) Yecina ulaki jobote be ulaki, yecina alame wajiha yecina be alame wajiha.

叶琪娜，满载猎物转回家

(二) 田野歌

田野歌又称“田歌”“野歌”“街头歌”等。这类民歌的曲调多种多样，旋律较为自由、舒展，内容和范围也极为广泛。“田野歌”曲调基本固定，歌词内容根据不同场合和对象，由演唱者即兴编词，按固定曲调进行演唱。歌词由长短两句组成，上句以景物比喻，下句是主要内容，而且两句的开头词要押韵。由于歌词这种特征，曲调也形成上乐句短，下乐句长的形式，因而构成了两个乐句长短不一的非方正性结构。田野歌在节拍上有两拍、三拍的节拍形式，也有两拍和三拍混合等节拍形式，一般用独唱和男女对唱的形式演唱。

田野歌①

(1) Olhon hailan dahūme arsun i banjihaye ni, mohoho irgese beye foršofi hūturi jabšan be alihaye ni

干枯的榆树复又发芽了，枯萎的人民翻身等待福运

(2) Erdeken šun i fulanjijame tucikiye ni, eiten ilha biretei fitheme eiten bade sabingga ni

早晨的太阳冉冉升起，繁花盛开万丈吉祥

(3) Uksurai duwali jingkini teheren sulfase ni, haha hehe jergilefi yarusi be ujulembi ni

各民族真正平等富裕，男女并肩带头引领

(4) Urgun sebjen beyebe saliburakū hacihiyambi ni, unenggi haji halhūn ni cioi ioi dzi jy be okdombi ni

欢乐的身儿不由自主地，真诚迎接区域自治

(5) Moo jusi bifi eneggi muse bi oho ni, beye forsoho sebjen be seci alame gisureme wajirakū ni.

① 此歌由察布查尔县民歌传承人胡光清于2016年12月提供。锡伯文转写与翻译由顾松洁完成。

有毛主席才有今天的我们，翻身快乐唱不尽

四季歌①

(1) Ujui tere niyenggiyeri de usin haha de šolo akū, usin agūra be belheme gaifi, use usere be belhebuki

孟春时节，农夫无暇，备好农具，准备春耕

(2) Halhūn tere juwari de hacingga ilha fithenehe, haha hehe be ilgarkū, hacingga weile be deribuki

炎热夏季，百花绽放，男女无别，众始劳作

(3) Bulukan tere bolori de bojiri ilha fithenehe, bele jeku be belheme gaifi beikun tuweri de belhebuki

温暖秋日，菊花开放，备好米粮，准备过冬

(4) Šahūrun tere tuweri de tumen jaka be somibuha, tuwa i dalbade torgime tefi tacin sarasu be leoleki

严寒冬季，万物潜藏，围坐炉旁，探讨学问

（三）劳动歌

劳动歌是锡伯族人民在祖祖辈辈的辛勤劳作中集体创作的歌曲。锡伯族的劳动歌曲中包括狩猎歌、渔猎歌等种类。狩猎歌锡伯语称为“阿巴拉乌春”(abala ucun)。锡伯族迁徙到新疆后仍然保持着狩猎的习惯，每逢冬季锡伯族猎人一边骑着马游猎于森林河谷，一边唱着狩猎歌。因此，豪情奔放的《狩猎歌》流传至今。《打猎歌》是一首反映锡伯族人民狩猎生活的集体演唱歌曲。这首民歌在调式或曲式结构上都有鲜明的民族特色，曲式结构由三个乐句组成，每乐句由五个小节组成。在历史上，锡伯族先民曾世世代代生活在大兴安岭、嫩江、呼伦贝尔一带，以渔猎和狩猎为生，随着几次南迁，逐渐转入农业文化，西迁伊犁后，虽然担负着屯垦戍边的重任，但狩猎和渔猎仍然是锡伯族人民不可缺少的生活习俗之一。每逢冬季下雪天，成群结队的狩猎人骑着骏马浩浩荡荡地奔赴猎场。

① 此歌由察布查尔县民歌传承人胡光清于2016年12月提供。锡伯文转写与翻译由顾松洁完成。

打猎歌①

（1）Feksire morin be yalufi deyere giyahūn be doobufi，g’ada moo be hetu tukiyefi amba aba de sarimbi. Hoi hoi

跨上飞驰的骏马，架起矫健的猎鹰，手握狩猎的木棒，箭一般奔向猎场。

（2）Amcara gūlmahūn šadaha，tiyaha indahūn tataha，goro deri fekuweme genefi，gūlmahūn be tob seme bahaha. Hoi hoi

人人称道他英雄，人人赞扬你伶俐，试试猎人的本领，也要试试他的骏马。

（3）Yamjishūn ome bederehe，yarhūn gūlmahūn be fuyehe，haduhūn sogi de taksaha，haišan amtaci fulu oho

野兔被追得气喘喘，猎犬早已扑上了它，猎人从老远翻身下马，一手把那野兔擒拿。

（4）Emu tuweri sebjennimaraha dari abalambi，inenggi tome yamjishūn ome tacire kurse de adanambi. Hoi hoi，tacire kurse de adanambi.

日落西山回到家，猎人剥去野兔皮，新鲜兔肉炒咸菜，香喷喷的味道胜过海参。

（四）长篇叙事歌

锡伯族长篇叙事歌篇幅较长，以叙事的诗歌形式表现，具有复杂的故事情节，众多的人物形象。比较有名的叙事歌有《西迁之歌》《喀什噶尔之歌》《离乡曲》《海兰格格》《三国之歌》等。根据几部叙事歌的内容来看，大多取材于历史上发生的重大事件，以驻守卡伦、换防台站以及惊心动魄的平叛战役为内容。这与锡伯族人民所担负的特殊使命及由此构成的特定生活方式有着密切的联系。西迁伊犁的锡伯族，在开挖大渠、垦荒种地的同时，担负着驻守卡伦与换防台站的任务。那时换防的台站远在南疆的喀什噶尔和北疆的塔尔巴哈台，而换防的锡伯族官兵需每二三年换一批。长篇叙事歌《拉西罕图》就是以换防“披甲”的拉西罕图的个人经

① 此歌由察布查尔县民歌传承人胡光清于2016年12月提供。锡伯文转写与翻译由顾松洁完成。

历为题材，主要叙述了他被选为“披甲”到喀什噶尔换防，并与当地维吾尔族姑娘发生的爱情悲剧。这类叙事歌在锡伯族民间流传已有200多年的历史。

西迁之歌①

（1）Jecen tuwakiyame banjihai, gosin aniya duleke, ja i bedererakū be serefi, jabdeme belheme deribuhe, a , sibe uksura gurun i jalin

远戍边防三十载，晓得不能轻易回，赶着开始准备，啊，为了锡伯族人

（2）Cooha irgen hebengge coo sacikū beyengge cohor yohoron be saniyabufi cohome hethe obuha, a , sibe uksura gurun i jalin

兵民和睦，用铁锹镢头，延长绰霍尔渠，开辟良田，啊，为了锡伯族人

（3）Hūng seme tarime tebure šeri muke isirkū oho, deijikui tuwabe aituburede hūntahan muke absi ombi. A

呼一声种植，泉水已不足，要营救柴火，杯水能如何

（4）Hoo hio sere irgese hacihiyame fetere asihata hafumbume fetehei hacingga mangga be etehe, a

慷慨民众，抓紧开凿，众青年贯通水渠，战胜了种种困难

（5）Caname fetehe yohoron be cabcal seme gebulehe, calu cahin be jalubuhangge cohome ere buha. a

水渠疏浚，名为察布查尔，仓廪满盈，就是这条布哈。啊

《西迁之歌》创作于1959年，又称《迁徙歌》或《锡伯人今昔》。为了创作这首长达548行的叙事歌曲，作者搜集了民间流行的大量有关西迁的民歌，查阅了历史资料。该叙事歌形象地再现了1764年开始西迁到1949年近200年锡伯族历史上的一系列重大事件，描写出了锡伯族人民的西迁历史，并歌颂了锡伯族人民的智慧、艰苦奋斗的悲壮历程以及他们为维护祖国统一和各民族团结所做的不可磨灭的功绩，是一首锡伯族的英雄史诗。1959年，察布查尔堆齐牛录的民间艺人在“西迁节”纪念会上

① 此歌由察布查尔县民歌传承人胡光清于2016年12月提供。锡伯文转写与翻译由顾松洁完成。

将这首长诗配上曲调演唱之后，这首叙事歌很快就传遍了全县。现在《西迁之歌》已经成为一首深受群众喜爱的民歌，在民间有着七八种不同的唱法。

（五）萨满歌

萨满歌是锡伯族民歌中的重要组成部分，是萨满举行仪式时一边跳，一边唱的歌曲。锡伯族萨满教无专门的庙宇、教堂，也没有教徒，更无集体遵守的经典或教规教法，只有萨满分散在民间，各自承担义务，或为本氏族、本牛录负责举行消灾祛邪的仪式，为人治病等。除了萨满以外，还有分散活动的“斗其”、“尔其”和“相同”。“斗其”是专门驱赶妖魔鬼怪的巫师；“尔其”是专门治疗儿童麻疹的巫师；“相同”是专治精神病的巫师。他们在为人治病时，有各自的演唱曲调，称为萨满吾春（萨满歌）、斗其吾春（斗其歌）、尔其吾春（尔其歌）和相同吾春（相同歌）。虽有各自的名称，但都来源于萨满曲调，可统称萨满歌。如，《艾辛哈维》《嚯哩色衣》《扎嘿朱嘿》《杭阿拉常阿拉》《阿儿坦库哩》《索哩仰克》《吾亚拉伊也》《托斯别久别》《东布尔东布尔》等20多种。

萨满歌中宫调式、羽调式和商调式最为常见，曲式结构以上下乐句或四乐句构成单乐段。节拍以2/4、3/4等拍为主，也有混合拍节。另外，也有3/8、4/8拍混用的情况。演唱形式上，由一人唱正歌，众人伴唱副歌，也有一人演唱的歌曲。

萨满歌对萨满来说是神歌，是祷词。但在民间现在已经转化为民歌的一种，其作用是娱乐。笔者在2016年对锡伯自治县调研时，观看了萨满歌传承人胡光清的演唱。他的演唱风格传承了原有的萨满歌特征，在此基础上也融合了其他民族民歌的唱法。在发声法方面结合了蒙古族喉麦的发声法，使萨满歌具有了舞台表演形式。据胡光清本人叙述，该演唱方法是他个人的独创，在锡伯族民歌中是一种崭新的演唱方法。这种唱法无疑是察布查尔锡伯族民间艺术与其他民族民间艺术的接触与融合的结果。

艾辛哈准（萨满）①

围上花色的神裙　披挂金色的腰铃
戴上萨满神帽　　配上银色的铜镜

① 此歌由察布查尔县民歌传承人胡光清于2016年12月提供。

为了属相的病人　祈求伊散珠玛玛
将抑缠身的病魔　驱赶到遥远的天涯

札嘿也朱嘿也（萨满）
(副歌众唱）札嘿也朱嘿也霍里诨它哩
札嘿也朱嘿也伊纳昆诨它哩
(萨满唱)　在屋里四角霍哩诨它哩
传来铃 之声伊纳昆诨它哩
认认真真一听霍哩诨它哩
不是默克纳的声音伊纳昆霍哩诨它哩

（六）新民歌

锡伯族的新民歌主要反映解放后人民过上幸福美好生活的内容。歌词内容丰富，时代性较强，具有浓郁的地方特色和民族风格。其音乐曲调在保持本民族独特的音乐调式基础上，同时也吸收了其他民族音乐调式，使新民歌的旋律更加丰富多彩、优美动听。如《我们美丽的察布查尔》《歌唱农业合作社》《觉罗家的姑娘》等民歌至今在民间中广为流传。

20世纪50年代，锡伯族音乐创作和演出活动紧紧围绕着减租减息、土地改革、民主选举、农业合作化和其他各项政治运动开展起来，音乐在各项运动中起到了宣传和教育群众的作用。这一时期锡伯族传统音乐文化得到了发展。首先，出现了新的演唱形式和表演形式，内容也更加丰富多彩。其次，许多固有民歌的旋律被填上了新词，赋予新的内容。与此同时也创作了一大批新民歌。

（七）习俗歌

习俗歌锡伯语称为“安塔琴乌春”，与锡伯族生活和风俗习惯息息相关。习俗歌的结构较田野歌稍长，大多由四乐句构成，旋律具有小调性质。[①] 锡伯族的习俗歌中包括“婚礼歌”“婚宴歌”“劝嫁歌”“哭嫁歌”“送亲歌”“迎亲歌”“娶媳歌”“哭调”等种类。

① 李滢：《新疆察布查尔锡伯自治县锡伯族民歌的研究》，硕士学位论文，东北师范大学，2012年。

“哭调”是锡伯族在葬丧礼仪活动中，即兴编词抒发感情的歌曲。锡伯族在丧葬礼仪活动中，吟哭调不叫唱歌，因为锡伯族人视“唱歌”为喜庆与欢乐的代名词，因此，在丧葬场合里最忌讳说“唱歌”二字，更不许吹、拉、弹、唱，只能称为“哭调”或“哭曲”。哭调的内容主要是哭述失去亲人的悲痛心情和对死者的深切怀念，或颂扬死者生前的功劳。这类哭调的音乐形象大都建立在悲泣哭述调的基础上，无一定的结构模式。因男女声调有别，形成各自不同的唱法。哭调音乐的共同特点是，以呼唤式的长音作为开头，并在全曲音阶的构成上，都以 fa 和 si 两音为基本音。

（八）儿歌

锡伯族的儿歌中包括儿童游戏歌和摇儿歌两种。儿童游戏歌叫“阿吉古伦午春”（aji gurun ucun），音域很窄，接近语言音调。摇儿歌锡伯语叫“巴伯哩”（baberi），意为“快睡”，是把婴儿放在摇篮里，催其入睡时唱的歌。摇儿歌以简洁的音调，富有特征的摇篮节奏，表达母亲喜爱孩子的感情。这类民歌的歌词大都是母亲随口编唱，语言简单，以一个或两个基本歌腔为基础进行不断的反复。旋律平和舒展，细腻柔婉，有抒情性。

瓦克善舞春①

瓦克善格尔、格尔！
你的家住在什么地方？
“我的家不近不远.
就在那田边的小水坑。”

瓦克善格尔、格尔！
你的眼睛为什么这么明亮？
“明亮的眼睛大有用处，
看管那些翻滚的麦田。”

瓦克善格尔、格尔！
你的身上为什么有花纹？

① 此歌由佟加·庆夫先生于 2016 年 6 月提供。

“花纹的皮儿大有用处，
迷惑那些狡猾的敌人。”

瓦格善格尔、格尔！
你的肚子为什么这么肥大？
“肥大的肚子大有用处，
装进那些无用的残渣。”

瓦克善格尔、格尔！
你的舌头为什么那样分叉？
“分叉的舌头大有用处，
夹住那些逃窜的蚂蚁。”

瓦克善格尔、格尔！
你的声音为什么这么洪亮？
“洪亮的声音大有用处，
招诱那些无用的害虫。”

瓦克善格尔、格尔！
你唱的是什么歌儿？
“我唱的歌儿并不好听，
祈求老天爷下一场雨儿。”

瓦克善格尔、格尔！
你的腿子为什么这么弯曲？
“弯曲的腿子大有用处，
勾住那些乱窜的害虫。”

瓦克善格尔、格尔！
你的模样虽然是有点丑，
你非常勤劳十分勇敢，
你是我最亲爱的朋友。

锡伯族自1764年从东北迁徙到新疆后，由于新疆特殊的地理环境、人文社会环境，使锡伯族与很多不同民族有了较深较广的文化接触条件。因而现在的锡伯族传统民歌既保留了古老的特征，同时也有了崭新的变化，导致曲调特征与东北的锡伯族民歌有了明显的区别。王建在他的《从民歌形态流变谈民族融合发展——以新疆锡伯族为例》一文中指出：锡伯族民歌在新疆的旋律形态变异主要表现在调式音阶与旋法方面。（中略）其音乐形态大致可分为“中国五声调式”体系的（约占民歌总数的55%）；“欧洲大小调式”体系的（约占民歌总数的8%）；受不同民族文化影响而形成的较为特殊的“混合型调式”类别（约占民歌总数的37%）三大类。他还指出，第二类与第三类是锡伯族西迁后受新疆各民族及俄罗斯音乐文化影响的结果。①

新疆伊犁不仅是多民族聚居的地方，也是各民族政治、经济、文化互相接触和互相影响交融的特殊地区。另外，伊犁与哈萨克斯坦为邻，曾是中苏边境，俄罗斯文化对这一带的影响也比较大。因此锡伯族的民间艺术文化就不可避免地要与其他民族的艺术文化产生接触、交流、影响与融合。

二　锡伯族歌舞曲

锡伯族歌舞曲一般是指贝伦舞曲，也包括萨满歌中的跳神舞曲部分。

（一）贝伦舞曲

贝伦舞曲也叫“东布尔曲”。“东布尔”是锡伯族民间乐器，多为贝伦舞蹈伴奏，也可以独奏。东布尔舞曲有《锡伯贝伦》《单点阿克苏儿》《双点阿克苏儿》《多呼伦阿克苏儿》《多若罗若贝伦》《扎克处尔登登》《赫赫胡拉热贝伦》《乌兰克》《查衣付叶不热贝伦》《索克托活贝伦》《着若莫林》《衣尔克尔得克》《恰吾尔登》等十多种，不同的东布尔曲有不同的贝伦舞。

（二）萨满跳神舞曲

在历史上，锡伯族各牛录、各氏族举行什么仪式或消灾祛邪、给人治病时，萨满便穿着神衣，头戴神帽，身系腰铃，手击额姆琴（神鼓），唱

① 王建：《从民歌形态流变，谈民族融合发展——以新疆锡伯族为例》，《交响——西安音乐学院学报》2016年第1期。

神歌，跳神舞。跳神舞时，萨满头上的头铃，腰上的铜镜，手上的额姆琴神鼓，随着各种舞蹈动作的变化而发出各种不同节奏的声响，以加强舞蹈的隆重气氛。以脚上的舞步与敲打额姆琴神鼓的各种动作紧密配合，在萨满跳神舞的整个过程中，额姆琴神鼓是主要的伴奏乐器，如果没有额姆琴鼓点的伴奏便没有跳神舞。因此，有人称萨满舞为额姆琴鼓舞，每场跳神舞均以鼓起鼓收，起鼓由慢渐快，由弱渐强，最后达到高潮，跳神舞的情绪变化主要依赖于额姆琴鼓点的快慢强弱和高低音色变化。鼓点的快慢强弱变化是节拍和节奏的生命，鼓声的高低音色变化是感情与旋律的灵魂。除此之外，萨满歌舞中也有很多神歌，在一般情况下，神歌和神舞同时进行，唱神歌与跳神舞是密不可分的整体关系。

三 锡伯族乐器

从佟加·庆夫先生提供的资料来看，锡伯族的民间乐器有弹拨乐器东布尔、斐特克讷，拉弦乐器绰伦，吹奏乐器墨克纳、布伦、芦笛、梳琴和打击乐器额姆琴等十余种。

（一）弹拨乐器

1. 东布尔

东布尔是锡伯族的一种古老乐器。据说，锡伯族在大兴安岭里过渔猎生活时期就有了这种乐器，后来随着锡伯族军民的西迁传到新疆，在锡伯族民间一直使用到现在。东布尔由琴箱、琴杆和琴头三个主部件组成，琴身长约85厘米，全木质，大多用优质无疤杉木制作。琴箱蒙薄木板，颈细长，无品位，以两根羊肠为弦。东布尔做工结实而精细，有的犹如一件木雕工艺品，制作精美，琴身上饰以本民族的各种图案。过去锡伯族每家每户都有一把东布尔琴，用于家庭或社交娱乐活动。东布尔按四度定音，无横格显示品位，用右手五指弹奏，左手指按弦。东布尔的音色凝重而柔和，极适于弹奏贝伦舞曲等快节奏的曲调。东布尔音域不宽，但有独特的旋律，婉转激昂，动听悦耳。东布尔可以弹奏出三度、四度、五度、六度和七度合音，弹奏出以贝伦舞曲为主的20多种曲调。弹拨东布尔时，右手五指或弹或拨，或单音、双音，或和弦，左手拇指夹住琴杆，四指移按板弦，与右手弹拨相合。弹奏方法有许多表演花样，一会儿把琴推上肩头，一会儿顶上前额，时而倒立于地，时而挪换在身体两侧。

2. 斐特克纳

斐特克纳是一种新制乐器，由锡伯族民间艺人安彭德研制。斐特克纳在锡伯语中是花儿“开放”的意思，也是“弹奏乐”的同义词。它是根据锡伯族民间乐器“东布尔”的基本原理和体形，吸收了西洋乐器“曼陀林”、汉族乐器“三弦”以及维吾尔族乐器“热瓦甫”的各种优点研制而成的乐器。斐特克纳由琴箱、感应鼓、琴胫和琴头四个主要部件组成，全长 86 厘米，琴箱是半长方形，长 34 厘米，宽 16 厘米，厚 8 厘米，感应鼓呈圆形，直径 13 厘米，鼓底下撑三根顶柱定在琴箱背板，鼓面与琴箱面板平，琴胫长 35 厘米，附贴指板，延伸到琴箱部位为 5 厘米，计长 40 厘米，琴头长 17 厘米，宽 9 厘米，设有四个螺旋形弦轴，造型美观，定弦可靠。斐特克纳根据自然音阶，从大字组 C 到小字组 d 共 26 个音，连同半音共 44 个音。它与东布尔相比，无论音色、音量、音质、音域以及造型、使用范围等方面，已具有如下四个显著特点：一是斐特克纳比东布尔音量大，回音效果好，一般不加任何增音设备，便可直接参加管弦乐队；二是斐特克纳则与其他弹奏乐器一样，凡是西洋乐器和民族乐器所能演奏的，无论是何种调式，它都能够演奏，因而作曲家完全可以任意安排其为独奏声部和伴奏声部；三是斐特克纳作为一种弹奏乐器，仍保持着固有的特色和民族风格；四是斐特克纳造成型优美，在琴箱底部饰以乌孙山白石峰的图形作为压板，在琴箱周围镶以弓箭图案，在琴头上镶嵌蝴蝶图案。斐特克纳将感应鼓嵌进琴箱里，不与面板衔连，成为独立的部位，用三根支柱与背板牢牢固定，面部镶以蟒皮，保持一定的硬度，力求弹奏时不与面板一起振动。这一点是该乐器最创新的特征。

3. 葫芦琴

葫芦琴锡伯语称“霍罗多恩布尔”，因其共鸣箱用葫芦制作，故得此名。霍罗多恩布尔以本地种植的葫芦为材料进行研制，因此制作霍罗多恩布尔的葫芦，要采用特殊的方法进行培育。霍罗多恩布尔的琴箱用葫芦制作，以葫芦的形状定形，琴身一般长 68. 5 厘米，琴头和琴弦长 32 厘米，琴弦 15. 5 厘米，侧板厚度 8. 5 厘米。制作时将葫芦从中间劈为两半，上面套裹薄羊皮，做成共鸣箱，配以木制的琴柄、两根羊肠弦，然后削制琴胫和琴头，与琴箱合为一体。弹奏时琴箱按放在左大腿上，右手拨弦。霍罗多恩布尔大多用于锡伯族民间舞蹈贝伦舞曲的演奏。霍罗多恩布尔音色浑厚、表现力强，音域一般分为高中低音。两琴弦相距音程大多为纯五度，也有纯四度。音域 D—A，共一个八度加一个纯五度。

（二）拉奏乐器

锡伯族拉奏乐器中，绰伦最具有代表性。绰伦由琴箱、琴胫和弦轴组成，有两根羊肠弦。琴弓由竹子和马尾制成，拉奏时琴箱按放在左大腿上，右手拉弦，左手按品位。音色较纯净，节奏较缓慢，宜于演奏抒情悠扬的曲调。

（三）吹奏乐器

1. 苇笛

苇笛锡伯语称“ulhu fichaku”，分别由两根带音孔的芦苇回音管和芦苇哨片制成的吹奏乐器。每根回音管都有六眼音孔，吹奏时一般不换气，音色圆融和谐，音域不宽，用于吹奏一些专门曲调。

2. 墨克纳

墨克纳由琴头、琴胫和薄钢片制成的铁制吹奏乐器，体积很小。吹奏时含置唇间，用牙咬紧琴胫，右指轻拨弹钢片，又弹又吹。节奏性强，声音微弱，仅五步可闻，为妇女自我欣赏所用。

3. 伊罕布伦

伊罕布伦（汉语意为“牛角号”）用牛角制作的吹奏乐，用于各牛录集会和卡伦哨卡的报警等，形成简单的音乐符号。

（四）打击乐器

1. 额姆琴

额姆琴圆形鼓，用马、驴皮作为鼓膜的打击乐，背面用绳索固定一轮小铁环，用左手握铁环，右手拿鼓槌，多用于宗教萨满舞蹈音乐的伴奏。

2. 夹板

夹板用竹片制作的打击乐，共四块板，右手拿两块专奏小点子，左手拿两块专奏大点子，演奏时两手合奏。多用于人多场面的跳舞、唱歌、演戏或说书的伴奏。

（五）拉弦与弹奏并用乐器

鸳鸯琴是将拉弦与弹奏为一体的新制乐器，锡伯语称“ijifun kumun”。该琴有双面，共用一个琴箱，一面像吉他，琴身合为一体，制作精致外形美观。鸳鸯琴是由察布查尔锡伯自治县、霍城县的民间艺人克新保、孔玉崇、王晓萍等几代人搜集大量民间资料，并根据古代的一种叫

“鄂额春”的乐器，经过不懈努力研制成功的一种民间乐器。20 世纪 70 年代制作出第一代鸳鸯琴，2004 年霍城县伊车嘎善乡二中教师孔玉崇制作出第二代鸳鸯琴，并申请了国家专利。2006 年，北京请北京华东乐器厂制作出第三代鸳鸯琴。

它是将小提琴和吉他整合为一体的鸳鸯琴，全身长 68.5 厘米，琴头和琴弦总长 32 厘米，琴弦 15.5 厘米，侧板厚度为 8.5 厘米。该琴一面可以弹拨，另一面可以拉奏。吉他的一面有 6 根弦定弦，演奏时用右手拨弦发音，奏出双音、和弦等音色。也可用匹克弹片弹奏，适于滚奏，奏出清脆音色。另一面如小提琴，有 4 根弦，五度音程。音程跳动和装饰音可演奏半音阶，既可演奏双音，又可演奏缓慢、抒情的旋律，声音穿透力较强。鸳鸯琴演奏方式灵活多样，演奏者随演奏作品内容可以任意发挥。

鸳鸯琴的制作工艺比较复杂，首先要设计好图纸样本，按照图纸样本制作出模具，利用模具制作琴身，琴身初步成型后将其取出，与做好的琴头接镶。然后将隔板用胶粘贴在一起，接着又把两个面板粘贴在一起，再进行全身固定、刮平、上光、打漆，最后成型。鸳鸯琴的用料也有其特殊的选材用材要求。选好的木料要风干，侧板一般用桑木，隔板用果木，面板用伊犁云杉，指板用乌木，琴内的部件（低音梁、音柱、木块和衬条等）用云杉等。制作第三代鸳鸯琴时背板和琴颈改用质量较好的槭木或西克莫槭木。

鸳鸯琴适合于中小学生音乐素质教育的培养，具有简便、好用、音域广、功能多等特点，对于学生学习音乐知识和演奏技巧很有助益。鸳鸯琴是在已经失传的情况下，由两代工艺人历经千辛万苦，为了抢救和恢复锡伯族民间乐器而做的一种尝试，在制作过程中又进行了大胆的设计和创新，使之具备了符合现代乐器的许多功能和特点，具有其创新性和适用性价值。

第二节 锡伯族民间舞蹈

在锡伯族的生活中，跳舞是必不可少的娱乐活动之一。锡伯族民间舞蹈形式多样，内容丰富。贝伦舞和萨满舞是比较具有代表性的民间舞蹈。除此之外，还有送荷包舞、蝴蝶舞、打猎舞、招媳妇舞、行礼舞、仿形舞、烧茶舞、耶尔克尔德克舞、醉舞、走马舞、拍手舞、阿合苏尔等。以下根据已故佟加·庆夫先生所提供的资料以及《锡伯族民俗文化》一书的内容，对几种民间舞蹈形式进行概述。

一　贝伦舞

贝伦舞是锡伯族民间舞蹈的统称，被锡伯人称为“生命舞蹈”。贝伦舞流布于新疆伊犁地区的察布查尔锡伯自治县及其他县市、塔城地区和乌鲁木齐市等锡伯族散居区。在新疆，凡是有锡伯人居住的地方，都能见到贝伦舞的即兴表演。

贝伦舞形成于早期锡伯族的渔猎生活时期。锡伯族先民在大兴安岭一带过渔猎生活时，就有一种强身健体的娱乐形式，现今流传民间的贝伦舞保留了这种遗风，具有较强的模仿性。乾隆年间数千名锡伯人西迁新疆伊犁地区屯垦戍边，200多年来，在和新疆各民族的交流中，贝伦舞具有了新的表现手法和风格。据初步调查，锡伯族贝伦舞有十余种。

1. 锡伯贝伦

过去亦称“蒙古贝伦”，是贝伦的基础性舞蹈。配有卡吾尔登舞曲，节奏较为舒缓，适宜于中老年人跳。

2. 多火伦阿合苏尔

突出脚步动作，构成“三步一停”“绕弹腕”“单臂硬肩”“掏手开花”“双观掏手”“单跳踏转”“单臂弹腕”“叉腰硬肩”等基本动作，表现明快激昂的情绪。

3. 多若罗若贝伦

意为“行礼舞”。锡伯族注重礼节，晚辈见长辈时须行屈膝礼。行礼舞就着重突出“屈膝”“鞠躬”“耸肩”等动作。舞姿中透出幽默感，但又不落俗套。

4. 嘎拉沙什喀拉热贝伦

意为“拍手舞”。一些地区亦称其为“扎克处尔登登”。拍手舞有“拍手”“拍胸”“拍腿”“拍地”等基本动作，活泼明快，幽默诙谐。

5. 赫赫呼拉热贝伦

意为“召媳妇舞”。有一定的情节，表达青年小伙子恋爱时的情景。舞中表现小伙子来到姑娘的闺房外，向着窗户招手示意。狗叫了，引起姑娘父亲的警觉，老人故意咳嗽，小伙子吓跑了。但他仍不甘心，自跳一阵，又来到窗下，姑娘终于被他召唤出来，双双对舞。具有较强的喜剧效果，观众与舞者共舞，情绪热烈，气氛欢乐。

6. 乌兰克

亦称“仿形舞”。男性表演，舞者模仿禽或兽的各种形态，把“踏步鸟叫”“猴子窥视”“母鸡展翅”“乌龟伸头”“毒蛇出洞”“老鹰捉小鸡”“金鸡独立”等动作贯串在一起，借以表现锡伯族古老的渔猎生活。

7. 茶伏也布热贝伦

意为“烧茶舞”。女性表演，描写一名家庭主妇晨起拾粪、挑水、挤牛奶、烧茶、冲奶茶，然后一碗一碗端给家人喝的全过程。具有浓郁的田园牧歌特色。

8. 梭克托火贝伦

意为“醉舞”。男性舞蹈，描绘从喝酒、微醉到酩醉，以至醉倒的姿态，将锡伯人以酒会友和以酒助兴的情趣表达了出来。

9. 着若莫林贝伦

意为“走马舞”。男性舞蹈，马在锡伯族生产、生活中占有重要的地位。祖先崇拜中有一位保护牲畜兴旺的神灵“海尔堪玛法”。舞者描摹马慢步、小跑、驰骋等动作，状写马在草地上、水中、冰上行走的步态，节奏快，刚健有力，形象生动逼真。

10. 多木多昆玛克辛

意为“蝴蝶舞”。女性舞蹈，把蝴蝶当作美的化身、追求爱情的象征，通过拟人化的手法，描绘追逐蝴蝶并最终捕捉到的全过程。它有“蝴蝶盘旋”“蝴蝶飞落”“蝴蝶落花”“捉蝶”等特定动作。2008 年列入自治区级非遗名录。蝴蝶舞由寻找蝴蝶开始，继而急切地前去捕捉。当捉住蝴蝶捏在手指上啧啧欣赏的时候，蝴蝶突然出其不意地飞走了。于是又开始第二次或第三次以至若干次的捕捉。由此形成一系列的表演程式，直到最终捕捉住蝴蝶为止。在这整个表演过程中，渗透着捕捉者的喜怒哀乐，有迷茫、惆怅、惊讶、激动，充分显示出寻觅的苦恼、追求的艰辛，以及获得后的欢乐之情。蝴蝶舞的音乐节奏明快活泼，一个节拍结束时略带停顿，再开始第二拍节。音律由弱渐强，开始时比较轻缓，随着舞情的发展，渐趋快重，由柔腻抒情渐变刚韧有力，庄重热烈。

11. 法兰弗库特热贝伦

意为“踏地舞”。描绘举行婚礼时，新娘来到新郎家，走下喜篷车，在院中的红地毯上翩翩起舞的场面。

锡伯族的贝伦舞是一种群众性、自娱性、即兴性的民间舞蹈，可根据每个人的特长自由表演。锡伯族贝伦舞乐曲旋律流畅，欢快跳跃，曲调比较简单但具有很强的节奏感。经过民间艺人整理谱曲，形成相对固定的舞曲。贝伦舞伴奏乐器是锡伯族民间弹奏乐器东布尔，有很强的节奏感。锡伯族的贝伦舞艺术再现了锡伯族的社会生活、生产劳动，反映了锡伯族人民的思想感情和审美追求，极大地丰富着锡伯族人民的文化生活。

二　萨满舞

锡伯族的萨满文化以萨满为主体，以哈拉莫昆（同姓氏族）的形式生成并传承下来。锡伯族的萨满舞蹈音乐源自萨满跳神这种巫术表演形式。由于萨满跳神没有固定的庙宇，其巫术活动往往在民间人多的场合举行，因而它与锡伯族的生产生活与民间文艺活动产生了紧密联系，经过萨满自身的传播和民间艺人们的传承，逐渐衍化成为锡伯族民间舞蹈音乐中的一个重要类型。

锡伯族萨满舞蹈音乐原生态形式的主要特征是将歌、舞和音乐融合在一起，有四种基本表现形式：一是唱萨满歌；二是跳萨满舞；三是击打鼓点音乐；四是穿戴萨满的特殊服饰和法器。目前已搜集到用满文和锡伯文书写的萨满歌有 20 余种。通过萨满歌，可以清楚地认识萨满巫术的精神实质。萨满舞以萨满上刀梯、跳神等一系列仪式为表达内容，将“请神”“领神”“斗魔”“ 驱魔”“送神” 等过程艺术化地展现出来。跳神时，萨满在助手们的鼓点伴奏下，边击鼓边跳神，做出各种各样的舞蹈动作。萨满头上的铜铃、腰上的铜镜、手上的额姆琴神鼓随着各种动作的变化而发出各种不同节奏的声响，不知不觉中将人们带到与恶神和魔鬼搏斗的天地。萨满舞也被称为额姆琴舞，以额姆琴为演奏乐器。额姆琴是一种圆形鼓，其鼓点是萨满舞的主要音乐旋律。萨满跳神仪式需要专门的服饰和法器，主要有萨满神像图，跳神时专用的神帽、神裙、“铜铃”（帖里）、铜铃等。这些服饰和道具被赋予神化的意义后，就会在跳神过程中起到独特的作用，而在舞台上表演时，这些服饰和法器又起到独特的道具作用。

萨满跳神仪式在长期的演变过程中，逐渐融入锡伯族的民间舞蹈音乐艺术之中，为锡伯族的舞台舞蹈音乐创作提供着丰富的艺术动力。20 世纪 50 年代，萨满巫术就被改编成为《萨满舞》在舞台演出。察布查尔锡伯自治县民族歌舞团在掌握原始萨满舞蹈语汇的基础上，先后创作出了

《额姆琴舞》《古代锡伯猎人》《铃舞》《鼓舞》等古典舞进行演出，并多次在国家级、自治区级文艺会演中获奖。2006年，锡伯族原生态的《萨满舞》被选为新疆维吾尔自治区首届非物质文化遗产保护日活动中的重点节目，在乌鲁木齐演出，受到好评。同年9月，又入选第三届全国少数民族文艺会演，荣获集体金奖。

锡伯族的萨满舞蹈音乐用满语和锡伯语演唱，形成其独特的民族语言与鲜明的地域文化特色。锡伯族的萨满信仰从母系氏族部落到父系氏族，再至整个民族中间传承，一直以血缘关系为纽带，具有自发性。锡伯族的萨满信仰主要是对大自然的崇拜，是古代锡伯族渔猎文化及其原始信仰在现代社会生活中的反映。萨满既是萨满衣钵的传承人，又是萨满舞蹈音乐的传播者，具有较强的专业性。萨满舞蹈音乐中还融入锡伯族民间歌舞音乐的诸多成分，后期又融入现代舞蹈音乐的某些因素，具有多样性和变异性等特征。

三　其他舞蹈

1. 送荷包舞

送荷包舞也叫爱的纪念。过去锡伯族人都喜欢抽烟，无论男女大部分都抽烟。凡抽烟的人，随身带有荷包。荷包上都绣有花草飞禽。荷包舞表现了姑娘们偷偷缝荷包、绣荷包花的过程和送给心爱的意中人的情景。

2. 打猎舞

打猎舞锡伯语称为“阿巴拉西玛克辛”。过去，在锡伯族生活中，打猎占有很重要的位置，是一种谋生手段。后来，社会生产力发展，农业成为锡伯族谋生的第一职业，打猎成为锡伯族生活的传统习俗。在锡伯族的打猎舞里，无论反映近代还是现代生活，都会出现大头棒、弓箭和猎鹰的形象。打猎舞热情欢快，时跳时蹦，时追时打，把打猎的全过程都表现出来。

除上述舞蹈类型以外，新疆的锡伯族在和其他兄弟民族的文化交流中，吸收了许多适合本民族特点的文化。例如，从俄罗斯族中学会了跳踢踏舞，在民间至今仍很流行，也学会了跳交际舞，也已成为当前锡伯族较流行的舞蹈。

第三节　汗都春

锡伯族的汗都春俗称“秧歌儿”，民间俗称“秧嘎尔牡丹”，又称“锡伯戏”。有些人也叫“曲子戏”。锡伯族的汗都春源自陕西“曲子”(越调)、兰州“鼓子”（鼓子调)、青海“平弦”（平调）以及西北等地的小曲子，这些小曲子与锡伯族的民间音乐有机融合，形成既可用汉语也可用锡伯语演唱和表演的艺术形式，是锡伯族民间的一个重要剧种。汗都春分平调和越调两种，平调约于清同治四年（1865）传入锡伯族民间，越调于清末民初传入锡伯族民间，是一种有唱腔和曲调，有生、净旦、服饰、化装和道具的戏曲。

关于汗都春的形成年代，学术界还未有定论。但王建在他的《锡伯族戏曲艺术的生成、传播与现状（上）》一文中指出：①锡伯族戏曲艺术不是锡伯族西迁新疆时由东北带过来的，也不是东北的“二人转”演变而成。锡伯族戏曲艺术“平调”的传入和生成应该在锡伯族西迁新疆伊犁约90年（1850）以后，距今约160年；②锡伯族戏曲艺术“越调”是20世纪30年代以后传入和引进的。“越调”的传入和引进时间比“平调”的传入和引进要晚80年左右。[①]

汗都春在形成戏曲形式后的很长一个时期内，还是用汉语演唱，表演汉族故事，如《张琏卖布》《柜中缘》《宋江杀惜》《李彦贵卖水》等。20世纪30年代开始，汗都春逐渐改为用锡伯语演唱，并创作了许多反映锡伯族生活的剧本。此次调研中，我们走访了察布查尔县堆齐牛录乡（四牛录)，该牛录被誉为“锡伯族汗都春之乡”，乡里设有“堆齐牛录乡汗都春传习所”，是专门传授学习汗都春的机构。在那里我们调研组对爱兴阿、英圭、那玉芳等民间艺人进行了访谈，同时他们也为课题组表演了传统的汗都春《张琏卖布》。这部戏是用锡伯语演唱的。虽然汗都春在表演方式或曲调特征方面都与汉族二人转戏有着极其类似的特征，但锡伯族的汗都春注入了较多锡伯族民间歌舞成分，和汉族的戏曲有不同的风格。

---

① 王建：《锡伯族戏曲艺术的生成、传播与现状（上）》，《民族艺术研究》2012年第2期。

一　汗都春的种类特征

有关资料的记述，汗都春分平调和越调两种，两者的区分是，平调的三弦定弦为 GAE；越调的定弦为 CGC；平调低，越调高。无论是平调或是越调，某一个剧目都由几个不同的曲调（或称牌子）进行演奏或演唱。现已搜集到的平调唱腔有 30 多种，曲调 8 种。平调有坐唱和走唱两种表演形式，一曲叙述一个故事或一个情节。平调曲调优美，风格庄重明朗，旋律抒情柔缓。越调由唱腔曲、过门间奏曲和器乐曲牌等组成，具有通俗、明快、婉转动听、感染力强等特点。曲调的间奏过门比较固定，有的曲调中间甚至有几个间奏曲。赵春生的《锡伯族的汗都春艺术》一文对汗都春平调与越调的特征进行了较为详尽的论述。他指出，平调音乐，多由一曲目一调的单曲体构成，曲目名即曲调名，一部分曲目由二首以上曲调组成，但不是严格意义上的联曲体，习惯上各曲调在曲目中的位置也相对稳定，必要时也可以分开择用。各曲调之间基本保持了风格上的统一，但也有不同程度的差异，这种差异只是体现在调式色彩和旋律进行上。在平调音乐中，还有不同曲目而采用同一种曲调的现象。平调音乐的曲调多为单乐段。有上下乐句结构的，有上下乐句加补充的，有三乐句结构的，有四乐句结构的，也有多乐句结构的单乐段。音乐节奏常见的有 2/4 拍，但也有 2/4、3/4 节拍混用的曲目。平调音乐主要有宫、徵、羽调式。平调音乐的伴奏乐器以三弦为主，其伴奏和演奏效果色彩鲜明，很能渲染情绪。它与四胡、碰铃、夹板等乐器组成伴奏乐队，与演唱者密切配合，起到衬托唱腔、增强气氛的作用。

越调由唱腔曲、过门间奏曲和器乐曲牌等组成。越调音乐在清末民初开始传入锡伯族民间，到 20 世纪二三十年代达到高潮，与新疆曲子音乐一脉相承。但因在演唱风格和语言文化上的不同，锡伯族越调音乐中也加入了不少民歌音乐的特点。越调唱腔曲调在不同的情况下按一定的规律进行连缀运用，各曲调之间的连接方式比较自由。一般情况下，在开场越调收场越调中间，根据演唱内容和情节需要在上述曲调中挑选组合并串联起来。越调音乐的结构有好几种，有上下两乐句结构的，有三乐句结构的，有四乐句结构的，有多乐句结构的；此外，还有乐段与落音段构成一体的结构。越调唱腔音乐的调式，以徵调式为主，其次是宫调式。曲调的节奏、节拍均为 2/4 拍，极个别曲调中的某一小节里偶然出现 1/4 拍或 3/4

拍的现象。

越调器乐曲牌，多用于曲目开演之前演奏，渲染气氛，为演唱作铺垫。另外，在演出间隙或演出结束时也要进行演奏。常用器乐曲牌有八破儿、三毛丝、满天星等。唱腔伴奏过门有曲头过门、曲中间奏和曲尾过门。曲头过门叫代板过门，代板过门有两种，第一种代板过门一般都在情绪激烈、旋律结构紧凑的叙述类曲调前伴奏，起到抛砖引玉的作用。越调曲牌的伴奏乐器与平调伴奏乐器基本相同。除了发挥三弦、四胡等弹拉乐器的有效作用外，夹板的作用也不可忽视。掌握夹板的人，左右手各执一双板，用手腕、掌心、手指等部位的灵巧配合，奏出顿击、滚奏的效果。在曲牌、过门、唱腔伴奏时随着音乐的节奏，双手配合敲击出各种花点，给越调音乐更增添一分感人的色彩。

越调传统剧目有40多种，曲调（牌子）30余个，有较完整的脚本，故事情节较复杂，有人物、布景、服装、化装、道具等舞台剧用具等。越调音乐中加入了不少锡伯族民歌音乐，传统剧目大多用翻译过来的锡伯语演唱。之外，还用锡伯语编写不少剧目即兴演出。

二　汗都春主要曲目

在民间或舞台演出过的汗都春平调传统剧目有30多种，主要有：《磨豆腐》《钉缸》《小放牛》《下三屯》《绣荷包》《卖香烟》《冻冰》《种白菜》《十二离情》《兰桥担水》《赤壁》《一对红》《十里屯》《下四川》《一见多情》《西厢记》《喜新年》《玩花灯》《太阳归宫》《五更思儿》《五更盘道》《弟兄三个》《闹元宵》《八洞神仙》《倒卷帘》《送情人》等。起初，平调表演较简单，或坐着唱，或配以较简单的动作走着唱，一曲叙述一个故事或一个情节，后经历数代艺人们的加工、提炼，形成坐唱和走唱两种表演形式。平调曲调，现已搜集到的有8个，具体为《公采风》《对席》《三伯尔》《四合子》《五少夫》《柳情娘》《七桩子》《八破》，这些曲调主要用于过场或特殊场面。

汗都春越调传统剧目主要有（大多用锡伯语演唱）：《西厢记》（又名花亭相会）、《火焰驹》《十五贯》《西京》（一）、《西京》（二）、《开场越调》《琵琶调》《采花调》《哭长城》《带把儿东调》《东调》《西京落音》《带把儿西京》《吴新保》（秧歌剧锡伯语演出本）、《银纽丝》《紧诉》《五更》（一）、《五更》（二）、《剪剪花》《岗调》《李彦贵卖水》

（锡伯语演出）、《带把儿岗调》《收场越调》《走雪山》《张琏卖布》《闹书馆》（由《闹书馆》改编为锡伯语唱本）等。越调曲调（牌子），现已搜集到的有 30 余个，其余还有待于进一步搜集。主要有：《开场越调》《收场越调》《软西京》《硬西京》《三段西京》《带把儿西京》《五更》《冻冰》《带报把儿冻调》《采花》《背宫》《落江月》《银纽丝》《紧诉》《长城》等 30 余首。

锡伯族的汗都春演唱曲目种类繁多、内容丰富。笔者跟随课题组于 2016 年对察布查尔锡伯自治县进行调研时，收集到了一些平调与越调曲目。同时已故佟加·庆夫先生也为我们提供了许多汗都春曲目简介。

（一）平调曲目

《照花台》（曲一）　锡伯族秧歌牡丹平调曲目。歌中叙述颂扬共产党恩情的内容。曲调为四乐句结构，属宫调式，具有浓郁的说唱风格。1994 年铁山演唱，赵春生记录整理。同名曲谱收入《锡伯族汗都春》，新疆人民出版社 1989 年出版。同名曲谱录入《锡伯族戏曲专辑》（1），北京民族音像出版公司 1994 年出版发行。

《照花台》（曲二）　锡伯族秧歌牡丹平调曲目。歌中叙述阿梅在夜晚备酒菜等待郎君光临的心情。“一呀更子里呀月儿照花台，郎君哥也说呀晚上来，叫丫鬟请打上四两酒呀，四个头的菜碟来一码端上来……”曲调为四乐句结构，属宫调式，具有浓郁的说唱风格。1988 年兴里山演唱，赵春生记录整理。同名曲谱收入《锡伯族汗都春》，新疆人民出版社 1989 年出版。

《喜新年》锡伯族秧歌牡丹平调曲目。歌中叙述新年佳节到来之际辛苦的百姓要订好来年的计划。曲调为多乐句结构，旋律舒缓、深沉，音域宽广。1988 年兴里山演唱，赵春生记录整理。同名曲谱收入《锡伯族汗都春》，新疆人民出版社 1989 年出版。

《五更盘头》锡伯族秧歌牡丹平调曲目。歌中叙述贫贱富贵难以相容的内容。曲调为多乐句结构，旋律舒缓，音域宽广。1988 年兴里山演唱，赵春生记录整理。同名曲谱收入《锡伯族汗都春》，新疆人民出版社 1989 年出版。

《张先生拜年》锡伯族秧歌牡丹平调曲目。歌中叙述张先生走街串巷拜新年的情景。曲调为多乐句结构，属徵调式，具有浓郁的说唱风格。1988 年兴里山演唱，赵春生记录整理。同名曲谱收入《锡伯族汗都春》，新疆人民出版社 1989 年出版。

《十道黑》锡伯族秧歌牡丹平调曲目。歌中叙述身陷囹圄的关老爷禁不住思念大哥刘玄德和三弟张飞的复杂心情。曲调属徵调式，具有浓郁的说唱风格。1988 年兴里山演唱，赵春生记录整理。1997 年关桂珍演唱，赵格尔记录整理。同名曲谱收入《锡伯族汗都春》，新疆人民出版社 1989 年出版。

《冻冰》锡伯族秧歌牡丹平调曲目。歌中叙述小妹妹盼着外出的阿哥快快转回的情景。“正月里的个冻冰啊二月里的消哎咳，一呀对子鸭子哎水面上漂，水呀水面上漂哎咳小呀哥哥，小呀么小哥哥呀哎咳走呀回程哎咳转哪回家。……”曲调为三乐句结构，具有浓郁的说唱风格。1988 年兴里山演唱，赵春生记录整理。收入《锡伯族汗都春》，新疆人民出版社 1989 年出版。

《太阳归宫》锡伯族秧歌牡丹平调曲目。歌中叙述男女间的爱情故事。曲调为多乐句结构，音域宽广，旋律性强。1988 年兴里山演唱，赵春生记录整理。收入《锡伯族戏曲专辑》（1），北京民族音像出版公司 1994 年出版。

《十岁郎》锡伯族秧歌牡丹平调曲目。歌中叙述正值青春年华就该订婚成家的内容。曲调为多乐句结构，旋律舒展，具有回旋曲的韵味。1988 年兴里山演唱，赵春生记录整理。同名曲谱收入《锡伯族汗都春》，新疆人民出版社 1989 年出版。

《闹元宵》锡伯族秧歌牡丹平调曲目。歌中叙述正月十五闹元宵的情景。“正月十五闹元宵，炮正一响齐吼；我的王大嫂，家家红火，可说江上闹。二月里来龙抬头，头河口开往西流；我的王大嫂，二月龙抬头，可说江上闹……”曲调为多乐句结构，旋律性强，属商调式曲目。1988 年兴里山演唱，赵春生记录整理。同名曲谱收入《锡伯族汗都春》，新疆人民出版社 1989 年出版；《锡伯族戏曲专辑》（2），北京民族音像出版公司 1994 年出版发行。

《十二离情》锡伯族秧歌牡丹平调曲目。歌中叙述久别的情人在正月里观灯的机会有幸相见的情景。“正月里观罢灯哎我郎就要去，岂不知哎那时再服侍不到你哎，就是神仙也解不开其中意哎，倒有些蹊跷哎……”曲调为多乐句结构，旋律抒情、委婉，音域宽广。1988 年兴里山演唱，赵春生记录整理。同名曲谱收入《锡伯族汗都春》，新疆人民出版社 1989

年出版。

《下三屯》锡伯族秧歌牡丹平调曲目。歌中叙述一货郎周游四方的情景。“正月里是新年，众位听我言，我有一个小曲儿，西疆一夜编，小小的哪个货郎离家也远哎咳哟。家住在河南来到了古城县，殷达先生院子近靠皇渠岸，他的那个院子修的宽哪哎咳哟。”曲调为上下乐句加补充的结构，具有浓郁的说唱风格。1988 年兴里山演唱，赵春生记录整理。同名曲谱收入《锡伯族汗都春》，新疆人民出版社 1989 年出版。

《倒卷帘》锡伯族秧歌牡丹平调曲目。歌中叙述三国历史中的片段情节与人物故事。“十三个里来哟一年多，倒听闻报古人表显，正听曹操八十万呐哎。十二个里来哟正一年，刘备关张三桃园，开国就到神罗殿，一标真龙保海岸。十一个里来哟降寒霜，小王祥卧冰赛寒伤，探母得想女儿病，想吃想鱼钓鱼塘……”曲调为四乐句结构，旋律跳跃、起伏，具有弹性。1997 年关桂珍演唱，赵格尔记录整理。同名曲谱收入《锡伯族汗都春》，新疆人民出版社 1989 年出版。

《赤壁》（一）　锡伯族秧歌牡丹平调曲目。歌中叙述三国时期占据中原的曹操与孙权之间为争夺地盘而交战的情景。“一更鼓儿天哪哎咳三国赛中原哪，曹操得儿带兵打下江南，有得儿人马八十单三万，孙权心胆寒坐卧不安，新任马超得儿万物捐上金銮殿，文官要挟武官要交战……”曲调为多乐句结构，具有浓郁的说唱风格。1997 年关桂珍演唱，赵格尔记录整理。同名曲谱收入《锡伯族汗都春》，新疆人民出版社 1989 年出版。

《赤壁》（二）　锡伯族秧歌牡丹平调曲目。歌中叙述清代锡伯营总管图伯特带领兵民开挖察布查尔大渠为民造福的故事。“自古祖先一代代过的是狩猎生活，恩公图伯特建立不朽的功劳，开挖察布查尔大渠为民造了福。”曲调为三乐句结构，具有浓郁的说唱风格。1986 年铁山演唱，赵春生记录整理。同名曲谱收入《锡伯族汗都春》，新疆人民出版社 1989 年出版。

《一见多情》　锡伯族秧歌牡丹平调曲目。流传于新疆察布查尔锡伯自治县爱新舍里镇。歌中叙述情人之间的思念之情。曲调为多乐句结构，旋律舒展、深情。“一见哎咳多啊情哎好哎心儿酸哪，哎呀我的情人，你是我的老相好哎，好哎心哪酸哪哎哎哎……”1988 年兴里山演唱，赵春生记录整理。收入《锡伯族汗都春》，新疆人民出版社 1989 年出版。

《五洞神仙》　锡伯族秧歌牡丹平调曲目。歌中叙述神仙蓝采和处处为民办事的事迹。“五洞神仙么蓝采和，拍手打颤在笑呵呵，手哎里拿的是阴阳哎板呐，赛石花香哎拔一呀得儿每样花儿……”曲调为多乐句结构，具有浓郁的说唱风格。1988 年兴里山演唱，赵春生记录整理。

《七洞神仙》　锡伯族秧歌牡丹平调曲目。歌中叙述神仙何仙姑的事迹。“七哎洞神哪仙么哎呀哎啊何仙哎姑啊咿儿哟，头上系钗么啊咿哟儿呀，不用哎说呀咿哟儿哎……”曲调优美、抒情，且具有浓郁的说唱风格。1988 年兴里山演唱，赵春生记录整理。同名曲谱收入《锡伯族汗都春》，新疆人民出版社 1989 年出版。

《八洞神仙》　锡伯族秧歌牡丹平调曲目。流传于新疆察布查尔锡伯自治县爱新舍里镇。歌中叙述八个神仙的事迹。曲调优美、抒情，具有浓郁的说唱风格。“长哎寿心呐广哎，你呀哎情知呀可说，我呀来唱个寿阳哎歌，赴上呐崂哎山到哎青岛哎咳恩儿哟……”1988 年兴里山演唱，赵春生记录整理。同名曲谱收入《锡伯族汗都春》，新疆人民出版社 1989 年出版。

《一朵红》（一）　锡伯族秧歌牡丹平调曲目。歌中叙述男女之间忠贞不渝的爱情故事。“在那生长的葱根上，要把那湿润的沃土培好；在那可爱的阿哥身上，要把那阿妹的心儿拴牢（哎咳咿呀咳）。要把那阿妹的心儿拴牢。一只小鸟鸣叫不停，飞上了高高的天空；高贵的阿哥正直可爱，牵动着阿妹的深深情意（哎咳咿呀咳）。”曲调为四乐句结构，旋律抒情、和谐、明朗。1994 年郭小玲演唱，赵春生记录整理。同名曲谱录入《锡伯族戏曲专辑》（2），北京民族音像出版公司 1994 年出版发行。

《一朵红》（二）　锡伯族秧歌牡丹平调曲目。歌中叙述娱乐佛祖、崇拜神仙的故事。曲调为四乐句加补充的结构，旋律抒情、和谐、明朗。1988 年兴里山演唱，赵春生记录整理。同名曲谱收入《锡伯族汗都春》，新疆人民出版社 1989 年出版。

《十里屯》锡伯族秧歌牡丹平调曲目。歌中叙述青年男女之间的爱情故事。曲调为徵调式，旋律委婉、抒情，具有浓郁的说唱风格。1994 年铁山演唱，赵春生记录整理。

《碾米》（曲一）　锡伯族秧歌牡丹平调曲目。歌中叙述懒女人不愿配合丈夫碾米的情景。“（男）我先把袋中的高粱米倒入磨盘里，（女）孩儿爸，（男）你听着，你给我帮着拾掇磨盘。（女）我实在不愿拾掇磨盘。

（男）我用那木锹清理磨盘中心，（女）孩儿爸，（男）你听着，你给我收拾磨盘中的高粱米。（女）我不愿收拾盘中的高粱米。”曲调为上下乐句结构，旋律具有浓郁的说唱风格。1994 年铁山、关秀兰演唱，赵春生记录整理。同名曲谱录入《锡伯族戏曲专辑》（2），北京民族音像出版公司 1994 年出版发行。

《碾米》（曲二）　锡伯族秧歌牡丹平调曲目。歌中叙述丈夫说服懒女人转变的故事。“你做的面条，糨糊一样不成饭，倒入盆里看一看，硬棒棒来直挺挺，装入碗里看一看，骨碌碌地打转转，给我爸爸端过去，妈妈瞧着心里烦，端到我的面前，闭着眼睛吞咽了。”曲调为宫调式，上乐句多次重复后以下乐句结束，具有浓郁的说唱风格。1994 年铁山演唱，赵春生记录整理。同名曲谱录入《锡伯族戏曲专辑》（2），北京民族音像出版公司 1994 年出版发行。

《碾米》（曲三）　锡伯族秧歌牡丹平调传统剧目。剧中反映夫妻俩因碾米而产生矛盾，并最终和好如初的故事。1957 年关初连、丰香出演，塔琴台记录整理。同名曲谱收入《锡伯族汗都春》（锡伯文），新疆人民出版社 1989 年出版。

《钉缸》（曲一）　锡伯族秧歌牡丹平调曲目。歌中叙述春暖花开的季节里百鸟鸣唱人欢喜的情景。“微微的呀清风吹开了菊花（那儿咿哟呀），双双的呀蝴蝶（哎哟哎咳哟呀哎咳）百花丛中翻飞（哪咿儿哎咳哟）。”曲调为徵调式，旋律具有庄重明亮的风格。1988 年兴里山演唱，赵春生记录整理。

《钉缸》（曲二）　锡伯族秧歌牡丹平调曲目。歌中叙述喜庆的日子里家家幸福人人快乐的情景。“吉祥的光亮闪闪烁烁，吉利的日子红红火火，（哪儿咿呀哟）老老少少男男女女，（哎哟哎咳咿哟哎咳），纷纷聚在一起（哪儿咿呀哟）。盛开的花朵红又红，祝福的话儿说不完（哪儿咿呀哟），高贵的喜客来光临（哎哟哎咳咿哟哎咳），寒舍生辉人更欢（哪儿咿呀儿哟）。”曲调为徵调式，旋律具有庄重明亮的风格。1994 年铁山演唱，赵春生记录整理。同名曲谱录入《锡伯族戏曲专辑》（2），北京民族音像出版公司 1994 年出版发行。

《钉缸》（曲三）　锡伯族秧歌牡丹平调曲目。歌中叙述钉缸匠在王家庄钉缸赚钱的情景。“大钱给你二十三，小钱给你三十三，大钱哪小钱五十也三。古儿古儿恩哎哟，古儿古儿哎呀哟。”曲调为徵调式，旋律具有说唱风格。1988 年兴里山演唱，赵春生记录整理。收入《锡伯族汗都春》，新疆人民出版社 1989 年出版。

《钉缸》（曲四）　锡伯族秧歌牡丹平调曲目。歌中叙述钉缸匠在王家庄钉缸赚钱的情景。“钉缸的人哪，钉缸自有办法多，当面能骗人；缝隙对缝隙，敲敲打打要技巧，转眼间给你一个完好的瓷缸。”曲调为徵调式，旋律具有说唱风格。1994 年铁山演唱，赵春生记录整理。

《钉缸》（曲五）　锡伯族秧歌牡丹平调曲目。歌中叙述只要付出努力就获得幸福的道理。曲调为四乐句结构，属徵调式，具有说唱风格。1988 年兴里山演唱，赵春生记录整理。同名曲谱收入《锡伯族汗都春》，新疆人民出版社 1989 年出版。

《钉缸》（曲六）　锡伯族秧歌牡丹平调曲目。歌中叙述孤儿寡母相依为命度日如年的生活情景。“守寡的母亲一手抚养，把我拉扯长大了，要问我今年多少岁，芳龄已经十七了。因为家里一贫如洗，从小没能上学读书，只能孤单的待在家里，日日辛苦料理家务。”曲调为四乐句结构，旋律具有说唱风格。1994 年关秀兰演唱，赵春生记录整理。录入《锡伯族戏曲专辑》（2），北京民族音像出版公司 1994 年出版发行。

《玩花灯》（曲一）　锡伯族秧歌牡丹平调曲目。歌中叙述孝敬公婆的儿媳必然能获得幸福生活的道理。“小媳妇把娘接到城里，孝敬在二层楼里，品尝好菜身穿新衣服，到傍晚还看那彩色的好电视。二媳妇把娘接到城里，孝敬在五层楼里，不让劳累坐享其成，报答着辛勤抚养的恩情。”曲调为四乐句结构，属一曲目一调的单曲体，旋律具有说唱风格。1994 年丽梅演唱，赵春生记录整理。同名曲谱录入《锡伯族戏曲专辑》（2），北京民族音像出版公司 1994 年出版发行。

《玩花灯》（曲二）　锡伯族秧歌牡丹平调曲目。歌中叙述三国名将转战南北的故事。“新春正月哎咳十五的玩花灯，白马银枪小罗成，一打的登州救秦琼。二月里北斗星哎咳幽幽银河风，长坂坡大战赵子龙，七进七出闯曹营哎……”曲调为四乐句结构，属一曲目一调的单曲体，旋律具有说唱风格。1988 年兴里山演唱，赵春生记录整理。同名曲谱录入《锡伯族戏曲专辑》（2），北京民族音像出版公司 1994 年出版发行。

《兄弟三人》（一）　锡伯族秧歌牡丹平调曲目。歌中叙述兄弟三人不同性格不同命运的故事。“兄弟三个人哪，老大就坐的是西宁镇哪；手掌一颗印，天下定太平。兄弟三个人哪，老二就庄房田地他都照看；金银垒成山，他是个当家汉……”曲调为三乐句结构，属羽调式具有民歌风格。1997 年关桂珍演唱，赵格尔记录整理。

《兄弟三人》（二）　锡伯族秧歌牡丹平调曲目。歌中叙述家乡美好、人民生活幸福的情景。曲调为三乐句结构，属羽调式，具有民歌风格。1988 年兴里山演唱，赵春生记录整理。同名曲谱收入《锡伯族汗都春》，新疆人民出版社 1989 年出版。

《绣荷包》　锡伯族秧歌牡丹平调曲目。歌中叙述怀春的阿妹给情郎绣荷包的情景。曲调为上下乐句加补充的结构，属羽调式，旋律优美，具有民歌特点。1988 年兴里山演唱，赵春生记录整理。同名曲谱收入《锡伯族汗都春》，新疆人民出版社 1989 年出版。

《九连环》　锡伯族秧歌牡丹平调曲目。歌中叙述被捆绑双手的人喊冤叫屈并拼命挣脱的情景。“是何人搓搓手喂儿来哎咳解呀解不开呀，拿一把刀儿割呀割呀哎咳割呀割呀哎咳割呀割不断哪咿得儿呀得儿哟。”曲调为商调式与徵调式构成的单曲体。1988 年兴里山演唱，赵春生记录整理。同名曲谱收入《锡伯族汗都春》，新疆人民出版社 1989 年出版。

《下四川》　锡伯族秧歌牡丹平调曲目。歌中叙述干哥哥与尕妹子在途中相遇后，通过对话变成熟人并相互表达爱慕之情的故事。“正月里开的什么花儿呀，（男）尕妹子！（女）干哥哥！正月里开的是那依也迎春花儿依也哟哎咳咳。二月里开的什么花儿呀，（男）尕妹子！（女）干哥哥！二月里开的是那咿呀杏花儿依也哟哎咳咳。三月里……”曲调为徵调式，旋律跳跃、抒情，说唱味较浓。1988 年兴里山演唱，赵春生记录整理。同名曲谱收入《锡伯族汗都春》，新疆人民出版社 1989 年出版。

《小放牛》（曲一）　锡伯族秧歌牡丹平调曲目。歌中以一问一答的形式叙述八个神仙的事迹。“天上的桫椤什么人栽？地上黄河什么人开？什么人把定三关口？什么人出家永不回来？天上的桫椤王母娘娘栽，地上黄河老龙王开，扬六郎把定三关口，韩仙子出家永不回来。”曲调为四乐句结构，属徵调式，具有浓郁的说唱风格。1988 年兴里山演唱，赵春生记录整理。同名曲谱收入《锡伯族汗都春》，新疆人民出版社 1989 年出版。

《小放牛》（曲二）　锡伯族秧歌牡丹平调曲目。歌中以自嘲的口吻叙述放牛娃贫穷的生活经历与人间的冷酷无情。“养了个一对牛哎咳长的个趴拉角，套上犁地去哎咳倒把个犁打破，穿了个破皮袄哎咳虱子么虮子多，搭在墙头上哎咳倒叫个猪扯破，世界上哎穷人多，哪一个都像我。”

曲调为徵调式，具有诙谐幽默的说唱风格。1988 年兴里山演唱，赵春生记录整理。同名曲谱收入《锡伯族汗都春》，新疆人民出版社 1989 年出版。

《小放牛》（曲三）　锡伯族秧歌牡丹平调曲目。村姑和牧童，在村外路口相遇后，通过一问一答的形式叙述各自的心声。曲调为羽调式，具有浓郁的说唱风格。1988 年兴里山演唱，赵春生记录整理。同名曲谱收入《锡伯族汗都春》，新疆人民出版社 1989 年出版。

《小放牛》（曲四）　锡伯族秧歌牡丹平调曲目。歌中叙述男女之间的爱情故事。“（哪胡儿咿呀咳哪胡儿咿呀咳）阿妹心里究竟喜欢哪一个？（七古隆咚呛，八古隆咚呛）要是喜欢我的歌，就来相亲吧，这样才能实现咱们的愿望……”曲调由商调式和徵调式构成，具有浓郁的说唱风格。1998 年铁山演唱，赵春生记录整理。

《小五更思儿》　锡伯族秧歌牡丹平调曲目。歌中叙述夜深人静时女儿背着父母与情郎会面的情景。“一更里响叮当，情郎（的格儿）飘进了奴家房；娘问你话是么响，风吹的窗棂响叮当。二更里响叮当，情郎（的格儿）上了奴家床；娘问你话是么东西响，猫追的老鼠上了房……”曲调为四乐句结构，属徵调式，具有浓郁的说唱风格。1988 年兴里山演唱，赵春生记录整理。同名曲谱收入《锡伯族汗都春》，新疆人民出版社 1989 年出版。

《大五更思儿》　锡伯族秧歌牡丹平调曲目。歌中叙述受苦的女儿在夜深人静时孤独悲伤的情景。曲调为羽调式，旋律委婉，具有浓郁的说唱风格。同名曲谱收入《锡伯族汗都春》，新疆人民出版社 1989 年出版。

《种白菜》（曲一）　锡伯族秧歌牡丹平调曲目。歌中叙述农家人种白菜的情景。“今年那种的这个白菜呀得儿罗得儿罗，苏克苏克唧的当哎当哎……”曲调为上下两乐句结构，旋律简洁、诙谐。1988 年兴里山演唱，赵春生记录整理。

《种白菜》（曲二）　锡伯族秧歌牡丹平调曲目。歌中叙述鬼娃子趁夜偷蔬菜的情景。“鬼娃子的个白菜呀车轱辘那么大也，把这个白菜也拿回去吧，把这个白菜也背回去吧背回去吧……”曲调为上下乐句加补充的结构，具有浓郁的说唱风格。1988 年兴里山演唱，赵春生记录整理。同名曲谱收入《锡伯族汗都春》，新疆人民出版社 1989 年出版。

《送情人》　锡伯族秧歌牡丹平调曲目。歌中叙述告别的情人一路送行一路难分离的情景。“送情人可说大路北，手拉着手儿伸不得呢，我问情人几时来，哥哥摇头定不得呢……”曲调为四乐句结构，属商调式曲目。1988 年兴里山演唱，赵春生记录整理。同名曲谱收入《锡伯族汗都春》（锡伯文），新疆人民出版社 1989 年出版。

《蓝桥担水》（一）　锡伯族秧歌牡丹平调曲目。歌中叙述少年丈夫在校读书，大媳妇在家孝敬公婆勤俭持家的故事。“我公公今年七十三，我的婆婆六十三，我丈夫今年刚十三，送在那校把书念。年年里捎个情公函，里里外外我照看，缸儿里无水我去挑，灶下里无柴我去担……”曲调为上下两乐句结构，具有浓郁的说唱风格。1988 年兴里山演唱，赵春生记录整理。同名曲谱收入《锡伯族汗都春》，新疆人民出版社 1989 年出版。

《蓝桥担水》（二）　锡伯族秧歌牡丹平调曲目。歌中叙述宋代高文举得中状元后念念不忘发妻张梅英，历经磨难的张梅英以丫鬟身份混入温府后，与高文举在月下花园相遇的情景。“（高）在前面走的是高文举，（张）在后面跟的是张梅英；（高）月光下抬眼仔细瞧，（张）偷看状元才认清。”曲调为上下两乐句结构，具有浓郁的说唱风格。1994 年铁山、郭小玲演唱，赵春生记录整理。同名曲谱录入《锡伯族戏曲专辑》（2），北京民族音像出版公司 1994 年出版发行。同名曲谱收入《锡伯族汗都春》，新疆人民出版社 1989 年出版。

《西厢记》　锡伯族秧歌牡丹平调曲目。歌中叙述宋代一女张梅英为寻找得中状元的丈夫高文举而历经磨难后有幸以丫鬟身份混入温府并陪伴伺候丈夫读书的情景。曲调为多乐句结构，旋律婉转抒情。1994 年铁山、郭小玲演唱，赵春生记录整理。同名曲谱收入《锡伯族汗都春》，新疆人民出版社 1989 年出版；《锡伯族戏曲专辑》（2），北京民族音像出版公司 1994 年版发行。

《尼姑下山》　锡伯族秧歌牡丹平调曲目。歌中叙述披着袈裟的尼姑聚精会神念经的情景。“独坐的尼姑……身穿着神衣头戴上道冠，那么一声佛，吃啊尝斋，靠把那阿弥陀佛念……”曲调为多乐句结构，旋律舒缓、沉静。1988 年兴里山演唱，赵春生记录整理。同名曲谱收入《锡伯族汗都春》，新疆人民出版社 1989 年出版。

《编席》　锡伯族秧歌牡丹平调传统剧目。剧中反映编席青年与农家姑娘之间的爱情故事。对于研究锡伯族平调曲目有参考价值。由吴则尔编剧，1957年关初连、丰香出演，塔琴台记录整理。收入《锡伯族汗都春》，新疆人民出版社1989年出版。

《花亭相会》 锡伯族秧歌牡丹平调传统剧目。根据新疆曲子戏《花亭相会》锡伯文译本演出。剧中反映宋代高文举得中状元后，念念不忘发妻张梅英，并暗修家书唤妻来京。奸相温通得知，将家书改为休书。梅英接休书赴京寻夫，并混进温府充作丫鬟。其间屡遭虐待，并被打入花园为役。一日与高文举在花园相会，各叙衷情，夫妻相认。高文举告至包相爷处，温通削职为民，文举、梅英终于团聚。1957年双柳、丰香出演，塔琴台记录整理。同名曲谱收入《锡伯族汗都春》，新疆人民出版社1989年出版。

（二）越调曲目

越调起源于陕西眉户调，清末民初传入锡伯族民间，至20世纪30年代达到演出高潮。越调与新疆曲子戏一脉相承，但因在演唱风格和语言上（大多用锡伯语演唱）的不同，越调音乐中加入了不少锡伯族民歌音乐的特点，使之逐渐演变成为既有本民族的音乐特点，又有陕西眉户调风味的一个剧种。越调由唱腔曲、过门间奏曲和器乐曲牌组成，有生、旦、净、末、丑等行当，有完整的脚本，有布景、服装、化装等舞台道具。所演出过的曲目有30余种，具体如下。

《西京》（一） 锡伯族秧歌牡丹越调曲目。歌中叙述祖先的功绩激励着我们勤奋劳作庆丰收的心情。歌中唱道："先祖曾经历过打牲部落的生活，恩公图伯特倡导开挖察布查尔大渠，屯垦开发西北大地已有二百年哪，年年种好庄稼，岁岁粮食满仓。"曲调为上下乐句结构，属徵调式，旋律抒情。1994年关秀兰演唱，赵春生记录整理。同名曲谱录入《锡伯族戏曲专辑》（1），北京民族音像出版公司1994年出版发行。同名曲谱收入《锡伯族汗都春》，新疆人民出版社1989年出版。

《西京》（二） 锡伯族秧歌牡丹越调曲目。歌中叙述儿媳认错向婆婆下跪的情景。曲调为上下乐句结构，属徵调式，旋律委婉、抒情。1997年关桂珍演唱，赵格尔记录整理。同名曲谱收入《锡伯族汗都春》，新疆人民出版社1989年出版。

《开场越调》 锡伯族秧歌牡丹越调曲目。选自《吴新保》锡伯文演出剧本。歌中叙述时光流逝催人老，勤奋努力要趁早的内容。曲调为三大乐句结构，旋律起伏有致。1997年关桂珍演唱，赵格尔记录整理。同名曲谱收入《锡伯族汗都春》，新疆人民出版社 1989 年出版。

《琵琶调》 锡伯族秧歌牡丹越调曲目。歌中叙述身陷囹圄的弟弟在牢狱中百感交集悔恨自己不能报答哥哥抚养成人的恩情。歌中唱道："可怜我从小失去了父母，善良的哥哥把我抚养成人，哥哥宁愿受苦受累尽忠义，盼望我总有一天功成名就。谁知我遭遇不幸入牢房，眼看着性命难保遗憾终身，假如我命归西天不能回转，怎么能回报哥哥的抚养的恩情。"曲调为四乐句结构，旋律带有苦音调。1994 年丽梅演唱，赵春生记录整理。同名曲谱收入《锡伯族汗都春》，新疆人民出版社 1989 年出版。同名曲谱录入《锡伯族戏曲专辑》（1），北京民族音像出版公司 1994 年出版发行。

《采花调》 锡伯族秧歌牡丹越调曲目。选自新疆曲子戏《李彦贵卖水》锡伯语演出剧本。歌中叙述丫鬟给小姐介绍各种花卉的情景。曲调为四乐句结构，旋律带有苦音调，但叙事风格较浓。1997 年关桂珍演唱，赵格尔记录整理。同名曲谱收入《锡伯族汗都春》，新疆人民出版社 1989 年出版。

《哭长城》 锡伯族秧歌牡丹越调曲目。歌中叙述母与子离别时的情景。歌中唱道："我的儿子近日离娘而去，再无想见的时候，谁能忍受离别的痛苦（哎呀哈啊啊），从此离别永远不能团聚（哎呀哈啊啊）。"曲调为特殊色彩的徵调式，旋律属典型的苦音调，但叙事风格较浓。1994 年郭小玲演唱，赵春生记录整理。同名曲谱收入《锡伯族汗都春》，新疆人民出版社 1989 年出版。同名曲谱录入《锡伯族戏曲专辑》（1），北京民族音像出版公司 1994 年出版发行。

《带把东调》 锡伯族秧歌牡丹越调曲目。歌中叙述游手好闲的丈夫不管家，孤零零的妻子守着破旧房屋的情景。歌中唱道："早晨起来走出门（咿呀哎咳呦咿呀咿呀哎咳呦咿呀），晚上才回家来，破旧屋里只留下（哪儿哈咿呀儿呦咳哎呀哈咳呀哈哎呀哈咳呀哈），孤孤单单的我一人，孤孤单单的我一人。"曲调为徵调式，旋律婉转、忧伤。1994 年郭小玲演唱，赵春生记录整理。同名曲谱收入《锡伯族汗都春》，新疆人民出版社 1989 年出版。同名曲谱录入《锡伯族戏曲专辑》（1），北京民族音像出版公司 1994 年出版发行。

《东调》 锡伯族秧歌牡丹越调曲目。歌中叙述富足的生活要靠全家人的勤奋合作。歌中唱道："生长的菊花要盛开（咿呀咳呦），盛开在金色的秋天，家里的生活要提高（哪哈咿呀儿呦），要靠全家的力量（咿呀哎咳呦）。”曲调为三乐句结构，属微调式，音域宽广，节奏明朗。1994年关秀兰演唱，赵春生记录整理。同名曲谱收入《锡伯族汗都春》，新疆人民出版社1989年出版。同名曲谱录入《锡伯族戏曲专辑》（1），北京民族音像出版公司1994年出版发行。

《西京落音》 锡伯族秧歌牡丹越调曲目。歌中叙述妻子痛苦地埋怨丈夫成天在外赌博的情景。歌中唱道：“破损的牛车怎么能够使用，漏雨的破屋里怎么能够生活；都怪你呀成天鬼混在外拼命地玩呀（哎呀哈啊），永远永远离不开害人的赌博（哎呀哈啊）。”曲调为特殊色彩的徵调式，旋律具有悲愤的情调。1994年郭小玲演唱，赵春生记录整理。同名曲谱收入《锡伯族汗都春》，新疆人民出版社1989年出版；又录入《锡伯族戏曲专辑》（1），北京民族音像出版公司1994年出版发行。

《带把西京》 锡伯族秧歌牡丹越调曲目。选自秧歌剧《吴新保》锡伯语演出本。歌中叙述秋季收完地里的庄稼，冬天就尽情狩猎的内容。曲调为上下乐句结构，属徵调式，旋律委婉、抒情。1997年关桂珍演唱，赵格尔记录整理。同名曲谱收入《锡伯族汗都春》，新疆人民出版社1989年出版。

《银纽丝》 锡伯族秧歌牡丹越调曲目。歌中叙述儿女长大要勤管束的内容。歌中唱道：“如今的年轻人根本不听你的话，长大成人的时候谁也无法管束，在外浪荡夜不归，从来不顾家，饿了肚子跑回家来还嫌饭菜不好吃。”曲调为四乐句结构，旋律委婉抒情，具有叙事风格。1994年关秀兰演唱，赵春生记录整理。该曲谱录入《锡伯族戏曲专辑》（1），北京民族音像出版公司1994年发行。

《紧诉》 锡伯族秧歌牡丹越调曲目。选自秧歌剧《吴新保》锡伯文演出本。歌中叙述儿媳不孝惹怒母亲，儿子决心休妻以求得母亲的宽恕。歌中唱道：“眼见母亲怒气冲天，媳妇早已羞愧难当，不讲是非终于酿成祸，孩子我不能袖手观望，如果孝敬老人不周到，理应受罚赔礼谦让，妻子无孝也德行难改，只好休妻作个好儿郎！”曲调由宫调式、徵调式构成，旋律节奏明快，具有紧张热烈的叙事风格。1997年关桂珍演唱，赵格儿记录整理。同名曲谱录入《锡伯族戏曲专辑》（1），北京民族音像出版公司1994年发行。

《五更》（一） 锡伯族秧歌牡丹越调曲目。歌中叙述春天到来万物复苏的情景。“春风徐徐吹来（咿呀哎咳呦）吹绿了柳树枝，不知不觉冰雪融化，不见了冬天的影子（阿哈哎咳呦）。百鸟争相鸣叫（咿呀哎咳呦）是为春天欢呼，阳光雨露滋润大地，催醒了复苏的万物（阿哈哎咳呦）。”曲调为多乐句结构，属徵调式，旋律优美，具有叙事风格。1994 年郭小玲演唱，赵春生记录整理。同名曲谱录入《锡伯族戏曲专辑》（1），北京民族音像出版公司 1994 年出版发行。

《五更》（二） 锡伯族秧歌牡丹越调曲目。选自秧歌剧《李彦贵卖水》锡伯语演出本。歌中叙述心情烦闷的小姐与丫鬟一起在花园里散步的情景。曲调为多乐句结构，属徵调式，旋律优美，具有叙事风格。1997 年关桂珍演唱，赵格尔记录整理。同名曲谱收入《锡伯族汗都春》，新疆人民出版社 1989 年出版。

《剪剪花》 锡伯族秧歌牡丹越调曲目。选自秧歌剧《吴新保》锡伯语演出本。歌中叙述春季到来时人们忙春耕的情景。曲调为三乐句结构，属徵调式，具有叙事风格。1997 年关桂珍演唱，赵格尔记录整理。同名曲谱收入《锡伯族汗都春》，新疆人民出版社 1989 年出版。

《岗调》 锡伯族秧歌牡丹越调曲目。选自秧歌剧《李彦贵卖水》锡伯语演出本。歌中叙述丫鬟与小姐匆匆进花园的情景。曲调为上下乐句结构，音色较高，明晰响亮。1997 年关桂珍演唱，赵春生记录整理。同名曲谱收入《锡伯族汗都春》，新疆人民出版社 1989 年出版。

《带把岗调》 锡伯族秧歌牡丹越调曲目。歌中叙述一个不务正业的男人沉迷于吃喝玩乐的情景。“世上的人们仔细听一听（得儿溜得儿溜），娶媳嫁女本来是个规矩（咿呀哎咳呦），开了酿酒房（得儿溜得儿溜），吃喝玩乐是人间习俗。”曲调为微调式，旋律具有诙谐、风趣的风格。1994 年英奎演唱，赵春生记录整理。同名曲谱收入《锡伯族汗都春》，新疆人民出版社 1989 年出版。同名曲谱录入《锡伯族戏曲专辑》（1），北京民族音像出版公司 1994 年出版发行。

《收场越调》 锡伯族秧歌牡丹越调曲目。选自秧歌剧《吴新保》锡伯语演出本。歌中叙述大家要勤奋努力，共同建设新家园的内容。曲调为三大乐句结构。1994 年铁山、郭小玲演唱，赵春生记录整理。

《吴新保》 锡伯语创作的秧歌牡丹越调传统剧目。剧中反映一农家老母因不见儿媳在家干活而成天责怪儿子没本事，当她最终发现儿媳跟着儿子勤奋劳作于农田才恍然大悟并解除误会的故事。1957 年关桂珍、善保等出演，塔琴台记录整理。同名曲谱收入《锡伯族汗都春》，新疆人民出版社 1989 年出版。

《走雪山》 锡伯族秧歌牡丹越调传统剧目。根据新疆曲子戏《走雪山》锡伯文译本演出。剧中反映明熹宗时魏忠贤谋位，借母寿诞约会文武过府饮宴画押，曹摸因不满而引来全家被杀的厄运。家人曹文寿为护送曹女玉莲至山西大同投亲路上冻死，幸遇兵士玉莲被送至其公公李德政官衙。魏忠贤又伪造圣旨，差人拿李德政进京问罪，被副将张守信识破并进兵讨伐，魏忠贤被杀，曹摸之冤大白，玉莲被封为女状元。1958 年郑肯太等出演，寿谦记录整理。

《张琏卖布》 锡伯族秧歌牡丹越调传统剧目。根据新疆曲子戏《张琏卖布》锡伯文译本演出。剧中反映不务正业的张琏将卖布的银两全作为赌注而输光后，又编造谎言欺骗妻子，为此妻子一气之下上吊自尽，多亏邻居大娘相救生还，张良这才痛改前非，发誓戒赌习做好人的故事。1958 年丰昌等出演，寿谦记录整理。

《李彦贵卖水》 锡伯族秧歌牡丹越调传统剧目。根据新疆曲子戏《李彦贵卖水》锡伯文译本演出。剧中反映宋朝时期有个李绥和黄璋本是有婚约的亲家，但因李绥被奸臣诬陷后家境很快败落，黄璋为此而懊悔退亲。但黄女桂英仍然信守婚约，借李家彦贵卖水，命丫鬟约彦贵到花园以赠金环的故事。1958 年丰昌、郑肯太等出演，寿谦记录整理。

《闹书馆》 锡伯族秧歌牡丹越调传统剧目。根据新疆曲子戏《闹书馆》锡伯文译本演出。剧中反映读书郎林小贤去洛阳舅父家的途中，曾从公孙赞手里救出一只黑狐仙。在舅父家读书时因思念表妹而精神恍惚，黑狐仙为感恩于林小贤，化其表妹身形而婚配，致舅父生疑逐甥。后林小贤与表兄赴考得中，黑狐仙言明真情，使全家团圆。1956 年郑肯太等出演，寿清记录整理。

第四节 锡伯族“朱伦呼兰比”

对于现代人而言“读书会”并不陌生，它是现代社会欣赏文学作品的重要形式之一。在欧美国家，由作者组织读书会，与读者一起欣赏作品经典之处已经成为时尚而高雅的文化活动。然而，人们却很少了解类似这种“读书会”的形式，早在几百年前，就已经是锡伯族民间文学欣赏的重要形式了。至今察布查尔锡伯族仍然保留着这一习惯，并传承着独特的“读书会”形式——“朱伦呼兰比”。

一　关于“朱伦呼兰比”

“朱伦”（julun）是锡伯语，是对以满文和锡伯文为载体翻译过来的演义小说的总称，“朱伦呼兰比”是在民间对满译与锡伯译各类译著的一种念说形式。“念说”被称为“呼兰比”（hulambi），“朱伦呼兰比”（julun hulambi），即“念和说章回演义小说”之意。“朱伦呼兰比”这种街坊邻里会聚、亲朋好友鳞集，大家围拢一处，由一人念唱、众人聆听长篇小说的乡村文学活动，自萌芽到兴盛再到衰微，无疑经历了一段漫长的历史时空。直至 20 世纪上半叶，这一活动还曾是各牛录大部分村民闲暇时尤其是冬季主要的休闲方式之一。

关于“朱伦呼兰比”的形成年代，还未找到明确的史料记载，可以说，现阶段无从考证，只有一些老艺人的三言两语。如，赵春生先生在他的《锡伯族曲艺志》一文中指出：“这一种音乐于 17 世纪中叶开始形成，（中略）流行于新疆察布查尔等地。”[①]众所周知，17 世纪中叶，锡伯族还隶属于蒙古科尔沁部，而科尔沁部也有一个被称为“乌力格尔”的民间文学艺术形式，汉语称为“本子故事”。科尔沁的“乌力格尔”在表演形式及方法等方面与“朱伦呼兰比”极为类似。对这两种文学艺术形式还需进行更为系统的比较研究。

明末清初，锡伯族被编入满洲八旗后，就学习和掌握了满语满文。乾隆二十九年（1764），一部分锡伯族官兵从东北辽沈地区西迁新疆伊犁地区戍边屯垦，在此后的岁月里，锡伯人将满语满文作为公务活动和社会交际的主要工具，用来发展本民族的文化教育事业。当时，清政府组织文人学者将大量汉族古典文学著作翻译成满文，作为文化读物供八旗官兵阅读。伊犁锡伯营八旗官兵也受此影响，开始阅读用满文翻译的译著。受此影响，锡伯族文人们开始自行翻译各类古典文学著作，由此推动了朱伦念说的民间化。锡伯文是在满文的基础上改进而成的，因而锡伯族的文人还用锡伯文翻译并传抄汉族章回演义小说，由此形成既有满文的“朱伦”，也有锡伯文“朱伦”，两者并存的状况，并在民间广泛流传，逐渐形成

① 转引自王建《论锡伯族“念说”艺术生成，特征与现状》，《人民音乐》2013 年第 10 期。

“朱伦呼兰比”这种民间曲艺形式。这种艺术形式的流传在清末民初达到高潮，中华人民共和国成立后的50年代始更为流行，成为可以在多种场合念说和吟唱，很多人都很喜欢并积极参与的一种曲艺形式，一直传承至今。据调查，20世纪60年代前各牛录每条居民街区几乎都有一两个为念唱朱伦而自发形成的群体，成员多系街坊邻里，少则八九人，多则近20人，男女老少无定数，其中必有几位娴于念唱朱伦的艺人。乡亲们称他们为“朱伦念唱艺人”。念唱艺人中有老人、有壮年，有男人也有女人。念唱朱伦的场所多选在该群体某一房舍较宽敞的成员家中进行，并不固定，有的大户会主动邀请高手来自家念唱，闻讯的街坊邻里自然不会错过机会，每晚茶余饭后必到场与大家一起享受听朱伦念唱的乐趣。主人对所有听客都热情相待，决不会慢待或拒之门外。念唱者在全神投入故事内容的同时，还须运用带有情感色彩和节律变化的曲调将其对故事的理解传达给听者。对听者而言，曲调的感染力远胜于叙述，由感情丰富的曲调描述出的人物形象和故事情节，更容易将听者引入作品的文学意境，从而缩小读者和听者在同一时空下对同一文学作品的感受和体验方面存在的差异。念说艺人念说的调式风格各异，各具风采。念说时无乐器伴奏，也不需要什么道具，但讲究声韵和音调的节奏变化，念说的旋律随着书中人物的命运和故事情节的发展而不断发生变化，声调委婉动听、抑扬顿挫，引人入胜，将听众们带入一个神圣的文学殿堂，给劳作一天的人们以美的满足和极大的精神享受。大家听到动人处或念说完一个章节后，便按捺不住，纷纷发表议论，说古道今，畅谈听后感想，以增进对作品内容的理解，并延伸至当今的社会现象，作一番比对性的评判，使人们的心灵得到升华，进而增强人们热爱真善美、憎恶假恶丑的理念。这也是“朱伦呼兰比”活动在新疆锡伯族群众中普及并经久相传的原因之一。

二　“朱伦呼兰比”的表演形式及作品

锡伯族的“朱伦呼兰比”又分“呼兰比”和“更心比”（gingsimbi）两种形式。“呼兰比”主要指对翻译过来的章回演义小说的“念和说”而言，而“更心比”则具有“吟和唱”的特点，大多用于锡伯文文学作品的欣赏。“更心比”是“朱伦呼兰比”的一种音乐化的表现形式，具有一定的韵文体曲调，一般都是同一曲调演唱多段或长篇唱词的单曲体。锡伯语歌词的押韵要求比较严格，歌词的头韵、腰韵和尾韵都要求押韵和谐，以增强艺术感染力。“更心比”形成较为固定的音律和曲调，其音律和曲调虽然丰富多样，旋律优美，但都不太规整，节拍、节奏、声调等完全按照讲述者的个人发挥而发生变化，随意性较强。更心比音乐结构一般都是单乐段。乐段内结构有上下乐句结构、上下乐句加补充、三乐句结构、四乐句结构和多乐句结构等。庞大的散文体叙事作品决定了朱伦曲调的非固定性。由于作品内容不同、叙事风格有别、不同念唱者的审美尺度不一等因素，致使念唱朱伦者不可能采用一致的曲调，只能因人因作品而异，采用适合于长时间叙述且不受约束的自由曲调。所以，在锡伯族众多的朱伦念唱艺人甚至是师徒之间，几乎都没有完全相同的曲调，即使某一艺人在不同时间念唱同一部作品，其采用的曲调也不会完全一致，只能重复一种大体相似的调式。当然，这并不妨碍听客们对艺人念唱水平的评价。一个优秀的念唱者，不仅要唱词清晰，断行分句得当，而且还要随着书中人物命运和故事情节的发展，赋予其或喜悦，或高昂，或委婉，或激烈，或深沉，或悲哀等不断变换的曲调，而要做到这些，念唱者除了须具备一副好的嗓音之外，还要有一定的文学素养，即对文学作品的理解能力，对文学形象的洞察能力。只有在很好地理解作品情节内容和洞察文学形象禀赋的基础上，才能自如地运用表现不同情感的鲜活的曲调传达作品内容，才能在念唱中流露出感同身受的真情，才能牢牢地抓住听客们的兴趣。

“朱伦呼兰比”的内容极为广泛，涉及古今中外、各个朝代的正史、野史、外史、稗史、奇闻逸事等。据初步调查，用满文或锡伯文翻译并手抄的“朱伦”，在民间留存的就有一百多部。主要作品有：《红楼梦》《三国演义》《西游记》《水浒》《封神演义》《聊斋志异》《东周列国志》《西汉演义》《隋唐演义》《大宋演义》《清史演义》及《岳飞传》《杨家将》《施公传》《彭公传》《大清高公案》《石头记》（秦始皇传记）、《明朝李闯王传》《隋唐瓦岗寨传》《三唐五代传》《包公传》《小五义》《三侠五义》《西厢记》《孟姜女》《七侠五义》等。新疆人民出版社也先后整理出版满文或锡伯文，或满汉合璧的《红楼梦》《三国演义》《西游记》《聊斋志异》等。在对众多作品的念说和吟唱中，锡伯人非常喜爱满译或锡译的《三国演义》，往往百念不倦，百听不厌，其中的许多故事情节几乎家喻户晓，人人皆知。由于译著少、听众多，人们就自发地组织起来集体听念，由此促进了朱伦念说的形成和普及，并且造就了一批又一批念说家和翻译家，从而使这种念说形式一代接一代传承了下来。

三　“朱伦呼兰比”对锡伯族社会文化的影响

锡伯族的“朱伦呼兰比”和“更心比”是在特定的地理环境和人群中产生和发展的，体现出锡伯族的历史精神和人文传承。它涵盖了清代新疆伊犁地区多元民间文化的成分，使之与本民族的文化传统结合在一起，体现出多元化之间的密切关系。这种文学形式具有广泛的群众基础，为提升锡伯族的整体文化素质、活跃群众文化生活做出过不可磨灭的贡献。“朱伦呼兰比”对锡伯族社会文化的影响可从以下五个方面进行总结。

（1）朱伦呼兰比的传播为新疆锡伯族群长期延续本民族语言文字提供了现实的范例。就内容而言，朱伦承载的主要是中原汉文化，但其表现形式是满语文和锡伯语文。“朱伦”如同数据库，保留着最基本的语言词汇，又同教科书，为人们提供着普及面最广的乡土教材，而朱伦翻译、缮写和念唱活动本身则为该语言文字的运用提供了现实场景。

（2）朱伦呼兰比的传播强化了锡伯群体的儒学观念。自明清以来盛行的小说体讲史演义，多为中原儒学之士所撰，其中富含着以“忠、孝、礼、义”为核心的儒学思想。《三国演义》在新疆锡伯族乡村的普及程度说明朱伦文化对锡伯族社会生活的影响程度。察布查尔县各牛录至今还残存的关帝庙遗址，彰显着新疆锡伯群体历史上对关帝的崇信程度。此外民间至今还保留着诸多以19世纪下半叶伊犁战乱为背景的关公护佑锡伯村寨的传说，也从不同侧面反映着锡伯族群接受《三国演义》影响的事实。

（3）朱伦呼兰比的传播使新疆锡伯族乡村萌生了重要的民间教育形式，并在特定时代促进了整个群体教育水平的提高。朱伦文化现象在新疆锡伯族群体中存在已久，历经漫长岁月，虽未形成相应的职业群体，但却出现了为数不少的以翻译、缮写、念唱或收藏朱伦译抄本的乡村文人。他们承担着传播民族语文和国家历史知识义务教员的作用。正是在这种民间教育形式中，锡伯族文学语言得以普及和延续，民族历史知识得以在乡村传播，从而使整个群体的文化素质得到提高。

（4）朱伦译抄本的传播改变着新疆锡伯族以口承为主的文学传统，并将这一族群对社会文化的认知牵引到了一个新的境地。族内有不少学者推测，历史上可能创作和传承过不少以反映部落征战和与自然界抗衡为主题的长诗，这在至今尚遗存于民间疑似长篇叙事诗片断的几首渔猎歌、萨满原生宗教神歌中遗存的氏族神灵、用于朱伦念唱的曲调以及清代以来民间自创的诸多长篇叙事诗等与古老史诗传承相关的文化现象中都可以得到旁证。

（5）锡伯族的“朱伦呼兰比”以满语文和锡伯语文为载体传承，它不但经受住了群众的检验，也给以群众美的享受和深刻启迪。锡伯族的“朱伦呼兰比”和“更心比”这种文学形式具有广泛的群众基础，为提升锡伯族的整体文化素质、活跃群众文化生活做出过不可磨灭的贡献。锡伯族的“朱伦呼兰比”以满语文和锡伯语文为载体传承，为满语满文在锡伯族中的保存、发展锡伯语言文字都注入了活力。

四　“朱伦呼兰比”传承所面临的问题

由于20世纪60—70年代学校锡伯语文教学中断20年，目前50岁以下的锡伯族成员大都不会读写锡伯文。这种状况导致出现“朱伦呼兰比”即将消失的危机。同时，受社会强势文化的冲击和现代娱乐文化的影响，年青一代对朱伦呼兰比已不感兴趣，并且听不懂念说的内容，这更使朱伦呼兰比雪上加霜，亟待进行抢救性保护。受经济一体化、信息化浪潮的冲击和强势语言文化的影响，目前锡伯文的使用出现明显衰退迹象，使用功能在弱化、使用范围在缩小，对本民族传统文化的创造力和影响力正在下降，同时也造成满文及其民俗文化遗产整理、翻译和研究方面的困难。现在50岁以下的锡伯人大都已不会读写锡伯文，满文也只有极少数老人能够读写，这种状况造成本民族文化遗产无法传承的诸多困难，如果满文和锡伯文失去其文化传承能力，则在锡伯族民间延续至今并为锡伯人提供过众多精神食粮的“朱伦呼兰比”等宝贵文化遗产将会很快失传，造成无法弥补的损失。因此，对满文和锡伯文进行保护，也是对以“朱伦呼兰比”为代表的锡伯族民间文化遗产的直接保护，特别是满文在锡伯族当中的留存，为我国和世界满—通古斯语族语言文化保留着一息尚存的文化血脉，具有极其重要的价值。

相关部门已将“朱伦呼兰比”申报为新疆维吾尔自治区级非物质文化遗产名录并取得立项，已对其进行前期保护。“朱伦呼兰比”和“更心比”2006年被列入第一批新疆维吾尔自治区级非物质文化遗产代表作。2008年12月，察布查尔锡伯自治县举办“朱伦呼兰比”比赛，取得良好保护效果。与此同时，在国家民族事务委员会的扶持下，于2006年和2008年举办两期锡伯语言环境建设培训班，培训200余人，着力对“朱伦呼兰比”等民间文化的传承载体锡伯语文和满文进行保护。同时保护懂满文和锡伯文的朱伦念说艺人，培养出年青一代的传承人。

第五节　传承人简介

此次调研中，佟加·庆夫先生为我们提供了他本人经过多年的努力，整理好的《锡伯族艺人访谈录》。该文记录了100名民间艺人的生平及相关信息，及其艺术特长。由于一些民间艺术传承人现已过时，因此该文为我们了解锡伯族民间艺术提供了非常宝贵的资料。可以说，佟加·庆夫先生为保护和传承锡伯族民间艺术所做出了卓越的贡献。这次我们调研组，对民歌传承人丽梅和萨满歌传承人胡光清进行了深度访谈。

丽梅：女，佟佳氏，四牛录人，1936年生。锡伯族著名民歌手，田野歌唱家，锡伯族民歌第七代传人。1989年参加全国首届民间艺术节演出活动，她自编自唱的三百多首民歌在县广播电台、电视台录制后作为保留节目播送至今。在锡伯族原生态民歌、戏曲、百首民歌的录制中演唱多首民歌和平调、越调曲目，其中她与郭淑珍对唱的原生态民歌《艾辛托珲》和《田野歌》获个人奖。

胡光清：男，胡什哈尔氏，五牛录人，1966年生，锡伯族民歌、萨满音乐第八代传人，在各类民歌比赛中多次获奖。在锡伯族民歌、创作歌曲专辑和百首民歌录制中演唱多首民歌，2004年在中央电视台民歌比赛中，与安梅合作演唱的民歌获铜奖。2006年在全国比赛中，演唱的歌舞原生态民歌《乌亚拉依Ⅱ也》获金奖。

卓奇：生卒年不详，五牛录人。据传，卓奇擅长说唱，表演幽默。1864年（清同治五年）伊犁变乱，民族间关系开始恶化。努勒顿等民族主义分子趁乱进驻锡伯营乌珠牛录，总管喀尔莽阿为了缓和民族矛盾，以锡伯营的名义将五牛录著名汗都春表演者卓奇请到乌珠牛录，为他们进行演出。因卓奇的精彩表演和幽默的演唱风格，竟打动了努勒顿等人的心。1873年6月2日，在纪念图伯特的诞辰日，卓奇等人又演出了一场汗都春曲目，产生了轰动效应。可惜，卓奇所处的时代正是伊犁动乱、侵占伊犁的20年岁月，他在汗都春曲目的演唱或表演方面的才能还没有充分发挥便销声匿迹了。所以，有关他的活动资料也很少传下来。

伊塔尔珲：约在19世纪50年代出生。姓佟佳氏，依拉齐牛录人。他从小酷爱乐器演奏，并自学弹奏东布尔。后来他到一河之隔的惠远城拜师学艺，专门学习弹三弦和拉四胡，并在惠远与汉、回艺人同台演出。1882年（清光绪八年），清政府从沙俄手里收回伊犁后，他带着自己的乐器回到家乡，与依拉齐牛录业余平调剧组一起演出。由于他三弦、四胡等乐器的出色演奏，吸引了众多乐器爱好者，并培养了西特合尔、佟贵林、佟春林、琴七善等人。后来他们都成为伴奏、演奏平调曲目的主要骨干。

西特合尔（1864—1934）：姓安佳氏，依拉齐牛录人。从清朝光绪年间至中华民国一直担任正白旗（依拉齐牛录）粮仓管理员，有47年之久。他从少年时代便迷上了平调曲目，并在伊塔尔珲等人的鼓励下，开始学唱平调曲目。由于他勤奋好学、刻苦钻研，其演唱技巧和表演艺术日臻娴熟，并以扮演女角而出名。他的嗓音明亮、柔和，音域宽广。他演唱平调曲目有《喜新年》《玩花灯》《赤壁》《送情人》等。此外，他还能弹奏三弦，经常为平调曲目伴奏。

谭秀英：女，生于清光绪十年（1884）前后，卒年不详。绰号“三半吊子”。卖艺为生，多唱坐场、走场。擅长唱平调，小旦。代表曲目有《下四川》《钉缸》《小姑贤》《小磨坊》（以上均为平调）、《大保媒》等。她为人耿直，技艺精湛，助人为乐，并言传身教。

提亚哈（1885—1955）：人称嘎布西贤，姓佟佳氏，依拉齐牛录人。他从小爱好平调曲目的演唱，并常常扮演女角，是本牛录业余平调剧组的主要骨干。他演唱的曲目，如《喜新年》等深受观众的欢迎。

常林（1888—1939）：字广斋，姓托拨氏，依拉齐牛录人。1950年考入惠远武备学堂步兵科，并于1910年以优异成绩毕业。毕业后不久，伊犁辛亥革命爆发。他积极应合辛亥革命的浪潮，并充任伊宁驻军都统。但因局势不稳，政治残酷，他便开始经商。他热心锡伯族教育事业，积极参与“尚学会”等文化活动。他创作的“更心比”曲本《劝学歌》等在锡伯族民间传唱了近一个世纪。

全唐（1890—1944）：乌珠牛录人，职业是木匠。他从小喜欢文艺，并从老一辈民间艺人那里学会了不少平调曲目，如《喜新年》《尼古下山》《闹元宵》《八洞神仙》等。他从来没有正式上台演唱，但常常被邀请到民间娱乐场所，或举办喜事的百姓家里，往往一唱就是深更半夜。他的嗓音洪亮，音区宽广，尤其平调唱腔的高音部风格独特，让人流连忘返。依拉齐牛录秧歌牡丹之家的克西春也经常邀请他辅导年轻演员，或切磋技艺，相互交流经验。他是乌珠、依拉齐牛录公认的乡村民间平调演唱家。

保谦（1894—1938）：依拉齐牛录人，农民。他从小喜欢平调曲目的演唱，并在依拉齐牛录业余平调演唱组里担任角色，经常扮演男角。演唱过《钉缸》联曲，出演过《编席》，曾给一代观众留下深刻印象。

克西春（1895—1967）：又名克达尔堪，姓关佳氏，依拉齐牛录人。从事过铁匠、木匠、银匠等职业。他的父亲伊杂达（1872—?）是猎人，但也非常喜欢演唱平调曲目。他从小受父亲的影响，学演平调曲目，并常常扮演男角。他嗓音洪亮，表演粗犷、豪放。演唱的主要平调曲目有《送情人》《赤壁》《万花灯》《喜新年》等。20世纪三四十年代开始，为了推动锡伯族秧歌牡丹这一曲种艺术的发展，他发动全家人出演平调曲目。如妻妾、大弟媳、二弟媳、大儿子、大儿媳、养女等均扮演角色出演。更令人敬佩的是，每年春节前在自己院里搭台，到正月十五那天宰杀牛羊，备好一二十只火锅，请来本村业余秧歌剧组的演职人员，进行演出活动。

寿谦（1898—1972）：秧歌牡丹演员。依拉齐牛录人。自幼酷爱秧歌牡丹艺术，早年，在本村组织的业余自乐班里演唱平调。20世纪30年代唱越调。他天赋聪慧，勤奋好学，虚心求教，青年时代就能演唱多种曲目。因此，常被邀与伊犁惠远县一带的专业曲子剧团同台演出。他嗓音洪亮，擅长表演，刻画人物细腻、生动。演出的代表曲目有《走雪山》《钉缸》《李彦贵卖水》《张琏卖布》等，他把多个新疆曲子曲目翻译成锡伯语。他有很强的组织能力，办团经验丰富，他还培养了很多弟子，为普及和提高锡伯族秧歌牡丹做出了贡献。

秦奇山（1904—1948）：姓安佳氏，依拉齐牛录人，农民。他从小酷爱文艺，尤其擅长乐器演奏。起初，他自学弹奏锡伯族民间乐器东布尔。后来，在上辈人伊塔尔珲爷爷和他的叔叔西特合儿的指导下，学会了三弦弹奏，并经常给依拉齐牛录业余平调演唱组伴奏。由于自己的刻苦努力，其弹奏技巧不断得到提高，很快成为乐队骨干。在给演唱者的伴奏中，起到了衬托唱腔、烘云托月的作用。因而，他被公认为三弦演奏的名人。

管兴才（1908—1963）：姓瓜尔佳氏，堆齐牛录人。曾翻译《小放牛》《卖油郎》《卓文君》《梁山伯与祝英台》等汉、回曲子本，由村秧歌剧组排练演出后，受到观众的好评。

丰昌（1914—1980）：乌珠牛录人。他从小酷爱秧歌牡丹的演唱与表演，并在惠远等地名师的指导下，成为一名远近闻名的越调传唱人物。他的一生多半时间都花在越调曲目的演出或演唱上，同时在惠远、绥定等地与汉、回曲子演员同台演出，建立了深厚的感情。到晚年，他回到察布查尔乌珠牛录村，为业余秧歌剧团的演出注入了新的活力。他以扮演女角而出名，尤其越调曲目中的采花步走得沉稳、精湛、优美。他的声音沙哑，但其唱腔刚中有柔，富有魅力。他出演的《兰桥担水》《李彦贵卖水》《张琏卖布》等曲目深受观众的欢迎。

兴里山（1917—1988）：姓额尔克勒氏，乌珠牛录人。他从小酷爱文艺，并擅长于民歌和秧歌牲丹曲调的演唱。他以嗓音洪亮、感情深沉而见长。他演唱的平调曲目，《太阳归宫》《十二离情》《照花台》《一见多情》《玩花灯》《一对红》等深受听众的喜爱。此外，他自编自唱过多部叙事歌，其中，《怀念》《离别歌》《为了爱情》等曾在县广播站、伊犁人民广播电台录制播放。

郑琴太（1917—1999）：姓胡图里氏，堆齐牛录人。中共党员。他从小酷爱秧歌牡丹艺术，并学唱了不少平调曲目。1935 年，他 18 岁时在穆章京的引荐下，到惠远城拜师学艺。在他学艺期间便很快掌握了越调曲目多种，并以男扮女装的角色和娴熟的演唱技艺博得众多观众的青睐，由此而得“要命花”的艺名。他嗓子清亮，吐字准确，唱腔优美，表演生动。他演唱的秧歌牡丹中，《闹书馆》《李彦贵卖水》《李亚仙刺母》《大保媒》等曲目最为出色。

善保（1920—1989）：依拉齐牛录人，农民。他是一位牛录业余秧歌组的骨干，以出演《吴新保》（农家户）而出名。他曾与丰吉山等人合演过越调《小放牛》《二瓜子》等，表演技艺娴熟，唱腔优美，深受观众的欢迎。

丰吉山（1925—1992）：依拉齐牛录人，农民。他曾是依拉齐牛录业余秧歌组的骨干。前期担任越调，曲目角色上台演出，曾与善保等人合演过越调《小放牛》《二瓜子》等，深受观众的欢迎。后来他又担当起一名乐队骨干，专门击打夹板。他击打夹板有特殊的技巧，如顿击、滚奏等效果非常出色。演唱者也往往为高超的夹板伴奏技巧而深受鼓舞，其唱腔和表演也因此而增色不少。后来，他曾培养过几名夹板手，但都因技巧难度大，未能学成。所以，夹板击打的技艺也从此失传。

嘎尔图（1925— ）：又名安达荣，姓安佳氏，依拉齐牛录人。他自幼酷爱文艺，爱弹爱唱，自编自演，活跃于民间，是一位群众喜爱的著名民间艺人，也是一位秧歌牡丹的出色表演者。他在秧歌牡丹的演出中常扮演女角色，其娴熟的表演和演唱风格给人们留下了深刻的印象。此外，他还自编自吟了不少长诗，其中较有影响的有：《育婴吟》《戒酒歌》《孝敬父母》等。

加嘎（1927—1986）：姓郭尔佳氏，乌珠牛录人。他擅长于器乐演奏，以弹奏三弦、东布尔最为出色。解放前后，为业余秧歌剧团的主要三弦手，为锡伯族平调、越调音乐的发展做出过贡献。同时，他又是民间东布尔弹奏家，会弹几十种东布尔曲，其中，《锡伯曲》《单点阿克苏儿》《双点阿克苏儿》等都很出名。

关桂珍（1929— ）：姓关佳氏，女，依拉齐牛录人。她两岁时父亲去世，因孤儿寡母生活难以自立，故被依拉齐牛录秧歌牡丹之家克西春（又名克达尔堪）收养。她从小受到秧歌牡丹的熏陶，加之聪明好学，记忆过人，很快便学会了不少平调曲目的唱腔，如《兰桥担水》《万花灯》《赤壁》《一对红》《下三屯》《送情人》等。为此她深受养父克西春的疼爱，并有意识培养她成为一名家庭平调演唱演员。在平调曲目的演唱中，她经常扮演男角，在她七八岁时就出演过平调《小放牛》，并崭露头角。在抗日战争爆发后，克西春从惠远、绥定等地聘请了越调大“东北红”（真名不详）吃住在家里，专门辅导越调曲目。勤学苦练的关桂珍在短短几个月中便娴熟地掌握了《李彦贵卖水》、越调《小放牛》的表演和演唱，同时又学唱了十几种越调唱腔。1948 年正月，在察布查尔八个牛录秧歌牡丹比赛中，她扮演主角的《吴新保》（农家户）一举夺魁，获得表演金奖。在伊犁文艺比赛中，又获得第一名。由此她成为伊犁地区秧歌表演的出名人物。她的嗓音明亮，唱腔甜美，尤其她表演的采花，六种扇子舞步的表演细腻、娴熟、秀美，博得观众的热烈欢迎。最值得敬佩的是，她第一次打破了锡伯族女性从来不能上台表演秧歌牡丹的陈规陋习，为以后男女同台表演秧歌牡丹曲种打下了基础。晚年，她从医务岗位退休后，仍致力于秧歌牡丹曲种的搜集与整理工作，同时积极参加老年协会组织的秧歌牡丹曲种的表演，传授技艺，培养年青一代的表演者。

塔琴台（1931— ）：姓觉罗氏，依拉齐牛录人。曾历任中学音乐教员、县文工队队长、文化馆副馆长等职。从事文化艺术工作 40 余年，对音乐、舞蹈、汗都春等都能编、导、演；创作的歌曲《歌颂共产党》《积肥舞》等被收入《锡伯族创作歌曲集》（1984 年）。编辑出版过《锡伯族民间歌曲集》《锡伯族创作歌曲集》《锡伯族汗都春》等书。1981 年以后，参加文艺集成志书的编纂工作，并负责完成了《中国民歌集成》《中国器乐曲集成》《中国戏曲音乐集成》锡伯族部分的编纂工作。现为中国少数民族音乐学会会员、新疆音协理事、伊犁哈萨克自治州音协会员。

双柳（1933—2016）：堆齐牛录人。从小爱好文艺，并喜欢唱歌。他演唱的曲艺类歌曲，如《相亲歌》《迁徙歌》等深受群众欢迎。在 1962 年察布查尔锡伯自治县举办的民间艺人学习班里，他被授予“民间艺人”称号。多年来自编自唱或收集整理的《婚礼歌》《离别歌》等发表在《察布查尔报》《锡伯文化》等报刊上。

铁山（1942—　）：姓佟佳氏，乌珠牛录人，中共党员。1964 年参加全国首届少数民族业余文艺会演，以跳《打猎舞》博得首都观众的欢迎。1989 年又以民间艺人身份参加全国首届民间艺术节的演出活动。曾多次组织业余文艺队自编自导自演，深入农村牧区表演舞蹈，演唱秧歌牡丹，受到农牧民的欢迎。他继承了秧歌牡丹平调演唱家兴里山的演唱风格，并在此基础上进一步提高，形成了自己的特点。他演唱的《太阳归宫》《照花台》《钉缸》《十里屯》《海兰格格》等已被收录《锡伯族戏曲》（平调）和《锡伯族民歌》盒式带里，在民间广泛流传。现为新疆民间文艺家协会、伊犁哈萨克自治州音乐家协会会员。

赵春生（1947—　）：姓觉罗氏，小名阿哥拜，依拉齐牛录人。曾历任县文工团创作员、县科委语言文化学会干事、县广播站文艺编辑、县文化局创作员、县文化艺术研究所专业作家。现为新疆作家协会、新疆民间文艺家协会、新疆音乐家协会会员。二级作曲。创作过百余首（部）音乐作品，主编过锡伯族民歌、秧歌牡丹平调、越调和锡伯族歌曲精选歌带，由北京出版。在区内外文学报刊上发表小说、散文 40 多篇。他创作的曲艺说唱节目《幸福生活万年长》及用秧歌牡丹改编的《龙江颂》选段《闸上风云》、《沙家浜》选段《智斗》（合作）获得成功。

第六节　传承与保护问题

随着当今世界全球化进程的加速，尤其是自我国改革开放以来，一方面，经济的高速发展提高了广大人民的物质生活水平，另一方面也带来了人文环境的失衡和传统文化的消失等问题。由于生产方式的更新和生活习俗的改变，依附于传统生产方式、生活习俗而产生和传统民间艺术大多濒临失传的危机。尤其是现代化、全球化的加速正在导致各民族，人口较少民族传统文化的消亡。锡伯族传统民间表演艺术的境况亦如此。中华人民共和国成立以后，由于汉文化对锡伯民族文化的全面影响，以及生产生活方式的改变、母语环境的转化、传统节日和习俗的淡化，锡伯族传统民间表演艺术出现了明显的传承危机。

从民歌方面来看，古代渔猎文化遗俗随着渔猎活动的减少日渐消失。《雅其娜》《打猎歌》《射箭练功歌》等反映古老渔猎生活的歌曲现在仅仅作为当代锡伯人对先民生活的追忆而保留着。还有，随着锡伯族传统婚俗的淡化、简化、汉化甚至洋化，传统的婚俗歌曲也逐渐失去其真正的功能和意义。民歌传承危机的另一种重要体现在于语言文化问题方面。现在新疆锡伯族中的年青一代掌握锡伯族语言文字的人越来越少，而传统民歌尤其是田野歌，采用的是书面语的发音，还要求合辙押韵，这就令很多年轻人望而生畏。现在不少锡伯族青年学唱本民族民歌，使用的却是汉语注音的方法。从器乐与贝伦舞方面看，比较古老的菲察库艺术、墨克纳艺术已近失传，新创的斐特克纳仅为少数人所掌握。现在最常见的东布尔作为锡伯贝伦舞的伴奏乐器，其繁简兴衰是与贝伦舞如影随形的。虽然现在贝伦舞在锡伯族中仍然有着很好的群众基础，但能够较全面掌握多种传统跳法以及能够演奏多种曲目的人越来越少，而且大都年事偏高。而年轻人当中跳的贝伦舞变异性较大，弹奏的曲目也较单一。曾经为传播汉族优秀演义小说而形成的“朱伦呼兰比”和戏曲艺术“汗都春”等艺术形式，目前也因健在的念说艺人大都年龄偏高，中青年人当中很少有人会读念锡伯文，加之年青一代对其大多不感兴趣，并且听不懂念说的内容，已处于失传的境地。目前很少有人进行念说，也极少有人从事“朱伦”唱本的翻译和创作工作，因此同样面临着即将消失的危险。

锡伯族民间艺术虽然在自治县人民政府和县党委的大力扶持下，自1980年以来做出了许多搜集、整理、挖掘、抢救、保护和传承、弘扬工作，但仍然存在着不少难以解决的问题。

(1) 锡伯语和锡伯文民间口头和书面文化艺术产品、民俗艺术代表作、古籍等，目前失传情况十分严重，所剩无几，亟须采取积极措施进行抢救和保护，建立相关档案。

（2）一些民间歌手因年事已高，逐步退居幕后，有的相继去世，加之过去抢救保护工作未能跟上，未能及时抓好对传承人的培养等原因，目前存在着民俗艺术传承人极其缺少的危机，面临着非物质文化作品断代的可能。比如萨满音乐文化遗产，目前萨满文化的传人只剩下一两个人，且年老体迈，如不进行抢救和保护就会失传；古老的渔猎文化遗产也在流失，原生态民歌等艺术形式所表达的内容也正在发生变异；历代流传的歌舞音乐、口头和书面优秀作品等也都面临着变异或失传的危险。

（3）由于在20世纪60—70年代，锡伯文教学中断，出现直接向汉语过渡的现象。当时入学的现已50岁左右的锡伯人不懂锡伯文，由此造成记录本民族传统文化的主要工具——锡伯文，目前已经出现断代现象，导致使用面越来越小，使用状况越来越差，已经处于被边缘化的境地。这种状况直接造成锡伯族非物质文化作品创造能力的下降，传承能力弱化，口头传承和书面作者明显减少。由此正在导致锡伯族非物质文化代表作面临失传和民俗艺术无人传承的危险。

（4）随着科学技术的进步和市场经济的发展，人们文化生活日益丰富，审美需求的提高，造成锡伯族民俗艺术的个性特色和节目内容都在逐年弱化和减少。比如40余种曲牌、曲目的汗都春已经很少在民间演出。当年曾家喻户晓，深受欢迎的“朱伦”念说这一集体性文学音乐欣赏形式，目前很少有人在农闲时向进行“念说”了，也处于失传的境地。十余种锡伯族民间贝伦舞曲，年轻人当中很少有人能够完整地表演和演奏。极有特色的锡伯族服饰，目前很少有人穿戴，由此锡伯族的刺绣作品、图案等明显减少。用于生产工具、育婴工具、建筑艺术、家具、装饰、演艺、竞技、金银首饰、民间乐器等各种工艺制品只有极少数人会制作，民间绘画、剪纸、雕刻等艺术作品已很少有人创作。

总之，新疆锡伯族传统音乐的传承现状令人担忧。近年来，新疆锡伯族的主要聚居区察布查尔锡伯自治县将保护锡伯族传统文化工作列入政府工作日程，逐步予以加强和重视。先后出台了《察布查尔锡伯自治县民间文化项目保护办法》《锡伯族非物质文化遗产保护办法》等文件，并成立了“锡伯族非物质文化遗产传承保护中心”“锡伯族非物质文化遗产保护工作专家委员会”等机构。锡伯族非物质文化遗产保护工作正全面展开，现已确认了县级非物质文化代表作名录。2007年，“锡伯族萨满歌舞音乐”“锡伯族贝伦舞”“锡伯族朱伦呼兰比和更心比”等六个项目列入新疆“第一批自治区级非物质文化遗产名录”。2008 年，“锡伯族贝伦舞”又被列为“第二批国家非物质文化遗产名录”。在国家级和自治区级的质文化遗产保护项目的申报以及业已展开的保护作中，察布查尔锡伯自治县的做法较为独特，在主要依靠县文体局、文化馆两个政府及业务部门外，充分发挥了“新疆嘎善文化传播中心”这样一个致力于弘扬锡伯族文化的民间组织在整合专家、沟通协调等方面的优势，工作成效较为显著。我们看到，几年来对新疆锡伯族传统民间艺术的保护工作成绩是明显的。我们知道想要建立起一个适于传统文化生存的生态环境已达到对传统文化传承性保护，并非一件容易的事情，是一项非常复杂的人文工程。这个文化生态环境的形成和保持既需要政府的倡导和支持，更需要本民族成员的认同和自觉。

参考文献

图书

D. O. 朝克：《现代锡伯语口语研究》，民族出版社 2006 年版。

《察布查尔锡伯自治县概况》编写组、《察布查尔锡伯自治县概况》修订本编写组：《察布查尔锡伯自治县概况》，民族出版社 2009 年版。

察布查尔锡伯自治县地方志编纂委员会编：《察布查尔锡伯自治县志》，新疆人民出版社 2007 年版。

察布查尔锡伯自治县地名委员会：《察布查尔锡伯自治县地名图志》，新疆人民出版社 1988 年版。

察布查尔锡伯自治县人大志编纂委员会：《察布查尔锡伯自治县人大志》，内部发行，2016 年。

察布查尔锡伯自治县史志编纂委员会编：《察布查尔县锡伯自治县志》，新疆人民出版社 2007 年版。

察布查尔锡伯自治县统计局、统计学会编：《察布查尔锡伯自治县辉煌六十年（1954—2013）》，内部文稿，2013 年。

朝克主编：《察布查尔锡伯自治县语言文字使用现状调研》，方志出版社 2011 年版。

陈延祺、李晓霞主编：《目前新疆少数民族现代化进程中的重大问题研究——察布查尔锡伯自治县经济社会调查文集》，新疆社会科学院民族研究所内部刊印，2007 年。

郭秀昌、佟清福、扎鲁阿：《现代锡伯语》，新疆人民出版社 1994 年版。

贺灵、佟克力：《锡伯族史》，新疆人民出版社 1993 年版。

贺灵编：《锡伯族民间传录清代满文》（上、下册），新疆人民出版社

2010年版。

李树兰、仲谦：《锡伯语简志》，国家民委民族问题五种丛书、中国少数民族语言简志丛书之一，民族出版社1986年版。

李树兰、仲谦、王庆丰：《锡伯语口语研究》，民族出版社1984年版。

力提甫·托乎提主编：《阿尔泰语言学导论》，山西教育出版社2002年版。

马大正、成崇德主编：《卫拉特蒙古史纲》，新疆人民出版社2006年版。

孙久文、叶裕民编著：《区域经济学教程》（第二版），中国人民大学出版社2010年版。

佟加·庆夫：《西域锡伯》，新疆大学出版社1999年版。

佟加·庆夫编：《中国锡伯族非物质文化遗产代表作》，新疆人民出版社2010年版。

吴元丰、赵志强：《锡伯族历史探究》，辽宁民族出版社2008年版。

［美］西蒙·库兹涅茨：《各国的经济增长》，常勋等译，商务印书馆1985年版。

《锡伯族简史》编写组：《锡伯族简史》，民族出版社1986、2008年版。

《新疆通志·民族志》编委会：《新疆通志·民族志》，新疆人民出版社2010年版。

新疆社科院民族研究所：《新疆简史》（第一、第二册），新疆人民出版社1985年版。

新疆维吾尔自治区对外文化交流协会：《锡伯族民俗文化》，新疆美术摄影出版社、新疆电子音像出版社2008年版。

新疆维吾尔自治区统计局编：《新疆统计年鉴》，中国统计出版社2011、2012、2013、2014年版。

徐松：《钦定新疆识略》，清刻本。

徐松：《西域水道记》，清刻本。

永志坚主编：《锡伯族研究文集》，新疆人民出版社2005年版。

张丽君主编：《乌珠牛录村调查：锡伯族》，中国经济出版社2012年版。

中国第一历史档案馆编译：《锡伯族档案史料》，辽宁民族出版社 1989 年版。

忠录：《锡伯文化》第 33 期，新疆人民出版社 2002 年版。

《准噶尔史略》编写组：《准噶尔史略》，广西师范大学出版社 2007 年版。

报刊

阿种明、岳淑娟、刘郁、魏虎：《新疆察布查尔山早石炭世火山岩构造环境判别》，《新疆地质》2006 年第 3 期。

巴音达拉：《察布查尔伊犁河灌区水资源配置与优化调度研究》，《河南水利与南水北调》2014 年第 10 期。

范天文、马来书、张学洲、兰吉勇、陈强：《新疆察布查尔县草地资源及其利用的探讨》，《草食家畜》2010 年第 1 期。

葛丰交：《试论新疆锡伯族双语教学问题》，《满语研究》2002 年第 1 期。

葛丰交：《新疆锡伯语文教学情况调研报告》，《中国民族报》2014 年 12 月 12 日。

顾晓兰：《红豆草在察布查尔县的种植栽培技术》，《饲草饲料》2013 年第 8 期。

郭小平：《浅议双语教育模式下的锡伯语文教学》，《伊犁日报（汉）》2011 年 8 月 18 日第三版。

韩绪：《察布查尔县土地利用结构变化分析与预测》，《住宅与房地产》2016 年第 30 期。

郝磊：《浅谈察布查尔县堆其牛录乡盐碱地现状及改良措施》，《黑龙江科技信息》2010 年第 27 期。

何瑞霞、杨红：《察布查尔县现代畜牧业发展存在的主要问题及对策研究》，《中共伊犁州委党校学报》2013 年第 2 期。

贺灵：《锡伯族萨满歌初探》，《新疆社会科学》1987 年第 2 期。

侯桂芳：《察布查尔县锡伯民俗风情旅游的思路与对策研究》，《新疆职业大学学报》2014 年第 4 期。

靳建辉、李志忠、凌智永、马鹏、吴美榕、齐升吉：《伊犁河谷新垦绿洲表层土壤粒度特征》，《水土保持通报》2010 年第 6 期。

李纯、葛苑菲：《察布查尔锡伯族自治县实施定居兴牧工程经验总结及政策建议》，《新疆社科论坛》2013 年第 1 期。

李悦：《加快察布查尔县经济发展的思考——以农业和旅游业的发展为例》，《新疆职业大学学报》2012 年第 6 期。

李志忠、马荣、马鹏：《新疆察布查尔县主要农作物经济效益初步分析》，《西北师范大学学报》（自然科学版）2009 年第 3 期。

刘文存、马琼：《新疆察布查尔县农民专业合作社调查》，《合作经济与科技》2013 年第 4 期。

马鹏、孔令杰：《新疆察布查尔县农业生态系统服务功能价值评析》，《太原师范学院学报》（自然科学版）2009 年第 4 期。

马鹏、李志忠：《新疆伊犁察布查尔县农业生态系统服务价值变化分析》，《亚热带水土保持》2010 年第 4 期。

马鹏、李志忠、靳建辉：《新疆察布查尔县农业生态系统健康评价》，《海南师范大学学报》（自然科学版）2010 年第 4 期。

马荣、李志忠：《新疆察布查尔县土地质量及其可持续利用评价》，《水土保持通报》2009 年第 5 期。

彭艳平、杨磊、张圣凯：《遥感技术在察布查尔县土壤侵蚀调查中的应用》，《干旱环境监测》2010 年第 3 期。

时磊、周永恒：《察布查尔县陆栖脊椎动物生物多样性调查》，《新疆农业大学学报》2004 年第 3 期。

宋萍、佟少菊、郑兰、关丽菊：《察布查尔县土壤养分现状与对策》，《新疆农业科技》2009 年第 6 期。

唐旻星：《察布查尔县推进农业产业化思路浅析》，《中共伊犁州委党校学报》2007 年第 1 期。

田新春、崔建国、彭章建、吴劲松：《察布查尔县实施退牧还草工程的经验体会与思考》，《草业与畜牧》2009 年第 6 期。

王建：《从民歌形态流变，谈民族融合发展——以新疆锡伯族为例》，《交响——西安音乐学院学报》2016 年第 1 期。

王建：《论锡伯族戏曲音乐的旋律及调式特征》，《新疆艺术学院学报》2009 年第 3 期。

王建：《锡伯族戏曲艺术的生成、传播与现状（上）》，《民族艺术研究》2012 年第 2 期。

王秀兰：《察布查尔锡伯自治县扶贫开发模式创新的对策与思考》，《中共伊犁州委党校学报》2011 年第 1 期。

徐平：《察布查尔县河滨湿地次生林生态旅游开发和示范》，《中共伊犁州委党校学报》2014 年第 2 期。

颜亮、高敏华、刘光宇：《基于 RS/GIS 的新疆察布查尔县绿洲动态变化研究》，《农业网络信息》2007 年第 11 期。

伊胜：《察布查尔县山洪地质灾害防治及气象防灾减灾对策》，《农业灾害研究》2016 年第 6 期。

张宏业、张伟、王秀红、张红旗、王立新：《伊犁地区农林牧业平衡发展与生态保护——以察布查尔县为例》，《资源科学》2009 年第 12 期。

周生斌、乔木、卢磊、闫俊杰：《伊犁河流域防护林营建技术模式分析》，《防护林科技》2011 年第 6 期。

文件

察布查尔县环保局：《察布查尔县生态文明试点示范县建设规划研究报告》，2015 年 7 月。

察布查尔县经贸局：《察布查尔县资源简介》，2015 年 8 月 12 日。

察布查尔县林业局：《2014 年林业工作报告》。

察布查尔县林业局：《察布查尔县 2015 年林业工作报告》。

察布查尔县林业局：《察布查尔县十三五林业发展规划》。

察布查尔县人民政府：《察布查尔锡伯自治县国民经济和社会发展第十二个五年规划纲要（草案）》。

察布查尔县人民政府：《察布查尔锡伯自治县国民经济和社会发展第十三个五年规划纲要（草案）》

第六届全国人民代表大会常务委员会第二次会议通过《中华人民共和国民族区域自治法》，1984 年。

第五届全国人民代表大会第二次会议通过《中华人民共和国地方各级人民代表大会和地方各级人民政府组织法》，1979 年。

陕甘宁边区政府颁布《陕甘宁边区纲领》，1941 年。

中国人民政治协商会议通过《中国人民政治协商会议共同纲领》，1949 年。

中央人民政府颁布《中华人民共和国民族区域自治实施纲要》，

1952 年。

其他

锋晖：《新疆锡伯族萨满教及其文化特征》，新疆锡伯语言学会，2012 年。

李滢：《新疆察布查尔锡伯自治县锡伯族民歌的研究》，硕士学位论文，东北师范大学，2012 年。

李云霞：《锡伯族文化探微》，博士学位论文，中央民族大学，2010 年。

马伊立：《锡伯族传统弓箭文化研究》，硕士学位论文，西北民族大学，2015 年。

关 键 词

后　记

本书是课题组的集体成果。本课题组承接国家社会科学基金特别委托项目、中国社会科学院“创新工程”重大专项《21世纪初中国少数民族地区经济社会发展综合调查》，中国社会科学院民族学与人类学研究所、中国第一历史档案馆、北京市社会科学院、中央民族大学、新疆语委、新疆师范大学、察布查尔县政府和党校的专家学者积极参与。课题组于2016年6月至12月，分四次深入实地调研，得到县、乡各级领导和锡伯族人民的大力支持。新疆语委佟加·庆夫研究员作为课题组重要成员为此次调研做出了贡献，流芳千古！中国第一历史档案馆满文部主任吴元丰研究员、编辑部郭美兰研究员、北京市社会科学院满学所所长赵志强研究员、中央民族大学顾松洁博士作为本民族的优秀学者将自己多年研究的成果奉献给本次调研，为本次调研做出了全方位的贡献。新疆师范大学徐妍博士作为经济学专家，在深入调查县经济发展状况的基础上，从经济学的角度进行了深入细致的分析。县政府安玉荣副县长是经济学硕士，在课题组中起到重要作用，组织并带领党校孙玟玫常务副校长、讲师候桂芳老师参与完成调研和写作工作。县政府委派吴文浩主任协助县域调研，情同一家，功不可没。中国社会科学院民族学与人类学研究所是项目负责单位，首席专家王延中所长亲临调研地指导工作，民族文字文献研究室主任曹道巴特尔研究员、布日古德研究员作为蒙古族学者，对新疆察布查尔锡伯自治县的观察视角独特，发挥所长，很好地完成了生态与民间艺术部分的调研与写作，孙伯君研究员为课题立项做出了贡献，大调查办公室主任孙懿研究员从立项到出版全程给予帮助，《民族研究》编辑部主任刘正寅研究员、民族理论室主任陈建樾研究员推荐出版，在此一并致谢！

课题组成员及分工：

江桥（中国社会科学院）项目负责人，课题立项、组织调研、编写导论等；

吴元丰、郭美兰（中国第一历史档案馆）协助当地调研，撰写第一、二章；

徐妍（新疆师范大学）撰写第三章；

曹道巴特尔（中国社会科学院）撰写第四章；

赵志强（北京市社会科学院）撰写第五章；

安玉荣（察布查尔县政府）组织调研，合写第六、七章；

孙玟玫、侯桂芳（县党校）撰写第六、七章；

顾松洁（中央民族大学）整理资料，撰写第八章；

布日古德（中国社会科学院）撰写第九章。

编　者

2017 年 5 月 18 日